Thomas Heinze

Kultursponsoring, Museumsmarketing, Kulturtourismus

Thomas Heinze

Kultursponsoring, Museumsmarketing, Kulturtourismus

Ein Leitfaden für Kulturmanager

3., erweiterte Auflage

VS VERLAG FÜR SOZIALWISSENSCHAFTEN

Bibliografische Information Der Deutschen Nationalbibliothek
Die Deutsche Nationalbibliothek verzeichnet diese Publikation in der
Deutschen Nationalbibliografie; detaillierte bibliografische Daten sind im Internet über
<http://dnb.d-nb.de> abrufbar.

3., erweiterte Auflage 2008

Lektorat: Frank Engelhardt

Der VS Verlag für Sozialwissenschaften ist ein Unternehmen von Springer Science+Business Media.
www.vs-verlag.de

Umschlaggestaltung: KünkelLopka Medienentwicklung, Heidelberg
Druck und buchbinderische Verarbeitung: Krips b.v., Meppel
Gedruckt auf säurefreiem und chlorfrei gebleichtem Papier
Printed in the Netherlands

ISBN 978-3-531-15730-6

Inhaltsverzeichnis

Einführung

Die seit Ende der achtziger Jahre zu beobachtende Institutionalisierung von Kulturmanagement (als Aus- und Weiterbildung) folgt der Erkenntnis, dass

- vor dem Hintergrund begrenzter oder sich verringernder staatlich-öffentlicher Finanzierungsmöglichkeiten eine Professionalisierung und Ökonomisierung der Kulturarbeit dringend geboten ist;

- aufgrund steigender Qualifikationsanforderungen an Bildung, Kultur und Wirtschaft auch höhere Anforderungen an das dafür zuständige Personal gestellt werden müssen.

Anliegen dieser Publikation ist es, Grundlagen und Orientierungen für die (universitäre) Lehre und Forschung im Kulturmanagement aufzuzeigen sowie Perspektiven für eine Professionalisierung der Akteure in den Feldern Bildung, Kultur und Wirtschaft zu entwickeln. Entsprechend dem breiten Aufgabenspektrum zielt sie auf die Vermittlung von Kenntnissen sowohl im kulturwissenschaftlichen als auch im betriebswirtschaftlichen Bereich. Ihr „innovatorischer" Charakter liegt in der Verschränkung dieser Kompetenzen, die bisher getrennt – hier die kunst-, kultur-, bildungs- und geisteswissenschaftliche, dort die betriebswirtschaftliche, ökonomische Ausbildung – vermittelt wurden. Darüber hinaus trägt diese Arbeit dazu bei, das Berufsbild des Kulturmanagers, das in der Diskussion seit Anfang der 90er Jahre äußerst kontrovers behandelt worden ist, begrifflich schärfer zu fassen.

Der Begriff Kulturmanagement hat vor allem durch die rasante Veröffentlichung von zumeist rezeptologischen Handbüchern eine inflationäre Bedeutung erhalten, die den wissenschaftlichen Diskurs zunehmend erschwert. Um gegen diese Entwicklung anzusteuern, bedarf es einerseits einer theoretischen Fundierung und Operationalisierung sowie einer praxisorientierten Handhabung von Kulturmanagement und andererseits einer definitorischen Abgrenzung des Praxisfeldes „Kultur" und somit auch des Kulturmanagement. Kultur wird im Sinne der hier favorisierten „Systemtheorie" verstanden als Ensemble oder Register aller sozial verfügbaren Themen, die in eigens dafür geschaffenen gesellschaftlichen Einrichtungen zum Zweck der Kommunikation aufbewahrt, aufbereitet, entwickelt und implementiert werden (Fuchs/Heinze 1994: 142 f.).

Das Arrangement dieser Einrichtungen, wie immer sie beschaffen sein mögen, unterliegt dabei selbst der thematischen Evolution, die sie ermöglicht. Wesentlich ist, dass diese Definition die Konstellation der je gepflegten und zur Pflege bestimmten Themen vom Bereich der dafür zuständigen Einrichtungen unterscheidet. Diese Unterscheidung ist der Ansatzpunkt für die theoretische Bestimmung dessen, was gemeinhin und in inflationärer Weise als Kulturmanagement bezeichnet wird. Kulturmanagement meint – hier pointiert formuliert – diejenige Profession, die mit der Organisation infrastruktureller Bedingungen der Möglichkeit kultureller Prozesse befasst ist, insofern diese Prozesse gesellschaftliche (kommunikative) Prozesse sind (ebd.: 143). Damit ist zugleich klar, dass Kulturmanagement in keiner Weise Kultur produziert, wie immer es auch an ihr partizipiert. Kulturmanagement stellt die Umwelt kultureller Prozesse. In dieser Funktion liegt seine Pragmatik begründet. Das macht es notwendig, in der darauf bezogenen Ausbildung beides, die kulturellen Prozesse und die Bedingungen ihrer Möglichkeit, zu studieren. Dieses „und" markiert zugleich, dass Kulturmanagement nichts anderes als eine „Grenzgängerprofession" sein kann. Kulturmanagement bezeichnet ein Möglichmachen von Kultur, eine Technik des Zubereitens, des Gestaltens von Terrains, des Verfügbarmachens von Ressourcen, von Planungs-, Rechts- und Wirtschafts-Know-how unter modernen gesellschaftlichen Bedingungen und nicht ein Dirigieren kultureller Prozesse. Als zentrale Ziele können – im Blick auf die Organisation infrastruktureller Bedingungen der Möglichkeit von Kultur – folgende genannt werden:

- Kulturmanagement fördert Prozesse, mit denen Zusammenhänge (Vernetzungen) im Differenten sichtbar gemacht werden. Kulturmanagement forciert Differentialität und Konnektivität zugleich.

- Kulturmanagement hebt also den kommunikativen Charakter kultureller Prozesse hervor und setzt ihn im Sinne einer Stärkung der Kommunikationssensibilität und Kommunikationsfähigkeit ein.

- Kulturmanagement sucht, entsprechend der transferenziellen Funktion von Kultur (vgl. I/3) in einer (post)modernen Gesellschaft, die codebedingten „gaps" zwischen den Funktionssystemen nicht zu schließen, sondern vor Augen zu führen. Damit wirkt es der isolationistischen Tendenz entgegen, Kultur als einen Sonderbereich aufzufassen, der sich im Kontakt mit einzelnen Funktionssystemen kontaminiert. Stattdessen kommt es darauf an, vorurteilsfrei den Umstand zu nutzen, dass kulturelle Prozesse global anfallen.

- Kulturmanagement organisiert und ermöglicht kommunikative Strukturen, die die Zahl und Qualität kultureller Beobachtungsmöglichkeiten lokal steigern.

Was bisher relativ abstrakt diskutiert wurde, wird pragmatisch dann, wenn man sich klar macht, dass Kulturmanagement sich zu arrangieren hat mit kulturpolitischen Maximen und Strategien sowie lokalen (kommunalen) Gegebenheiten. Weder Kultur noch das auf sie bezogene Management schweben im luftleeren Raum. Sie sind sehr konkrete kommunikative Prozesse, die sich an keiner Stelle aus dem Bereich loslösen, den sie tragen und der sie trägt.

Daraus ergibt sich ein außerordentlich komplexes Netzwerk von rechtlich, wirtschaftlich und politisch miteinander verquickten Strukturen, die das jeweilige kulturelle Feld definieren. Im Zuge der wachsenden Industrialisierung, Technisierung und elektronischen (sichtbaren und unsichtbaren) Vernetzung aller gesellschaftlichen Prozesse, damit auch der kulturellen Prozesse, muss dabei sowohl den neu entstehenden Formen von Kultur Rechnung getragen wie die Verflechtung der internationalen Kulturszene beachtet werden. Aus diesem Spannungsverhältnis resultiert aber auch die zunehmende Komplexität kultureller Prozesse. Mit Sicherheit werden kulturelle Angebote schwieriger „konsumierbar" werden. Je mehr Differentialität und Vernetzung sie spiegeln, desto deutlicher treten „Kulturvermittlungsprobleme" auf. Diese Probleme müssen in den Zielekanon von Kulturmanagement aufgenommen werden.

Die Gegenwartsdiagnose „Postmoderne" hat Pluralität zum Focus. Die Postmoderne beruht auf der Einsicht, dass „die Diversität der Lebensformen, Orientierungsmuster, Sprachspiele und Bedürfnisstrukturen unüberschreitbar und legitim ist" (Welsch 1993: 214). Für ein innovatives Kulturmanagement bedeutet dies, dass es auch Ressourcen zur Produktion von noch nie Dagewesenem nutzt. Die Zukunft wird ein Leben innerhalb unterschiedlicher sozialer und kultureller Kontexte sein, sowie ein Leben, das in sich mehrere Entwürfe durchläuft und verbindet. Darauf muss Kulturmanagement adäquat reagieren. Zu seiner Aufgabe gehört es geradezu, die Erfahrung von Unstrukturiertem zu ermöglichen, Ungesehenes zu schaffen, Objekte im Geist des Ereignisses zu gestalten (ebd: 217). „Das ist kein Freibrief für Dilettanten, sondern ein Aufruf zu professionellem Mut". Es gilt, die Rahmenbedingungen unserer Lebensverhältnisse, d.h. unserer Kultur, zu verändern.

Bezüglich der Verhältnisbestimmung von Kultur- und Wirtschaftsmanagement stellt sich die Frage, ob Kulturmanagement als Sonderfall der allgemeinen Managementlehre betrachtet werden kann (Schreyögg 1993), d.h. ob mit Beschränkung auf die der Betriebswirtschaft entlehnte Managementlehre ein syste-

matisch durchdachtes und auf den Kulturbetrieb wie auf Kulturprojekte ange-
passtes Management vorgelegt werden kann.

Die Logik des Wirtschaftsmanagement basiert bekanntlich darauf, dass es
mit einem sehr reduzierenden und vereinfachenden Medium, dem Medium des
Geldes, die Umwelt beobachtet. Sie erscheint unter diesem Blickwinkel in der
Form von Märkten. Aus der Beobachtung von Umwelt in der Sprache (Be-
schreibung) des Geldes ist zu lernen, dass man flexibel und innovativ handeln
muss, sei es, dass man neue Produkte auf dem Markt anbietet, sei es, dass die
Organisation den Anforderungen der Umwelt gemäß zu verändern ist. In diesem
Sinne kann von managerialem Denken in der Wirtschaft gesprochen werden.

Für Kulturmanagement sind vor allem die konzeptionellen Überlegungen der
modernen Organisations- und Verwaltungssoziologie (Pankoke 2000) zu strategischem Denken von zentraler Bedeutung. Strategisches Denken stellt eine
Herausforderung in dem Sinne dar, dass man nicht nur – z.B. durch Veränderung des Angebotes – auf sich verändernde Umwelten der „Erlebnisgesellschaft" reagiert, sondern mit dem Anspruch auftritt, in diese turbulente Umwelt
Entwicklungsperspektiven einzubringen und diese Perspektiven, d.h. kulturelle
Impulse, Investitionen und Innovationen, einer Bewertung (Evaluation) hinsichtlich ihrer Wirkungen in der Gesellschaft zu unterziehen.

Modernes Wirtschafts- und Kulturmanagement wird sich an Paradigmen des
ganzheitlichen, vernetzten und nach der Methode von Versuch und Irrtum sich
voran tastenden Handelns orientieren müssen (Bendixen 1993a: 17). Nach diesem Verständnis sind Manager

> „rationale Systemlenker und konstruktive Unruhestifter. Sie versuchen auf der einen
> Seite, Prozesse beherrschbar zu machen und sie zielorientiert zu formen. Auf der an-
> deren Seite aber streben sie nach Innovationen nicht zuletzt deshalb, weil die durch
> Rationalität erzeugten Stetigkeiten und Gleichförmigkeiten einen Grad an Routine er-
> reichen können, der unflexibel macht und ästhetisch gesehen eine Monotonie hervor-
> bringt, von der sich der Markt abwenden könnte wie von einem abgeleierten Schla-
> ger" (Bendixen 1993b: 112).

Das heißt: Managementpraxis ist auch in Wirtschaftsunternehmen eine Gestaltungskunst und erschöpft sich nicht in Funktionen und Tätigkeiten, die der Steuerung und Rationalisierung des Betriebes dienen. Neben zweckrationalem Handeln ist also gleichgewichtig innovatives Handeln gefragt.

Für die Praxis des Kulturmanagement stellt sich die Forderung, eine den Bedingungen und Bedürfnissen der Kultur bzw. der Künste kompatible Kultur des
Management zu entwickeln, die sich in manchen Hinsichten von den Praktiken
und Mentalitäten des Wirtschaftsmanagement entfernt. Die Aufgaben- und Ziel-
strukturen für kulturelle Einrichtungen weisen nämlich einen erheblich

höheren Grad an Komplexität auf als in der Wirtschaft. Im Unterschied zu dieser lassen sie sich nicht oder nur selten auf die Maßstäbe Geld und auf monetäre Zielgrößen, etwa Gewinn, reduzieren (Bendixen 1993: 113 f.). Einem innovativen Kulturmanagement bieten die relative Offenheit und Komplexität der Handlungsspielräume kultureller Einrichtungen für Experimentiermöglichkeiten und Gestaltungsvielfalt mehr Raum als er in der gewerblichen Wirtschaft in der Regel anzutreffen ist. Der Gestaltungsaspekt des Management erhält hier also ein besonderes Gewicht (ebd.: 114).

Eingangs wurde Kultur definiert als das Ensemble oder das Register aller sozial (d.h. kommunikativ) verfügbaren Formen, die kommunikative Anschlüsse verstehbar organisieren. Diese Begriffsbildung impliziert, dass Kultur ein „Totalphänomen" mit universaler Applizierbarkeit ist (Fuchs/Heinze 1994: 142). Das Management eines derart universalen Komplexes wäre eine Absurdität. Deshalb empfiehlt es sich, den Begriff einzuschränken. Die zentrale Möglichkeit nämlich, Kommunikationsprozesse geordnet und anschlussfähig zu halten, ergibt sich aus der Bindungskraft von Themen. Es entscheiden immer die Themen, wer was wann und wie – passender weise oder unpassender weise – zur Kommunikation beitragen kann. Diese Führfähigkeit von Themen kann sich evolutiv einstellen, aber sie wird auch gesondert gepflegt. Es gibt gesellschaftliche Einrichtungen, die sich damit befassen, alte und neue Themen aufzugreifen, auszuarbeiten, zu variieren und zu lancieren und für gesellschaftliche Kommunikation verfügbar zu machen.

Kulturmanagement ist zur Zeit ein solches Thema, das einer besonderen Pflege und differenzierten Ausarbeitung bedarf. Diese Ausarbeitung geschieht wie folgt: Zunächst wird im Teil I der Bezugsrahmen für Kulturmanagement dargestellt (Kap. 1). Daran anschließend (Kap. 2) beschreibt Lüddemann Formen der Kunstkommunikation, die ihren Verlauf, ihre Reichhaltigkeit und Dynamik mit vielfältigen Bezügen zu Kunst gestalten. Die Rolle der Kunst wird anhand von Fallbeispielen aus den Bereichen Tourismus, Industrie und kommunale Politik beschrieben und interpretiert. Im folgenden Kapitel (3) werden Perspektiven gemeinsamer Innovation von Kultur und Wirtschaft unter dem Blickwinkel der Kulturförderung und Kulturfinanzierung aufgezeigt. Das Kapitel (1) im Teil II widmet sich dem Kultursponsoring aus der Sicht des Sponsoring-„Gebers" (Unternehmen) und des Sponsoring-„Empfängers" (kommunale Praxis). Für den öffentlich-rechtlich organisierten Kulturbetrieb Museum (Kap. 2) werden anschließend Konzept und Instrumentarium eines besucherorientierten Marketing vorgestellt. Der Praxisteil (II) wird mit dem Beitrag (Kap. 3) zum (regionalen) Kulturtourismus abgeschlossen. Zum theoretischen und methodischen Bezugsrahmen des Kulturmanagement werden anschließend unterschiedliche Ansätze zur kulturwissenschaftlichen Hermeneutik (Teil III) vorgestellt. Im Teil IV erfolgt die Auseinandersetzung mit der Kritischen Theorie und ihrer Relevanz für die Konzeptionalisierung eines reflexiven Kulturmanagement. Zum Abschluss dieses theoretischen und methodischen Bezugsrahmens werden im Teil V mit dem systemtheoretischen Beitrag von Bode neue Perspektiven für einen Theoriediskurs aufgezeigt.

Es versteht sich von selbst, dass mit den hier vorgestellten Beiträgen keineswegs das Gesamtspektrum von Beobachtungsmöglichkeiten des Kulturmanagement, sondern nur exemplarisch einzelne Felder, Konzepte und Instrumente thematisiert werden.

Insgesamt zehn textbegleitende Übungsaufgaben sollen das Textverständnis absichern und darüber hinaus Anregungen bieten zur weitergehenden Auseinandersetzung mit der Theorie und Praxis von Kulturmanagement.

I   Grundlagen und Perspektiven des Kulturmanagement

1   Kulturmanagement – Eine Annäherung

Ende der 80er Jahre wurde, parallel zur Institutionalisierung grundständiger und weiterbildender Studiengänge zum Kulturmanagement an wissenschaftlichen Hochschulen und Universitäten (u.a. Hagen, Hamburg, Ludwigsburg), der Diskurs über Möglichkeiten und Grenzen dieser Disziplin eröffnet. Die von Anfang an kontrovers geführte Diskussion (Blamberger u.a. 1993) entbehrt nach wie vor eines gemeinsamen theoretisch-programmatischen Bezugsrahmens. Professionalität und Solidität in Lehre und Forschung sind für das Kulturmanagement erst in Ansätzen erkennbar. Anliegen der folgenden Beiträge (Kap. 1, 2, 3) ist es deshalb, konzeptionelle Überlegungen zur Gegenstandsbestimmung und Perspektivik von Kulturmanagement zu entwickeln und zu konkretisieren.

1.1   *Kulturmanagement als Perspektive angewandter Kulturwissenschaft*

Eingangs (vgl. Einführung) wurde darauf hingewiesen, dass aufgrund der Verflechtung von Kultur und Gesellschaft sowie der Komplexität in der Organisation kultureller Produktion und Kommunikation der Diskurs über Kulturmanagement interdisziplinär geführt werden sollte, d.h. kultur- und wirtschaftswissenschaftliche Aspekte gleichermaßen zu berücksichtigen sind. Mit dieser Verschränkung ist intendiert, die gesellschaftlichen Dimensionen und Wirkungen kulturellen Handelns ins Zentrum der Zielstellungen von Managementaktivitäten zu rücken. Aus kultursoziologischer Perspektive meint Kultur, bzw. kulturelles Handeln

> „sowohl eine spezifische Zugangsweise und Aktivität des Menschen auf sich selbst, seine Mitmenschen und seine Umwelt hin (einschließlich der von ihm geschaffenen) als auch die Produkte dieser Aktivität, wobei jene dieser erneut zum Gegenstand werden können ... Von der Auffälligkeit der sog. ‚Hohen Kulturleistungen' bis zur auffälligen Unauffälligkeit der Ubiquität kultureller Akzente in allen menschlichen Lebensbereichen spannt sich der große Bedeutungshorizont all dessen, was mit ‚Kultur' oder ‚kulturell' bezeichnet wird" (Soeffner 1990: 2 f.).

Daraus folgt, dass alles wirtschaftliche Handeln kulturell verfasst ist: Die Art und Weise, wie eine Gesellschaft sich mit Dingen des materiellen Bedarfs versorgt, wie sie also wirtschaftet, ist in der Wertestruktur der Kultur chiffriert.

Für ein reflexives Kulturmanagement bedeutet dies, dass die Gestaltung, Führung und Steuerung von Organisationen und (kulturellen) Institutionen sowohl im Management von Kultur als auch im Kontext der Kultivierung managerialer Praxis zu berücksichtigen sind (Pankoke 1992: 7). Die Beziehung zwischen Kultur und Management stellt sich einerseits mit dem Begriff des kulturellen Management, der die kulturell sensibilisierte innere Führung moderner Organisationen und ihrer Organisationskultur umfasst, andererseits mit Blick auf das Kulturmanagement als manageriale Gestaltung und Steuerung kultureller Felder und Prozesse dar. Besondere Bedeutung erhält in diesem Zusammenhang der konstruktivistische Ansatz der modernen Organisationssoziologie, der die Künstlichkeit von Organisationen thematisiert und damit die objektiven, festgefügten organisatorischen Rahmenbedingungen kultureller und wirtschaftlicher Institutionen in Frage stellt. Im konstruktivistischen Paradigma wird das Subjekt als Konstrukteur seiner Welt und Wirklichkeit begriffen und die zentrale Rolle der kulturellen Kommunikation für die Reflexion der Machbarkeit des Möglichen und die Künstlichkeit des Wirklichen herausgearbeitet (ebd.: 76). Nach Maßgabe dieses Ansatzes sind nicht nur die Abbilder sondern auch die Prinzipien der Konstruktion kulturell kommunizierbar. Dies betrifft sowohl moderne Kunstwerke als auch gesellschaftliche Organisationen als soziale Konstruktionen. Damit ist die Relevanz dieses Paradigmas sowohl für kulturelles Management als auch für Kulturmanagement evident. Fragt man nach den Konsequenzen dieser Überlegungen, so ergibt sich aus dem subjektbezogenen Modus der Erfahrungsverarbeitung und Realitätsbewältigung eine besondere *Verantwortung* des kulturell sensibilisierten Managers. Sie begründet die Notwendigkeit der Beobachtung und Interpretation von Wirklichkeit sowie deren Absicherung (Validierung) im intersubjektiven Diskurs. Dieser Diskurs bildet nicht nur die Grundlage des Beobachtens und Bewertens, sondern auch die Basis der Organisation und des Organisierens in Gestalt des intersubjektiven Aushandelns von Kontrakten und Konstrukten sowie Konflikten und Kontroversen. Daraus ergibt sich eine hohe Anforderung an die kommunikative Kompetenz des (Kultur-)Managers bezüglich des Aushandelns von Kontrakten und Konstrukten sowie der Beobachtung und Interpretation der Organisation und ihrer Umwelt. Kommunikation mit den Akteuren der Organisation bzw. des Organisierens ist gleichzeitig ein Instrument der Selbstreflexion. Die Vorstellung der Organisation als Konstrukt erweitert die *praktische* Perspektive des (Kultur-)Managers bezüglich der Gestaltung von Strukturen und Prozessen und zwar in der Bewusstheit der wechselseitigen Beziehungen von „System" und „Umwelt" (vgl. den Beitrag von Bode). D.h., der (Kultur-)Manager kann durch Beobachtung und Selbstbeobachtung dazu beitragen, das, was als System bzw. Umwelt (z.B. Recht, Finanzen, Technik, Politik) zu bezeichnen ist, von dem zu trennen ist, was beeinflussbar, d.h. gestalt- und erneuerbar ist.

Problematisch ist in diesem Zusammenhang die Dominanz einer ökonomischen Wertfestschreibung (über Geld) als Substitut für eine an künstlerischen Standards orientierte Bewertung von Kunstwerken. In diesem Spannungsverhältnis steht die ästhetisch-moralische Verpflichtung des Kulturmanagers, der entscheiden muss, nach welchen Parametern er sein Handeln ausrichtet.

Es ist nicht zu übersehen, dass wirtschaftliche Bewertung auch für Kunstgüter und -ereignisse notwendig ist und dass sie in vielen Fällen durchaus kompatibel mit der eigenständigen ästhetischen Bewertung ist (Hutter 1992). Auch künstlerische Ziele können effizient erreicht werden. Auch Kunstgüter haben ihre Preise. Auch der Kultursektor ist Teil der wirtschaftlichen Wertschöpfung. Daraus folgt, dass die Anwendbarkeit ökonomischer Beobachtungsmethoden mit dem Hinweis auf die grundsätzliche Andersartigkeit von Kultur in Abrede zu stellen ist. Notwendig ist es, im Hinblick auf die Eigenart von Kultur, eine eigene Ökonomie zu fordern. Eine Ökonomik, die von der Eigenart des Kulturellen ausgeht, muss nicht nur den Ereignischarakter gesellschaftlicher Prozesse berücksichtigen, sie muss auch unterstellen, dass Kunst und Kultur „neu, zwecklos und persönlich" (ebd.) sind. Für diese Güter, die neu sind, muss eine wirtschaftliche Bewertung erst gefunden bzw. geschaffen werden. Kommunikations- bzw. Kulturleistungen müssen allerdings ihre Abgrenzung von der „Käuflichkeit" dauernd unter Beweis stellen, um überleben zu können.

Unbestritten muss es Aufgabe eines reflexiven Kulturmanagement sein, Kunst von schnellen Verwertungsinteressen frei zu machen, die Positionen der Kunstschaffenden wieder stärker in den Mittelpunkt des Kunstprozesses zu rücken, Künstler aus ihrer Isolation herauszuführen, Kunst dem Rezipienten erlebnisnah zu präsentieren, um individuelle Selbsterfahrungsprozesse in Gang zu setzen. Sinn und Zweck eines so verstandenen Kulturmanagement ist der Erfolg der Künstler, die Schaffung optimaler Rezeptionsbedingungen für Kunst und künstlerische Produktion.

Gefordert ist eine „kulturelle Einstellung" und Perspektive für das Kulturmanagement. Diese besteht darin,

> „dass sie multiperspektivisch organisiert ist ... in einer ständigen Symbolisierungsarbeit, in der permanenten Setzung von Bedeutungs- und Wertakzenten bringen sich

Wirkungsweise und Resultat der kulturellen Einstellung und Perspektivik zum Ausdruck. Allerdings: sie verleihen uns selbst und unserer Welt nicht lediglich Sinn, repräsentieren nicht lediglich unseren Versuch, uns durch einen Schutzschild von Bedeutungen und Erklärungen gegen Zufälligkeit und Chaos abzusichern: sie 'veredeln' und überhöhen tendenziell jeden Zug unseres Lebens, sie sichern das Geflecht der Bedeutungen zusätzlich durch einen Wertakzent ab. Kultur als menschliche Einstellung ist Frömmigkeit gegenüber den Dingen. Sie ist diesseits der großen Religion die konkrete, täglich praktizierbare Menschenreligion, so etwas wie die unentwegte Anstrengung, unsere Zufälligkeit und Endlichkeit der Zeit zu transzendieren" (Soeffner 1990: 44).

Die „kulturelle Einstellung" und das „ästhetische Denken" (Welsch 1993) sind Bezugspunkt und Orientierungsrahmen für ein reflexives Kulturmanagement. Gleichwohl bedarf es einer (methodischen) Operationalisierung dieses programmatischen Rahmens, die unter dem Stichwort „kulturwissenschaftliche Hermeneutik" (Heinze-Prause/Heinze 1996) vorgenommen werden kann. Um zu gewährleisten, dass Kulturmanagement seine Vermittlungsfunktion, nämlich auch „schwierige" kulturelle Angebote einem „breiten" Publikum zugänglich zu machen, wahrnehmen kann, muss es sich eine (empirisch-)hermeneutische Einstellung zu eigen machen. Diese „hermeneutische Einstellung" zerstört nicht, um einem möglichen Einwand zu begegnen, die sinnliche Erfahrung und den Genuss beim Betrachten z.B. eines Kunstwerkes. B. Brecht (1967) ist u.a. in seinen Schriften zum (epischen) Theater auf dieses Missverständnis eingegangen: Dabei hat er eine Professionalisierung des Zuschauers, seine „Emanzipation vom totalen Kunsterlebnis", im Blick. Es geht ihm nicht um einen Ersatz für das Kunsterlebnis, sondern um ein In-Frage-Stellen der „widerspruchsarmen" und „widerspruchsentleerten Totalität dieses Erlebnisses" (Brecht 1967: 377). Damit wird nicht für den Verzicht auf die „Einfühlung" in das Kunsterlebnis plädiert, sondern dafür, dass beim Betrachten des Kunstwerkes eine kritische Haltung eingenommen wird. Diese kritische Haltung ist „nichts Kunstfeindliches, wie oft geglaubt wird; sie ist sowohl genussvoll als auch emotional, sie ist selber ein Erlebnis, und sie ist vor allem eine produktive Haltung" (ebd.). Eine solche Sichtweise ist ungewohnt, weil wir in der Regel das Widersprechen und Distanzieren als wissenschaftliche Haltung akzeptieren, nicht aber in den „Kunstgenuss" hineindenken können. Wir kennen im üblichen „Kunstgenuss" natürlich auch eine „höhere Stufe, die kritisch genießt, aber die Kritik betrifft hier nur das Artistische ..." (ebd.: 378). Eine kritisch-distanzierte und damit professionelle Haltung gegenüber einem Kunstwerk ist als solche „tief genussvoll". Sie stellt sich ein, sofern es dem Kulturmanager gelingt, die kunstvollen Operationen des Auslegens und Interpretierens einem interessierten Publikum zu vermitteln.

Die Befähigung zum kompetenten Kunsturteil des Kulturmanagers beweist sich darin, dass er sein professionelles Urteil dadurch im Diskurs zwischen Kennern und „Banausen" unter Beweis stellt, „dass er dem Banausen nicht nur überzeugend, sondern zugleich wohlbegründet die Relevanz des von ihm kritisierten und charakterisierten Kunstwerks darzulegen vermag" (Gethmann-Siefert 1992: 28). David Hume hat, so Gethmann-Siefert (1992), darauf hingewiesen, dass

> „Kennerschaft, Genialität und Kongenialität der Kunstproduktion und Rezeption ... entweder mitteilbar oder gesellschaftlich irrelevant (sind). Zwar mag es sein, dass nicht jeder gleichermaßen begabt ist, Kunstwerke zu schaffen, aber jeder ist nach Hume zumindest gleichermaßen begabt, sie nachzuvollziehen bzw. sich selbst vom Banausen zum Kenner zu bilden. Fehlt die Kompetenz, ein Kunstwerk zureichend zu beurteilen, kann diese gelehrt und gelernt werden" (ebd.).

Prinzipiell gelten die hier referierten Überlegungen auch für die Appropriation „profaner", (alltags-)kultureller Objekte, wie Soeffner (1990) als Kritik an der „Kritischen Theorie" überzeugend dargelegt hat (vgl. Kap. IV, 3). Nicht tragfähig ist die von den Exponenten (Adorno/Horkheimer) dieser Theorie unterstellte strukturelle Symmetrie von Produktion und Konsumtion (Rezeption). Im Gegenteil:

> „Die Subjektivierung, die individuelle Aneignung eines seriell hergestellten Produktes durch einen Einzelnen, wird damit systematisch übersehen: Das Individuum verschwindet hinter der Rolle des Konsumenten, und die spezielle Gleichheit der Produkte suggeriert fälschlich eine serielle Gleichheit der Aneignung und Nutzung" (Soeffner 1990: 26).

Die Formen der

> „gesellschaftlichen Kulturaneignung, Selbstzuordnung, Selbstdefinition und Einpassung, durch die die Individuen sich (oft miteinander konkurrierenden) kulturellen Ausdrucksformen, und damit den diese repräsentierende ‚Träger'-Gruppen (häufig in mehrfacher Mitgliedschaft) anschließen" (ebd.: 21),

sind somit Gegenstand der Forschung eines modernen Kulturmanagement. Zu analysieren ist nicht nur, „wie Menschen sich den Produkten", sondern „wie Menschen sich die Produkte anpassen",

> „wie Autos, Anzüge, Sammeltassen, venezianische Gondeln als Rauchverzehrer, italienische Sitzmöbel, Bücher, Briefbeschwerer, Szeneposter, Chefzimmer etc. den Individuen, deren Gewohnheiten, Umgebung und Kombinationsfreudigkeit angeglichen, wie sie in ein subjektiv konstituiertes Milieu eingearbeitet und mit ihm verschmolzen werden. In diesen Akten der Privatisierung des allen tendenziell zugänglichen und der Individualisierung des Kollektiven vollzieht sich, an Subjekt und Objekt beobachtbar, die Übersetzung des Seriellen ins Einmalige (... das eigene Auto...)" (ebd.: 27).

„Serielle Produktion des verwechselbar Gleichen führt also nicht lediglich zur seriellen Rezeption und Konsumtion. In den mit Aneignungs- und Markierungshandlungen verbundenen Gefühls- und Erinnerungsbeigaben gehen die Massengüter durch den individuellen Zoll und werden dort als ,subjektiv' deklariert: Je mehr seriell produziert, angeboten und abgenommen wird, umso mehr wächst der Aufwand an Individualisierung serieller Produkte in der Aneignung, umso mehr wird Individualisierung gefordert und problematisiert, immer aber auch geleistet, und sei es auch nur in der gekonnten Zusammenstellung von ,Zitaten', von Bruchstücken des ,immer schon Dagewesenen'" (ebd.: 27 f.).

Dieser Gedankengang wird in der „Erlebnisgesellschaft" von G. Schulze (1992) sowie in seinen Ausführungen zu „Warenwelt und Marketing im kulturellen Wandel" (1994) aufgegriffen und auf empirischer Basis ausdifferenziert. Weil der Grenznutzen von Produktinnovationen spürbar nachlässt und weil neue Nutzendefinitionen nicht mehr einfach an den gesunden Menschenverstand appellieren können, beginnt, so Schulze (1994), die produktorientierte Denkwelt zu bröckeln. Beim erlebnisrationalen Konsum haben Waren und Dienstleistungen den Status eines Mittels für innere Zwecke; man wählt sie aus, um sich selbst in bestimmte Zustände zu versetzen. „Erlebnisrationalität ist Selbstmanipulation" (ebd.: 28) des Subjekts durch Situationsmanagement. Die Absichten der Konsumenten richten sich auf psychophysische Kategorien wie Ekstase, Spannung, Entspannung, sich wohlfühlen, Gemütlichkeit, sich ausagieren.

Der erlebnisorientierte Konsument sieht die objektive Qualität der Waren nur als ein Mittel für einen subjektiven Zweck an. Die neuen Interaktionsmuster zwischen Anbietern und Nachfragern beschreibt Schulze (1994: 32 ff.) wie folgt:

„Korrespondenzprinzip und Schematisierung":
Das Korrespondenzprinzip bestehe in der Auswahl von Angeboten mit dem größten vermuteten Erlebnisnutzen. Darauf reagieren die Anbieter mit Schematisierungen: Sie versehen die Produkte mit Attributen, die an bestimmte alltagsästhetische Schemata appellieren (z.B. Sekt: Hochkultur: Konzertpause, elegant gekleidete Personen; dagegen Sekt mit Spannungsschema in Verbindung: schäumender Sekt, exzentrische, ausgelassene Personen).

„Kumulation und Überflutung":
Da die Korrespondenzstrategie unzuverlässig sei (aus der Sicht der Konsumenten: Die Produkte halten nicht, was sie versprechen) bedürfe es einer weiteren Strategie: Auf Seiten der Konsumenten die Kumulation: Möglichst viel mitzunehmen, in der Hoffnung, dass irgendetwas dabei sein möge, das die Erwartungen erfüllt. Die Anbieter reagieren auf die Strategie der Kumulation mit Über-

flutung: Im Übermaß und in unendlich vielen Varianten erscheinen Fernsehpro-gramme, Deodorants, Kleider, Autos, Schmuck, Urlaubsmöglichkeiten.

„Variation und Abwandlung":
Erlebnisorientierung gehe mit einem ständigen Bedarf nach Neuem einher. Erlebnisse speisen sich aus der Erfahrung von Unterschieden. Der Variations-strategie der Konsumenten komme die Abwandlungsstrategie der Anbieter ent-gegen: Man kreiere neue Designs, Folgemodelle, den alternativen Urlaub, das revolutionäre Fahrerlebnis, den nie da gewesenen Joghurtgeschmack. Nicht um Fortschritt der Produkte gehe es hier, sondern um das Andere.

„Autosuggestion und Suggestion":
Der rationale Erlebniskonsument wehre sich nicht etwa gegen Suggestion (wie es der rationale produktorientierte Konsument tun müsse), sondern er fragt sie nach: Den Ruhm des Virtuosen, den Massenandrang zum Rockkonzert, die aktuelle Etabliertheit modischer Details im eigenen Milieu, die Absegnung eines Films als „Kultfilm", die Definition des Erlebnisgehalts von Angeboten durch Werbung...

Auf die Verbraucherstrategie der Autosuggestion antworten die Anbieter mit Fremdsuggestion. Auf einem produktionsorientierten Markt ist Suggestion, so Schulze, Betrug. Für den erlebnisorientierten Konsumenten gelte, dass sein Konsumzweck erreicht sei, wenn er ein Erlebnis habe, das er als befriedigend ansehen könne. Die bloße Ware ohne symbolisches Zubehör sei hierfür selten ausreichend, weil die meisten Verbraucher entweder nicht fähig oder nicht wil-lens seien, die gesamte psychophysische Reaktion selbst aufzubauen, die zum Erleben der Ware erforderlich sei. Beide Akteure arbeiten zusammen; Suggesti-on gehöre zum Service. Unbrauchbar seien Begriffe von Lüge und Wahrheit, wo es im Einvernehmen aller Marktteilnehmer primär darum gehe, dem End-verbraucher gewünschte psychophysische Prozesse zu verschaffen. Unter diesen Bedingungen gelte: Je wirksamer die Suggestion, desto besser das Produkt.

Zusammenfassend kann konstatiert werden:
Die Akteure des Marktgeschehens treffen nicht mehr bloß auf eine gegebene Wirklichkeit; vielmehr sind sie es, so Schulze, die eine von vielen möglichen Wirklichkeiten auswählen und konstruieren.

1.2 Paradoxien des Kulturmanagement: Zwischen Erlebnisnachfrage, kultureller Demokratie, transkultureller Verantwortung

Kulturpolitik, Korporationen (Kulturämter, Institutionen der Produktion kultureller „Erlebnisangebote"), Künstler und Publikum repräsentieren, aus dem Blickwinkel ihrer jeweiligen „Eigenrationalität", die Akteure des Handlungsfeldes Kulturmanagement (Schulze 1992: 506). In diesem Feld hat jeder Beteiligte „ein Interesse an der Selbstkonstruktion des Erfolgs; er glaubt daran umso mehr, als sich Erfolg (der im Rahmen der jeweiligen Eigenrationalität definiert ist) scheinbar überdeutlich als Publikumserfolg manifestiert" (ebd.: 513).

Das Publikum als „Erlebnisnachfrager" entscheidet hinsichtlich der Angebote, sei es der kulturpolitisch geförderte oder der kommerziell gefertigte Teil des gesamten Erlebnisangebots, nach „denselben Gesichtspunkten" (ebd.: 516). Damit wird der Gestaltungsspielraum von Kulturpolitik und Kulturmanagement weitgehend durch das definiert, „was den Erlebnisnachfragern Spaß macht" (ebd.). Kulturpolitik und Kulturmanagement können in dieser Situation nur versuchen, eine gewisse Eigenständigkeit zu bewahren. Die Hoffnung, dass Kulturpolitik

> „die Dynamik des Erlebnismarktes bremsen, korrigieren oder zurückschrauben könnte, ist eine offenkundige Überschätzung ihrer Möglichkeiten... Sie muss mit den kommerziellen Erlebnisanbietern um das Publikum konkurrieren und kann dabei die Logik des Erlebnismarktes, gegen den sie eigentlich opponieren wollte, nicht gänzlich unterlaufen" (ebd.: 525).

Damit scheint auch die mit dem bürgerlichen Zeitalter der Aufklärung entwickelte Idee der Autonomie von Kunst und Kultur im Sinne der freien Entfaltung von Individualität, an der Kulturpolitik und Kulturmanagement als Programmatik bis heute festhalten, obsolet zu sein. Kulturelle Eigenproduktion gerät in den „Zangengriff" von Kulturpolitik und Kulturindustrie. Das Zukunftsszenario könnte, so Schulze, wie folgt aussehen:

> „Im Zangengriff der korporalisierten Erlebnisproduktion, hier das privatwirtschaftliche Vergnügungsmarketing, dort der durchgeplante, bürokratisierte Kulturbetrieb - bleibt am Ende kaum noch eine Nische für ästhetischen Eigensinn" (ebd.: 519).

Autonome kulturelle Eigenproduktionen oder Impulse entstehen nicht mehr bzw. sie

> „werden von den Institutionen der ästhetischen Produktion geortet, verschlungen und als korporativ verfremdetes Massengut wieder auf den Erlebnismarkt geboxt. Wirksame Opposition ist so lange nicht zu erwarten, wie im Publikum der Rationalitätstyp der Erlebnisnachfrage dominiert" (ebd.).

Für Kulturpolitik mit dem Anspruch ästhetischer Existenzsicherung erscheint der Handlungsspielraum zunehmend eingeschränkt; Kulturmanagement hat unter diesen Bedingungen zu bedenken, dass mit der Unterordnung der gesellschaftspolitischen unter die ökonomische Rationalität die „Konvergenz von kulturpolitischer Enklave und kommerziellem Erlebnismarkt schließlich bis zur Unterschiedslosigkeit vorangetrieben wurde" (ebd.: 529). Eine wesentliche Aufgabe von Kulturpolitik und Kulturmanagement wird deshalb das Nachdenken sowie strategische Handeln aufgrund „drohender Verluste" sein müssen oder, wie Alexander Kluge bereits Mitte der achtziger Jahre forderte, die aktive Verteidigung der „Zeitorte der klassischen Öffentlichkeit, darunter das Kino, die Buchhandlung, den Konzertsaal, die Oper" (Kluge 1985: 108). Der „Reichtum", den diese „Zeitorte" repräsentieren,

> „hatte einen Mangel: Er war nicht durch jedermann zu erwerben, aber es wäre eine verbrecherische Verwüstungsaktion, die Nichterreichbarkeit des reichen Ausdrucksvermögens für jeden aufrechtzuerhalten und zugleich die in den klassischen Öffentlichkeiten versteckte Utopie zu beseitigen, dass es für den einen oder anderen und möglicherweise auch für alle, entgegen aller Wahrscheinlichkeit, erlangbar sei, etwas zu wissen, allseitig zu empfinden usf." (ebd.: 59).

Gerhard Schulze hat in seiner empirischen Studie „Erlebnisgesellschaft" den Nachweis erbracht, dass die „Konsumenten kulturpolitischer Leistungen ... gegenwärtig hauptsächlich zwei Milieus (sind): Niveaumilieu und Selbstverwirklichungsmilieu" (Schulze 1992: 520). Beide Milieus, das mit dem hochkulturellen Schema korrespondierende Niveaumilieu sowie das dem alltagskulturellen Schema bzw. der „Neuen Kulturszene" analoge Selbstverwirklichungsmilieu, „schaffen sich Öffentlichkeiten in Form von Szenen, wo sie existentielle Anschauungsweisen darstellen, sich orientieren, ästhetische Muster stabilisieren und Ansätze von Großgruppenbewusstsein entwickeln" (ebd.). Diese beiden „gebildeten Milieus" dominieren, so Schulze, im gesamten kulturpolitischen Handlungsfeld. „Ihre Vertreter formulieren die gesellschaftspolitischen Programme der Kulturpolitik, organisieren und betreiben die Korporationen und stellen sich selbst als Künstler dar" (ebd.). Konsequenz daraus ist ein „Asymmetrieeffekt der Kulturpolitik" und damit eine kulturelle Partizipation, die von Aufklärungsapologeten als undemokratisch bezeichnet wird. Eine Alternative zur asymmetrischen Kulturpolitik ist unter den derzeitigen gesellschaftlichen Bedingungen, so Schulze, nicht möglich, wobei immerhin zugestanden werden kann, „dass den anderen Milieus die Teilnahme an der Kultur der Gebildeten offen steht" (ebd.: 521). Darüber hinaus wirkt in einer Zeit,

> „wo ein Gutteil der Verantwortung für individuelle ästhetische Praxis nicht mehr den Umständen in die Schuhe geschoben werden kann, sondern beim Individuum selbst

liegt, ... das kämpferische Pathos des Rufes nach Demokratisierung von Kultur anti-quiert. Wenn überhaupt, müsste inzwischen die Forderung nach Demokratisierung an die Erlebnisnachfrager selbst gerichtet werden" (ebd.: 522).

Als Weiterführung und Differenzierung der kultursoziologischen Überlegungen von Schulze ist in diesem Zusammenhang auf das von W. Welsch (1994) entwickelte Konzept der „Transkulturalität" zu verweisen und zwar insofern, als es dem Kulturmanager die Vielfalt unterschiedlicher Lebensformen und Lebensstile moderner Gesellschaften sowie die Grenzüberschreitung von Nationalkulturen aufzeigt. Damit verschwinden auch die

„stabilen Kategorien von Eigenheit und Fremdheit. Im Innenverhältnis einer Kultur, zwischen ihren diversen Lebensformen, existieren heute tendenziell ebenso viele Fremdheiten wie im Außenverhältnis zu anderen Kulturen. Es gibt zwar noch eine Rhetorik der Einzelkulturen, aber in der Substanz sind sie alle transkulturell bestimmt. Anstelle der separierten und separierbaren Einzelkulturen von einst ist eine weltweit verähnlichte und hochgradig interdependente Globalkultur entstanden, die sämtliche Nationalkulturen verbindet und bis in Einzelheiten hinein durchdringt" (Welsch 1994: 12).

Das Phänomen der „Transkulturalität" gilt nicht nur für die „Makroebene" der Kulturen, sondern betrifft ebenfalls die „Mikroebene" der Individuen. Wir sind, so Welsch, „kulturelle Mischlinge", unsere kulturelle Formation ist transkulturell. Das Konzept der „Transkulturalität" beinhaltet folgende konzeptionelle und normative Aspekte:

„Interne und externe Transkulturalität: Die Entdeckung und Akzeptation der transkulturellen Binnenverfassung der Individuen ist eine Bedingung, um mit der gesellschaftlichen Transkulturalität zurechtzukommen. ... Wir werden genau dann, wenn wir ... unsere innere Transkulturalität nicht verleugnen, eines anerkennenden und gemeinschaftlichen Umgangs mit äußerer Transkulturalität fähig werden" (ebd.: 12/13).

„Kulturelle Anschluss- und Übergangsfähigkeit: Das Konzept der Transkulturalität zielt auf ein vielmaschiges und inklusives, nicht separatistisches und exklusives Verständnis von Kultur ... Es gilt, nicht nur Ausdifferenzierungsbestände der eigenen Kultur, sondern ebenso transkulturelle Komponenten miteinander zu verbinden, ja ihnen in erster Linie Rechnung zu tragen. Stets bestehen im Zusammentreffen mit anderen Lebensformen nicht nur Divergenzen, sondern auch Anschlussmöglichkeiten, und diese können erweitert und entwickelt werden, so dass sich eine gemeinsame Lebensform bildet, die auch Bestände einzubegreifen vermag, die früher nicht anschlussfähig schienen" (ebd.: 13).

„Kulturelle Vielheit": Es bildet sich, so Welsch, eine

„Vielheit neuen Typs: die Vielheit unterschiedlicher Lebensformen von transkulturellem Zuschnitt. Auch sie ist durch hohe Individualisierungsgrade und Differenzenmannigfaltigkeit gekennzeichnet..." (ebd.).

Die Unterschiede bilden sich im „Durcheinander und Miteinander unterschiedlicher Lebensformen. Die Differenzierungsmechanik folgt nicht mehr geographischen oder nationalen Vorgaben, sondern kulturellen Austauschprozessen" (ebd.). Die kulturpolitische Brisanz eines solchen Konzepts ist offenkundig: es befördert einerseits „Verstehen und Interaktion", enthält andererseits „Zumutungen gegenüber liebgewordenen Gewohnheiten". Eine produktive Herausforderung für ein modernes, reflexives Kulturmanagement!

Zusammenfassend lässt sich das *Profil* des Kulturmanagers nunmehr wie folgt beschreiben: Die Kompetenz des professionellen Kulturmanagers ist die eines „Grenzgängers": Er muss fähig sein, in unterschiedlichen Kontexten zu denken, durch inkongruente Perspektiven Felder unter Spannung und in Bewegung zu setzen. Sein Vorbild sollte der „Magier" sein, der über die Fähigkeit zu indirekter Steuerung, zur Intervention, zum Eingriff in autonome Systeme verfügt, ohne Autonomie zu zerstören. Darüber hinaus müsste er imstande sein, im Sinne ästhetischen Denkens strategische Visionen in (trans-)kultureller Einstellung kommunizierbar zu machen. Diese ästhetischen, kulturellen und kommunikativen Kompetenzen werden von einem professionellen Kulturmanager in einer komplexen, erlebnisdynamischen Gesellschaft, in der die Konsense nicht mehr stabil und die Orientierungslinien diffus sind, erwartet: Er muss imstande sein, als Grenzgänger zwischen unterschiedlichen Sprach- und Sinnwelten zu vermitteln.

1.3   Konsequenzen für die Aus- und Weiterbildung

Kulturmanagement hat sich zu arrangieren mit kulturpolitischen Maximen, Strategien und lokalen (kommunalen) Gegebenheiten. Gerade die Berücksichtigung solcher Gegebenheiten ist wesentlicher Bestandteil der kulturmanagerialen Ausbildung. Weder Kultur noch das auf sie bezogene Management schweben im luftleeren Raum. Sie sind sehr konkrete kommunikative Prozesse, die sich an keiner Stelle loslösen aus dem Bereich, den sie tragen und der sie trägt.

Dieser Bereich ist unter anderem dadurch gekennzeichnet, dass er politisch geprägt, dass er der Bereich der „öffentlichen Hand" ist, die, ihrem gesetzlichen Auftrag nachkommend, einerseits eigene kulturelle Einrichtungen unterhält, andererseits auch nicht-staatliche Institutionen, Gruppen und Personen fördert. Kulturpolitische Akteure sind in diesem Kontext nicht nur der Staat und seine nachgeordneten Gebietskörperschaften, sondern auch die Parteien, die Kirchen, die Vereine und sonstigen Organisationen. Das Zusammenwirken, die wechselseitige Kontrolle von Staat, Kommunen und freien Trägern bei der Förderung und Gestaltung des kulturellen Lebens wird im Begriff des kooperativen Kulturföderalismus zusammengefasst. Daraus ergibt sich ein außerordentlich komplexes Netzwerk von rechtlich, wirtschaftlich und politisch miteinander verquickten Strukturen, die das jeweilige kulturelle Feld explizit, weitgehend aber auch implizit definieren. Die kulturellen Ereignisse, die darin zustande kommen, sind vielfältig restringiert und im Normalfall Effekte von Kompromissbildungen. Deswegen ist der kooperative Kulturföderalismus darauf angewiesen, dass eine Koordinationsinstanz jenes komplexe Netzwerk nicht nur zu entflechten, sondern im Interesse der Kultur zu nutzen versteht.

Kulturmanagement hat dann eines seiner Ziele in der Koordination der rechtlichen, wirtschaftlichen, politischen (und sonstigen) Ressourcen und Potenzen als Bedingung der Möglichkeit von relativ reibungsverlustfreien kulturellen Prozessen erreicht.

Das in diesem Sinne immer lokale Management kultureller Prozesse steht aber in einem Spannungsverhältnis zwischen Lokalität und Globalität. Was lokal geschieht, geschieht in globaleren Kontexten, wie umgekehrt global wirksame Ereignisse lokale Möglichkeiten verändern. Aus diesem Grund muss Kulturmanagement die Zielvorstellung realisieren, dieses Spannungsverhältnis aufrecht zu erhalten und fruchtbar zu machen. Im folgenden Schaubild werden die Felder des Kulturmanagement dargestellt.

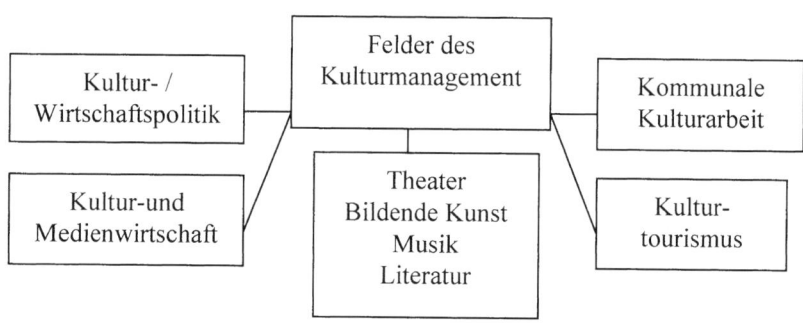

Abbildung 1: Felder des Kulturmanagement

Zur problembezogenen Implementierung und Anwendung moderner, der Betriebswirtschaft entlehnter Konzepte des Management liegen für alle Sparten des Kulturbereichs (Bildende Kunst, Darstellende Kunst, Musik, Alltagskultur) Anregungen, Erfahrungsberichte und Fallstudien vor (Heinze 1997). Dies betrifft insbesondere die Konzepte und Instrumente des Controlling, Marketing sowie der Kulturförderung und ihrer Finanzierung (Bendixen/Heinze 1999). Die folgende Abbildung fasst die Instrumente des Kulturmanagement zusammen.

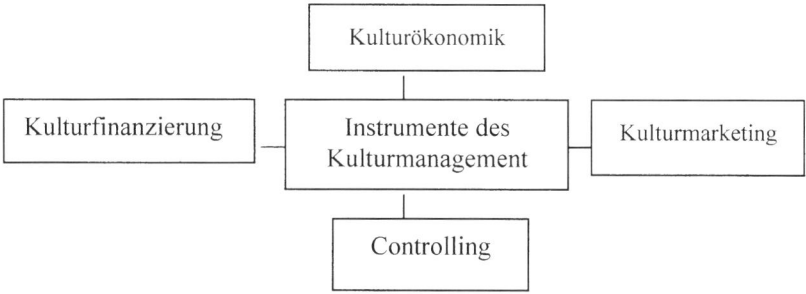

Abbildung 2: Instrumente des Kulturmanagement

Aus den skizzierten programmatischen Überlegungen ergibt sich, dass eine universitäre Aus- und Weiterbildung Kulturmanagement eine Kombination von drei Bestandteilen sein muss:

Die Lehre hat theoretisch reflektiertes, praxisbezogenes Wissen zu präsentieren, das sich auf den infrastrukturellen Abstützungsbedarf kultureller Prozesse bezieht, z.b. kulturökonomisches, finanztechnisches, organisatorisches, juristisches oder politisches Wissen.

Die Lehre hat dieses Wissen in Blick darauf zu vermitteln, dass Prozesse soziale (kommunikative) Prozesse sind. Damit ist die Bandbreite soziologischer Wissensbestände angesprochen, die von der Soziologie der Medien bis hin zur Soziologie sozialer Systeme reicht. Wesentlich kommt es hier darauf an, Transparenz zu erzeugen hinsichtlich der sozialen Prozesse, in die Kulturmanagement nolens volens verwickelt ist. Das Moment der Reflexion erscheint hier als studienbedingte Distanzierung vom sozialen Arbeitsfeld.

Die Lehre hat kulturwissenschaftliches Basiswissen verpflichtend anzubieten, mit dessen Hilfe die Konditionen von Kultur durchsichtig gemacht werden können. Anders formuliert: Das kulturwissenschaftliche Moment führt den Gegenstand, nämlich Kultur, in ihren zentralen Aspekten vor, auf den sich das Management, Konditionen schaffend, bezieht.

Übungsaufgabe 1:

Erläutern Sie den Begriff des reflexiven Kulturmanagement.

2 Kunstkommunikation als Management von Bedeutungen[1]

Der vorliegende Beitrag beschreibt mit Kunstkommunikation nicht einfach Kommunikation über Kunst, sondern Formen der Kommunikation, die ihren Verlauf, ihre Reichhaltigkeit und Dynamik mit vielfältigen Bezügen zur Kunst gestalten. Dies setzt voraus, Kunst nicht schon selbst für Kommunikation zu halten. Formen professioneller Kommunikation zum Thema Kunst wie etwa wissenschaftliche Kunstinterpretation oder Kunstkritik sind nicht Gegenstand dieses Textes. Statt dessen geht es um Kommunikation als (Alltags-)Praxis.

Dies umfasst personale Interaktion ebenso wie den politischen Streit, die Tourismuswerbung oder die Positionierung von Industrieunternehmen in der öffentlichen Wahrnehmung. Die Rolle der Kunst in diesen Kommunikationen soll anhand von Fallbeispielen beschrieben und interpretiert werden. Neben Definitionsvorschlägen für die Begriffe von Kommunikation und Kunst gehören auch Folgerungen für das Management von Kunstkommunikation zu den Zielen des Beitrags. Ausgangspunkt der Argumentation ist jedoch in jedem Fall der empirische Befund, und sei es die Wahrnehmung eines fiktionalen Textes, aus dem viel über Kommunikation *mit/über/durch* Kunst gelernt werden kann. Die paradigmatische Analyse dieses Textes bildet den Ausgangspunkt der Untersuchungen zum Thema Kunstkommunikation.

2.1 Streit um das weiße Bild: Yasmina Rezas Theaterstück „Kunst"

„Mein Freund Serge hat sich ein Bild gekauft. Ein Ölgemälde von etwa ein Meter sechzig auf ein Meter zwanzig, ganz in Weiß. Der Untergrund ist weiß, und wenn man die Augen zusammenkneift, kann man feine weiße Querstreifen erkennen" (Reza 1996: 13).

Mit spürbarer Ironie schildert Marc gleich zu Beginn von Yasmina Rezas Erfolgsstück „Kunst", ein weißes Bild mit weißen Streifen. Nach dieser Beschreibung in dem Theaterstück, das 1994 in Paris uraufgeführt und am 29. Oktober 1995 an der Berliner Schaubühne in Deutschland erstaufgeführt wurde, schrumpft Gegenwartskunst auf einen beliebigen Minimalismus. Nur Rahmen und Platzierung grenzen das weiße Bild noch von der wahrscheinlich ebenfalls weißen Wand ab. Die weißen Streifen auf weißem Grund markieren den Grenzpunkt einer Kunstgestalt als Darbietung interner Strukturen. Dieses Bild stellt nichts dar, es ist weit davon entfernt, eine Botschaft zu besitzen. Dennoch löst

---

[1] Autor: Stefan Lüddemann.

es Konversation aus, provoziert Kontroversen, ermöglicht Versöhnung. Kurz, es bildet den Anlass vielfältiger Kommunikation. Diese ironische Paradoxie kennzeichnet nicht nur das Stück von Yasmina Reza, sondern auch das Feld der Kunstkommunikation. Wer der Handlung des Stücks folgt, erhält Hinweise, die das Thema dieses Aufsatzes aufschließen. Was also geschieht? In dem Stück

> „überrascht Serge, ein gut verdienender Hautarzt, seinen Freund Marc damit, dass er für 200.000 Francs ein großformatiges, völlig weißes Gemälde erwirbt. Marc, Ingenieur, Kunstkenner und Verächter der Moderne, ist schockiert über diesen Kauf. Jeder der beiden versucht, den gemeinsamen Freund Yvan auf seine Seite zu ziehen. (...) In neunzig kurzweiligen Minuten streiten sich die drei über moderne Kunst und die richtige Einstellung zum Leben" (Lohse 2001: 175).

Die Kunst und das Leben: Diese Stichworte bezeichnen auch die Kommunikation, die an diesem Text beobachtbar wird. Kommunikation hat für die Figuren zunächst die Funktion, sich über das weiße Bild und seinen Stellenwert klar zu werden. Kaufpreis, Name des Malers, Verweis auf andere seiner Werke in Museen und ähnliche Informationen dienen dazu, das rätselhafte, weil „nichtssagende" Objekt dem Bereich der Kunst zuordnen zu können. Kunstcharakter entsteht durch Kommunikation. Abgesehen von diesen statistischen Daten verweisen Rezas Figuren auf verfeinerte Wahrnehmung als Organ der Kunstrezeption. Die „Vibration" (Reza 1996: 24), die an dem Bild wahrnehmbar sein soll, wird zum Prüfstein, nicht für das Bild, sondern für die Personen, die mit ihm umgehen. Kommunikation verhandelt auf dieser Ebene nicht die Frage nach dem Kunstcharakter von Kunst, sondern das Niveau der kulturellen Sozialisierung ihrer Rezipienten. Kunst entfaltet soziale Distinktion, weil ihre adäquate Wahrnehmung nur dem möglich ist, der erlernte Spielregeln beherrscht. Kommunikation erweist sich als regelgeleitetes Verhalten, das nach Kriterien sozialer Angemessenheit funktioniert.

Wenn Serge und Marc sich gegenseitig Kenntnis und adäquaten Gebrauch dieser Regeln bestreiten, reden sie nicht nur über Kunst, sondern auch über ihr eigenes Verhältnis. Indem sie mit Yvan den Dritten im Bunde von ihrer jeweiligen Lesart überzeugen wollen, tragen sie einen Konkurrenzkampf aus, der erst durch die Konfrontation mit dem Bild offen ausgebrochen ist. Das Kunstwerk wird zum irritierenden Eindringling, dessen rätselhafte Erscheinung das fragile Gleichgewicht in der Freundschaft der Männer aus der Balance kippt. Das Bild hat eine doppelte Funktion: Es provoziert den Konflikt und macht ihn überhaupt erst austragbar, weil die Akteure der Kommunikation nicht, oder zumindest nicht sofort, in direkte Konfrontation eintreten müssen, sondern ihren Streit um Dominanz in das Gewand einer Debatte über Kunst kleiden können. Am Objekt als Gegenstand geteilter Wahrnehmung findet der zuvor latente Streit sein Thema. Marc, Serge und Yvan müssen ihre jeweilige Sicht auf die sie verbindende Freundschaft nicht umständlich erläutern, ja sie nicht einmal offen legen. Sie können Enttäuschungen für sich behalten und doch darüber kommunizieren. Kunst macht das möglich.

Dabei bleibt es nicht. Kunst lässt den Konflikt nicht nur ausbrechen, sie trägt auch zu seiner Beendigung bei. Nachdem die drei Freunde verschiedene Eskalationsstufen ihres Streits durchlaufen haben, „dass man sich zu solchen Tätlichkeiten hinreißen lässt... Eine Katastrophe wegen einer weißen Holzspanplatte" (ebd., S. 65), ergreift Marc den von Serge dargebotenen Filzstift und übermalt das weiße Bild, um es anschließend wieder zu reinigen. Die Frage, wie der Skifahrer zu deuten ist, den Marc zeichnet, muss hier nicht beantwortet werden. Viel wichtiger: Der Angriff auf das Bild ist eine Ersatzhandlung, die Aggression kanalisiert. Indem Marc die verstörende Reinheit des Bildes wenigstens vorübergehend zerstört, nimmt er das Kunstwerk endlich in Besitz und thematisiert mit seiner Handlung zugleich die Beschädigungen, die sich die Freunde gegenseitig im Streit zugefügt haben. Das Bild mag für jeden anderen Betrachter nichts als eine weiße Fläche sein. Für Serge, Marc und Yvan bewahrt es die Erinnerung an Konflikt und neu errungene Harmonie. Es wird zum Zeichen geteilter Erfahrung. Mit dem bloßen Verweis auf das Bild werden die drei Männer künftig die kontroverse Komplexität ihrer Beziehung kommunizieren können.

Die Konfrontation mit dem weißen Bild hat die Freunde verwandelt. Verwandelt ist aber auch das Bild. Es bewahrt nicht nur kollektive Erinnerung und symbolisiert damit eine Kommunikationsgemeinschaft, sondern erweist mit dieser Leistung seinen Kunstcharakter. Das weiße Bild stellt nichts dar, und dennoch hätten die drei Freunde mit irgendeinem anderen Bild wahrscheinlich nicht die gleiche Erfahrung durchlebt und daran anschließend ein erneuertes Selbstverständnis als Gruppe entwickelt, das sich im Rückbezug auf das Bild immer wieder aktualisieren lässt. Die beiden anderen Bilder, die in dem Theaterstück erwähnt werden, haben schließlich keinen vergleichbaren Effekt gezeigt.

2.2   Kunst + Kommunikation = Kunstkommunikation?

Folgt man den Grundlinien der Handlung von „Kunst", wird Kunstkommunikation als komplexer, überaus leistungsfähiger, aber auch chaotischer Prozess sichtbar, der das landläufige Verständnis von Kommunikation wie von Kunst in Frage stellt. Wer die von Serge, Marc und Yvan gemachten Erfahrungen ernst nimmt, kommt zu diesen Folgerungen:

- Kommunikation ist keine Übermittlung von Botschaften durch einen Sender an einen Empfänger. Oft sind Botschaften nicht einmal ansatzweise zu identifizieren. Das Resultat von Kommunikation deckt sich nicht mit den subjektiven Intentionen der an ihr beteiligten Akteure.

- Kommunikation ist in sich widersprüchlich, weil sie Konflikt und Einverständnis gleichermaßen umfasst. Das Verständnis von Kommunikation als Verständigung erweist sich als zu einfach strukturiert.

- Kommunikation besteht aus Handlungen, die nicht mit Sprechakten deckungsgleich sind. Es kann auch nonverbal kommuniziert werden. Kommunikation ist Handlung. Aber nicht jede dieser Handlungen besteht aus gesprochenen Wörtern oder Sätzen.

- Kommunikation geht nicht nur über Kunst, sondern auch mit, gegen und durch sie.

- Kunst hat keine Botschaft. Kunst stößt Kommunikation an und stabilisiert ihre Ergebnisse.

- Kunst ermöglicht Wahrnehmungen, die Kommunikation verarbeitet.

- Kunst irritiert Kommunikation, weil sie ihren Ablauf mit Bedeutungsüberschüssen überfordert. Kommunikation setzt sich der Kunst aus, um eine unerwartete Richtung nehmen zu können.

- Kunst erlaubt es, in der Kommunikation das Eigene als Fremdes zu bearbeiten. Dies erleichtert den Austrag von Dissens.

- Kunst sichert die Erinnerung an vergangene Kommunikation. Kunst ist das Gedächtnis der Kommunikation.

Diese Folgerungen aus dem Theaterstück „Kunst" richten die Aufmerksamkeit auf mögliche, konzise Beschreibungen von Kunst und Kommunikation, ohne die Komplexität ihres Verhältnisses voreilig zu reduzieren. Nachdem schon vor Jahren 160 Definitionen von Kunst zusammengetragen wurden (Faßler 1997: 20/Merten 1999: 55, 77), geht längst die Tendenz dahin, Kommunikation mit „prozesshaften, mehrwertigen, multimedialen und vielzentrischen Konzepten" (Faßler 1997: 30) zu fassen. Dies ist kein Plädoyer für begriffliche Unschärfe, wohl aber ein Votum gegen eine terminologische Verengung, die empirischen Befunden nicht gerecht wird. Gerade Kunstkommunikation stellt sich als produktiver Prozess dar, der auf mehreren, nicht unbedingt synchron geschalteten

Kanälen verläuft. Die noch folgenden Fallbeschreibungen werden zeigen, dass die vielschichtige Bedeutungsverarbeitung der Kunstkommunikation eindimensionale Konzepte überfordert.

In der Systemtheorie, die für die Beiträge des vorliegenden Bandes den theoretischen Fluchtpunkt bildet, nimmt Kommunikation einen zentralen Platz ein. Kommunikation sichert als Prozess den Fortbestand von Systemen. Dabei wird für das Verständnis von Kommunikation die Metapher aufgegeben, Kommunikation sei „eine Übertragung von semantischen Gehalten von einem psychischen System , das sie schon besitzt, auf ein anderes" (Luhmann 1999: 104). Hier geht es nicht um einen Container, in dem identische Bedeutung von A nach B transportiert würde (Merten 1999: 75). Weder die Vorstellung von einem Inhalt der Kommunikation noch das Ethos einer Verständigung, sondern nur der binäre Code von Annehmen oder Ablehnen von Kommunikationsofferten garantiert mit den folgenden Anschlusshandlungen die Autopoiese der Kommunikation (Luhmann 1999: 229). Kommunikation erscheint so als Kette einzelner Kommunikationsakte, die durch Verstehensleistungen der an Kommunikation Beteiligten in Gang gehalten wird. Wie bekannt trennt Luhmann dabei Kommunikation strikt von Bewusstsein und Wahrnehmung. Bewusstsein ist eine intransparente Black Box, Kommunikation kann nicht wahrnehmen, Kommunikation entsteht aus Kommunikation und aus nichts anderem, so lauten Eckpunkte des Luhmannschen Verständnisses von Kommunikation.

Der Blick auf Marc, Serge und Yvan hat gezeigt, dass eine Vorstellung von Kommunikation als Kette, die nach einem binären Ja/Nein-Code funktioniert, allein nicht ausreicht, um sich dem Phänomen der Kunstkommunikation angemessen zu nähern. Dies gilt erst recht für Vorstellungen von Kommunikation als Orientierungshandeln, wie sie gleichfalls in systemtheoretischem Kontext entwickelt werden (Rusch 1999). Wo Kommunikation so oft Konflikte thematisiert, dass sie als Vorgang selbst Risse und Sprünge bekommt, kann der Maßstab für ihr Funktionieren nicht das Gelingen von Orientierungsabsichten sein (ebd.: 173). Sicher, Yasmina Rezas Figuren prozessieren Kommunikation als ein fortwährendes Annehmen oder Ablehnen von Kommunikationsofferten. Gleichzeitig werden an diesem einsträngigen Verlauf jedoch Wahrnehmungsakte angedockt, sowie spürbar Bewusstseinsinhalte eingebracht. Die Figuren praktizieren Kommunikation nicht allein, um einfach „weiterzumachen". Dies mag zumindest helfen, Momente der Irritation oder Verletzung zu überstehen, indem eine Routine der Kommunikation benutzt wird, um wenigstens den aktuellen Handlungsrahmen konstant zu halten. Wie die Theaterhandlung zeigt, gelingt auch dies nicht immer. Rezas Figuren praktizieren Kommunikation, um sich als

Individuen in einer Gruppe zu positionieren und ihr gegenseitiges Verhältnis zu bestimmen. Sie praktizieren Kommunikation, um authentisches Leben zu erreichen und individuelle Ängste zu verarbeiten. Mit einem Wort: „Kommunikation ist das basalesoziale System, das für die daran beteiligten Kommunikanten Wirklichkeit konstruiert" (Merten 1999: 116).

Kommunikation ist jedoch nicht nur ein Vorgang der Konstruktion allein aus sich selbst heraus. Sie bedient sich auch bestimmter Hilfsmittel, die in ihrer Umwelt liegen. Dazu gehört besonders die Kunst. „Kommunikation ist Handeln mit Hilfe von Kommunikationsinstrumenten und mit Medienangeboten im weitesten Sinne" (Schmidt/Zurstiege 2000: 147). Kunstwerke sind „Partitur für Anschlusskommunikation" (Schmidt 2000: 288), weil sie Kommunikation und Kognition koppeln (ebd.: 297). Wahrnehmung für Kommunikation verfügbar machen, darin sieht auch Luhmann die zentrale Leistung der Kunst (Luhmann 1997: 21, 82). Kunst ist nach diesem Verständnis für die „Erzeugung unwahrscheinlicher Annahmebereitschaften ausdifferenziert" (Luhmann 1999: 352). Als „konstellative Darbietungen" (Seel 2000: 157) sichern Kunstwerke die Gegenwart bislang ausgeschlossener, weil unrealisierter Möglichkeiten. Der ästhetische Gegenstand muss als ein „in seiner phänomenalen Fülle vergegenwärtigtes Wahrnehmungsobjekt" (ebd.: 70) begriffen werden. Kommunikation macht also nicht nur Offerten, sie bearbeitet auch Offerten, nämlich die mit der Wahrnehmung von Kunst bereitgestellten. Kommunikation erscheint in dieser komplexeren Sicht als ein „Anbieten und Aufgreifen sinnfähiger Selektionsofferten" (Schmidt 1996: 118). Dabei spielt nicht die Authentizität, sondern die Effizienz der erzeugten Wirklichkeit die entscheidende Rolle (Merten 1999: 99). Diese Überlegungen zusammengenommen, wird unter Kommunikation in unserem Kontext Folgendes verstanden:

Kommunikation ist der Prozess, in dessen Verlauf Sinnofferten dargeboten, bearbeitet und bei Akzeptanz durch die an der Kommunikation Beteiligten in gemeinsam geteilte Sinnkonstrukte überführt werden. Diese Konstrukte stellen die Selbstinterpretationen und -entwürfe der durch Kommunikation verbundenen Gemeinschaft dar und repräsentieren damit die Wirklichkeit dieser Gemeinschaft und weitgehend die der von ihr umfassten Individuen. Kommunikation hat weiterhin die Aufgabe, diese Sinnkonstrukte durch Erinnerung zur weiteren Verfügung zu halten sowie bei Bedarf ihren Umbau zu bewerkstelligen.

Kommunikation stellt sich also als komplexer Prozess der Sinnbearbeitung dar, wobei Sinn nicht nur im Sinne Luhmanns verstanden wird. Hier meint Sinn die Konstellationen von Selbstinterpretation und -entwurf. Weiter gefasst wird ebenfalls die Bedeutung von Verstehen, das nicht mehr allein auf Annahme oder

Ablehnung von Kommunikationsofferten bezogen wird, sondern eine Vielzahl kognitiver und interpretativer Prozesse umschließt. Die Figuren in dem Stück Rezas führen vor, wie im Verlauf der Kommunikation die Bewertung von Offerten, die Einschätzung gesellschaftlicher Rollenmuster und Daten aus Wahrnehmungsakten permanent abgeglichen und sinnvoll miteinander organisiert werden müssen. Es ist vor allem die Kunst, die den Kommunikationsprozess dermaßen verkompliziert und um eine Vielzahl neuer Optionen bereichert. Ihr Verhältnis zur Kommunikation ist ohnehin doppeldeutig. Kommunikation schafft Kunst; Kunst wiederum veranlasst Kommunikation: Diese spannungsreiche Beziehung gibt der Kunstkommunikation ihre Dynamik.

Aus dem Stück „Kunst" und den Gesprächen seiner Figuren ist zu lernen, dass Kunst nicht mehr mit Wesensdefinitionen, sondern nur noch als Phänomen der Differenz gefasst werden kann. Dies entspricht nicht nur der Umstellung von Was- auf Wie-Fragen im Zeichen konstruktivistischer Orientierung (Schmidt 1996: 15). Nach einem 20. Jahrhundert, in dem vielfältige Schübe von Avantgardebewegungen dem Kunstbegriff immer neue Erscheinungsformen eingeschrieben haben, ist das Band, das eine ontologische Definition zusammenhalten könnte, endgültig zerrissen. Kunst wird also nicht nach einem „Sein" definiert, sondern anhand ihrer spezifischen Leistungsfähigkeit erkannt. „Die ästhetische Einstellung ist ruhelos, wissbegierig, prüfend, sie ist weniger Einstellung als vielmehr Handlung: Schöpfung und Neuschöpfung" (Goodman 1993: 569). Kunst entwirft Wirklichkeit neu, indem sie mögliche Weisen ihrer entwerfenden Interpretation beobachtbar macht. Insofern verknüpft Kunst Kognition mit Erkenntnis und ermöglicht Kommunikation (ebd.: 584).

Dieser Befund ist nicht mit Beliebigkeit gleichzusetzen. Die Menge der als Kunst geltenden Objekte ist veränderbar, aber dennoch begrenzt. Der Zugang zu diesem Bereich wird über Absprachen und ihre kontroverse Diskussion geregelt. Ohne Kommunikation gibt es weder Kunstwerke noch ein Kunstsystem (Schmidt 2000: 297).

Zugang zu dem Ensemble der Kunstobjekte findet alles, was der Sinnkonstruktion neue und tragfähige Perspektiven eröffnet. In unserem Zusammenhang soll Folgendes unter Kunst verstanden werden:

Kunst besteht aus Objekten und Handlungen, die Wirklichkeitskonstrukte in komplexer Form sinnlich darbieten und aufbewahren. Diese Konstrukte erzeugen insofern neue Welten, als sie für den Menschen als Rezipient der Kunst Instrumente zu seiner Selbstinterpretation sein können. Kunst stößt Kommunikation an, da sie in ihrer sinnlichen Verfasstheit und intellektuellen Präzision reichhaltige Wahrnehmung auslöst und damit die Konstruiertheit von Weltsichten selbst zu ihrem zentralen Thema macht. Kunst benötigt Kommunikation zu ihrer Entfaltung, wird davon in ihrer Substanz jedoch nicht verbraucht. Vielmehr bewahrt Kunst vergangene Kommunikationen zur ihrer erneuten Verwendung auf.

Besonders wichtig ist dabei die Trennung von Kunst und Kommunikation. Wäre Kunst selbst schon Kommunikation, müsste sie wie eine Kommunikationsofferte angenommen oder abgelehnt werden. Kunst wäre dann gleichzusetzen mit einer Botschaft. Statt dessen ist Kunst ungleich reicher strukturiert als eine einfache Offerte. Die Wirklichkeitskonstrukte der Kunst können Gegenstand von Kognition werden. Mit der Kognition ist das „Material" gegeben, das zu Sinnofferten führt, die im Bereich der Kommunikation entwickelt werden. Kommunikation erprobt diese Offerten mit Blick auf ihre innovative Potenz. Dabei kommt es zu wiederholten Rückkopplungen mit Kognition. Für den Erfolg bestimmter (nicht aller) dieser Offerten lassen sich argumentativ gesicherte Gründe anführen. Entsprechend können an Wahrnehmungen von Kunst eine ganze Reihe, aber nicht beliebig viele Kommunikationen angeschlossen werden. Die Struktur des jeweiligen Kunstwerkes steuert diese Anschlussmöglichkeiten. Die Abfolge angeschlossener Kommunikationen stellt sich als Rezeptionsgeschichte dar. Ihre Dauer und Komplexität deutet sicher auf die Qualität von Kunst.

2.3   Eine Ehe mit Zugewinn: Was leistet Kunst für Kommunikation?

Kunst ist für die Kommunikation ein ausgesprochen gesuchter Partner. Dafür lassen sich Gründe anführen. Folgende Faktoren der Kunst eröffnen für Kommunikation produktive Möglichkeiten:

- Limitierung
- Prestige
- Komplexität
- Geformtheit
- Objekthaftigkeit
- Speicherkapazität
- Innovation

Kunstobjekte von anderen Objekten abzugrenzen, bedeutet, auf ihrer *Limitierung* zu bestehen. Kunst kann es nicht in unbegrenzter Ausdehnung geben.

Auch alle Versuche, Kunst in Leben zu überführen, zu einem Teil der Praxis werden zu lassen, haben den Trend zu ihrer Musealisierung und damit Limitierung nicht aufhalten können. Im Gegenteil: „Das Museum wird immer noch als geschützter Raum gebraucht, in dem sich Kunst entfalten kann und überhaupt als solche erkannt wird" (Deecke 2001). Damit kann sich Kommunikation auf klar erkennbare Objekte beziehen und gewinnt so merklich an Orientierungsleistung.

Mit diesem ersten Kriterium hängt das *Prestige* zusammen, das Kunst weiterhin umgibt. Trotz aller Erwartungen Benjamins, das Kunstwerk werde im Zeitalter seiner technischen Reproduzierbarkeit seine Aura verlieren und damit demokratisiert werden, ist das Gegenteil eingetreten. Kunst ist heutzutage jedermann in beliebiger Reproduktion zugänglich. Trotzdem hat sich *gleichzeitig* die Aura der Kunst neu aufgeladen. Rekorderlöse auf Auktionen, spektakuläre Museumsbauten wie Besucherrekorde für Wechselausstellungen belegen die Anziehungskraft des originalen Kunstwerks. Welche Rolle dieses Prestige für Kommunikation spielen kann, illustrierte der Ankauf der Sammlung Heinz Berggruen durch die Bundesrepublik Deutschland. Kunst hob nicht nur das Image der neuen Hauptstadt Berlin, sondern half auch, ein politisches Anliegen von großer Tragweite zu transportieren, die Aussöhnung des wiedervereinten Deutschland mit den Opfern des Holocaust. Die Kunsttransaktion zwischen zurückgekehrtem Emigranten und der Bundesrepublik avancierte zu einem Brückenschlag von hohem Symbolwert.

Kunst darf jedoch nicht auf einen Imagefaktor reduziert werden, sondern bietet mit ihrer *Komplexität* besonders gute Möglichkeiten, Kommunikation anzustiften. Da in der Kunst Aspekte der Bedeutung und ihrer formalen Vermittlung nicht voneinander zu trennen sind, liefern Kunstwerke der Kommunikation ein hohes Maß an Reflexivität. Dass Kunstwerke komplex sind, bedeutet nicht nur, dass sie vor Vereinseitigungen zugunsten sinnlicher oder intellektueller Dimensionen von Kommunikation schützen. Indem sie sich selbst thematisieren, machen sie alternative Formen der Weltkonstruktion zu ihrem zentralen Thema. „Wir entdecken (...) durch unsere Symbole die Welt" (Goodman 1993: 586). Dies leitet die Orientierungsleistung der Kommunikationen an.

Zugleich halten Kunstwerke mit ihrer *Geformtheit*, und das heißt definierten Grenze, Abstand und bleiben für die Kommunikation ein erkennbares *Gegenüber*. Die Strukturmerkmale von Kunstwerken stellen sicher, dass über sie vieles, aber nicht alles kommuniziert werden kann. Akteure der Kommunikation müssen kognitive Leistungen vollbringen, wenn sie anhand von Kunst kommunizieren wollen. Noch einmal sei betont: Kunst *ist* nicht Kommunikation. Sie ermöglicht jedoch Beobachtungen, die in der Kommunikation als Sinnofferten zum Thema gemacht und als neue Orientierungen akzeptiert werden können. Jede Kunst, die etwa als Dienstleistung selbst zur Praxis wird, stellt diese auf Distanz beruhende Leistungsfähigkeit in Frage.

Die *Objekthaftigkeit* der Kunst ist deshalb in der Konsequenz unverzichtbar. Im Gegensatz zu allen performativen Künsten, stellt die bildende Kunst Objekte bereit, die ihre materiale Identität lange Zeit behalten. Dagegen sprechen auch nicht Kunstformen wie Fluxus oder Happening, die in Form von Dokumenten und Relikten gleichfalls als Objekte archiviert worden sind. Dagegen sprechen gleichfalls nicht Fragen nach Originalität, wie sie bei Restaurierungen auftreten. Wie die kontroverse Diskussion der Restaurierung etwa von Michelangelos „Sixtinischer Kapelle" gezeigt hat, wird der veränderte Zustand des Kunstwerks (hier durch intensiver leuchtende Farben) eher als neue Etappe der Rezeptionsgeschichte denn als Verlust des „originalen" Kunstwerks verstanden. Es bleibt die Möglichkeit, im Verlauf von Kommunikation immer wieder auf das gleiche Kunstwerk als materiales Objekt zurückgreifen zu können. Kommunikation kann sich so aus der Linearität lösen und in mehrfachen Schleifen ihre Inhalte an kognitiven Befunden am Objekt abarbeiten. Der Bezug auf *ein* Objekt hilft *mehreren* Akteuren der Kommunikation, Divergenzen geregelt auszutragen und Sinnofferten gemeinsam zu akzeptieren.

Mit diesem Aspekt ist die *Speicherkapazität* von Kunst eng verbunden. Akte der Kommunikation mögen flüchtig sein. In den Objekten der Kunst können sie sich jedoch zu Rezeptionsgeschichten anreichern. So stehen Kommunikationen als materialisiertes Gedächtnis zur Verfügung und werden in der Wahrnehmung von Kunst immer wieder neu vergegenwärtigt. Auch verdrängte oder vergessene Kommunikationen lassen sich in der Auseinandersetzung mit Kunstwerken freilegen und damit für den aktuellen Diskurs verfügbar machen. Kunstwerke haben in dieser Hinsicht eine fast unbegrenzt erscheinende Aufnahmefähigkeit. Jedes von ihnen erscheint als Speicher von sich überlagernden Sinnentwürfen, die jeweils für sich genommen das Kunstwerk nie ganz haben besetzen können. Im Gegenteil: Das Kunstwerk als Speicher kann mehrfach re-imprägniert werden und bleibt derart fähig, neue Sinnkonstellationen generieren zu helfen. Schließlich darf bei dem Blick auf Kunst der Aspekt der *Innovation* nicht übersehen werden. Kunstwerke konstituieren neue Sehweisen auf die Wirklichkeit und etablieren damit grundsätzliche Erneuerungen im Set der Konstrukte, die wir Wirklichkeit nennen. Das innovative Potential macht Kunst für Kommunikation zum Impulsgeber, allerdings in verschiedenen Dimensionen. Innovative Schubkraft kann Kommunikation voranbringen, setzt sie allerdings auch Konflikten aus. Kunst hält deshalb für Kommunikation erhebliche Turbulenzen bereit. Gerade die müssen jedoch in der Kommunikation durchlebt und ausgetragen werden.

2.4 Kommunizieren mit Kunst: Drei Beispiele

Diese allgemein formulierten Einsichten und Thesen sollen jetzt anhand von aktuellen Fallbeispielen diskutiert und anschaulich gemacht werden. Dies zeigt die spezifische Leistungsfähigkeit in Kontexten, die den Kulturbereich überschreiten und von Kommunikation als praktische Alltagshandlung gekennzeichnet sind. Kunstkommunikation kommt dabei meist nur vorübergehend zum Zuge, meist in der Form einer temporären Koalition. Erfolg und Misserfolg der jeweiligen Kommunikationsabsichten machen auf die Risiken, aber auch die Chancen dieses Feldes aufmerksam.

2.4.1 Tourismus: Worpswede, Heinrich Vogeler und der „Sommerabend"

Wer sich über touristische Angebote der Gemeinde Worpswede bei Bremen informieren möchte, nimmt zwangsläufig Kunst in die Hand. Die Informationsbroschüren sind in einem Schuber untergebracht, dessen Oberfläche vollständig von dem Ausschnitt eines Gemäldes eingenommen ist (Worpsweder Touristik GmbH 2001). Das Gemälde „Sommertag in der Hammeniederung", das Fritz Overbeck 1904 malte, zeigt über tiefem Horizont einen blauen Sommerhimmel mit bewegten, weißen Wolken und darunter ein von Kanälen durchzogenes Grünland. Dieses Bild signalisiert mit seiner Platzierung auf dem Schuber die zentrale Botschaft, die Worpswede und seine Tourismusmanager kommunizieren möchten: Worpswede und das umliegende Teufelsmoor sind als Kombination aus Natur und Kunst zu sehen. Das Gemälde inszeniert die Natur als einen Ort der Erholung.

Seit ihrer Ansiedlung in dem bis dahin fast nur von Moorbauern bewohnten Ort im Jahr 1889 bildeten zunächst Maler wie Otto Modersohn, Hans am Ende und Fritz Mackensen die Künstlerkolonie Worpswede (Bresler 1996: 17). Mit ihrer Landschaftsmalerei entwarfen sie das Bild dieser Gegend neu: Aus dem Raum der Arbeit wurde ein Raum der Erholung, ein Motiv für ästhetische Erlebnisse und kontemplative Betrachtung. Auf den Punkt bringt diese Umdeutung das „Torfboote-Fries" (Stenzig 1989: 77, 43, Baumann/Losse 1999: 165) von Heinrich Vogeler (1872-1942). Die Federzeichnung zeigt zwei der flachen Torfkähne mit ihren charakteristischen dunklen Segeln sowie stilisierte Birken. Indem Vogeler auf jeweils zwei Bäume einen Torfkahn folgen lässt entsteht in der flächigen Jugendstil-Silhouette ein subtiler Bildrhythmus, der jede Erinnerung an harte Arbeit tilgt. Von der Plackerei der Torfstecher bleibt das Kunsterlebnis. Indem Kunst Wirklichkeit neu inszeniert, eröffnet sie die Möglichkeit, die Erfahrung einer Landschaft als exklusives Erlebnis zu kommunizieren.

Genau dies unternimmt die Touristik GmbH, indem sie auch auf den Innenseiten des genannten Schubers mit den Farben Grün und Blau die Entgegensetzung von Erde und Himmel von Overbecks Bild noch einmal aufnimmt und mit der Abfolge kleinerer Abbildungen die Verschränkung von Landschaft, Kunst und Erholung als Leitbild Worpswedes wiederholt. Dem entspricht die Überformung des Bauerndorfes durch eine Künstlerkolonie, die sich 1925 in dem „Café Worpswede" von Bernhard Hoetger und 1927 in dem angegliederten Museum „Große Kunstschau" endgültig selbst inszenierte -und sich vor Ort musealisierte. Bis heute pflegt Worpswede das Bild der Künstlerkolonie mit Ateliers, Galerien, Kunsthandwerk und gehobener Gastronomie. Die Gemeinde versteht sich als „Ort der Kreativität" (Worpsweder Touristik GmbH). In den genannten Prospekten wird dies auch im Bildprogramm deutlich. Hände beim Töpfern, Becher mit Zeichenstiften oder einfach Bilder, die direkt in eine Wiese gestellt wurden: Kunst verleiht dem Ort Exklusivität, verspricht dem Besucher, dort gleichfalls Kreativität entwickeln oder zumindest besondere Ausgeglichenheit finden zu können. Die Reise nach Worpswede als Trip zum besseren Selbst: So kann die Botschaft zusammengefasst werden.

Schon jetzt ist klar geworden, wie die Wahrnehmung von Kunst Kommunikationen ermöglicht, die im Kontext des Fremdenverkehrs besondere Wettbewerbsvorteile versprechen. Kunst adelt eine Landschaft, weil sie diese zu ihrem Gegenstand gemacht hat. Kunst wird so als Botschafter kommuniziert, auch deshalb, weil die Kunst für Worpswede zu einem Unterscheidungsmerkmal wird, das andere Regionen oder Kommunen so nicht für sich in Anspruch nehmen können. Wie sehr die Kopplung von Kunst und Kommunikation über Wahrnehmung in mehreren Schritten semantisch aufgeladen werden kann, soll jetzt an einem herausgehobenen Beispiel der Worpsweder Künstlerkolonie und ihrer Kunstwerke diskutiert werden. In den Fokus der Betrachtung rückt Heinrich Vogelers Bild „Sommerabend" (Küster 1989: 43, Baumann/Losse 1997: 43), das auch auf der Innenseite des Touristikschubers mit abgebildet ist, inmitten einer Bilderfolge mit einem Landschaftsfoto, dem Bild einer idyllischen Parkbank, Fotos von Ausstellungsbesuchern, einem gedeckten Restauranttisch und einem Foto, das ein Bett in einer Wiese zeigt. Diese Bildkombination darf nicht als Profanierung der Kunst missverstanden werden. Im Gegenteil: Die visuelle Inszenierung der Touristikmanager bedient sich geschickt eines Gemäldes, das wie kein zweites zum Symbol der Künstlerkolonie und ihres Prestiges geworden ist.

Das immerhin 175 cm hohe und 310 cm breite Gemälde (Noltenius 2000: 142 f.), hängt seit 1963 in der „Großen Kunstschau" und wird dort an der Stirnseite der großen Ausstellungsrotunde präsentiert. Eine Bühne, die der Besucher nicht betreten darf, rückt das repräsentative Bild zusätzlich auf respektgebietende Distanz. Seit 1986 befindet sich das Werk im Besitz der Bundesrepublik Deutschland, des Landes Niedersachsen und der Kulturstiftung des Landkreises Osterholz -Hinweis auf die hohe Wertschätzung eines Werkes, das schon im Jahr seiner Vollendung auf der Nordwestdeutschen Kunstausstellung in Oldenburg 1905 als Apotheose der Künstlerkolonie von Worpswede verstanden wurde. Zum 100. Geburtstag der Kolonie 1989 gab der „Sommerabend" das Motiv für die Gedenkbriefmarke der Deutschen Bundespost ab (Küster 1989: 197, Kipphoff 1989). Das Bild wurde im gleichen Jahr auf Heinrich Vogelers Künstlersitz Barkenhoff präsentiert, die im Bild dargestellte Szenerie wiederholt mit lebenden Darstellern auf der Terrasse des Hauses nachgestellt.

Immerhin seit 1899 malte Vogeler an diesem für sein Œuvre ungewöhnlich großen Bild, das den Barkenhoff mit seinen Bewohnern und deren Freunden zeigt. Streng achsensymmetrisch aufgebaut entwirft das Gemälde mit der Hausfront, der Verandamauer mit Tor und bekrönenden Empire- Urnen, den Taxusbäumen und dem vor der Pforte hingelagerten Hund das Bild einer idealen, in sich ruhenden, weil nach vorn und hinten klar abgegrenzten Kunstwelt. Auf beiden Seiten des Gemäldes sind Mitglieder des Worpsweder Künstlerkreises in zwei Gruppen verteilt (Küster 1989: 42, Bresler 1996: 41 f.), an der Pforte steht die Frau des Künstlers, Martha Vogeler, und richtet einen sehnsüchtigen Blick in die Ferne. Die Figuren unterhalten keinerlei Blickkontakt, nur Otto Modersohn blickt aus dem Hintergrund auf den Betrachter, der zwar mit dem Blick auf die bildparallel gezeigte Idylle den Eindruck der Augenzeugenschaft haben kann, zugleich jedoch von dieser Kunstwelt getrennt bleibt. Mauer und Pforte umfrieden den Bereich der Auserwählten und noch der vor der Tür hingelagerte Hund kann als Wächterfigur verstanden werden.

Brisanz für das Thema der Kunstkommunikation erhält dieses Bild nicht nur durch seine repräsentative Präsentation und seine wiederholte Zitierung von Briefmarke bis Tourismusprospekt. Das Bild ist für Kommunikation von hohem assoziativem Wert, weil es sich auf eine programmatisch überhöhte Lebensrealität der Künstlerkolonie bezieht und bereits zur Zeit seiner Vollendung Kommunikationen über Worpswede wie in einem Brennglas bündelte. Denn der dargestellte Barkenhoff, den Vogeler 1895 erwarb (Bresler 1996: 30, Küster 1989/Baumann/Losse 1997: 124 ff.), wurde von der simplen Bauernkate durch eine ganze Reihe von An- und Umbauten (Stenzig 1989: 81 ff.) zu einem Künstlerhaus mit Ateliertrakt und Gartenanlage. Vorgeblendete weiße Giebelfronten, Atelieranbau, Zierbeete, Rosenlaube, Teich markieren nur einige Stationen der Umbauten, die sich jahrelang hinzogen. Vogeler als Spezialist für den „Aufbau künstlicher Welten" (ebd.: 78) machte das Anwesen auch Innen mit eigens angefertigten Möbeln, Bestecken, Wandbildern und weiteren Details zu einem Gesamtkunstwerk des Jugendstils. „... Für Vogeler war sein Barkenhoff mehr als Wohn- und Arbeitsstätte. Er war Ausdruck seines Lebensgefühls, und er machte ihn zum Kunstwerk, zur Insel des Schönen" (Bresler 1996: 30), deren Gestaltung auch das Ehepaar Vogeler selbst umfasste. Mit Vatermörderkragen und Biedermeierrock wirkte Vogeler wie „ein unendlich fernes Ahnherrenbild" (Küster 1989: 41), wie Rainer Maria Rilke 1900 in seinem Tagebuch notierte. Wie Gerhart Hauptmann war der Dichter neben anderen Künstlern auf dem Barkenhoff mehrfach zu Gast und heiratete die Bildhauerin Clara Westhoff, die als Worpsweder Künstlerin gleichfalls auf dem „Sommerabend" zu sehen ist.

Das Gemälde zeigt zwar historisch verbürgte Personen. Zum Dokument wird es jedoch besonders dadurch, dass es als Zeugnis wie Bestandteil einer stilisierten Kunstwelt vor allem die konstruierte Wirklichkeit Vogelers und seiner Epoche konserviert. Mochte die Künstlergemeinschaft 1905 längst zerfallen sein, Vogeler gestaltet seine Vision eines idealen Lebens in perfekter Harmonie. „Er ist der Meister eines stillen, deutschen Marienlebens, das in einem kleinen Garten vergeht" (Rilke 1987: 230), schrieb der Dichter und Worpswede- Gast Rilke 1902 in seinem Büchlein über die Künstlerkolonie. Noch während der Bildentstehung kommunizierte also ein bedeutender Autor das Selbstverständnis dieser Künstler und lieferte damit einen Kommentar, der auf die Bildgestaltung zurückwirken musste. Rilke erfasste vor allem, dass Vogelers Kunstwelt auch die Funktion hatte, zu seinem fast ausschließlichen Bildmotiv zu werden.

> „Es ist ein enger Garten, von dem er alles weiß, sein Garten, seine stille, blühende und wachsende Wirklichkeit, in der alles von seiner Hand gesetzt und gelenkt ist und nichts geschieht, was seiner entbehren könnte" (ebd..: 212).

Indem Vogeler nicht nur aus einem Bauernhaus eine Kunstwelt machte, sondern dieses Haus auch vom Erwerb an in einer ganzen Serie von Bildern festhielt, verzahnte er fortlaufend Lebenswirklichkeit, Kommunikation und Kunst ineinander.

Der „Sommerabend" ist deshalb nicht irgendein Bild, sondern ein Kunstwerk, das gelebtes Wirklichkeitskonstrukt und Kommunikation über dieses Konstrukt in besonderer Verdichtung aufbewahrt. Vogelers Kunstwelt ist längst dahin, aber deren Abbild steuert Wirklichkeit bis heute. Denn Umbauten aus der Zeit des Barkenhoff als kommunistische Landkommune und Kinderheim der „Roten Hilfe" (Küster 1989: 110 ff., Bresler 1996: 65 ff.) wurden nach dem Krieg beseitigt und der Jugendstil- Zustand des Anwesens wiederhergestellt, Gartenanlagen inklusive. So taucht der Besucher heute wieder in eine rekonstruierte Kunstwelt ein, die als touristische Attraktion arrangiert ist. Der Besucher erlebt den Barkenhoff erneut als Traumland des erfüllten, weil ganz der Kontemplation, Kreativität und Freundschaft geweihten Lebens und kann ihn gleichzeitig auf dem Bild „Sommerabend" als Motiv der Kunst erleben. Kunstkommunikation bietet so werbewirksame Leitbilder an und steuert maßgeblich das Erleben der Besucher bis zum Erwerb von Vogeler-Repliken per Internet.

Das Beispiel Worpswede und Vogeler zeigt, dass Kunstwerke Speicher sein können, die Wirklichkeitskonstrukte zur mehrfachen Verwendung in Kommunikation aufbewahren. Das bloße Vorhandensein der Kunstwerke erleichtert die Akzeptanz der Sinnofferten, die ausgehend von Wahrnehmung der Kunst, im Rahmen von Kommunikation getätigt werden. Mit jeder weiteren Kommunikation reichert sich das Bedeutungsgedächtnis der „benutzten" Kunstwerke sogar noch an. Sie bauen eine Aura des Prestiges auf, die in der Kommunikationsform „Werbung" konzentriert eingesetzt werden kann, ohne dadurch beschädigt zu werden.

2.4.2   Industrie: Karmann und die „Kunst des Autos"

Das von Pinin Farina gestylte Sportauto „Cisitalia 202 GT" von 1946 ist das erste Auto, das in die Sammlung eines Kunstmuseums aufgenommen worden ist. Es gehört zum Bestand der Design- Abteilung des Museum of Modern Art in New York. Seitdem wird immer wieder die Frage erörtert, inwieweit auch Automobile ästhetische Qualität haben können, die über das gelungene Design hinausgehen. Das Auto im Kunstmuseum: Diese Konstellation bezeichnet noch immer einen heiklen Grenzübertritt von der alltäglichen Welt der millionenfach produzierten Vehikel in die Sphäre exklusiver Kunstobjekte und eine Aufhebung der Grenze, die traditionell immer zwischen Kunst und Design gezogen wurde (Hirdina 2001: 42).

Der Osnabrücker Autobauer Wilhelm Karmann GmbH hat zu seinem 100. Firmengeburtstag im August 2001 diesen Grenzübertritt eigens neu inszeniert und damit die Kunst in seine Firmenkommunikation ausdrücklich einbezogen. Unter dem Titel „Die Kunst des Autos" richtete das Unternehmen gemeinsam mit der Stadt Osnabrück eine Ausstellung ein, die Automobile und Kunstwerke zum Thema Auto vereinte. Mehr noch: Mit der Präsentation in der Osnabrücker Kunsthalle Dominikanerkirche sind neben Kunstwerken auch Automobile in das Museum gekommen.

Wer das Auto als Signum des 20. Jahrhunderts ansieht (Pfeiffer 2001: 54) und von ihm als „Äquivalent zur großen gotischen Kathedrale als Epochenschöpfung" (Brock 2001: 16) spricht, kann diesen Schritt nur als konsequent bewerten. Das Unternehmen Karmann sieht seinen Namen als Synonym für „Schönheit, Eleganz und innovatives Design" (Stadt Osnabrück/Wilhelm Karmann GmbH 2001). In der Ausstellung sind die Autos jedenfalls in zwei, sehr unterschiedlich inszenierte Sektionen aufgeteilt worden. Fahrzeuge der Firmengeschichte, unter ihnen das Käfer Cabrio und der VW Scirocco, befanden sich im überdachten Innenhof der ehemaligen Klosteranlage, deren Kirchenbau als Kunsthalle heute Ort für Wechselausstellungen aktueller Kunst ist. In diesem Gebäude hatten die Kuratoren Matthias Wellmer und Ursula Karmann, Ehefrau des Enkels des Firmengründers, sogenannte „Concept Cars" und einen Prototyp plaziert. Mit dem Prototyp des legendären Karmann Ghia (Opitz 2001: 53) fand sich dort der wahrscheinlich legendärste Wagen aus der Karmann-Produktion gemeinsam mit Designstudien in einem gotischen Kirchenschiff.

Unter den Gewölbebögen des säkularisierten Gotteshauses standen vor allem die Fahrzeuge, die nicht in Serie gegangen sind. Ein Mercedes „Flügeltürer", ein Cabrio der Mercedes A-Klasse, ein offener Ford Focus sowie weitere Cabrio-Studien repräsentierten Autoideen aus dem Hause Karmann. Das Auto als „Skulptur" (Pfeiffer 2001: 63) wurde so in einem ansonsten der Kunst vorbehaltenen Umfeld inszeniert. Da Concept Cars keine Serienprodukte, sondern Designstudien sind, halten sie Distanz zu der Vorstellung vom Auto als Nutzobjekt des Alltags. Das Auto als „Inspirationsquelle" (Stephan 2001), als Projektionsfläche für individuelle Wünsche, als „geronnene Illusion des autonomen Subjekts der Moderne" (Meyer-Drawe 2001: 103), diese Gesichtspunkte verbinden sich in dem Auto, das im musealen Umfeld seiner praktischen Verwendung entkleidet und nur noch als Gegenstand ästhetischer Anschauung wahrgenommen wird. Die Kuratoren haben diese Wagen nicht nur vor weißen Gazewänden wie Kunstobjekte platziert und mit Aussprüchen berühmter Künstler von Franz Marc bis Andy Warhol zum Thema Kreativität umgeben. Sie haben auch den suggestiven Übergang zur Kunst durch die Skulptur „Taxi" (Karmann/Wellmer 2001: 57-61) des Düsseldorfer Bildhauers Stefan Sous hergestellt. Für diese Auftragsarbeit hat Sous die Karosserieteile eines Mercedes- Taxis einzeln an transparenten Kunststofffäden in die Kunsthalle gehängt. Dabei waren die von allen Seiten mattweiß lackierten Blechteile in der Form einer „Explosionszeichnung" angeordnet, also an ihrer korrekten Position, zugleich jedoch vom Fahrzeug einzeln abgerückt. Ohne Motor und Bodengruppe blieb so nur die Karosse des Fahrzeugs übrig. Zugleich entstand in der Apsis des ehemaligen Kirchenschiffs der Eindruck eines Autos als immateriell schwebender Erscheinung. Mit seiner Auswahl aus dem Material des Taxis zitierte Sous ebenso das Produktionssegment der Firma Karmann, das sich wesentlich auf das „Blechkleid" eines Automobils beschränkt. Sous verfremdete das eigentlich denkbar unspektakuläre Fahrzeug zu einer singulären Skulptur, die den Prozess der Autoproduktion als inspirierten Fügungsakt sinnfällig macht. Denn mit der Positionierung der Autoteile in der Form der „Explosionszeichnung" scheint nur noch die göttliche Hand zu fehlen, die alle Einzelteile zum fertigen mobilen Gebilde zusammenfügt. Kunst inszeniert das Auto als „Synonym für Leben und beseelte Materie" (Brock 2001: 14), als bergende Hülle, die zum „Spiegel der Körperträume des Menschen" (Meyer-Drawe 2001: 106) taugt.

In der Überführung des meist tonnenschweren Autos in das schwebende Kunstwerk verbirgt sich weiter der Wunsch, „dass sich noch die härteste Hardware unter den Händen des Designers in federleichte Software" (Rosenfelder 2001: 56) verwandeln möge. Das Unternehmen Karmann verbindet mit der Auftragsarbeit von Sous die Kommunikation eines Selbstverständnisses, das die „schweren" Aspekte der Bearbeitung von Stahl in der Autoproduktion zurückdrängt zugunsten der „leichten" Faktoren kreativer Designarbeit. „Die Realität neigt dazu, ihr Gewicht zu verlieren, von Verbindlichkeit zu Spielcharakter über zu gehen, sie unterliegt anhaltenden Prozeduren des Leichtwerdens" (Welsch 1996: 149). Diesem Trend der postmodernen Ästhetik, der sich in Möglichkeiten medialer Modulation von Wirklichkeit von Fernsehen bis Entwurfssoftware im Computer konkretisiert, fügt sich auch die Selbstpräsentation der Firma Karmann ein. Ihre Jubiläumsschrift präsentiert auf einer Doppelseite (Opitz 2001: 154 f.) Folgen kleiner Fotos von der Produktion eines Concept Cars auf dem Hintergrund der Darstellung eines Autoentwurfs mit Hilfe farbiger Klebebänder, die auf eine wandgroße Papierbahn aufgebracht werden. „Im Entwerfen liegt deshalb die Betonung nicht mehr in strukturellen Eingriffen, sondern auf der Variation von Oberflächen, als Haut, Outfit oder Verpackung" (Hirdina 2001: 61).

Das „leichte" Design steuert „schwere" Fertigung: Diese Botschaft wird zum Abschluss des Bandes noch einmal gesteigert. Es zeigt einen Arbeitsplatz von Designern aus der Vogelperspektive. Eine Fülle von Zeichnungen verwandelt diesen Arbeitsplatz in einen Jahrmarkt kreativer Möglichkeiten. Die Autofirma ist nicht länger von Blechbiegern, sondern von Ideenschmieden bevölkert. Natürlich wird diese Botschaft mit einem Foto befördert, das von Buntstiften bis Kaffeetasse sorgsam arrangiert ist. Nicht Ware, sondern Leidenschaft, so will Karmann das Auto in seinem Selbstverständnis bewertet sehen. Dies wird mit Bildern sowie im Klartext kommuniziert (Stadt Osnabrück/Karmann GmbH 2001) und in der Auftragskunst umgesetzt.

Die ästhetische Inszenierung wird im Kontext der Ausstellung also doppelgleisig vorangetrieben. Neben den als Kunstwerken dargebotenen Fahrzeugen stehen Werke der Auftragskunst, die das Unternehmen in das Licht ästhetischer Wahrnehmung stellen. In die Reihe dieser Werke gehört nicht nur das „Taxi" von Sous. Hinzu kommen Fotoarbeiten. Stephan Erfurt liefert Bilder vom Produktionsmaterial (Karmann/Wellmer 2001: 2-9), die nicht ohne Grund den Katalog zur Ausstellung eröffnen. Stapel von Blechteilen werden durch extreme Nahsicht und verfremdende Ausschnitte in abstrakte Muster überführt, die von der wahren Beschaffenheit und Bestimmung der abgebildeten Gegenstände nichts mehr erkennen lassen. Nüchterne Industrieteile sind im Medium der Fotografie nicht länger Material für den Autobau, sondern Bestandteile kunstvoll aufgebauter Formrhythmen. Eine ähnliche Veredelung erfahren die Produktionsstätten und Mitarbeiter selbst in den Fotos von Patrick Faigenbaum (ebd.: 22-25). Der französische Künstler, der unter anderem mit seinen Fotoserien von Abkömmlingen toskanischer Adelsgeschlechter international bekannt wurde, verleiht nun den Osnabrücker Autobauern aristokratische Würde. Die Statuarik von Mensch und Maschine tilgt jeden Eindruck der Anstrengung, transformiert die Werkshalle zum schönen Ort und macht aus dem schlichten Foto beinahe einen Gemäldeersatz.

Damit erschöpfen sich die Dimensionen der ästhetischen Inszenierung des Autos jedoch nicht. Die Präsenz von Werken prominenter Künstler in der Ausstellung von Andy Warhol bis Sylvie Fleury kann hier ebenso beiseite gelassen werden wie die Abwesenheit kritischer Ansätze der Kunst zum Thema Auto. Von Warhol ist eben mit den „Cars" eine Serie von Siebdrucken zu sehen, die 1985 und 1986 als Auftragsarbeit für Mercedes entstand. Warhols Serie „Car Crash" ist dagegen ebenso ausgespart wie eben die „Kompressionen" Césars, Skulpturen, die aus gepressten Autoteilen entstanden. Viel wichtiger ist die Kombination von Autos mit historischen Zeugnissen, die per Touchscreen oder

Videowand aufgerufen werden. „Die Engführung von Zeitgeist und Autodesign" (Rosenfelder 2001: 56) macht aus dem Automobil einen ästhetischen Körper, aus dessen Merkmalen sich kollektive Träume und Wünsche (Pfeiffer 2001: 61) ablesen lassen.

Diese Verzahnung ist nicht neu. Ein Karmann-Ghia als Teil einer Schaufensterdekoration (Opitz 2001: 57) macht das Auto selbst zum bestaunten Objekt kollektiver Begierden. Mit der Präsentation von Autos in der Kunsthalle belegt das Unternehmen Karmann, da es die Botschaften seiner Zeit verstanden hat. Und die äußern sich in einem veränderten Stellenwert des Designs.

> „Gegenüber der rationalistischen und funktionalistischen Akzentuierung der Moderne geht es verstärkt um fiktionale, emotionale, sensuelle und ikonische Werte. (...) Design wird wirksam, wenn es tiefsitzende Bilder, Bedürfnisse oder Erwartungen wachruft oder verändert. Der Designer arbeitet mit und an den ikonischen Schichten des Bewusstseins" (Welsch 1993: 216).

Design ist, im Zeitalter der Inflation des Designbegriffs (Hirdina 2001: 60-62), längst als „wesentliches Instrument zur Kommunikation und Stärkung des Marken-Images" (Pfeiffer 2001: 62) erkannt und gewinnbringend positioniert worden.

Über bloße Marketingstrategien hinaus wird mit den geschilderten Strategien das Auto als Zeichenträger verstanden. Seine Form steht für Freiheit, Individualität und Geschwindigkeit und ruft damit Urträume in Erinnerung (Karmann/Wellmer 2001: 144-156) oder es fungiert kurzerhand als „Vergegenwärtigung des göttlichen Lebensantriebs als Bewegung aus sich selbst" (Brock 2001: 12). Wie auch immer: Ästhetische Darbietungen eröffnen Wahrnehmungen, die ein Fortbewegungsmittel zum schönen Objekt erhöhen. Der Kontext einer Kunsthalle trägt dazu nicht wenig bei. Denn Kunsthallen und Museen sind „Institutionen für das Training und die Werterhaltung von Artefakten und die Anleitung zur Bezeichnung solcher Wertschätzung in Zeichengestaltung" (ebd.: 19). Von Kunst ist in diesem Zitat nicht mehr die Rede. Wohl aber von kulturellen Codes, mit denen Wahrnehmungen und somit auch Kommunikationen entscheidend moduliert werden können. Die Welt der Kunst ist eine Sphäre eigenständiger Bedeutungsproduktion, die genutzt werden kann, um Wahrnehmungen zu verschieben. Wer Gegenstände aus anderen Kontexten in den Bereich der Kunst transferiert, behaftet diese Gegenstände mit anderen und neuen Bewertungen, soweit sie eine wenigstens grundsätzliche Affinität zu Kunst und Ästhetik mitbringen. Die neu einjustierte und wesentlich angereicherte Wahrnehmung gestattet den Anschluss von Kommunikationen, die ein gewünschtes Image der Kreativität transportieren. Unter dem Blickwinkel der Public Relations erscheint Kunstkommunikation als Bedeutungsmanagement.

2.4.3 Kommunale Politik: Minden und der Streit um das „Keilstück"

Seit der Sprengung der historischen Buddha-Statuen in Afghanistan steht das Wort „Taliban" als Synonym für kulturlose Barbarei. Nachdem internationale Proteste nicht vermochten, die Vernichtung dieser riesigen, als Weltkulturgüter auf der UNESCO- Liste ausgewiesenen Skulpturen zu verhindern, gelten diese religiösen Machthaber als stumpfsinnige Feinde jeder Art von Zivilisation, eine Einschätzung, die sich nach den Terrorangriffen von New York und Washington am 11. September 2001 noch verstärkt hat. Wer von den „Taliban von NRW" (Schneckenburger 2001) spricht, verbindet mit dieser Formulierung entsprechend einen schwerwiegenden Vorwurf. Finden sich gewaltbereite Kulturfeinde auch in Nordrhein-Westfalen, das mit seiner hohen Dichte an Museen, Theatern und anderen Kultureinrichtungen doch ein ganz anderes Image aufgebaut hat? Der reißerische Titel aus der „Tageszeitung" verweist auf eine Kulturkontroverse in Minden, wo sich Bürger und Politiker 13 Jahre lang über die Skulptur „Keilstück" des Bildhauers Wilfried Hagebölling stritten. Das Vorhaben, diese zunächst einmütig als Auftragswerk platzierte Plastik wieder abreißen zu lassen, führte zu der zitierten Formulierung „Taliban von NRW". Sie geht immerhin auf Manfred Schneckenburger zurück, der 1977 und 1987 die documenta VI und VIII leitete und damit als eine allseits respektierte Autorität des Kunstbetriebes angesehen werden kann. Das starke Wort betrifft eine Auseinandersetzung um Kunst im öffentlichen Raum, die nicht nur Gegenstand gerichtlicher Konflikte wurde, sondern auch von politischen Parteien im kommunalen Wahlkampf instrumentalisiert wurde. Mit der Kunstkontroverse verknüpften politische Akteure Kommunikationen im Meinungsstreit. Diese Kontroverse mag in ihrer „Inbrunst und Zählebigkeit ohne Vorbild sein" (Imdahl 21. Januar 2001). Zugleich steht sie jedoch im Kontext durchaus vergleichbarer Konflikte. In Kassel wurde die seit Jahren in der Bevölkerung heftig umstrittene „documenta-Treppe" abgerissen, nachdem die CDU wieder den Oberbürgermeister stellte. Die Christdemokraten hatten mit dem Versprechen, die Treppe im Fall der Wahl abzureißen, den Kommunalwahlkampf bestritten. Wenig später löste Markus Lüpertz' „Aphrodite"-Skulptur in Augsburg eine heftige Kontroverse aus. Das Kunstwerk sollte, als Spende von privater Seite, an prominenter Stelle die City der Fuggerstadt verschönern. Nach massiven Protesten aus der Bevölkerung wurde der Standort der Plastik verändert. Auch Auftritte des prominenten Künstlers bei Diskussionen vor Ort hatten daran nichts ändern können. Nach einem „Platzverweis für die moderne Kunst" (Doblies 2001) sah es in Minden zunächst nicht aus. 1987 wurde Wilfried Hagebölling um einen Entwurf gebeten. Einig in dem Anliegen, ein „bleibendes Kunstwerk" (Doblies 2001) zu installieren, unterstützten alle im Stadtrat vertretenen Parteien das Projekt, das im Juni 1988 vom Kulturausschuss einstimmig angenommen wurde.

Das vier Meter hohe und mehrere Tonnen schwere „Keilstück" ragt mit mächtigen Diagonallinien in den Platz hinein. Der bis dahin nur als Parkplatz genutzte Kirchhof war zu einem unbeachteten Raum in der Innenstadt Mindens abgesunken. Das Areal sollte mit dem Kunstwerk gestaltet und so sichtbar aufgewertet werden. Entsprechend beziehen sich die Kantenlinien der schweren Plastik auf Ausrichtungen umgebender Gebäudekörper sowie die Dachlinien der Martini-Kirche.

> „Eine starke Skulptur, die – im Dialog mit den Quergiebeln der romanisch-gotischen Martinikirche – das Areal strafft und zuspitzt. (...) Eigentlich ein Glücksfall für den abgesackten Parkplatz auf historischem Terrain" (Schneckenburger 2001).

Die Absicht, mit Kunst einen Teil des Stadtraumes neu wahrnehmbar zu machen, kam jedoch nicht bei allen Bürgerinnen und Bürgern an. Im Gegenteil: Das alsbald mit Schmierereien bedeckte Kunstwerk wurde unter den Bewohnern der Stadt als „Rostlaube" tituliert, seine Entfernung gefordert.

An die Wahrnehmung dieses Kunstwerks wurden im städtischen Diskurs gegensätzliche Kommunikationen, und damit Selbst- und Fremdbilder der Akteure, angeschlossen. Während SPD-Politiker sowie kulturell interessierte Bürger das „Keilstück" verteidigten, bezogen kulturell eher desinteressierte, konventionell eingestellte Bürger sowie CDU-Politiker Position gegen die Skulptur. Hier die aufgeschlossenen Modernen, dort die ortsbezogenen Traditionalisten, auf diese Rollenverteilung legten sich die Akteure der Kommunikationen rund um das „Keilstück" zunehmend fest. Der Blick in ausgewählte Leserbriefe in der Lokalpresse (Mindener Tageblatt 2000, 2001) belegt diese Frontstellung, die mit gegensätzlichen Einschätzungen zum jeweiligen Kunstverständnis markiert wurde.

> „Kunst? Unglaublich! Für mein Verständnis spricht ein wirkliches Kunstwerk aus sich heraus den Betrachter an, und ohne dass erst ein nicht vorhandener Sinn hineininterpretiert werden muss",

schreibt Günter Kohlmeier am 21. Dezember 2000 und empfiehlt statt des „Keilstücks" eine historische Skulptur, die an „Mindener Marktfrauen (mit Tracht!) vergangener Jahrzehnte" erinnern soll. Am 13. Dezember des Jahres mutmaßt Leserbriefautor Rudolf Ende, das „Keilstück" sei als geschweißtes Objekt eher als Hand denn als Kunstwerk anzusehen. In früheren Zeiten habe Kunst „etwas mit Können zu tun" gehabt, „heute eher mit Kommerz und Geltungsbedürfnis". Martin Eggert verwahrt sich in seinem Leserbrief vom 11. Januar 2001 gegen Vorhaltungen an die Adresse der „Keilstück"-Kritiker. „Haben nur Befürworter dieser Stahlkonstruktion Kunstsinn und -sachverstand? Sind nur diese tolerant? Dürfen sie den Gegnern Radikalismus und Intoleranz vorwerfen, und sie in die Nähe von politischen Extremisten rücken?" Erwin Backsmeier empfiehlt am 12. Dezember 2000 gar ohne Umschweife, einem Schrotthändler den Auftrag zur Beseitigung des Kunstwerks zu erteilen. Überforderung durch künstlerische Moderne und ihre abstrakte Formensprache, Verteidigung vermeintlich bedrohter Regionalidentität und Abwehr von vermeintlich besserwisserischen Fachleuten und ihrem Diskurs, dies sind einige der Merkmale einer hier konservativ genannten Position, die sich die CDU so weit zu eigen machte, dass sie im Kommunalwahlkampf 1989 sogar den Abbau des „Keilstücks" als Wahlziel versprach.

Dagegen stand eine hier modern genannte Position von Bürgern, die in der Leserbriefdebatte die offensichtliche Minderheitenmeinung zu vertreten hatte. Als „fragwürdig" bezeichnete Werner Hachmeister am 11. Januar 2001 die Position des 1998 gewählten CDU-Bürgermeisters, der mit seinem Ansinnen des „Keilstück"-Abrisses gemeinsame Sache mit blankem Populismus mache. Die Mindener seien durch ihre Kunstkontroverse auf jeden Fall im Gespräch: „Als Akteure in einer gar nicht witzigen Provinzposse". „Beschämende Narrenposse" schreibt Dr. Herwig Schenk fast gleichlautend am 3. Juli 2000. Der Streit um das Kunstwerk koste nicht nur Geld, sondern sei schon mit „überregionalem Ansehensverlust" bezahlt worden. Statt dessen müssten alle Denkmäler der Stadt wieder in einen guten Zustand versetzt und zur „Verbesserung der Außenwirkung" der Stadt den Besuchern dargeboten werden. Einen „modernen Akzent" verleihe Hageböllings Kunstwerk der „ruhigen Stadt Minden", bemerkte Prof. Wilhelm Gössmann am 25. Januar 2001. Er freue sich auf den Gang an der Plastik vorbei, die den Stadtraum neu wahrnehmbar mache. „Für mich wäre es eine Verarmung, wenn dieses Kunstwerk dort nicht mehr stünde", heißt es in dem Leserbrief von Gössmann. Für die Kunst der Gegenwart, Bereitschaft zur Änderung gewohnter Wahrnehmung, Wunsch, als modern zu gelten, mit diesen Stichworten lässt sich die Position der „Progressiven" im Mindener Kunststreit umschreiben. Die Kontroverse spitzte sich mit gerichtlichen Auseinandersetzungen zu, nachdem die neue CDU-Ratsmehrheit beschlossen hatte, das „Keilstück" vom Kirchhof zu entfernen und auf den städtischen Bauhof zu verbringen. In Gesprächen hatte sich der Künstler dagegen gewandt, die Plastik an einem anderen Ort aufzustellen. Während die Stadt auf ihrem Verfügungsrecht als Eigentümer des Kunstwerks bestand, verwies Hagebölling auf sein Urheberrecht an dem Werk. Ein erster Entscheid des Landgerichts Bielefeld gab der Stadt Recht (Imdahl 12. Februar 2001). Proteste von Museumsdirektoren gegen diesen „Akt der Unkultur" (Lüddemann 16. Januar 2001) sowie die deutliche Stellungnahme Schneckenburgers und ein dringender Appell von Nordrhein-Westfalens Kulturminister Michael Vesper halfen nichts.

Eine zweite Verhandlung vor dem Oberlandesgericht Hamm brachte jedoch das gegenteilige Ergebnis. Das Gericht hob die Bielefelder Entscheidung auf und stellte das Urheberrecht über das Recht des Eigentümers, ohne ausdrücklich über den Kunstwert des „Keilstücks" urteilen zu wollen (Lüddemann 13. Juli 2001, Koch 13. Juli 2001). „Das ist ein guter Tag für die Kunst", kommentierte Vesper die Entscheidung, während die Reaktionen in Minden auf das letztinstanzliche Urteil unterschiedlich ausfielen. „Wir werden das hässliche Ding einfach nicht los" (Oestreich 2001), sagte eine Passantin bei einer Straßenumfrage, während andere Bürger äußerten, sie hätten sich an die Plastik gewöhnt. Lokalredakteurin Ursula Koch stellte in ihrem Kommentar zwei Aspekte in den Vordergrund. Die bürgerliche Mehrheit im Rathaus habe mit ihrem „Feldzug gegen die moderne Kunst eine empfindliche Schlappe erlitten" (Koch 13. Juli 2001). Der Imageschaden für die Stadt müsse jetzt mühsam wieder behoben werden. Zugleich sei das Urteil für die Kunst ein Gewinn. „Sie ist politischer Willkür entzogen".

Abgesehen von Gewinnern und Verlierern der „Keilstück"-Debatte bleibt die Debatte als solche, die sich an Wahrnehmung von Kunst entzündete und zuletzt nicht ein Kunstwerk, sondern das Selbstverständnis einer Stadt und ihrer Bürger zum Thema hatte. Der Versuch einer politischen Partei, ihr Verständnis von kommunalem Leben mit einer Frontstellung gegen Kunst zu kommunizieren, ist gründlich gescheitert, obwohl diese Partei im Sinne der vermeintlichen Mehrheit der Bürger argumentiert hatte. Schon vor dem letzten Gerichtsentscheid forderte der Pastor der Martinikirche dazu auf, den produktiven Aspekt der Kontroverse in den Vordergrund zu rücken.

> „Ob das Keil-Stück nun künstlerische Kraft in sich trägt oder nicht, in jedem Fall hat es uns alle zu einer fruchtbaren Diskussion herausgefordert, die noch lange nicht an ihr Ende gekommen ist, die wir aber dringend für unsere Schau-Kultur, nicht aber für unsere parteipolitische Auseinandersetzung brauchen" (Imdahl 12. Februar 2001),

schrieb der Geistliche in einem Gemeindebrief. Die Mindener Kunstkontroverse rückt so in die Nähe der hitzigen Debatte um das weiße Bild in Yasmina Rezas Theaterstück „Kunst".

Justiz urteilt nicht über Kunst, schützt aber ihren Bestand: Diese Haltung dokumentiert die gegenwärtige Position von Kunst, deren Funktion darin besteht, in einer freien Gesellschaft mit hohen Anforderungen an Selbstreflexion

Modelle für Umbau wie auch Stabilisierung von Wirklichkeitskonstruktionen zu bieten. Deshalb ist die bloße Parteinahme für Kunst positiv besetzt, ihr Gegenteil negativ. Wer also Kommunikationen an Kunst knüpfen möchte, sollte darauf achten, dass beim Kontakt mit Kunst eine mit Werten markierte Grenze passiert wird. Mit Kunst lässt sich viel machen, aber nicht alles. Kunstkommunikation erfordert Chancenentwurf und Risikoabschätzung.

2.5   Kunstkommunikation und Perspektiven für das Kulturmanagement

Die eben diskutierten Beispiele für Kommunikation über oder mit Kunst haben viele Aspekte dieser komplexen Beziehung zutage gefördert. Auf Fallbeschreibungen müssen weitere Abstraktionsschritte folgen. Nur so kann aus konkretem Anschauungsmaterial gelernt werden, auch für eine manageriale Praxis, die den Anspruch erhebt, Kunstkommunikation als sinnvollen Prozess initiieren und steuern zu wollen. Die eben diskutierten Beispiele haben bereits klar gemacht, dass hier Management nicht im dirigistischen Sinn verstanden werden kann. Dafür birgt dieses Feld, wie viele andere des Kulturmanagement, zu viele Faktoren der Turbulenz und Konfliktträchtigkeit. Ohne diese Faktoren wären jedoch Formen geregelter Artikulation von Konflikten und ihrer Lösung, also Innovationsschritte, nicht zu haben.

Die Frage nach der Perspektive für Management, mit dem zunächst einmal die Vorstellung von einem Ensemble der „Techniken des Planens und Organisierens" (Heinrichs 1999: 14) verbunden wird, muss ihr Augenmerk darauf richten, dass nicht jede Kunstkommunikation mit klaren Intentionen begonnen wird. Wie die Beispiele zeigen, kann Kunst zielgerichtet mit Kommunikation verknüpft werden. Die bloße Absicht garantiert dabei nicht einmal den Erfolg. Bei den zumeist temporären Kontakten mit der Sphäre der Kunst kommt es sogar zu ausgesprochenen Misserfolgen, wenn nicht beachtet wird, dass Kunst und Kommunikation zwar nicht durch einen tiefen Graben, wohl aber durch eine mit vielen Wertsetzungen markierte Grenze getrennt sind.

Misserfolge bei einer bewusst initiierten Kunstkommunikation haben deshalb mit Unkenntnis und mangelnder Sensibilität zu tun. Der Kontakt mit der Kunst wird leichtfertig geknüpft, dies verweist immer auf ein Defizit bei der Festlegung von Kommunikationszielen. Wie die Beispiele gezeigt haben, liegt in diesem Punkt eine besondere Schwierigkeit, weil Kunst wegen ihrer Komplexität und assoziativen Energie nicht mit klar umrissenen Kommunikationsinhalten zur Deckung gebracht werden kann. Es bleibt immer ein Rest an Unwägbarkeit, bei aller Faszination der Kunstkommunikation, die sich in der Bereitschaft zum Sponsoring (Heinze 2000: 58 ff.) ebenso artikuliert wie in der Entwicklung regionaler und lokaler Leitbilder für den Kulturtourismus (ebd.: 80 f.). Gerade weil Kunstkommunikation durch ihren Kontakt mit aktueller Kunst zu den „unreinen Feldern" (Heinze 1997: 65) des Kulturmanagement gehört, führen vorwiegend instrumentelle Definitionen eben des Kulturmanagement nicht weiter. Wer vor allem auf die „Sicherung von Leistungen, und zwar von Gütern oder Dienstleistungen" (Heinrichs 1999: 20) abhebt, bekommt nur ein Management in den Blick, das Kultur in ihrer institutionell bekannten Form ermöglichen hilft. Kultur ist das, was in Theatern, Museen oder Konzertsälen stattfindet: Diese Umschreibung ist nicht falsch, blendet jedoch all die Grenzphänomene aus, die Kultur und Nicht-Kultur, Kunst und Nicht-Kunst verknüpft. Wie Sponsoring, Public-Private-Partnership, Kulturtourismus und andere Aktionsfelder zeigen, liegen jedoch gerade in diesen Grenzphänomenen die aktuell innovativen Prozesse des Kulturlebens. Kunstkommunikation findet meist in genau diesen Bereichen statt. Deshalb muss Kulturmanagement anders gefasst werden.

> „Die Kompetenz des professionellen Kulturmanagers lässt sich mit der eines ‚Grenzgängers' beschreiben; er muss fähig sein, in unterschiedlichen Kontexten zu denken, durch inkongruente Perspektiven Felder unter Spannung und in Bewegung zu setzen" (Heinze 1997: 56).

Diese Einsicht muss bei der Betrachtung von Kunstkommunikation noch zugespitzt werden. Wenn es hier um einen Teilbereich des Kulturmanagement gehen soll, helfen Vorstellungen von klassischen Managementaufgaben nicht weiter. Sicher, auch hier geht es darum, materielle oder personelle Ressourcen bereitzustellen oder Aufmerksamkeit zu erzeugen. Aber der „Rohstoff" der Kunstkommunikation ist immaterieller Natur. Statt um Geld (und dessen Knappheit) geht es um Felder kultureller Bedeutungen. Wie weiter oben bereits angesprochen stellt sich Kunstkommunikation unter der Perspektive des Kulturmanagement als Bedeutungsmanagement dar. Wenn die Systeme der Gesellschaft „keine Grenzüberschreitung zulassen ohne Sinnveränderungen" (Fuchs/Heinze 1994: 65), muss der Kulturmanager als „Grenzgänger" nach den entsprechenden Anschlüssen suchen, Anschlüssen übrigens, die nicht beliebig sein können, sondern nach dem Kriterium ihrer Effektivität ausgewählt werden. Dazu gehört, Kognition und Kommunikationsofferten zu koppeln. Hier liegt die entscheidende Schnittstelle der Kunstkommunikation. Wissen, was mit welcher Kunst kommuniziert werden soll: In dieser Kompetenz liegt die entscheidende Anforderung an ein Kulturmanagement, das sich ohnehin schon als Ermöglichen kultureller als kommunikativer Prozesse versteht (ebd.: 62). Kunstkommunikation kann nur dann funktionieren, wenn die Eigengesetzlichkeit von Kunst und Kommunikation in Rechnung gestellt und ein Gefühl für die Dynamik der Kunstkommunikation entwickelt wird. Wie sehen die Teilaufgaben dieser Operation im einzelnen aus? Zum Abschluss dieses Beitrags soll ein Fünf-Schritte-Modell für die Kunstkommunikation dargelegt werden, ohne damit rezeptologischen Erwartungen entsprechen zu wollen.

2.6   Kein Erfolgsrezept: Von der Kunst zur Kommunikation in fünf Schritten

Da Kommunikation hier als intersubjektive Entwicklung neuer Formen der Sinnkonstruktion verstanden wird, muss diesem Geschehen über die reinen Kommunikationsakte hinaus ein Ablauf entsprechen, der auch den Blick auf Objekte und Akteure von Kommunikation freigibt. Dies ist kein Plädoyer für begriffliche Unschärfe, wohl aber für ein Verfahren, dass genügend vieldimensional angelegt ist, um für die Befunde der Empirie noch Erklärungswert zu haben. In diesem Sinn werden für den Verlauf von Kunstkommunikation fünf Schritte unterschieden. Zur Klarstellung: Hier geht es um Kommunikation *mit* und nicht einfach nur *über* Kunst. Weiterhin darf die nachfolgende Liste nicht als Einbahnstraße missverstanden werden. Natürlich gibt es zwischen den einzelnen Schritten (unvermeidliche) Rückkopplungen, ganz zu schweigen davon, dass vom letzten Schritt zum ersten wieder in der Form eines Ringschlusses zurückgekehrt werden *kann*. Die einzelnen Schritte sind:

- Verstehen
- Entwerfen
- Vermitteln
- Durchsetzen
- Erinnern

Im Sinne Luhmanns wird noch einmal festgehalten, dass Kommunikation selbst nicht wahrnehmen kann. Kommunikation benötigt jedoch die Resultate von Wahrnehmungen, um Inhalte konstituieren zu können, die als Sinnofferten angeboten werden können. Deshalb muss jede Kommunikation mit Kunst mit ihrer Wahrnehmung durch Akteure der Kommunikation einsetzen. Dies darf nicht als Auslegung der Kunst im Sinn eines extensiven hermeneutischen Geschehens missverstanden werden. Da Kunstkommunikation als Geschehen Teil einer Alltagspraxis und entsprechend nicht von Handlungsdruck entlastet ist, wird Wahrnehmung hier auf Teilaspekte verkürzt. Dennoch muss es zu einem *Ver-*

stehen von grundsätzlichen Strukturmerkmalen des Kunstobjektes kommen. Die Kognition setzt mit zufälligen und partiellen Wahrnehmungen ein und vervollständigt dieses Bild durch folgende Wahrnehmungen. Die Komplexität dieser Kognition prägt entscheidend den Ertrag späterer Kommunikation vor. Dabei wird die Kognition an Aspekten des jeweiligen Kunstwerkes einsetzen, die besonders evident erscheinen, weil sie unerwartete Sinnkonstellationen erscheinen lassen. Besonders *Irritationen* lösen solche Evidenzerfahrungen aus. Natürlich gehört zu diesem Schritt des Verstehens als Basisanforderung die Auswahl eines Objektes aus dem großen Angebot der Kunst oder die Wahrnehmung eines beliebigen Objektes in der Optik des ästhetischen Blicks.

Für die folgende Kommunikation genügt jedoch nicht der reine Bezug auf das Werk. Da Kunstkommunikation noch viel weniger als alle andere Kommunikation als bloßer Transport von Botschaften oder wertfreien Informationen gefasst werden kann, geht es im zweiten Schritt des *Entwerfens* darum, die Wahrnehmungen an der Kunst mit den geläufigen, und das heißt in der Kommunikation fortgesetzten, Formen der Konstruktion von Wirklichkeit zu konfrontieren. Verkürzt gesagt: Kunst wird hier mit Lebenspraxis als Praxis des Entwerfens von Wirklichkeitskonstrukten konfrontiert Dabei wird folgende Kommunikation nur dann produktiv angestiftet, wenn es bei diesem Vergleich zu deutlichen Differenzen kommt. Sobald Kunstwahrnehmung und etablierte Wirklichkeitskonstrukte deckungsgleich sind, tritt ein Kurzschluss bloßer Bestätigung und Stabilisierung ein, die entsprechende Kunst verfällt dem Verdacht, Kitsch zu sein. Im gegenteiligen Fall kann das Resultat dieses Vergleichs nur bedeuten, den Kanon der etablierten Wirklichkeitskonstrukte für ergänzungsbedürftig zu halten. Auf die Wahrnehmung der Kunst und ihren Vergleich mit „Wirklichkeit" folgt deshalb das Angebot einer Sinnofferte als Entwurf, der bislang nicht erprobt ist und die Konvention der etablierten Wirklichkeitskonstrukte unter Spannung setzt. Die Anerkennung der neuen Offerte steht hier also noch aus. Sie wird nur unter Konflikten zu haben sein.

Beim *Vermitteln* geht es dann um Kommunikation in ihrem eigentlichen Sinn. Die neue Sinnofferte kann nicht konfliktfrei zur Kenntnis gegeben werden. Sie stößt auf vorhandene und bereits akzeptierte Sinnofferten, trifft auf Vorkenntnisse, Einstellungen und Interessenlagen der Akteure von Kommunikation. In der Abfolge der Kommunikationsakte als Kette der Verstehensoperationen im Sinne Luhmanns kommt es deshalb fast zwangsläufig zum „Kettenriss". Die neue Sinnofferte kann nicht in der Form einer Kommunikationsroutine bewältigt werden. Sie muss eigens dargelegt, erläutert, überhaupt als neue Offerte kenntlich gemacht werden. Dies wird mit ihrer argumentativen Abstützung verbunden. Die Fallbeispiele haben gezeigt, dass bei diesem Prozess auch mehrere, miteinander konkurrierende Sinnofferten im Spiel sein können. Vermittlung ist eben kein einsträngiges Geschehen, das sich zwischen einem Initiator und einem oder mehreren Adressaten abspielt. Statt dessen übernehmen meistens alle Beteiligten die Rollen von Initiatoren und Adressaten zugleich. Vermittlung ist deshalb Konfliktgeschehen.

Da Konflikte auf ihre Lösung zustreben, muss eine Entscheidung darüber fallen, ob die neue Offerte angenommen oder abgewiesen wird. Wer eine solche Offerte ins Spiel bringt, will sie in der Regel auch *durchsetzen*. Schon der Bezug auf Kunst sichert einer neuen Kommunikationsofferte erhebliche Autorität, da sich mit Kunst die Vorstellung von sozialem Prestige verbindet. Kunst fungiert hier als Instanz der Legitimierung, da sie als „gesicherter Wert" selbst kommunikativ abgesichert ist. Dies trifft jedoch vor allem auf historische Kunst zu. Wer den Bezug zur aktuellen Kunst wählt, hat zwar an ihrer Aura der Kreativität teil, muss jedoch mit den Kontroversen rechnen, die eine kommunikativ noch nicht abgesicherte Kunst auslöst. Dennoch überwiegt die Funktion der Kunst, Kommunikationsofferten so zu flankieren, dass sie leichter durchsetzbar erscheinen. In diesem Punkt kommt es besonders darauf an, eine Offerte zu unterbreiten, die überzeugend an Wahrnehmung von Kunst gekoppelt ist. Nur plausible Offerten haben Aussicht darauf, durchgesetzt zu werden. Weiter muss das Verhältnis von Innovation und Kontinuität abgestimmt werden. Je stärker dieses Verhältnis von Innovation bestimmt wird, um so konfliktreicher und langwieriger wird die Phase der Durchsetzung verlaufen, das Risiko ihres Scheiterns inbegriffen. Jede neue Offerte muss also auch an bereits akzeptierten Kommunikationsofferten anschließen können.

Es genügt nicht, eine durchgesetzte Sinnofferte nur einmal zu kommunizieren. Zu ihrer Etablierung gehört das *Erinnern*. Damit ist nicht allein gemeint, eine Offerte in zeitlichen Abständen zu wiederholen. Dabei geht es vor allem darum, der flüchtigen Kommunikation Dauer zu verleihen. Kunst bietet dafür hervorragende Voraussetzungen. Institutionen wie Museen oder Kunsthallen sowie Ereignisse wie Ausstellungen, Vernissagen und Finissagen geben Kommunikation einen festen „Rahmen". Noch mehr zählt das jeweilige Kunstobjekt selbst. Sein Rang und Prestige strahlen auf die Kommunikation ab, für die Zukunft können Kunstobjekte Kommunikationen auch regelrecht aufbewahren. Kommunikationsofferten mit Kunst verknüpfen bedeutet, ihren Bestand dadurch zu stabilisieren, dass sie in der wiederholten Wahrnehmung der Kunst jeweils wieder aktualisiert werden können.

Diese aufgeführten fünf Schritte sind nur als Hinweis auf den Ablauf von Kunstkommunikation zu verstehen. Noch einmal sei betont, dass hier keine „Gebrauchsanweisung" gegeben werden soll. Dennoch verlangen die turbulenten Felder des Kulturmanagement nach systematisierendem Zugriff. Im anderen Fall könnte Kulturmanagement nur als Begabungsprofession begriffen und aus einer Debatte, die wissenschaftlichen Ansprüchen genügen möchte, verabschiedet werden. Wer vor komplexen Strukturen und Verläufen nicht einfach resigniert, benennt die Bestandteile dieser Felder und versucht, ihr Zusammenwirken zu beschreiben, Sprünge und Richtungsänderungen in ihren Bewegungen eingeschlossen. Dieser Beitrag zum Thema Kunstkommunikation sollte sich diesem Anliegen etwas genähert haben und deshalb seinerseits als akzeptable Kommunikationsofferte betrachtet werden können.

Übungsaufgabe 2

Diskutieren Sie den Zusammenhang von Kunst und Kommunikation anhand von selbst gewählten Beispielen aus der Werbung. Erläutern Sie Formen des Transfers und die besondere Leistung der Kunst für Werbebotschaften.

3 Kultur und Wirtschaft: Perspektiven gemeinsamer Innovation

3.1 *Kultur und Wirtschaft systemtheoretisch beobachtet*

Die moderne Gesellschaft ist, wie man in der Soziologie sagt, gekennzeichnet durch funktionale Differenzierung. Das soll bedeuten, dass wesentliche Funktionen in ihr von Funktionssystemen wahrgenommen werden: Die Ermöglichung kollektiv bindender Entscheidungen durch die Politik, die Regulierung von Knappheit durch die Wirtschaft, die Stabilisierung von Erwartung durch das Recht, die Fixierung von Wahrheit oder Unwahrheit durch die Wissenschaft etc. Für diese Systeme, zu denen auch Erziehung, Familie und Kunst zählen, gilt, dass sie sich über einen Code jeweils intern kurz geschlossen haben. Mit diesem Code formieren sie ihre Grenzen. Jenseits dieser Grenzen ist alles anders als diesseits. So nimmt das Wirtschaftssystem die Welt nur mit Hilfe der Unterscheidung von Zahlen/Nichtzahlen wahr, die Wissenschaft ist blind für alles, was sich nicht als wahr oder unwahr beobachten lässt. Entscheidend ist, dass solche Systeme wie die Gesellschaft selbst aus nichts anderem als aus Kommunikationen bestehen, die Kommunikationen erzeugen... Sie unterscheiden sich von der Gesellschaft durch die Konditionierung ihrer Kommunikationen, eben durch ihren jeweiligen Code.

Auch Kunst ist ein System dieses Typs, ein Sozialsystem also, das sich operational verdichtet und mittlerweile autonom gesetzt hat, in dem Sinne, dass nur noch Kunst entscheidet, was als Kunst gilt. Unsicher ist, das sei gleich zugegeben, was denn der Code der Kunst sei, schön oder hässlich, sensationell oder langweilig, bizarr oder nicht bizarr. Ich plädiere dafür (ohne das hier eigens noch begründen zu können), dass im Fall der Kunst die Bezeichnung/Nichtbezeichnung als Kunst mittlerweile den Code darstellt. Damit kann sich Kunst eine extreme Offenheit bei vollkommener Geschlossenheit leisten, gerät natürlich auch in die Gefahr als hoch arbiträr beobachtet zu werden.

Gesetzt aber den Fall, auch Kultur sei ein System, wie wäre es codiert? Welche Grenzen hätte es denn, jenseits derer das Nicht- Kulturelle wäre? Gibt es Kommunikationen, die sich nicht unter dem Gesichtspunkt Kultur beobachten lassen? Das Kulturproblem (Organisation und Begrenzung von kommunikativen Anschlussmöglichkeiten) fällt schließlich in jedem Kommunikationsprozess an, und deshalb muss gesellschaftsweit unentwegt die Bindewirkung von Themen genutzt werden. Die jeweiligen Lösungen des Problems sind gerade nicht autonomiefähig, sondern immer von globalen gesellschaftlichen und von lokalen Kommunikationsbedingungen abhängig. Und es ist die Evolution dieser Bedingungen, die in wechselnden Zeiten wechselnde Typen der Organisation der Bedingungen von Kultur erzwingt. Kultur ist – so kann resümiert werden – ein globales Phänomen mit lokalen Effekten und Strukturen, aber nirgends an andere Grenzen als an gesellschaftliche gebunden. Sie ist damit, wie man sagen könnte, transferenziell, und gerade solche transferenziellen Phänomene erweisen sich in der postmodernen (funktional differenzierten) Gesellschaft als Zentralphänomene (wir können hier mit Welsch (1993) von „Transversalität" sprechen). Der zunehmende Ruf nach Kultur (ja nach kultureller Marktwirtschaft) siedelt an dem Problem, dass die Heterogenität der Systemperspektiven nach Überbrückung, nach Austausch, nach artikulierter Interdependenz, nach der Formulierung von thematischen Differenzen verlangt.

Gerade das aber fordert eine Profession, die sich dieser transferenziellen Funktion von Kultur in einer babylonischen Gesellschaft nicht nur bewusst ist, sondern sie auf der Basis einer lateralen Ausbildung zu pflegen und zu fördern in der Lage ist. Zu beobachten ist, dass eben diese Profession sich im Moment unter dem Titel „Kulturmanagement" ausdifferenziert.

Die Tatsache, dass soziale Systeme ihrer eigenen Logik folgen, impliziert, dass weder das System Wirtschaft festlegen kann, wie sich das System Kunst entwickelt, noch das System Kunst das System Wirtschaft determinieren kann. Die Leistungsfähigkeit sozialer Systeme besteht darin, dass sich ihre Kommunikation allein auf sich selber bezieht (Stichworte: Selbstreferenzialität, Autopoiesis). Damit die jeweilige Eigendynamik eines Systems nicht zum Stillstand kommt, finden immer wieder Beobachtungen von bzw. Kontakte mit anderen Systemen statt. Wechselseitige Beobachtungen von Wirtschaft und Kultur bzw. Kunst verweisen auf systemspezifische Assimilierungsprozesse. Die Wirtschaft assimiliert die Kultur bzw. Kunst, indem sie diese in ihre Sprache übersetzt.

> „Aus ästhetischer Praxis werden Produkte und Dienstleistungen, aus Mentalität und Bildung werden Bedarf und Geschmack, aus der Ästhetisierung der Lebensstile werden Mode und Konsumstile. Dadurch bekommen Wirtschaft und Märkte mit Blick auf die Kultur der Gesellschaft nicht nur eine katalytische, sondern auch generierende Funktion. Das gilt zunächst in dem direkten Sinn eines beschleunigten Wachstums entsprechender Märkte und Angebote" (Rossbroich 1999: 152).

Dieses Beispiel verallgemeinernd führt zum Phänomen der Interaktion von Systemen mit ihrer Umwelt. Luhmann hat hier den Begriff der Reduktion von Komplexität entwickelt, der im Wesentlichen besagt, dass jede Umwelt für ein spezifisches System, gleichgültig welcher Art, überkomplex ist, d.h. in ihrer Totalität vom System nicht erfasst werden kann. Damit das System sich gegenüber der Umwelt erhalten kann, muss es eine Form der Reduktion der Umweltkomplexität vornehmen, die die Umwelt in dieser reduzierten Form für das

System bearbeitbar, d.h. erfassbar, macht. Es ist hierbei evident, dass ein System vor allem dann erfolgreich seine Umwelt erfassen kann, wenn die Komplexitätsreduktion die für das System wesentlichen Aspekte der Umweltkomplexität bewahrt.

Ein System kann nun seine eigene Komplexität erhöhen, und zwar durch Binnendifferenzierung, d.h. durch Herausbildung systemimmanenter Strukturen; insbesondere kann es seine Komplexität durch Bildung systeminterner Teilbzw. Subsysteme erhöhen. Generell gilt hierbei, dass die Erhöhung der systemeigenen Komplexität der wesentliche Mechanismus dafür ist, dass das System seine Umwelterfassung verbessern kann, d.h. je komplexer das System, desto mehr Umweltkomplexität kann erfasst werden. In der allgemeinen Systemtheorie bedeutet dies, dass ein System nicht ohne ein Mindestmass von Eigenkomplexität auskommt; die Umweltkomplexität, die bei der Erfassung durch ein System erhalten bleibt, ist eine direkte Funktion der systemischen Eigenkomplexität, die sowohl die Art als auch das Ausmaß der vom System vorgenommenen Reduktion der Umweltkomplexität bestimmt.

Diese evolutionär bedingte Steigerung der systemischen Eigenkomplexität lässt sich am Beispiel der modernen Kunst belegen.

„Als funktional ausdifferenzierter ‚Vollzug von Gesellschaft' hat die künstlerische Praxis zu einem beeindruckenden quantitativen wie qualitativen Wachstum ästhetischer Gestaltung und einer entsprechenden Differenzierung menschlicher Fähigkeiten geführt. In Formen einer sich zunehmend von der Alltagspraxis abgrenzenden, sich ausdifferenzierenden und selbstreferenziellen Gestaltung, in der Musik, der Malerei, der Skulptur, von Oper, Theater und Literatur, entstehen qualitativ anspruchsvolle, hochdifferenzierte und vieldeutige Artefakte, die den unscharfen und zur Zukunft hin offenen Begriff ‚Kunst' prägen. Dabei gibt es fließende Grenzen, beispielsweise zur Innen-, Gartenarchitektur etc., zum Kunsthandwerk, zum Design, heute zur Werbung, zu Fotografie, Film, Internet usw. Dem korrespondiert eine Entfaltung und Differenzierung gestalterischer Kompetenzen, die sich mit der Vorstellung des (genialen) Künstlers verbinden. In der Verflechtung und wechselseitigen Verstärkung von qualitativer Gestaltung und gestalterischer Kompetenz hat sich eine Praxis und ‚Logik' des Ästhetischen ausdifferenziert, die wir, mit Luhmann, als ‚Kunst der Gesellschaft' bezeichnen können. Gerade kraft ihrer Gerinnung zu einem selbstreferenziellen System entwickelt die Kunst die Eigenschaft der ‚inneren Unendlichkeit': Ein infiniter Prozess der ästhetischen Erschließung und Assimilation von Welt und ihrer Verwandlung in ‚Kunst', der nur durch eine Entdifferenzierung der Gesellschaft (Regression) unterbrochen werden kann. Deshalb kann heute alles in der Welt (Material für) ‚Kunst' und das Spiel mit ihren Grenzen zur übrigen gesellschaftlichen Praxis zu ihrem faszinierenden Thema werden" (Rossbroich 1999: 150).

Was zur Assimilierung von Kunst und Kultur durch die Wirtschaft ausgeführt wurde, lässt sich im Umkehrschluss ebenfalls für die Assimilierung der Wirtschaft durch die Kultur bzw. Kunst aufzeigen. So praktizieren kulturelle Akteure, Künstler, Galeristen, Ausstellungsmacher, Museumsdirektoren etc., zunehmend erfolgreich Kulturmarketing.

„Die Bewirtschaftung der Kunst, ihre Vermarktung und Kommerzialisierung, die Durchdringung von Ästhetik und Psychologie, Mode und Geld, das Auf und Ab in den Kunstmärkten, prägen den Warencharakter von Kunst. Deren Macher und Vertreiber werden zu Anbietern, die nach neuen Marktnischen suchen. Darüber hinaus zwingt die Ästhetisierung des Lebens und der Weltbilder in den wohlstandsgeprägten Anteilen unserer Gesellschaft Wirtschaft und Unternehmen zu einer kulturell-ästhetischen Profilierung. Wer in einer Gesellschaft Geld verdienen will, in der Kultur (i.S. von ‚Stil haben') zu einem übergreifenden Leitwert geworden ist, muss auch in Kultur investieren. Das führt dazu, dass sich immer mehr Unternehmen quasi ‚von Kopf bis Fuß' stilvoll, also in Kultur, kleiden: Vom Design der Produkte und Dienstleistungen, über die symbolische Aufladung von Marken durch entsprechende ‚Werbewelten' und die Profilierung der Unternehmenspersönlichkeit (‚The company behind the product'), durch Architektur und Kunst bis hin zum Kultursponsoring, das Abstrahleffekte der (Massen-)Kultur für das Unternehmensimage nutzen möchte. Die damit erzielte Aufmerksamkeit in einer ästhetisch sensibilisierten Gesellschaft wird für immer mehr Unternehmen unverzichtbar, um gesellschaftlich akzeptiert zu werden und für Kunden wie Mitarbeiter attraktiv zu sein. Dem korrespondiert eine wachsende Geschicklichkeit kultureller Akteure, die Profilierungswünsche der Wirtschaft durch entsprechende Sponsoringangebote zu nutzen. Angesichts knapper Staatskassen bekommt das Bemühen von Museumsdirektoren und Kulturveranstaltern, von Sponsoren und Mäzenen seinerseits den Charakter eines wirtschaftlichen Wettbewerbs. Von der kulturellen ‚Einkleidung' gibt es gleitende Übergänge zur inneren Verfassung von Unternehmen, die ihren Ausdruck findet in Begriffen wie ‚Unternehmens-, Organisations-, Führungs- und Dialogkultur'" (ebd.: 152-153).

Es wächst der Anteil der Unternehmen, die sich durch eine kulturelle Modernisierung ihrer Organisation auszeichnen und sich kontinuierlich weiter darum bemühen, um die Wettbewerbsfähigkeit zu erhalten und zu steigern. Die Potenziale eines solchen Interpenetrationsprozesses zwischen kultureller und wirtschaftlicher Innovation, „zwischen den Bedürfnissen nach individueller Selbstverwirklichung und den Anforderungen moderner Arbeitsorganisationen sind bei weitem noch nicht ausgeschöpft" (ebd.: 154). Von den Unternehmen wird gegenwärtig ein hohes Maß an Flexibilität, Kreativität und Innovationsfähigkeit erwartet.

„Deshalb gewinnen Unternehmenskultur und kulturorientiertes Management in der unternehmerischen Praxis, aber auch in der unternehmensbezogenen Forschung zunehmende Bedeutung" (Pankoke 2000: 175).

Die wechselseitige Beobachtung und Assimilierung von Kultur und Wirtschaft im „Vollzug" von Gesellschaft, die Kultivierung der Wirtschaft und die Bewirtschaftung der Kultur bilden ein Faktum, über das vermutlich kontrovers diskutiert werden wird. An dieser Stelle verlasse ich die systemtheoretische Perspektive und wende mich der empirischen Realität innovativer Kooperationspraxis von Kultur und Wirtschaft zu. Die folgenden Überlegungen basieren auf dem vom MSKS NRW finanzierten, von mir federführend durchgeführten Forschungsprojekt „Kultur und Wirtschaft am Niederrhein" (Heinze 1998). Dieses Projekt erfolgte in der Absicht, zukunftsweisende Projekte und Ansätze der Zusammenarbeit von öffentlicher Hand, privatwirtschaftlicher und privater Initiative am Niederrhein zu recherchieren und als bemerkenswerte Beispiele in ihrem Modellcharakter zu dokumentieren.

3.2   Kulturförderung

„Kultur ist kein austauschbares, ersetzbares oder kurzfristig verzichtbares Konsumgut, Kultur ist eine andauernde Investitionspflicht" (Schweriner Manifest „Zur Kultur in Deutschland drei Jahre nach der Wiedervereinigung", verabschiedet vom „Kulturkreis der deutschen Wirtschaft im BDI" Ende 1993).

Dieses Manifest scheint seine Wirkung nicht verfehlt zu haben. Zu beobachten ist, dass bei der Wirtschaft ein zunehmendes Bewusstsein für die kulturelle Substanz der Gesellschaft zutage tritt. Die Tatsache, dass die Gesamtheit des Unternehmenssektors in der Bundesrepublik Deutschland trotz der ökonomischen Sachzwänge z.B. im Jahr 1994 deutlich höhere Kulturausgaben finanzierte als zu Beginn des Jahrzehnts, lässt darauf schließen, dass die Förderung von Kunst und Kultur im Wertesystem breiter Kreise der Wirtschaft fest verankert ist (Hummel 1995). Hierfür spricht auch die zunehmende Bereitschaft der Unternehmen, Kulturförderung über Zuwendungen zu (eigenen und fremden) Stiftungen durchzuführen und/oder öffentliche Haushalte bei der Wahrnehmung der kulturellen Aufgaben zu unterstützen. In der Region Niederrhein z.B. werden trotz ökonomischer und struktureller Probleme in vielen Bereichen der Wirtschaft kultursponsorische Aktivitäten von einer Vielzahl vor allem mittelständischer bzw. traditionsbewusster kleinerer Unternehmen als Verpflichtung gegenüber der Gesellschaft bzw. der Kommune betrachtet und dienen der Imagepflege der Unternehmen. Die von größeren und mittelständischen Unternehmen zum Teil in periodischen Abständen zur Verfügung gestellten Finanz- und Sachleistungen sponsern vorrangig „hochkulturelle" bzw. massenwirksame Kunstevents, die zum Teil überregionalen Charakter tragen, wie Festivals, Konzerttourneen, Ausstellungen, Kunstmessen, finanzieren Künstlerstipendien, den Ankauf von

Kunstwerken oder die Herausgabe unterschiedlicher regionaler und lokaler Kulturanzeiger. Das Kultursponsoring kleinerer Firmen beschränkt sich in den meisten Fällen auf die Förderung ortsansässiger Vereine, die maßgeblich das Kulturleben und Brauchtum der Stadt oder der Gemeinde prägen (Heinze 1998). Die Bereitschaft zur Kulturförderung hat bei vielen Eigentümer-Unternehmen eine lange, mäzenatische Tradition. Mehr und mehr tritt dazu jedoch auch ein Eigeninteresse der gesamten Wirtschaft für ein Engagement außerhalb der unmittelbaren Unternehmensziele, z.B.:

- positives gesellschaftliches Klima,

- Integration in und Unterstützung durch die Gesellschaft,

- Motivation von Mitarbeitern und potenziellen Bewerbern bezüglich Lebensgefühl, Standortfaktor und positiver Identifikation mit dem Unternehmen,

- Wettbewerbsvorteile, die unabhängig vom eigentlichen Produkt- oder Dienstleistungsangebot zu erringen sind (Kapitel II, 1).

Ein darüber hinaus gehender möglicher Nutzen für Unternehmen basiert auf den für Kunst konstitutiven Merkmalen wie: Kreativität, Innovationsfähigkeit, Produktivität und Publizität. Nicht von ungefähr hat der VW-Konzern den Abschluss des Sponsorenvertrages mit der ehemaligen documenta-Leiterin Catherine David und die Übergabe des ersten Fahrzeuges für den Transportdienst der Ausstellung zur Spätschicht ins Kasseler Presswerk verlegt. Dies geschah nicht nur als werbewirksames Ereignis für die Kasseler Volkswagen-Werke, sondern auch als Ausdruck dafür, „dass Kunst nicht nur einer kleinen elitären Schicht vorbehalten sein darf, sondern die Verbindung finden sollte zu den Menschen, die hier leben und arbeiten" (so die Aussage des Kasseler VW-Betriebsrats). „Kunst zu Gast bei Jobst". Unter diesem Motto begann 1994 die Kooperation zwischen der Firma Jobst GmbH und dem Emmericher Plakatmuseums (am Niederrhein), in dem 125 Plakate in den Räumlichkeiten des Unternehmens ausgestellt werden konnten. Der Vorteil für die Belegschaft erwies sich darin, Kunst hautnah am Arbeitsplatz erleben zu können. Mit dem von der Firma veranstalteten „Tag der offenen Tür" erhielten auch betriebsfremde Bürger die Möglichkeit, die zweimal jährlich wechselnden, thematischen Plakatausstellungen zu sehen. Bei der ersten Veranstaltung dieser Art, die von einem Rahmenprogramm mit Kindermalwettbewerb, musikalischen Beiträgen und Talkrunden ergänzt wurde, kamen 700 Interessierte, die 15.000 DM für das P.A.N. als Erlös erbrachten. Mit dem „Tag der offenen Tür" konnte eine Plattform zur Diskussion und Auseinandersetzung zwischen Stadtvertretern, Künstlern und

Bürgern von Emmerich über Kunst und ihre Bedeutung für die Kommune geschaffen werden. Die Firma Jobst versteht die Zusammenarbeit mit dem P.A.N. neben der Aufwertung ihrer Geschäftsräume als einen Beitrag, einer bedeutenden kulturellen Initiative der Stadt durch das aktive Sponsoring des Unternehmens langfristig eine eigenständige und gesicherte Existenz zu sichern (ebd.). Kultur im Alltag, in der Fabrik, im Büro, in der Praxis lohnt sich, denn man erreicht Zielgruppen, die sich der klassischen Werbung entziehen. Kultur am Arbeitsplatz, in Unternehmen, regt dazu an, sich mit ihr auseinander zu setzen. Bereits in den 60er Jahren verkündete ein Pionier des Kultursponsoring, der Vorstand von Philip Morris: „It needs art to make a company great." Wie ein Unternehmen durch Kunst groß wird? Im Verständnis des amerikanischen Markenartikelkonzerns so: „Die Kunst und Kultur halfen uns, eine schöpferische Marketingorganisation zu entwickeln. Kultur befriedigt nicht nur. Sie weckt in uns den Sinn für das Neue." Was Josef Brauner, Ex-Chef der Sony Deutschland GmbH, nur bestätigen kann: „Kunst ist nicht nur kreativ, sie macht auch kreativ. Damit schafft sie die optimalen Rahmenbedingungen für schöpferische Leistung."

3.3 Perspektiven gemeinsamer Innovation

Besondere Aufmerksamkeit wird zur Zeit der Kulturförderung und ihrer Finanzierung gewidmet. Angesichts der leeren Kassen und der „düsteren" Perspektive bei der öffentlichen Finanzierung ist die theoretische und praktische Phantasie gefragt, neue Formen der Kulturförderung und ihrer Finanzierung zu entwickeln (Heinze 1999a). Geldquellen für kulturelle Projekte und auch Institutionen werden zukünftig zunehmend im privatwirtschaftlichen und privaten Bereich zu suchen sein. Solange allerdings die Idee des Wirtschaftswachstums die Akkumulationskreisläufe der Wirtschaft beherrscht, können Mittel für außerwirtschaftliche Zwecke nur auf freiwilliger und damit relativ unverbindlicher Basis abgezweigt werden. Diese Freiwilligkeit enthebt die Wirtschaft nicht von der Verpflichtung, Kultur zu fördern, zumal sie heute, wie die höfische Gesellschaft und Kultur von damals, den gesellschaftlichen Reichtum abschöpft und bündelt. Aus diesem Überfluss kann und muss sie Kultur fördern in dem Bewusstsein, dass Kultur als Entwicklungspotenzial moderner Gesellschaften eine entscheidende Größe ist.

Eine Gesellschaft verfällt auch ökonomisch, wenn das kulturelle Leben in seiner Dynamik retardiert. Eine Grobeinteilung der wichtigsten, aus der Praxis bekannten Konzepte und Modelle der Kulturfinanzierung ergibt sich nach den Kategorien Stärkung der Eigeneinnahmen sowie Erhöhung der Einnahmen aus Fremdquellen. Instrumente zur Stärkung der Eigeneinnahmen sind:

- Preis- und Programmpolitik, Sponsoring, Merchandising.
- Konzepte, bzw. Instrumente zur Erhöhung der Einnahmen aus Fremdquellen umfassen: Fundraising, Challenge Funding, Mäzene und Stiftungen, Public-Private-Partnership, Förder- und Trägervereine, ehrenamtliche Arbeit (Heinze 1999 a).

Den beiden Gruppen von Modellen und Konzepten liegen jeweils andere Gestaltungsziele zugrunde. Die erste Gruppe folgt dem Gedanken einer Steigerung der Eigenleistungen, die den Anteil der Selbstfinanzierung (Finanzierung aus Marktumsätzen) erhöhen sollen. Bei den Einnahmen aus Fremdquellen handelt es sich um freiwillige Zuwendungen von außen, denen ein allgemeines gesellschaftliches oder spezifisch kulturelles Engagement von Privatpersonen oder gesellschaftlichen Institutionen zugrunde liegt.

Im Folgenden soll, als Perspektive gemeinsamer Innovation von Kultur und Wirtschaft, das aus dem anglo-amerikanischen Bereich hervorgegangene Modell des *Public-Private-Partnership (PPP)* vorgestellt werden. Bei diesem Konzept geht es, im Gegensatz zum Kultursponsoring, nicht um Unternehmensinteressen, sondern um die Realisierung gemeinwohlorientierter Ziele in der Stadt und Region auf der Basis einer umfassenden kulturellen Entwicklungspolitik, die sich sowohl auf die Kulturinfrastruktur als auch auf kulturelle Aktivitäten richtet.

„Privat-gewerbliche, nicht-staatliche und staatliche Akteure kooperieren bei PPPs in formellen Gremien oder gemischten Unternehmen, um Projekte umzusetzen und Leistungen zu erstellen, die auch in staatlicher Eigenregie erbracht werden könnten. Dafür bringen sie personelle, strategische und finanzielle Ressourcen ein" (Heinze/Strünck 1998: 117).

Zum privaten Sektor zählen neben den privaten Unternehmen alle anderen privaten Akteure, z.B. Initiativen und Interessengruppen.

„Public-Private-Partnership bedeutet ..., dass die Gewährleistungs-Verantwortung beim Staat bleibt, die Finanzierungs- wie auch die Durchführungsverantwortung sich jedoch auf private Unternehmen, öffentliche Institutionen und/oder gesellschaftliche Akteure (Verbände, Initiativen u.a.) aufteilt" (ebd.: 118).

Für private Unternehmen bedeutet die Beteiligung an PPPs eine in der Regel „größere Planungs- und Finanzierungssicherheit, Umsetzungsgeschwindigkeit und die umsetzungsfördernde Nähe zu öffentlichen Entscheidungsträgern" (ebd.).

64

Public-Private-Partnership bietet der öffentlichen Hand die Möglichkeit, private Förderer für ihre Vorhaben/Projekte zu gewinnen und die „Kompetenz der Partner, z.b. in ökonomischen Fragen, bei der Verwirklichung zu nutzen" (Heyl 1997: 48).

Voraussetzung für das Gelingen solcher Kooperationsmodelle ist, dass sowohl die öffentliche Hand, also die staatlichen und kommunalen Verwaltungen, als auch die „privaten Organisationsstrukturen genügend Flexibilität besitzen oder entwickeln, um neue Wege zu gehen und gesetzliche Beschränkungen und Begrenzungen schöpferisch zu interpretieren" (Ohlau 1997: 52).

Public-Private-Partnership erstreckt sich zumeist auf größere Projekte (z.B. Klavier-Festival-Ruhr, getragen vom Initiativkreis Ruhrgebiet), investive Vorhaben (z.B. Museumsbau in Grenoble; Errichtung einer „Medienzone" in Birmingham, um die Ansiedlung medienzentrierter Unternehmen zu stützen), die Einrichtung von Initiativ- und Gesprächskreisen, in denen Spitzenkräfte der Stadt und Region aus Wirtschaft und Kultur „am runden Tisch" sich bemühen, gemeinsam Probleme zu lösen und angesichts knapper öffentlicher Gelder neue Formen einer privaten Förderung zu erschließen. Priorität haben dabei umfassende Problemlösungsstrategien, z.B. die Erhöhung der Attraktivität von Innenstädten mit Hilfe der Kultur oder durch den Bau eines Theaters. Ziel ist die Verbesserung der (kulturellen) Infrastruktur einer Stadt oder Region, die allen zugute kommt, Einheimischen und (Kultur-)Touristen (Becker 1993/Heinze 1999b).

Ein herausragendes Beispiel für Public-Private-Partnership stellt die Stiftung Ehrenhof dar, die von der Stadt Düsseldorf und der ehemaligen Veba AG (heute e.on) 1997 institutionalisiert worden ist. Ziel der Gründung der Kunststiftung Ehrenhof ist es,

„das gleichnamige Düsseldorfer Ausstellungsgelände neu zu beleben und damit den Kulturstandort Düsseldorf zu stärken ... Unternehmen und Stadt haben sich hier eine gemeinsame Aufgabe gestellt, deren Herausforderung nur im Verbund angenommen werden kann. Der Stadt fehlen die finanziellen Mittel für den Kraftakt, das Museum und den Kunstpalast zu einem neuen Identifikationspunkt mit nationaler und internationaler Ausstrahlung zu entwickeln. Für die Veba bietet die Partnerschaft hingegen große Chancen für die eigene Unternehmensentwicklung. Die Public-Private-Partnership knüpft an die historischen Wurzeln des Ehrenhofs an, dessen Ensemble in verschiedenen Bauschritten zu Anfang unseres Jahrhunderts aus dem Zusammenspiel von Wirtschaft und Kultur entstand. Der Kunstpalast selber geht zurück auf eine gemeinsame Initiative seitens der Düsseldorfer Künstlerschaft, Kulturverwaltung und Wirtschaft. Anlass war die Industrie-, Gewerbe- und Kunstausstellung 1902, die als großangelegte Leistungsschau ... den Zusammenhang von Kunst, Gewerbe und Industrie präsentierte" (Wolff 1999: 171/172).

Allerdings verlor der Kunstpalast in den folgenden Jahrzehnten als Ausstellungsbetrieb zunehmend an Bedeutung und „verkümmerte" an der Seite des städtischen Kunstmuseums zu einem „maroden" Palast.

Vor diesem Hintergrund nahm die ehemalige Veba das Angebot der Stadt Düsseldorf an, ein an den Kunstpalast angrenzendes Grundstück zu erwerben,

„denn es bot nicht nur eine gute Lage für das neue Verwaltungsgebäude, sondern zugleich auch die Chance, dieses in ein spannendes Kulturumfeld zu platzieren. Als selbständige und rechtsfähige Stiftung privaten Rechts bietet die Kunststiftung Ehrenhof beiden Partnern einen festen Rahmen der Zusammenarbeit, in den weitere Stifter eingebunden werden können. Zweck der Stiftung ist einerseits der Wiederaufbau des Kunstpalastes, andererseits der Betrieb der verschiedenen kulturellen Einrichtungen am Ehrenhof unter einer künstlerischen Leitung. Die Stiftung hat das erklärte Ziel, den Ehrenhof zu einem kulturellen Schwerpunkt in Düsseldorf aufzubauen und ihm national wie international neue Geltung zu verschaffen ... Das Vermögen der Stiftung besteht zunächst aus dem Erlös des an die Veba verkauften Grundstücks, einem von der Veba für den Wiederaufbau des Kunstpalastes gestifteten Betrag von 10 Millionen D-Mark und den von der Stadt für den Bau eingebrachten 8 Millionen D-Mark zuzüglich der vom Land gezahlten Städtebauförderungsmittel in Höhe von 24 Millionen D-Mark. Hinzu kommen für den Stiftungsbetrieb jährliche Zuwendungen der Stadt in Höhe von 8 Millionen D-Mark und Mittel der Veba, zunächst für 10 Jahre, in Höhe von 2 Millionen D-Mark. Darüber hinaus will die Veba für die ersten drei Jahre des Betriebes weitere 3 Millionen D-Mark jährlich für besondere Ausstellungsprojekte zuschießen..." (ebd.: 172/173).

Als eine ebenfalls innovative Form der Koordinierung und Bündelung kultureller Ressourcen über kommunale Grenzen hinweg gestaltet sich die Arbeit im Kulturraum Niederrhein e.V. Der Kulturraum Niederrhein e.V. ist 1992 als reine Bürgerinitiative mit der Intention entstanden, den anstehenden Strukturwandel in der Region durch kulturelle Impulse zu begleiten. Ziel war es, das kulturelle Angebot der Kommunen für die Bewohner der Region und ihre Gäste transparent zu machen, Angebote zu vernetzen, Ressourcen zu bündeln, städteübergreifende und grenzüberschreitende Aktivitäten interkommunal zu fördern und größere, kooperative Aktions- und Handlungsspielräume für Kulturarbeit zu schaffen. Durch den Beitritt der Kommunen, die damit ihr Interesse an dieser Initiative von Einzelpersonen, privaten Unternehmen, wirtschaftlichen Verbänden, kulturellen Vereinigungen bekundeten, stellt der Kulturraum Niederrhein e.V. eine neue, innovative Form der Zusammenarbeit zwischen öffentlicher und privater Hand dar, die mit unbürokratischen Kooperationslösungen auf die Kompetenz und eine stärkere Einbeziehung des Bürgers abzielt. Der Kulturraum e.V. versteht sich als regionale, städteübergreifende Gemeinschaftsinitiative von privaten, kommunalen und öffentlichen Akteuren zur Profilierung des Niederrheins als eigenständigen Kulturraum innerhalb eines Europas der Regionen. Der Verein fungiert als Schrittmacher und Impulsgeber zur Schaffung identitätsstiftender Profile in der Region, die über kulturelle Aktionen Verantwortung für die Erschließung infrastruktureller Potentiale und die Entwicklung von Visionen für die Region verfolgt. Er bildet ein Forum für interkommunale Zusammenarbeit mit dem Ziel, kommunale, Wirtschafts- und kulturelle Interessen der Bürger im Sinne regionaler Standortprofilierung zu koordinieren. In diesem Verständnis übernimmt der Kulturraum e.V. als ein demokratisch legitimiertes Gremium kulturelle Aufgaben und definiert sich als regionaler Partner staatlicher wie kommunaler Kulturpolitik, ohne in deren Kompetenzen bzw. Strukturen einzugreifen. Über den Verein erfolgt die Herausgabe der Programmzeitschrift kult, die mit einer Auflage von 30.000 Exemplaren die Kulturangebote der Region veröffentlicht und einen sachbezogenen Diskurs zu Problemen regionaler Kulturarbeit führt. Weiterhin zeichnet sich der Verein für die Koordinierung der regionalen Kulturwochen „Niederrheinischer Herbst" verantwortlich, organisiert mit der Mercator- Universität in Duisburg und den Volkshochschulen der Region Vorträge und Vorlesungsreihen zu kulturhistorischen, politischen und wissenschaftlichen Themen. Derzeit arbeiten 27 Städte, 32 Firmen und 186 private Mitglieder im Kulturraum Niederrhein e.V. mit. Neben staatlichen Zuschüssen wurde das reguläre Beitragsaufkommen von 75.000 DM zu einem Drittel aus den öffentlichen Kassen der Kommunen, zu zwei Dritteln aus privaten Kassen bestritten. Mit einer Gemeinschaftsaktion der sechs ansässigen Museen moderner Kunst (Museumsinsel Hombroich, Abteiberg-Museum Mönchengladbach, Kaiser-Wilhelm-Museum Krefeld mit Haus Esther und Haus Lange, Wilhelm-Bruck-Museum Duisburg, Museum Kurhaus Kleve, Museum Schloß Moyland) auf der „documenta" präsentierte der Kulturraum e.V. die Region als Zentrum internationaler Gegenwartskunst. Mit dem Projekt „Tele Virus" erhielten Personen über das Internet die Möglichkeit, Museen einen virtuellen Besuch abzustatten. Die aufgenommenen Porträts der virtuellen Besucher wurden einerseits den Museen für die Gestaltung einer „Besuchergalerie" verfügbar gemacht, dienten in Kombination mit dem Ausdruck eines besuchten Museums dem „Surfer" als Eintrittskarte für den realen Besuch des ausgewählten Museums. Auf diese Weise wurde die „documenta" als internationales Medienereignis genutzt, den Museumsstandort Niederrhein publikumswirksam zu präsentieren und neue Sponsoren zu akquirieren.

Um die Akzeptanz der inhaltlichen Zielsetzungen des Kulturraum Niederrhein e.V. und damit die Anzahl der aktiven Mitglieder zu erhöhen, will der Verein zukünftig mehr kleinere Projekte mit deutlich lokaler Bezogenheit unterstützen, den einzelnen Gemeinden, ihren politisch Verantwortlichen und ihren Bürgern die Vorteile der Zusammenarbeit im Verbund einer praktischen Vermittlungsebene deutlich machen, nämlich das endogene Potential der Region zu aktivieren und Ressentiments gegenüber einem regionalen Kulturverständnis auszuräumen. Auf dem Weg der Aktivierung und Einbeziehung kulturell interessierter und engagierter Bürger sieht der Verein seine Chance, die Idee eines städteübergreifenden Engagements für den Niederrhein als Region und Kulturraum zu verwirklichen und Strukturen regionaler Selbstregulierung im Rahmen staatlicher Kulturpolitik zu schaffen (Heinze 1998b).

Eine weitere Möglichkeit, die für viele Städte zur Zeit noch zukunftsweisend ist, liegt in der Entwicklung eines partnerschaftlichen Konzeptes zwischen Kulturförderung und Kulturwirtschaft, das eben nicht nur darüber befindet, welche Kunst- und Kulturbereiche unter Umständen privatisiert werden können, sondern auch weitergehende Angebote entwickelt, die es den betroffenen Kultureinrichtungen und Kulturschaffenden ermöglichen, bessere Chancen am Markt zu erhalten.

Diese Angebote können zum einen in einer besseren Beratung für Kulturschaffende liegen, die sich selbständig machen wollen. Eine weitergehende Möglichkeit liegt jedoch darin, bestimmte Kunst- oder Kulturprojekte durch (kultur-)wirtschaftliche Maßnahmen zu flankieren. Wenn zum Beispiel eine Stadt ein „Künstlerhaus" einrichtet, das ortsansässigen jungen Künstlern und Künstlerinnen Arbeits- und Ausstellungsgelegenheit bietet, so ist dieses eine sinnvolle und wichtige Maßnahme der Kunst- und Künstlerförderung. Wenn diese Stadt jedoch nicht über einen starken Kunstmarkt verfügt, der den Künstlern genügend Marktchancen bietet, müsste in einem zweiten Schritt überlegt werden, wie gemeinsam mit Partnern aus der Wirtschaft, der regionalen Wirtschaftsförderung, von ortsansässigen Galerien, Kunstvereinen und Museen usw. Impulse für die Entwicklung eines Kunstmarktes gegeben werden können. In diesem Zusammenhang ist zu bedenken (Kunzmann 1995: 331), dass kulturwirtschaftliche Betriebe und Unternehmen an einem Ort ein wesentliches Element des lokalen Kulturlebens sind. Sie zeigen sich in der Regel an lokalen bzw. regionalen Kulturaktivitäten stark interessiert, die auf entsprechende kulturwirtschaftliche Produkte und Dienstleistungen angewiesen sind. Ein vielfältiges, innovatives kulturelles Milieu am Ort und in der Region ist daher für kulturwirtschaftliche Betriebe und Unternehmen wichtig. Es schafft ihnen einen aufnahmebereiten regionalen Markt und es garantiert die Verfügbarkeit von vorgebildeten, interessierten und qualifizierten Arbeitskräften. Das kulturelle Image der Region ist gleichzeitig auch ein nicht zu unterschätzender und vor allem kostenloser Marketingfaktor, und je größer dieses kulturelle Image ist, um so mehr profitieren kulturwirtschaftliche Betriebe oder Unternehmen davon. Doch weil sie dies tun, sind sie in der Regel auch eher bereit, im Rahmen ihrer Möglichkeiten oder Marketingstrategien das kulturelle Leben am Ort oder zumindest einzelner kultureller Projekte zu unterstützen. Daraus ergibt sich eine gegenseitige Abhängigkeit von lokaler Kultur und lokaler Kulturwirtschaft, die in vielerlei personellen Netzwerken ihren Ausdruck findet, in Netzwerken, aus denen beide Seiten ihre Vorteile ziehen. Im Sinne einer moderierenden Kulturpolitik (Hippe 1995) ist es dann auch denkbar, Überlegungen darüber anzustellen, ob die öffentliche Kulturförderung (unter Umständen gemeinsam mit der Wirtschaftsförderung) über einen begrenzten Zeitraum kommerziell ausgerichtete Kulturangebote fördert, wenn es in einem größeren Zusammenhang sinnvoll erscheint.

Ebenso würden sich unter dieser Maßgabe auch neue Anforderungen an Kulturentwicklungspläne und an Konzepte eines kommunalen Marketing stellen, die unter dem Stichpunkt der ressortübergreifenden Zusammenarbeit flankierende Maßnahmen, die in die Kulturwirtschaft hineinwirken, für bestimmte kulturelle oder künstlerische Vorhaben entwerfen (Heinze u.a. 1994).

Ein zukunftsweisendes Beispiel von „Public-Private-Partnership" stellt die in Großbritannien durch die Wirtschaft gegründete Organisation ABSA (Association for Business Sponsorship of the Arts) dar. Sie fördert

„Partnerschaften zwischen Staat, Kultur und Unternehmen. ABSA arbeitet nach Aussagen vieler Interviewpartner sehr erfolgreich. Sie half, die Sponsorenmittel erheblich zu steigern (1994: 200 Mio. DM). Für die britische Regierung organisiert ABSA ein Zuschussprogramm zur Anregung von Sponsoring-Aktivitäten, das ‚Pairing Scheme': ‚Immer wenn die Wirtschaft den Kultursektor finanziell unterstützt, beteiligt sich der Staat an der Finanzierung des Vorhabens, im ersten Jahr im Verhältnis 1:1, danach mit geringer werdenden Anteilen. Ein anderes Programm, das ABSA durchführt, ist ‚Business in the Arts'. Es unterstützt die Zusammenarbeit zwischen Unternehmen und Kultursektor. Interessierte Manager werden auf ehrenamtlicher Basis an Kulturinstitutionen vermittelt. Die Kulturorganisation profitiert von den wirtschaftlichen Fähigkeiten des Managers, etwa beim Aufbau einer Computeranlage. 1993 wurden 190 Partnerschaften vermittelt. Außerdem berät ABSA Unternehmen und vergibt Preise für herausragende Sponsoring-Aktivitäten" (Becker 1997: 128).

Zur Institutionalisierung und Schaffung organisatorischer Strukturen für PPPs kann, wie eingangs skizziert, auf das bewährte Modell der Stiftung zurückgegriffen werden. Dieses Instrument der Förderung zeichnet sich durch Flexibilität in rechtlicher und administrativer Hinsicht aus. Die Stiftung gewinnt für den Bereich der Kulturförderung dadurch zunehmend an Bedeutung, dass die Bereitschaft privater Geldgeber hier eine für Geber und Nehmer akzeptable Kanalisierung gefunden hat, die die Interessen beider Seiten aufeinander abstimmen kann (Ohlau 1995: 2).

Die zunehmende Zahl betriebseigener Stiftungen trägt dem wachsenden Gestaltungswillen sowie der Absicherung einer langfristigen Förderpolitik der Stifter aus dem Umfeld der Wirtschaft Rechnung, wobei durch Zusammenarbeit und Kooperation von öffentlicher Hand und privaten Geldgebern synergetische Effekte im Hinblick auf die Förderung komplexer und anspruchsvoller Kulturprojekte erzielt werden können. Bei solchen Projekten kann auch die Zusammenarbeit von Trägern verschiedenster Rechtsformen vorgesehen werden. In der von mir untersuchten Region Niederrhein konnten einige überregional herausragende Kulturstiftungen identifiziert werden: Stiftung Museum Schloss Moyland, Stiftung der Sparkasse Krefeld, Stiftung Barend Cornelis Koekoek Haus Kleve, Städtisches Museum „Koenrad Bosman" in Rees. Im Bereich des Niederrheins hat sich das Modell der Kulturstiftung als Förderinstrumentarium vor allem der Kunstsparten bewährt (z.B. Wilberz-Stiftung Mönchengladbach, Brügmann-Stiftung Mönchengladbach/Düsseldorf, Sparkassenstiftung Mönchengladbach). Es erweist sich sowohl in Stiftungen der öffentlichen Hand und Unternehmen als auch bei der Strukturierung einer international anerkannten Museumslandschaft als erfolgreich und zukunftsträchtig. In der Kombination mit Elementen des „Fund-Raising" als Form des Spendensammelns innerhalb der Bürgerschaft zum Erhalt oder der Institutionalisierung von Projekten eröffnen sich neue Möglichkeiten der gezielten Einbeziehung der Bürger in infrastrukturelle kommunale Entwicklungen, die identitätsstiftend wirken (Heinze 1998).

> „Im Interesse der Eigenbeteiligung Interessierter wie im Interesse der Wirtschaftlichkeit sind alle Formen privater Mitfinanzierung, privater Stiftungen und Dotationen, privaten Mäzenatentums neben der staatlichen Finanzierung zu ermuntern" (Plagemann 1997: 162).

In diesem Zusammenhang ist anlässlich eines Kolloquiums zum Thema „Neue Formen der Zusammenarbeit zwischen Staat und Wirtschaft bei kulturellen Projekten" bereits Anfang der 90er Jahre ein mögliches Modell für die Kooperation von öffentlicher Hand und privatem Sektor skizziert worden:

> „Eine Zweiteilung der Partnerschaft, also in eine öffentliche Förderung der Kleinkunst, der Alternativ- und Subkultur als wenig bekannte und massenweise verwertbare Kulturformen und eine private Förderung sehr viel populärerer Kulturereignisse, die auch als ‚Safety-First-Sponsoring' bezeichnet wird, ist zu vermeiden, da zahlreiche, heute publikumsattraktive Kulturereignisse auf eine ehemals intensive öffentliche Förderung und Unterstützung zurückzuführen sind. Deswegen sollte in Abhängigkeit von der Höhe der privaten Kulturförderung für ‚Kultur-Events' in Form einer

70

‚Tandemförderung' ein gewisser Prozentsatz für die Nachwuchsförderung, die Unterstützung kaum bekannter Kunst- und Kulturformen, die regional und lokal vorhandenen Kulturinstitutionen und für die lokale, nicht institutionalisierte Kulturszene abgezweigt werden. Die Verwendung der auf diese Weise gesammelten Gelder (‚Kultur-Events' als Mittel des ‚Kultur-Fund-Raising') könnte in Kooperation von privaten Förderern und der öffentlichen Hand bestimmt werden. Dies würde auch gewährleisten, dass mehrjährige Förderprogramme für einzelne Sparten aufgelegt werden könnten. Alternativ hierzu wäre auch eine direkte Nachwuchsförderung in einzelnen Kunstsparten denkbar, wie dies schon lange im klassischen Musikbereich geschieht" (Ebert/Gnad/Kunzmann 1992: 26).

3.4 Bürgerschaftliches Engagement

Wir brauchen, so Freiherr von Loeffelholz 1997, einen

> „contrat culturel, dessen grundlegendes Postulat die Autonomie der Kultur ist ... Staat, Kommunen, Wirtschaft und Bürger sind aufgerufen, in einer Public-Private-Partnership auf lokaler, regionaler, nationaler und europäischer Ebene die organisatorischen, gesetzlichen und vor allem mentalen Voraussetzungen zu schaffen" (S. 22).

Der „contrat culturel" sollte vor allem eine stärkere Beteiligung der Bürger/innen an der Gestaltung und Finanzierung der Kultur zur Folge haben (ebd.: 23). In Amerika hat sich das Modell der *community foundation* als ein „sehr wirkungsvolles Instrument der Aufbringung und Steuerung privater Mittel für wichtige kulturelle und soziale Zwecke in dem überschaubaren Lebensumfeld der Bürger erwiesen" (ebd.). Die *community foundations* bilden inzwischen „das am schnellsten wachsende Segment der amerikanischen Philantropie" (Kaehlbrandt 1997: 40). Eine solche Gemeinschafts- bzw. Stadt-Stiftung wurde erstmalig 1996 unter dem Slogan „Wir für unsere Stadt" in Gütersloh gegründet (ebd.: 42). Eine Stadt-Stiftung nach amerikanischem Modell

> „ist eine unabhängige, gemeinnützige Organisation, die das Ziel verfolgt, Spenden vor einem breiten Spektrum an Förderern zu sammeln und zu verteilen, damit wichtige Bedürfnisse in einem spezifischen geographischen Raum gedeckt werden können. Stadt- Stiftungen sind unbürokratisch und bürgernah auf den Gebieten Soziales, Gesundheit, Erziehung und Bildung sowie Sport und Altenpflege tätig" (ebd.: 40).

Das besondere Engagement der Bürger/innen, d.h. ihre Bereitschaft zum Einsatz für die Gemeinschaft, in der sie leben, sind Voraussetzung für den Erfolg dieses Stiftungstyps. Von Loeffelholz (1998) sieht in solchen Stadtstiftungen bzw. Bürgerstiftungen ein erfolgsversprechendes

> „Feld für kreative public-private-partnerships in Kommunen und Regionen. Verschiedenste Kombinationen sind dabei denkbar. Beispielsweise kann mit einem

machting-funds Modell für jede Mark, die von einem Bürger für ein gemeinsam als wichtig erkanntes Projekt gespendet wird, aus einem von einer Firma, einer privaten oder öffentlichen Stiftung, einer Kommune oder auch einem Land errichteten Fonds jeweils eine weitere Mark dazugelegt werden. Auch können im Rahmen solcher Gemeinschaftsstiftungen endowments, d.h. Stiftungsfonds oder auch unselbständige Stiftungen errichtet werden, in die Spenden von Bürgern, aber längerfristig auch größere Erbschaften, einfließen können, aus deren Erträgen dann dauerhaft beispielsweise ein bestimmtes Museum gefördert werden könnte. Wichtig ist vor allem, dass mit solchen Modellen Bürgersinn geweckt und nicht nur Geld gesammelt wird" (S. 25).

In der vom Kulturausschuss des Deutschen Städtetages am 23.10.1997 in Hanau verabschiedeten Erklärung zu „Kulturpolitik und Bürgerengagement (abgedruckt in den Kulturpolitischen Mitteilungen, Nr. 78, III/1997) werden die Kultureinrichtungen aufgefordert, „sich durch eine bürgerorientierte Unternehmensphilosophie Freunde in der Bevölkerung zu schaffen, die nicht nur als Besucher zur Nutzung, sondern als Förderer zu privatem Engagement bereit sind" (S. 60). Der private Einsatz umfasst neben der materiellen Hilfe (Mäzene, Sponsoren, Stiftungen) vor allem „die intellektuellen und sozialen Kompetenzen der Bevölkerung als Ressourcen von Kulturpolitik" (ebd.). Als Quintessenz der Erklärung wird eine Umorientierung öffentlich geförderter Kultureinrichtungen verlangt.

„Öffentliche Kultureinrichtungen sollten:

- sich die vielfach vorhandene kulturelle, künstlerische und soziale Kompetenz der Bürgerschaft zunutze machen;

- engagierten Bürgerinnen und Bürgern die Möglichkeit zur gestaltenden Mitwirkung in Kultureinrichtungen geben;

- die freiwillige und ehrenamtliche Mitarbeit von Bürgerinnen und Bürgern suchen und fördern;

- über ein zeitgemäßes Fund-Raising nicht nur die Finanzierungsstruktur verbessern, sondern auch ihre Verankerung in der Bevölkerung stärken (Friend-Raising)" (ebd.).

Die hier referierten Überlegungen zur Kulturförderung lassen sich subsumieren unter das Konzept *„Corporate Community Investment"* (CCI) (Strachwitz 1995): Die Förderung unternehmensfremder Tätigkeiten, die für die Gesellschaft von hoher Bedeutung sind (Soziale Aufgaben, Kunst und Kultur, Ökologie und Umweltschutz u.a.) als strategisches Konzept der Unternehmensphilosophie und Unternehmensführung. In den USA, Großbritannien oder auch Frankreich ist *CCI* „längst zum integralen Bestandteil der Unternehmenspolitik geworden" (ebd.: 114). In einer sozial und ökologisch orientierten Marktwirtschaft werden von den Unternehmen über die Bereitstellung von Produkten und

Dienstleistungen die Bereitschaft und der Wille zur Übernahme von Verantwortung für das Gemeinwesen im Sinne eines *„Corporate Citizenship"* (Westebbe/Logan 1995) erwartet. Diese Ansprüche können sie z.B. durch Maßnahmen zur Kulturförderung realisieren.

> „Im Interesse der Eigenbeteiligung Interessierter wie im Interesse der Wirtschaftlichkeit sind alle Formen privater Mitfinanzierung, privater Stiftungen und Dotationen, privaten Mäzenatentums neben der staatlichen Finanzierung zu ermuntern" (Plagemann 1997: 162).

Die Frage allerdings, welche Gruppen oder Institutionen künftig in die Mitverantwortung und Mitfinanzierung einer kulturellen Einrichtung (z.B. des städtischen Museums) einbezogen werden sollen, lässt sich kaum umfassend beantworten, wenn nicht Klarheit über die kulturpolitischen Ziele besteht: Geht es um die Stärkung des Kulturbewusstseins nach innen und damit um eine stärkere Einbindung der Einrichtung in das öffentliche Leben? Geht es um die Stärkung der kulturellen Attraktivität nach außen in Verbindung mit der Förderung des Fremdenverkehrs? Geht es ganz allgemein um das städtische Image und die Standortattraktivität für die wirtschaftliche Entwicklung? Steht die Befreiung des künstlerischen und kulturellen Schaffens von unnötigen administrativen Hemmnissen im Vordergrund (Bendixen/Heinze 1999)?

Übungsaufgabe 3

Erläutern und beurteilen Sie die Konzepte und Instrumente zur Kulturförderung und -finanzierung aus der Perspektive privatwirtschaftlicher Unternehmen sowie kultureller Institutionen.

II Praxis des Kulturmanagement

In diesem Teil werden Beispiele aus der Praxis des Kulturmanagement vorgestellt. Zunächst (Kap. 1) erfolgt die Darstellung eines Leitfadens zum Kultursponsoring, der sowohl für Sponsoren als auch für Sponsoring-Empfänger als Orientierungsrahmen fungieren soll. Anschließend (Kap. 2) werden das Konzept und Instrumentarium eines besucherorientierten Museumsmarketing entwickelt und, anhand einer Fallstudie, operationalisiert. Zum Schluss dieses Praxisteils (Kap. 3) erfolgt die Darstellung eines theoretischen und marketingstrategischen Konzepts zum (regionalen) Kulturtourismus sowie dessen Realisierungsmöglichkeiten in der Regio Aachen.

1 Kultursponsoring

Zum Kultur- bzw. Kunstsponsoring liegen seit Beginn der 90er Jahre zahlreiche einschlägige Publikationen (vgl. Loock 1990, Roth 1989, Braun/Gallus/Scheytt 1996, Heinze 1999a) vor. Auf der Basis dieser zumeist praxisorientierten Veröffentlichungen soll im Folgenden das „Gerüst" eines Kultursponsoring-Konzepts aus der Perspektive des Sponsoring-„Gebers" und Sponsoring-„Empfängers" skizziert werden.

1.1 *Vom Mäzenatentum zum (Kultur-)Sponsoring. Die Entwicklung des (Kultur-)Sponsoring*

Die Förderung von Kultur und Sport sowie des Sozialwesens durch Unternehmen oder Unternehmer hat eine lange Tradition. Als Ahnvater der Förderung von Kunst und Kultur gilt der Römer Gaius Clinius Maecenas (70 – 8 v. Chr.), der Dichter wie Vergil, Horaz und Properz großzügig und scheinbar uneigennützig mit finanziellen Mitteln förderte – wofür diese ihn dann öffentlich rühmten. Heute wissen wir, warum ausgerechnet Maecenas und nicht etwa andere Förderer der Künste aus seiner Zeit so populär wurden. Maecenas hatte als oberster

Polizeichef die Aufsicht über die Entwicklung des Schrifttums. Dadurch, dass er bewährte Dichter rekrutierte, schuf er sich und seinem Herrn (Kaiser Augustus) gleichsam eine offizielle Presse. Maecenas war keineswegs der uneigennützige Gönner, der altruistisch motivierte Förderer der Musen, als den ihn dann später die Renaissance in Italien ansah.

Der aus seinem Namen abgeleitete Begriff „Mäzenatentum" kennzeichnet die Förderung der Kultur und des Gemeinwesens aus selbstlosen Zielen. Im Falle des klassischen Mäzenatentums verlangt der Mäzen keine konkrete Gegenleistung, würde die Unterstützung also auch dann vornehmen, wenn sein Name oder der seines Unternehmens nicht in Zusammenhang mit der Förderung präsentiert wird. Die Aufgabe von Mäzenen wird heute teilweise von Stiftungen wahrgenommen.

Eine Weiterentwicklung des Mäzenatentums stellen Aktivitäten von Unternehmen dar, die in den USA als „Corporate Giving" (bei uns als Spendenwesen) bezeichnet werden. Diese Spendenaktionen werden von den Unternehmen im Bewusstsein ihrer gesellschaftlichen Verantwortung geleistet, wobei jedoch die steuerlichen Absatzmöglichkeiten bei der Spendenvergabe für die Unternehmer nicht außer Acht gelassen werden dürfen. Die Spenden finden sich vor allem bei Parteien und konfessionellen Vereinigungen. Gezielt geforderte Gegenleistungen vom Geförderten sind eher die Ausnahme. Weder Mäzenatentum noch Spendenwesen können mit Sponsoring gleichgesetzt werden (Braun/Gallus/Scheytt 1996: 29 f.). Die staatliche Förderung, Spendenwesen und Stiftungen, die ihre Unterstützung gewissermaßen institutionalisiert haben, müssen vom Sponsoring unterschieden werden. Das heißt, Sponsoring ist auf nicht-institutionalisierte Förderung durch private, kommerzielle Unternehmungen einzugrenzen. Auch Werbung, inklusive „Schleichwerbung" sowie das „Product Placement" sind vom Sponsoring zu unterscheiden. Die Relevanz von Sponsoring liegt ausschließlich in der Förderung nicht-kommerzieller Personen, Projekte und Institutionen.

1.2 Definition und Wesensmerkmale des Sponsoring

Sponsoring (Heinze 1999a) kann verstanden werden als die Bereitstellung von Geld, Sachmitteln oder Dienstleistungen durch einen Sponsor für einen von ihm ausgewählten Gesponserten, mit der Absicht, dieses Engagement des Sponsors mit Hilfe der festgelegten Gegenleistungen des Gesponserten für bestimmte, meist kommunikative Zwecke zu nutzen. Die hierbei wichtigen Wesensmerkmale des Sponsoring sind:

Es handelt sich beim Sponsoring um das Prinzip von Leistung und Gegenleistung. Die Leistung des Sponsors wird nur erbracht, wenn der Gesponserte ihm dafür eine attraktive Gegenleistung erbringen kann. Sponsoring ist daher verbunden mit der Förderung von Kunst, Kultur, Sport, Sozialem etc. Die vom Gesponserten erbrachte Gegenleistung erfüllt für den Sponsor in der Regel kommunikative Zwecke.

1.3 Das Konzept des Sponsoring

1.3.1 Das strategische Management

Da sich das strategische Management mit der Frage „Wo will ich hin?", „Welche Ziele sollen erreicht werden?" befasst, die Auseinandersetzung mit dieser Frage zur Formulierung der Sponsoringstrategie führt und diese Überlegungen bei Unternehmen und Kultureinrichtungen unterschiedlicher Art sind, muss zwischen dem strategischen Management von Unternehmen und dem von Kultureinrichtungen differenziert werden. Gemeinsam ist beiden, dass es sich bei der Sponsoringstrategie grundsätzlich um ein Grundgerüst, um Richtlinien und eine grobe Vorgabe für das operative Management handelt. Der Formulierung der Sponsoringstrategie gehen grundsätzliche Überlegungen bzw. Untersuchungen voraus.

1.3.2 Die Entwicklung der Sponsoringstrategie aus Unternehmenssicht: übergeordnete Ziele/Unternehmensphilosophie

Bevor ein Unternehmen festlegen kann, was es mit Sponsoring erreichen will, müssen die eigenen Unternehmensziele eindeutig fixiert sein. In der Regel ist dies der Verkauf spezifischer Produkte bzw. Dienstleistungen. Um dies zu erreichen, stand bisher der traditionelle Instrumenten-Mix, Werbung, Verkaufsförderung, Persönlicher Verkauf und Öffentlichkeitsarbeit zur Verfügung. Seit einigen Jahren ist dieser Mix durch sog. „Below-the-line-Instrumente" erweitert worden, wozu neben Sponsoring auch Product-Placement, Licensing, Merchandising etc. zählen.

Sponsoring als Werbe- bzw. Kommunikationsinstrument wird für Unternehmen zunehmend bedeutungsvoll: Sponsoring gilt – im Gegensatz zur traditionellen Werbung – als glaubwürdig und ist meist verbunden mit einer angenehmen Atmosphäre (beim Sport oder bei einer Kulturveranstaltung), die besondere Emotionalität dieser Situation ermöglicht die kreative Vermittlung bzw. bessere Aufnahme von Informationen (wie z.B. Werbebotschaften). Hinzu kommt, dass mit Hilfe von Sponsoring, insbesondere Kultursponsoring, eine gezielte Zielgruppenansprache möglich ist, bzw. Zielgruppen erreicht werden, die mit traditioneller Werbung nicht zu erreichen sind. Eine Zielgruppenansprache ist im Kultursponsoring in zweifacher Hinsicht möglich: Im Vorfeld der Veranstaltung (durch die Werbung für die Veranstaltung und während der Veranstaltung selbst/Kollektive Zielgruppenansprache). Darüber hinaus besteht die Möglichkeit der individuellen Zielgruppenansprache, wie z.B. die persönliche Einladung von Kunden, Lieferanten oder politischen Meinungsführern (die ebenso wie potentielle Kunden zur Zielgruppe gehören und einem anschließenden VIP-Empfang bei der Veranstaltung). Aufgrund der vielfältigen Ausprägungen von Kunst und Kultur (Musik, Literatur, Bildende Kunst, Theater, Oper, Ballett, Design, Architektur etc.) bietet sich in diesem Zusammenhang den Unternehmen eine breite Auswahlmöglichkeit bzw. die Möglichkeit zur bestmöglichen Anpassung des Kultursponsoring an ihre spezifischen Unternehmens- bzw. Sponsoringziele.

Sponsoringziele von Unternehmen

Folgende Ziele sollen durch das Sponsoring eines Unternehmens erreicht werden (Braun/Gallus/Scheytt 1996):

- Das Unternehmen demonstriert mit diesem Engagement seine gesellschaftliche Verantwortung.

- Sponsoring dient der Kundenpflege und

- auch der Mitarbeitermotivation.

Als Hauptziel wird in der Regel der Imagetransfer bzw. Imagegewinn durch das Sponsoring gesehen. Das Unternehmen erhofft sich durch die Sponsoringaktivität einen positiven Imagegewinn (was wiederum zu einer Steigerung der Attraktivität des Unternehmens, seiner Produkte bzw. Dienstleistungen führen soll). Allerdings gibt es keinen kausalen Zusammenhang der Sponsoring-Aktivität und den damit verbundenen Zielen. Von besonderer Bedeutung ist jedoch, dass die Sponsoringziele grundsätzlich aus den Unternehmenszielen abgeleitet werden und mit diesen in Einklang stehen sollten.

Entwicklung einer Sponsoringstrategie aus Unternehmenssicht

Nach Festlegung der Zielsetzungen ist in einem zweiten Schritt die Definition der Zielgruppe erforderlich: Es muss festgelegt werden, wer durch die Sponsoring-Aktivitäten erreicht werden soll. Zur Zielgruppe zählen u.a. die Kunden, Lieferanten, Investoren, die Öffentlichkeit, Mitarbeiter, politische Meinungsführer. Auf dieser Basis kann die Sponsoringstrategie ausgearbeitet werden:

- Welche Ziele sollen durch das Sponsorship erreicht werden?

- Welche Zielgruppe soll angesprochen werden?

- Welche Grenzen gibt es (ethische, moralische)?

D.h. welche Projekte, welche Kultureinrichtung/Sparte können nicht unterstützt werden? (So unterstützt BMW z.B. nur Projekte bzw. Kulturveranstaltungen, die in „Bewegung" sind.) Die Malerei als „starre, immobile" Kunst wird in der Regel nicht unterstützt (Zentgraf 1999).

Grundsätze der Förderung: Wer kann unterstützt werden (oft private Gruppen, Einzelkünstler, öffentliche Einrichtungen etc.).
Initiator des Sponsoring: Initiiert das Unternehmen selbst Kulturprojekte oder reagiert es nur auf Sponsoring-Anfragen?

Grundsätze der Gegenleistungspolitik: Welche Art/Form von Gegenleistung muss vom Gesponserten erbracht werden? Die Gegenleistungen müssen z.B. geeignet sein, um die gesetzten Sponsoringziele zu erreichen.

Grundsätze der Kommunikationspolitik: Das Sponsorship muss für die Unternehmenskommunikation verwertbar sein. Forderung könnte z.B. sein, dass das Unternehmen das geförderte Projekt für die eigene Werbung verwenden kann.

Grundsätze für die Projektauswahl: Hier ist es für das Unternehmen wichtig, ob das Projekt, die Gruppe, die Sponsoringanfrage zum Unternehmen passt (d.h. es müssen Affinitäten vorhanden sein, z.B. Zielgruppenaffinität, Imageaffinität, Produktaffinität oder Regionalbezug). Es können bestimmte Maßstäbe/Grundsätze festgesetzt werden (in der Sponsoringstrategie), die ein Projekt erfüllen muss, um von dem Unternehmen gefördert, d.h. gesponsert zu werden. Diese Grundsätze beziehen sich auf die Affinitäten (welche Affinität muss zumindest vorhanden sein), auf die Leistungsklasse des Projekts (Spitzenklasse oder Breitenwirksamkeit), auf den Einzugsbereich und die Medienwirksamkeit, auf die Dauer der Unterstützung und die Höchstgrenze der Förderung (oder auf den „Beginn der Förderung", z.B. werden erst Projekte ab einer Summe von € 5.000,- gesponsert), ebenso bedeutsam ist die Kosten-/Nutzen-Relation, d.h. in der Sponsoringstrategie eines Unternehmens können z.B. auch Höchstgrenzen für den TKP (Tausender Kontakt Preis) festgesetzt werden (beispielsweise dürfen nur Projekte mit einer TKP zwischen 50 und 100 gesponsert werden). Grundsätzlich sollte die Sponsoringstrategie genügend Freiraum für das operative Management lassen und nicht zu einengende Vorgaben machen, sondern vor allem Schwerpunkte setzen: Was ist wichtig, wie muss ein Projekt in etwa konturiert sein, um von uns (dem Unternehmen) gesponsert zu werden und welche Möglichkeiten (zur Präsentation, Imageprofilierung und Werbung) müssen mindestens vorhanden sein? Grundlegend für jede Sponsoringstrategie eines Unternehmens ist, dass aufgrund der getroffenen Grundsätze und Festlegungen gewährleistet wird, dass die ausgewählten Projekte die Zielsetzung des Unternehmens zu erreichen vermögen.

1.3.3   Entwicklung der Sponsoringstrategie aus Sicht der Kultureinrichtungen

Auch Kultureinrichtungen haben übergeordnete Ziele, die den Sponsoringzielen zugrunde liegen. Dies sind u.a.:

• Erfüllung des öffentlichen Auftrags, z.B. Kultur für alle;

• Schaffung von Freiräumen für Kultur;

• Schaffung eines Gegengewichts zum Alltag;

• Förderung der Kommunikation und Gegensteuerung gegenüber Vereinzelung;

• Wirtschaftlichkeit;

• Sozialpolitische Zielsetzungen: sozialverträgliche Eintrittspreise u.a.

Daraus leiten sich folgende Ziele ab: Durch Sponsoring soll der öffentliche Kulturauftrag erfüllt werden. Dies wird dadurch möglich, dass durch Sponsoringgelder die Finanzsituation in der Kultureinrichtung verbessert wird und damit Qualität und Quantität des Kulturprogramms erhalten bzw. gesteigert werden.

Situationsanalyse

Um eine realistische und zugleich effektive bzw. wirksame Sponsoringstrategie formulieren zu können, bedarf es für die Kultureinrichtung (als ersten Schritt) einer gründlichen Situationsanalyse. Diese besteht aus der Institutionsanalyse und der Umweltanalyse. Bei der Institutionsanalyse werden die Finanzlage, die Publikumsstruktur, das Kulturprogramm, das Image und das sponsorenfreundliche Klima der Kultureinrichtung untersucht. Zu beantworten sind hier folgende Fragen:

- In welchem Maße werden Gelder benötigt?

- Welches Image, Publikum hat unsere Kultureinrichtung?

- Sind qualifizierte Mitarbeiter für die Akquisition von Sponsoren vorhanden?

- Werden die Sponsorengelder haushaltstechnisch sinnvoll verwendet und besteht innerhalb der Kultureinrichtung Konsens über die Vorgehensweise?

Bei der Umweltanalyse werden zum einen die Kunden (potentielle Sponsoren) einer Analyse unterzogen. Von Relevanz ist hier die Größe der Unternehmen, ihr Standort, ihre Dienstleistungen, Produkte, die Kommunikationspolitik, deren Zielgruppe und bisherige kulturelle Aktivitäten. Zum anderen muss die Konkurrenz beobachtet werden. Hierzu zählen nicht nur andere Kultureinrichtungen, Künstler etc. sondern auch Institutionen/Gruppen aus den Bereichen Sport, Umwelt und Soziales. Folgende Fragen sind hier zu beantworten:

- Welche Konkurrenz habe ich?

- Wie groß ist der eigene Marktanteil?

- Was sind die eigenen Stärken/Vorteile?

- Welche Gegenleistungen sind auf dem Markt üblich und

- wie wird sich der Markt voraussichtlich entwickeln?

Nach dieser sorgfältigen Marktanalyse kann die Sponsoringstrategie der Kultureinrichtung konzipiert werden.

Die Sponsoringstrategie (Scheytt/Norwidatt-Altmann 1999) enthält Angaben über Ziele und Grenzen (d.h. das Kulturprogramm sollte z.b. nicht auf kommerzielle Zwecke ausgerichtet, moralische oder ethische Werte sollten nicht verletzt werden, eine Einmischung des Sponsors in die künstlerische Freiheit ist unter allen Umständen zu verhindern). Die Sponsoringstrategie enthält darüber hinaus Angaben zur Marktabgrenzung: Erforderlich ist also eine Positiv-/bzw. Negativ-Abgrenzung, d.h. es werden z.b. Unternehmen ausgesondert, die als Sponsor nicht in Frage kommen (u.a. aus moralischen Gründen). Als nächstes werden die Grundsätze der Gegenleistungspolitik festgelegt. Hier ist darauf zu achten, dass die übergeordneten Ziele nicht gefährdet, Ziele und Grenzen eingehalten werden, die Gegenleistung nicht den Hauptanteil sondern ein Nebenprodukt des Kulturprojektes darstellt sowie im Vergleich zur erhaltenen Unterstützung angemessen ist. Kompromissbildungen sind an dieser Stelle in der Regel erforderlich, d.h. dass die jeweiligen Grenzen zwar eingehalten werden, die angebotenen Gegenleistungen aber attraktiv genug sind, um bei der Akquirierung von Sponsoren erfolgreich zu sein.

Als nächstes werden die Grundsätze der Unterstützungspolitik festgelegt. Hier ist darauf zu achten, dass keine Abhängigkeit von Sponsorengeldern entstehen darf und die Sponsorengelder keinen Rückzug der öffentlichen Förderung bedeuten. Es sind Höchstgrenzen für die Dauer der Unterstützung und für die Unterstützung an sich festzulegen (z.b. dürfen Sponsorengelder nur 50 % des Gesamtbudgets ausmachen). Darüber hinaus müssen Grundsätze für die Formen der Unterstützung formuliert werden.

Sodann sind die Grundsätze der Informationspolitik zu fixieren; sie betreffen die Akquirierung (nicht als Bittsteller auftreten, sondern als selbstbewusster Anbieter kommunikativer Leistungen), die Betreuung der Sponsoren, den Informationsaustausch und die Form der Vereinbarungen (Vertrag oder mündliche Vereinbarungen). Der letzte Schritt besteht in der Festlegung von Grundsätzen für die Projektauswahl (Publikumsstruktur, Leistungsklasse, Finanzbedarf, Medienwirksamkeit etc.). Auch hier sollte das strategische Management dem operativen Management ausreichend Spielraum für die Anpassung an das jeweilige Projekt lassen.

Das operative Management

Die im Kontext des strategischen Management entworfene Sponsoring-Strategie bedarf nun der Konkretisierung mit Hilfe des operativen Management. Die verschiedenen Schritte und Maßnahmen des operativen Management werden im Folgenden aus der Sicht der Kultureinrichtungen dargestellt, und zwar deshalb, weil in der Regel Kultureinrichtungen mit Sponsoring-Anfragen an Unternehmen herantreten (nur etwa 12 % der deutschen Unternehmen verfügen über eine eigene Kulturabteilung/bzw. -stiftung oder Kultureinrichtung, d.h. werden selbst operativ tätig. Die meisten sind deshalb fördernd aktiv, d.h. reagieren auf Sponsorenanfragen).

Definition des Sponsorship

Der erste Schritt ist in diesem Zusammenhang die Auswahl eines passenden Projekts, das möglichst viele der Kriterien erfüllt, die von Sponsoren erwünscht sind (z.b. Besonderheit des Projekts, passende Zielgruppe, Leistungsebene, Finanzbedarf). Als nächstes werden die konkreten Gegenleistungen festgelegt, die dem Sponsor angeboten werden können (dies könnten z.B. sein: mündliche oder schriftliche Nennung des Sponsors in allen Veröffentlichungen, Logo des Sponsors auf Plakaten, Handzetteln, Eintrittskarten, Beteiligung und Einbindung des Sponsors in die Pressekonferenz, Verkauf von Produkten des Sponsors bei der Veranstaltung, Duldung von Werbemaßnahmen des Sponsors vor, während und nach der Veranstaltung, Produktplacement, Merchandising, Vergabe einer Schirmherrschaft, Benennung der Veranstaltung nach dem Sponsor, etc.). Anschließend wird entschieden, welche Form der Unterstützung für dieses Projekt sinnvoll, d.h. erwünscht ist (z.B. Geldleistung einmalig oder mehrmals, Dienstleistungen wie z.B. Transporte oder Sachleistungen wie Zuschuss zum Druck von Publikationen, Übernahme der Honorare bestimmter Künstler, Übernahme von Ausfallbürgschaften). Zum Abschluss ist das Projektprofil zu erstellen, in dem alle wesentlichen Angaben über das Projekt pointiert zusammengefasst werden. Das Projektprofil enthält die Projektbeschreibung (Titel, Ort, Zeit, Idee, Ziel und Programm des Projekts, Leistungsklasse der Künstler, Besonderheiten des Projekts, Ansprechpartner, Träger und Veranstalter, Atmosphäre, Einzelveranstaltung oder Serie und Stellenwert des Projekts im Gesamtzusammenhang bzw. Gesamtprogramm der Kultureinrichtung). Das Projektprofil enthält darüber hinaus Angaben zur Zielgruppe und möglichen öffentlichen Resonanz (Publikumsstruktur, erwartete Besucherzahlen, Medienpräsenz, Reichweite, PR- und weitere Werbemaßnahmen, geladene Gäste, z.b. Politiker etc.).

Weiterer Bestandteil des Projektprofils ist der Finanzplan: Er umfasst die Kalkulation der Gesamtkosten, die prognostizierten Eigeneinnahmen, den daraus resultierenden Fehlbetrag und die gewünschte Unterstützung. Schließlich sind in das Projektprofil zusätzliche Informationen aufzunehmen, z.b. Programmhefte, Photos und Medienresonanz vorangegangener Projekte, Photos und Skizzen des momentanen Projekts sowie Informationen über die engagierten Künstler.

Festlegung potenzieller Sponsoren

Nach der bereits in der Sponsoring-Strategie festgelegten Positiv-/bzw. Negativabgrenzung bedarf es an dieser Stelle der Marktsegmentierung, d.h. die Unternehmen, die (auch aufgrund der Ergebnisse der Kundenanalyse) als Sponsoren in Frage kommen, werden in marktspezifische Segmente unterteilt, um so eine bedürfnisorientierte, d.h. segmentspezifische Anfrage zu ermöglichen. Ein wesentlicher Gesichtspunkt bei der Auswahl der Unternehmen ist die Prüfung möglicher Affinitäten zwischen Unternehmen und Kultureinrichtungen. Dies ist bei der Ansprache der Unternehmen vorrangig zu berücksichtigen, da dem Unternehmen als potenziellem Sponsor Anknüpfungspunkte zwischen dem Projekt und dem Unternehmen deutlich gemacht werden müssen. Nach Abschluss der Auswahl und Segmentierung der Unternehmen bedarf es der Festlegung von Ansprechpartnern. Hier ist zu unterscheiden zwischen Machtpromotoren (Vorstandsmitgliedern, kulturinteressierten Mitgliedern der Geschäftsleitung) und Fachpromotoren (z.B. Leiter der Abteilung Marketing).

Kommunikation mit den potenziellen Sponsoren

In dieser Phase sollte die Kultureinrichtung Kontakt zu den potenziellen Unternehmen aufnehmen. Dies geschieht in der Regel in Schriftform (weil sie verbindlicher ist als ein Telefonat). Wesentlich ist ein persönliches Anschreiben an den ermittelten Ansprechpartner auf der gleichen hierarchischen Ebene (d.h. ein Sacharbeiter kommuniziert nicht mit dem Geschäftsführer eines Unternehmens). Es sind die Anknüpfungspunkte zwischen Projekt und Unternehmen herauszuarbeiten sowie die Besonderheit des Projekts bzw. sein kommunikativer Nutzen darzustellen. Als nächstes sollte ein Ansprechpartner benannt und ein Termin für einen telefonischen Kontakt angekündigt werden. Bei einem Gespräch (telefonisch oder persönlich) sollte man versuchen, dem Gesprächspartner die „Angst" vor dem unbekannten Gebiet Kultur zu nehmen. Der Repräsentant der Kultureinrichtung/des Kulturprojekts sollte selbstbewusst auftreten und sich nicht als Bittsteller verstehen. Die eigenen Stärken sind angemessen herauszuarbeiten und der Übersicht des Projektprofils beizufügen.

Ergebnis

Ist es gelungen, den Sponsor vom Nutzen der Zusammenarbeit zu überzeugen, wird eine Vereinbarung, die in der Regel schriftlich in Form eines Sponsorenvertrages erfolgt, getroffen. Es liegen zwar keine Musterverträge vor, jedoch sind folgende Bestandteile in die Vereinbarung aufzunehmen: Zeit, Ort und Dauer des Kulturprojekts, Art, Dauer und Umfang der Unterstützung sowie die vereinbarten Gegenleistungen sind Bestandteil eines Sponsoring-Vertrages. Darüber hinaus sind in diesem Vertrag die sog. Gefahrtragung (wer trägt das Risiko, wenn die Veranstaltung nicht stattfindet?), Leistungsstörungen (was geschieht, wenn einer der Vertragspartner seine Pflichten nicht erfüllt?), das Optionsrecht (des Sponsors auf die nächste Veranstaltung), Exklusiv- oder Pro-Sponsorships, Wettbewerbsverbote, Zahlungsmodalitäten, Nebenpflichten des Sponsors oder andere Vereinbarungen bzgl. des Informationsaustauschs sowie die Modalitäten der Vertragsbeendigung festzulegen.

Pflege des Sponsorverhältnisses

Die Betreuung des Sponsors ist ein Aktivposten für Folgeprojekte. Die vereinbarten Gegenleistungen müssen eingehalten und dokumentiert werden. Auch nach dem Projekt sollte eine dauerhafte Betreuung und Information der Sponsoren praktiziert werden.

Kontrolle

Jeder Managementprozess besteht aus den Phasen Planung (strategisches Management), Durchführung (operatives Management) und Kontrolle. Kontrolle ist nicht nur nach Abschluss eines Projekts, sondern auch schon während des Verlaufs dringend geboten, damit Fehlentwicklungen frühzeitig erkannt und mögliche Zielkorrekturen eingeleitet werden können.

1.3.4 Kontrolle aus Unternehmenssicht

Für das Unternehmen spielen folgende Fragen/Kontrollfragen eine Rolle:

- Sind die gesteckten Sponsoringziele erreicht worden?
- Wie gestaltete sich die Kosten-/Nutzenrelation?
- Welche Kontakte (werbliche Promotion oder Sampling-Kontakte, Mitarbeiter-/bzw. Kundenkontakte) konnten hergestellt werden?
- Wie ist die Qualität des Projekts zu beurteilen (Leistungen, Gegenleistungen, Event-Bewertung)?
- Welche kurzfristigen Erfolge konnten festgestellt werden (z.b. messbar über Medienanalyse)?
- Welche langfristigen Erfolge konnten registriert werden (z.B. über Umfragen bzgl. der Akzeptanz, des Erinnerungswertes, Image, Zielgruppe etc.)?

Auf dem Hintergrund der Ergebnisse dieser Kontrolluntersuchungen können wichtige Rückschlüsse bzgl. der Sponsoringziele und vor allem der Sponsoringstrategie gezogen werden. Aufgrund dieser Rückschlüsse kann es zu einer Modifikation/Änderung der Sponsoringstrategie bzw. der getroffenen Maßnahmen kommen.

1.3.5 Kontrolle aus Sicht der Kultureinrichtung

Auch für die Kultureinrichtung ist die Kontrolle während und nach der Veranstaltung des Projekts unerlässlich. Die Kontrolle ermöglicht wichtige Rückschlüsse bzgl. der Sponsoringziele, der Sponsoringstrategie, der ergriffenen Maßnahmen und vor allem auch der eigenen Vorgehensweise. Konnten z.B. bestimmte Unternehmen nicht als Sponsor gewonnen werden, so ist zu fragen, welches die Gründe und Ursachen sind (ein Nein von Seiten des Sponsors sollte immer nur als ein „im Moment nicht" verstanden werden). Die Medien-/bzw. vor allem die Publikumsresonanz lässt hier Rückschlüsse darüber zu, ob die

Auswahl des Projekts gelungen war oder die Werbemaßnahmen fruchteten, ob die Zusammenarbeit zwischen Sponsor und Kultureinrichtung glaubwürdig war und ob die Intention des Kulturprojekts erfüllt worden ist.

1.4   Fazit

Die Praxis des Kultursponsoring demonstriert, dass überwiegend außergewöhnliche, besonders innovative, ausgefallene Events oder große Festivals (mit entsprechender Medienwirkung) bevorzugte Sponsoring-Objekte sind. Ebenso wird die Spitzenebene (bekannte Künstler) von den meisten Unternehmen der breiten Ebene vorgezogen. Diese Veranstaltungen (Festivals und Gruppenveranstaltungen mit bekannten Künstlern) verfügen jedoch bereits per se über einen größeren Kostendeckungsgrad als Veranstaltungen mit Nachwuchskünstlern oder unpopuläre Projekte, die sich zwar mit relevanten aber unbequemen Themen beschäftigen. In diesem Zusammenhang wird mit Recht argumentiert, dass die „öffentliche Hand" für diese Art von Kultur zuständig sei. Kultureinrichtungen werden sich allerdings zunehmend um neue Finanzierungsquellen zu bemühen haben. Dies bedeutet, dass sich die um Sponsoring bemühenden Kultureinrichtungen an eine ökonomisch orientierte Beurteilung kultureller Ereignisse seitens der Entscheidungsträger in der Wirtschaft gewöhnen und dieser Sichtweise entgegen kommen.

Übungsaufgabe 4

Sie erhalten den Auftrag, für eine Sonderausstellung (z.B. des Künstlers Emil Schumacher) in einem Kunstmuseum ein Sponsoringkonzept zu entwerfen sowie Sponsoringleistungen zu aquirieren. Stellen Sie die dazu erforderlichen (strategischen und operativen) Maßnahmen und Schritte dar.

2.1   Vorbemerkung

Was interessiert? Was gefällt? Das sind Fragen, die immer mehr in den Vordergrund moderner Museumspraxis treten. Die Öffentlichkeit fordert mit Kritik und Urteilsvermögen, aber auch mit augenblicksgebundenen Vorlieben und modischen Ansprüchen ihr Tribut von den Museen (Grimm-Piecha 1997).

> „Langeweile verdummt, Kurzweil klärt auf" (Benjamin 1972: 561) lautet das Fazit und weist Museen und Ausstellungen die Rolle eines ästhetischen Mediums zu, das es versteht, mit Mitteln der Ästhetik und der Sinnlichkeit zu historischer Neugier zu animieren und Problembewusstsein über ‚Aha-Effekte' zu provozieren".

Die Geschichte des Museums ist, so Korff 1985,

> „die Geschichte der wechselnden Präsentationsformen. Wer Tricks verbietet und visuelle Erprobungen als Effekthascherei oder Disneyland-Gags verurteilt, ist indifferent und unsensibel gegenüber den gestalterischen Problemen der Ausstellung und des Museums" (ebd.: 251).

Die Frage, „Dürfen Museen Spaß machen", erscheint, so Grimm-Piecha (1997), obsolet. Sie müsste vielmehr lauten: „Dürfen Museen langweilig sein?", zumal die Museen heute mehr denn je als Kulturinstitute ihren Platz behaupten müssen. In unserer „Erlebnisgesellschaft" (Schulze 1992) ist das erlebnisorientierte Denken zur Lebensphilosophie von jedermann geworden. „Das Leben soll interessant, faszinierend und aufregend sein. ... auf keinen Fall ereignislos, arm an Höhepunkten, langweilig" (Schulze 1994: 28). „Für viele Menschen unserer Zeit besteht das Sinnkapital, aus dem sie beim Projekt ihres Lebens schöpfen, nur noch aus dem, was ihnen gefällt" (Schulze 1999: 25). Der Bezug auf das erlebende Subjekt, die Lust auf das eine oder andere, ist zur „unanfechtbaren ästhetischen Letztbegründung" (ebd.) geworden. Dass diese erlebnisorientierte Denkweise eine strategische Bedeutung für Museumsmarketing hat, ist evident (Heinze 2000).

2.2   Strategische Ausrichtung

Für ein erfolgreiches Museumsmarketing (Terlutter 2000: 265 f.) ist es notwendig, dass eine eindeutige Positionierung der Kulturinstitution erfolgt, die sich an der Zielgruppe, den eigenen Fähigkeiten und an der Konkurrenz orientiert. Eine eindeutige Positionierung bedeutet, dass das Angebot

- in den Augen der Zielgruppe so attraktiv ist und

- gegenüber konkurrierenden Angeboten so abgegrenzt wird,

- dass es den konkurrierenden Angeboten vorgezogen wird.

Für Museen ist der Rahmen für die Positionierung durch den kulturpolitischen Auftrag vorgegeben: Museen haben eine Vermittlungsaufgabe als Anbieter kultureller Bildung. Die Ausrichtung als Bildungsanbieter reicht jedoch nicht aus: Da Sie auf dem Freizeitmarkt tätig sind, müssen neben der Bildung auch Freizeitwerte in die Positionierung der Institution einfließen. Museen sollten sich nicht nur als „Kulturobjektausteller" sondern insbesondere auch als „Dienstleistungsanbieter für Kulturbesucher" begreifen, der neben der Kulturvermittlung typische Freizeitbedürfnisse befriedigen kann (das Konzept des „Total Customer Care" (TCC) könnte für Museen Vorbild sein). Somit sollten sie versuchen, sich als Anbieter von kultureller Freizeitbildung zu positionieren. Freizeitbildung zeichnet sich durch eine Verknüpfung von typische Freizeitmotiven wie Unterhaltung, Entspannung oder Geselligkeit und typischen Bildungsmotiven wie Erweiterung des eigenen Wissens und des eigenen Horizontes sowie Anerkennung aus (ebd.). Innerhalb der Positionierung als Freizeitbildungsinstitution können zwei grundlegende strategische Stoßrichtungen verfolgt werden: eine Prestigestrategie und eine Erlebnisstrategie.

Die Prestigestrategie ist nur realisierbar und empfehlenswert, wenn das Haus oder die Exponate einen guten Ruf haben. Wird eine Prestigestrategie verfolgt, muss neben den Exponaten auch das weitere Kulturangebot, also die Supporting- und Facilitating Services, an Exklusivität und Hochwertigkeit orientiert sein. Im Hinblick auf die Besuchergruppen spricht diese Strategie vor allem die Bildungs- und Prestigeorientierten an. Die Verfolgung einer Erlebnisstrategie erfordert, dass das Kulturangebot einen hohen Freizeit- und Unterhaltungswert aufweist. Dazu muss das Museum eine Begegnungsstätte werden, die sich durch Möglichkeiten psychischer und physischer Aktivität und durch Abwechslungsreichtum auszeichnet. Darüber hinaus sollte ein ausgereiftes und flexibel einsetzbares Informationssystem generiert werden, das die individuellen Bedürfnisse der Besucher berücksichtigt. Besucher mit geringer Vorbildung oder einem geringen Informationsinteresse während des Besuchs müssen genauso den Eindruck einer individuellen Bereicherung erhalten wie gut vorgebildete oder interessierte Besucher. Zur Veränderung der strategischen Stoßrichtung eines Museums ist es notwendig, die Denkhaltung bei allen Mitarbeitern zu verändern, vom Gestalter der Ausstellung über das Personal im Eingangsbereich bis hin zum Personal der angegliederten Restauration.

Einschlägigen Untersuchungen zufolge (Schuck-Wersig/Wersig 1994) sind es vor allem didaktisch durchdachte Ausstellungsarrangements, umfangreiche pädagogische Programme, hervorragende Bewirtung in einem anspruchsvollen Ambiente des Museumsrestaurants, ein außerordentliches Sortiment des Warenangebots der Museumsshops, ein immer freundliches und aufgeschlossenes Museumspersonal, kurz ein besucherorientiertes und besucherfreundliches Museumsmanagement, das Interesse am Museum beim Publikum weckt. Besucherorientierung sollte deshalb gleichberechtigt neben der Orientierung an Standards der Fachwelt stehen. Ein modernes, besucherorientiertes Museumsmarketing muss sich „nicht notwendigerweise auf Geld konzentrieren", sondern kann „... bei den Leuten auch um deren Zeit, Aufmerksamkeit, Einstellungen etc. werben" (ebd.: 143). Die unkonventionellen Methoden des amerikanischen Museumsmarketing sind allgemein bekannt. So konnten beispielsweise amerikanische Baseballfans bei einem Baseballspiel heißbegehrte Karten für die Cezanne-Retrospektive im Philadelphia Museum of Art gewinnen, wenn das Los auf ihre Sitznummer fiel und sie hatten die Möglichkeit, im Museum einen Baseball oder eine Baseball-Mütze mit einem Cezanne-Schriftzug zu kaufen. Mehr als 6.000 Bälle mit einer Cezanne-Signatur wurden zu einem Stückpreis von knapp DM 15,- verkauft. „Kunst macht Spaß, so lautet die Botschaft", erklärt die Museumsleitung das Konzept (art 9/1996). Für öffentliche Museen als Nonprofit-Organisationen bietet sich das Konzept des Marketingmanagement-Prozesses (Kotler 1978) an, bei dem Marketing als alle Bereiche der Museumsarbeit tangierende Aufgabe betrachtet wird; es beinhaltet die strategischen und operativen Dimensionen gleichermaßen.[1]

Die Auseinandersetzung mit der Frage nach dem Selbstverständnis von Museen ist Grundlage der strategischen Planung. Aus dem inzwischen populären Leitsatz, das Museum sollte die vorhandenen Sammlungsgegenstände für breite-

---

[1] Strategisches Marketing umfasst sowohl eine Umfeldanalyse als auch die Analyse des eigenen Potenzials. Damit ist das strategische Marketing ein Management-Prozess, der die Analyse, Formulierung und Überprüfung von Strategien umfasst, die eine Organisation in die Lage versetzen, ihre Ziele zu erreichen durch die Entwicklung und Aufrechterhaltung einer strategischen Übereinstimmung zwischen den Fähigkeiten der Organisation und den Gefahren und Chancen, die sich aus der Veränderung der Umwelt ergeben. Die strategische Planung gibt Antworten auf die sich ändernden Verhältnisse. Die in diesem Rahmen zu treffenden Entscheidungen stellen dann die Vorgaben dar, an denen sich die Planung des Marketing-Mix orientiert. Der Marketing-Mix stellt gewissermaßen das letzte Glied in der marketing-konzeptionellen Kette dar. Er stellt die eigentliche operative Seite bzw. die konkrete maßnahmen-orientierte Umsetzung der strategischen Vorgaben dar.

re Schichten aufbereiten, lassen sich die folgenden Maßnahmen ableiten:

- „nach didaktischen Gesichtspunkten aufgebaute Sammlungen in modern und publikumsfreundlich ausgestatteten Räumen,
- Schaffung eines einladenden Ambientes im öffentlichen Raum vor dem Museum, um Schwellenängste zu vermindern,
- Anregung zusätzlicher Motivationen für den Museumsbesuch durch Einrichtung von Restaurationsbetrieben, Veranstaltungen von Konzerten, Versammlungen u.ä. im Museum,
- Einrichtung eines ständigen museums-didaktischen Dienstes, Bereitstellung von Informationsblättern und allgemeinverständlicher, pädagogisch gestalteter Erklärungstexte zu den Ausstellungsgegenständen sowie ständige Zusammenarbeit mit Schulen, Volkshochschulen und ähnlichen Bildungsinstitutionen,
- Verminderung von oder Verzicht auf Eintrittsgeld und Anpassung der Öffnungszeiten an die Besuchsmöglichkeiten von Bevölkerungsschichten, die bisher nicht zu den Museumsbesuchern gehörten und
- Veranstaltung publikumsträchtiger Sonderausstellungen" (Müller-Hagedorn 1993: 125).

Für ein Museum, das sich als Dienstleistungsunternehmen versteht, ist die Besucherorientierung von zentraler Bedeutung. Wie schlecht es in Deutschland noch um die Besucherorientierung bestellt ist, "erhellt nicht nur ein Gang durch Museen in England, den USA, Kanada, den Niederlanden oder in Schweden; auch die jüngst von der Bertelsmann Stiftung im Rahmen des Modellprojekts „Wirkungsvolle Strukturen im Museumsbereich" in Auftrag gegebene Untersuchung zum „Besucherservice in deutschen Museeen" kommt zu ernüchternden Ergebnissen: Viele der überwiegend namhaften großstädtischen Museumseinrichtungen – insgesamt beteiligten sich 21 Museen an der Untersuchung – wiesen deutliche, zum Teil gravierende Defizite und Mängel in puncto Service und Besucherfreundlichkeit auf" (Günter/John 2000: 8). Besucherorientierung setzt sich aus sechs Elementen bzw. Bausteinen zusammen:

- „aus der grundsätzlichen und konzeptionellen Denk- und Verhaltensweise der Besucherorientierung (vom Besucher her),
- aus der Besucheranalyse und deren Methoden,
- aus der Besuchersegmentierung in unterschiedlich agierende und reagierende Zielgruppen,
- aus der vielfältige Instrumente nutzenden besucherfreundlichen Behandlung der Museumskundschaft,

- aus der regelmäßig zu überprüfenden Besucherzufriedenheit,
- aus der Besucherbindung – die eines unter mehreren Museumszielen sein kann" (Günter 2000: 69).

Die Besucherforschung stellt die wesentliche Grundlage des besucherorientierten Marketing dar. Sie gibt Aufschluss über Besucherstrukturen, -verhalten und -einstellungen, über Bedürfnisse und Erwartungen der potentiellen, inkl. Nicht-Besucher sowie deren Zufriedenheitsgrad. Damit trägt sie dazu bei, zu klären, „welche Eigenschaften und Verhaltensweisen des Museums die Besuchsentscheidung oder Zufriedenheit der Besucher bestimmen können" (KGSt 1989: 32).

2.3   Das Instrumentarium des besucherorientierten Marketing

Die Umsetzung der strategischen Ausrichtung muss sich in allen Marketingmaßnahmen niederschlagen. Im folgenden sollen – auf der operativen Ebene – die Dimensionen eines besucherorientierten Museumsmarketing (Stichwort: Marketing-Mix) herausgearbeitet werden.[2] Der Marketing-Mix dient dazu, die verschiedenen Zielgruppen bzw. Teilmärkte anzusprechen (zu bearbeiten). Dazu ist eine Differenzierung in die Bereiche Leistungs- (Produkt-), Kontrahierungs- (Preispolitik), Distributions- und Kommunikations-Mix sinnvoll. Beim Einsatz der marketingpolitischen Instrumente ist zunächst zu fragen, „mit welchen Parametern ein Museum das Verhalten seiner Besucher beeinflussen kann bzw. von welchen Größen der Museumspolitik es abhängt, ob ein Museum besucht wird. So lassen sich als Einsatzbereiche des Marketing für Museen zunächst die folgenden Maßnahmen nennen:

- Ausstellungen,
- Öffentlichkeitsarbeit,
- Wissenschaftliche Kommunikation und Kooperation.

Diese Maßnahmen lassen sich wie folgt den absatzpolitischen Maßnahmen bzw. den Elementen des Marketing-Mix zuordnen:

---

[2]   Einige Überlegungen habe ich zum Teil in überarbeiteter Fassung der Abschlussarbeit zum Weiterbildenden Studium KulturManagement von Frau Göbel-Mahmoud entnommen.

„Produkt-Mix:

- Objekte, die in ständigen Ausstellungen gezeigt werden (analog dem Fertigungsprogramm im Industriebetrieb),

- Objekte, die in Sonderausstellungen präsentiert werden (häufig unter Verwendung ausgeliehener Gegenstände, womit sich eine Analogie zu dem Vertriebsprogramm der Industrie ergibt),

- Gedrucktes Material, Filme, Kassetten, Souvenirs,

- Studiensammlungen und Magazine, Archive, wiss. Kolloquien.

Kommunikations-Mix:

- Führungen durch Fachpersonal,

- Führungen durch Medien (Walkmen, Videos usw.),

- Vorträge,

- Zusammenarbeit mit Presse, Rundfunk und Fernsehen,

- Werbung (z.B. Plakate).

Distributions-Mix:

- Gestaltung des Layouts von Ausstellungen am Standort des Museums,

- Gestaltung des Layouts von Ausstellungen außerhalb des Museumsstandorts,

- Öffnungszeiten.

Kontrahierungs-Mix:

- Entgelt für Güter und Dienstleistungen" (Müller-Hagedorn 1993: 133/134).

Die für ein besucherorientiertes Museumsmarketing relevanten Instrumente sollen im folgenden beispielhaft vorgestellt werden.

2.3.1 Leistungs-/Produkt-Mix

Der Leistungs-Mix beinhaltet alle Entscheidungen bzw. Maßnahmen, die das Produkt- und Leistungsangebot betreffen: die Wahl der Produkte, Neuentwicklungen bzw. -einführungen (Produktinnovation), Abänderungen (Produktmodifikation, bzw. -differenzierung) und auch Herausnahme aus dem Programm (Produktelimination) (Klein 1996). Das Angebot eines Museums setzt sich, so Mc Lean (1997), aus fünf Bestandteilen zusammen:

- Das Museumsgebäude mit sämtlichen Einrichtungen.

- Objekte, Sammlungen und Ausstellungen.

- Kataloge, Texte und Tafeln.

- Museumsprogramme.

- Museumsservice, wie Rezeption, Einkaufsmöglichkeiten, Verpflegung.

Museen sollten sich ein Beispiel am Disney Konzern nehmen. Disney managt die Zeit der Besucher. In einer freundlichen, sauberen und gemütlichen Umgebung wird streng darauf geachtet, dass sich der Besucher niemals langweilt. Großen Wert wird auch auf regelmäßige Studien gelegt, die die Wünsche und Erwartungen der Besucher genau erfassen.

Die Museumsverwaltung sollte versuchen, ein Gesamtkonzept zu entwickeln, welches einen Mix aller fünf Elemente darstellt.

Der Rang eines Museums wird durch seinen Bestand an Sammlungsobjekten und deren kunst- und kulturhistorischen Bedeutung bestimmt. Insofern ist die Sammlung und ihre Präsentation in der Dauerausstellung die Basis besucherorientierter Maßnahmen. Die Art der Präsentation trägt entscheidend zum Image einer Sammlung in der Öffentlichkeit bei. Es ist wichtig, dass sich jedes Museum verdeutlicht, inwiefern sich die jeweilige Ausstellung von anderen unterscheidet und somit für Besucher anziehend macht.

Da die Ausstellung in einem Museum höchste Priorität hat, muss ständig daran gearbeitet werden, ihre Qualität aufrecht zu erhalten bzw. zu verbessern. Durch eine besucherorientierte Präsentation der Dauerausstellung können (neue) Besucher angezogen bzw. zum (wiederholten) Besuch angeregt werden. Entscheidungen sind in zweifacher Hinsicht zu treffen: Was und wie ausgestellt werden soll.

Der Aspekt des Was bezieht sich auf die sinnvolle Auswahl von Objekten aus dem Bestand und ist darüber hinaus relevant bei der Ankaufspolitik eines

Hauses (die ihrerseits in Zusammenhang mit dem Selbstverständnis des Museums steht).

Die Frage des Wie umfasst die Präsentation der Objekte. Hier ist darauf zu achten, dass die Sammlung nach didaktischen Gesichtspunkten aufbereitet wird und insbesondere „Bedürfnisse der Museumsbesucher wie Schaulust, Neugier, Spieltrieb oder Entdeckerfreude" (Schuck-Wersig 1988: 98) berücksichtigt werden. Die Art der Präsentation bestimmt den Erlebnisgehalt des Museumsbesuchs und kann die Bindung der Besucher an das Museum verstärken.

Hier geht es zunächst darum, die Exponate so zu präsentieren, dass die Besucher einen Zugang zu ihnen finden. Das kann z.B. durch die Einordnung der Objekte in ihren historischen Kontext geschehen oder dadurch, dass der Besucher Replikate der Objekte in die Hand nehmen und untersuchen kann.

Von größter Bedeutung für die Bildungsvermittlung ist eine hohe Flexibilität der Informationsdarbietung. Ziel sollte es sein, dass jeder Besucher die Menge und Art an Informationen erhalten kann, die er wünscht. Die Art der zu vermittelnden Informationen kann sich z.B. an folgender Struktur orientieren (vgl. im Folgenden Terlutter 2000: 265 f.):

- Informationen über das Museum oder das Ausstellungshaus (Entstehung, Architektur, Philosophie etc.),

- Informationen, die für einen Teil des Museums relevant sind (z.B. einzelne Stilrichtungen) und

- Detailinformationen zu jedem Exponat.

In vielen Ausstellungen und Museen liegt der Schwerpunkt der angebotenen Informationen noch zu sehr auf den speziellen Objekten. Um die Lernleistung zu optimieren, sollte versucht werden, Informationen multimodal zu vermitteln, damit die Besucher möglichst viele Verknüpfungen herstellen können. Des weiteren trägt eine multimodale Vermittlung zum Abwechslungsreichtum des Besuchs bei. Zur Realisierung einer individuellen Informationsvermittlung muss neben einem umfassenden Angebot verschiedener Führungen ein mediales Informationssystem zur Verfügung stehen. Ein solches System kann eine sehr flexible Informationsdarbietung ermöglichen. Hinsichtlich der technischen Realisierung sind interaktive den rezeptiven Medien vorzuziehen, da sie aufgrund ihrer Adaptivität an die individuellen Bedürfnisse der Benutzer Vorteile aufweisen. Darüber hinaus erfordern interaktive Medien das Aktivwerden des Nutzers und fördern damit seinen Lernerfolg. Zusätzlich sollten rezeptive Medien, wie Dias, Video- oder Kinofilme zum Standard einer jeden Ausstellung gehören.

Nach einer vom Institut für Museumskunde Berlin in Auftrag gegebenen Studie ist die „regelmäßige Veränderung der Dauerausstellungen das wichtigste Mittel der Museen, ihre Attraktivität für ihre Besucher zu erhalten bzw. zu steigern" (Institut für Museumskunde Berlin 1996: 64).

Sonderausstellungen als „aktuelle Ereignisse" stellen für zahlreiche Museen die wichtigste öffentlichkeitswirksame Maßnahme dar. In diesem Zusammenhang ist zu prüfen, welche Ziele das Museum mit Ausstellungen erreichen will: Einzelne Aspekte der Sammlung bzw. wichtiger thematischer bzw. aktueller Zusammenhänge in geeigneter Form darzustellen oder vor allem eine Steigerung der Besuchszahlen und Einnahmen anzustreben. Verplancke (1996: 274) fordert, neue Ausstellungskonzepte für Angebote an Besucher aus einer Region zu entwickeln, bei denen Besucherorientierung und Besucherpartizipation einen hohen Stellenwert haben. Zur Verbesserung der Besucherorientierung bei der Bildungsvermittlung ist es auch empfehlenswert, potentielle Besucher von Beginn an in die Ausstellungskonzeptionierung und -planung einzubeziehen, so dass getroffene Maßnahmen bereits in ihrer Entstehung aus Besuchersicht bewertet und verbessert werden können. Bei der Gestaltung der Präsentation, der Gestaltung des Ausstellungsumfeldes oder der Konzeptionierung der Vermittlungshilfen können Besucher ihre Meinungen und Präferenzen einbringen. Die Evaluierung einer Ausstellung wird damit auf den Entstehungsprozess ausgedehnt und so einer mangelnden Besucherorientierung von Beginn an begegnet. Im Gegensatz zu Dauerausstellungen, die

> „auch nach zehn Jahren noch gut, überzeugend und in der Präsentation nicht altmodisch sein müssen", können sich Wechselausstellungen mehr „Witz, Phantasie und auch gewisse modische Finessen leisten" (Fast 1992: 134).

Als Leistungen eines Museums werden zunehmend die Angebote der Museumspädagogik bedeutsam. Museumspädagogik ist heute, wenn auch nach wie vor von einigen Fachwissenschaftlern argwöhnisch belächelt, in den meisten Museen fester Bestandteil und hat sich vielfach bewährt. Anspruchsvolle museumspädagogische Konzepte und Angebote eröffnen einem immer größer werdenden Kreis von Besuchern den Zugang zum Museum. Die Museumspädagogik ist die zentrale Einrichtung für die Vermittlung von Inhalten und wendet sich direkt an das Publikum. Ihr Grundgedanke ist die Besucherorientierung. Zielgruppe der Museumspädagogik sind nach wie vor Kinder und Jugendliche (häufig als Schulklassen). Im Sinne einer Nutzenmaximierung sollten darüber hinaus Personen aller Altersgruppen als Zielgruppe angesprochen werden. Ein zweiter Einsatzschwerpunkt der Museumspädagogik ist im Bereich der didaktischen Aufbereitung der Ausstellung zu sehen.

Die folgenden für ein besucherorientiertes Marketing konstitutiven Leistungen sind zwar der professionalisierten Instanz der Museumspädagogik zuzurechnen, lassen sich aber auch von ehrenamtlich Tätigen (des Fördervereins) erbringen[3]. Als erstes sind die Führungen zu nennen, die insofern für die Vermittlung bedeutsam sind, als hier der direkte Kontakt der Besucher zum Museum auf einer persönlichen Ebene hergestellt wird. Von der Kompetenz der Führenden in fachlicher wie pädagogischer Hinsicht ist es abhängig, wie viel „Gewinn" Besucher mitnehmen (Holch 1995: 36). Führungen bieten viele Variationsmöglichkeiten: von der „klassischen" Führung über das „Museumsgespräch" bis hin zur Kombination mit anderen Veranstaltungen (Kursen, Vorträgen, Konzerten, gesellschaftlichen Anlässen wie Empfängen); Orientierungs-, Kurz- und Themenführungen, Führungen zu bestimmten Anlässen (z.B. Festtagen), Führungsreihen zu festen Terminen etc. (Schuck-Wersig 1992). Damit können unterschiedliche Zielgruppen angesprochen werden. Führungsmedien, (fremdsprachliche) Tonbandführungen, Führungsblätter oder -hefte, können das Programm sinnvoll abrunden. In einem Kunstmuseum könnten sich Führungen z.B. speziell mit den Künstlern, den verwendeten Techniken oder den Exponaten vor dem historischen Hintergrund beschäftigen. Dabei könnten auch plakative Titel für die Führungen vergeben werden, wie z.B. „Liebe und Leid der alten Meister" oder „Intrigen am Hof zu Lebzeiten Ludwig XIV". In einem Museum, das z.B. Relikte der Römerzeit ausstellt, könnten Führungen wie „Lebensbedingungen des einfachen Volkes", „Cäsar und Cleoprata" oder „Was die Römer mit uns gemeinsam hatten" angeboten werden.

Sammlungsbezogene Produkte in Form von Prospekten oder Broschüren zur Sammlung und zu einzelnen Ausstellungen, Lagepläne des Museums, Museumsfächer oder -leitfäden vermitteln den Besuchern Grundinformationen zu Sammlung und Ausstellungen des Museums. Zur tiefergehenden Beschäftigung mit bestimmten Themen dienen Kataloge zu Dauer- und Sonderausstellungen. Dem Bedürfnis der Besucher, etwas Materielles mitzunehmen (Klein 1984:

---

[3]   Die Gründung oder Reaktivierung von Fördervereinen als Ressourcenbeschaffer und Beziehungsnetzwerk zu Politik und Wirtschaft hat in Anbetracht der finanziellen Zwänge der Kultureinrichtungen gegenwärtig einen großen Aufschwung erfahren. Vor allem im Museumsbereich ist eine Ausweitung der Tätigkeitsfelder deutlich zu spüren: Von der Öffentlichkeitsarbeit über Führungen und museumspädagogische Projekte, Dokumentations- und Archivarbeit, Ausstellungsvorbereitungen bis hin zu wissenschaftlicher Arbeit und Katalogerstellung, unterstützende Aktivitäten zur Erhöhung der Einnahmen durch die Mitarbeit oder Trägerschaft eines Museumsshops, Spendensammlungen und Sponsoringmaßnahmen (vgl. Themenheft „kulturpolitische mitteilungen" zur „Freiwilligenarbeit in der Kultur". Heft 84, I/1999).

179), kommen auch Postkarten, Plakate, Diapositve und Filme entgegen. Das Angebot kann durch vom Museum herausgegebene Schriftenreihen, Jahresberichte, Bücher oder Heimatliteratur erweitert werden.

Eine weitere Überlegung betrifft die Flexibilisierung des Ortes, an dem die kulturelle Dienstleistung erbracht wird (Terlutter 2000: 265 f.). Ausstellungen und Museen sollten die Chance nutzen, ihre Dienstleistung auch dort anzubieten, wo viele Menschen zusammenkommen: Beispielhaft können hier Shopping-Center genannt werden, die sich durch eine starke Verschmelzung von Einkaufen und Freizeit bzw. Unterhaltung auszeichnen und dadurch der heutigen „Freizeit-/Entertainment-/Action-Orientierung" der Verbraucher besonders entgegenkommen. An solchen Orten sollten auch Museen präsent sein, da sie hier auf eine große Zahl von potentiellen Besuchern treffen können. Mit dieser Präsentation können gleichzeitig die häufig vorhandenen Schwellenängste genommen werden. Denkbar ist auch eine Ausdehnung auf Plätze wie Bahnhöfe oder Flughäfen, die zukünftig viel stärker als heute für Konsumzwecke erschlossen werden. Des weiteren könnten Museen auch mit „Aktionszelten" am Strand oder im Freibad oder z.B. auf Volksfesten vertreten sein, um ihre Bekanntheit zu erhöhen und Besucherinteresse zu erwecken.

Eine weitere Möglichkeit stellt in diesem Zusammenhang das „elektronische Publizieren" dar. Die Kosten für die Erstellung und Erhaltung einer Homepage sind für ein Museum, verglichen z.B. mit den Kosten für ein Inserat in einer Zeitung, gering. Meist ist es auch möglich, Sponsoren zu finden, die sich für eine Werbeeinschaltung auf der Homepage an den Kosten beteiligen.

Es ist davon auszugehen (Kotler 1998), dass sich die Rezipienten einer Web-Site nicht wesentlich von den realen Besuchern unterscheiden, d.h. dass viele virtuelle Besucher früher oder später einmal selbst ins Museum kommen oder schon dort gewesen sind. Weitere Vorteile von Web-Sites sind:

- Der Besucher kann die Internet Seite rund um die Uhr und weltweit besuchen.

- Die Angebote des Museums-Shop sind online jederzeit abrufbar.

Sonderveranstaltungen wie Museumsfeste, Tage der offenen Tür, Vorträge, Podiumsdiskussionen oder Lesungen tragen als aktuelle Ereignisse und Publikumsanreize zu einem Anstieg der Besuchszahlen und zur Verbesserung des Museumsimages bei. Sie können (nicht nur) in besuchsschwachen Zeiten gezielt zum Museumsbesuch anregen, z.B. in Verbindung mit „äußeren Anlässen" (Festtagen etc.) und damit „sinnstiftendes Erleben" fördern (Herbst 1992: 196).

Zusätzliche Motivationen für den Museumsbesuch können durch das Angebot museumsfremder Veranstaltungen aus anderen Bereichen der kulturellen Szene (Konzerte, Filmvorführungen, -festivals) geschaffen werden. In Zusammenarbeit mit anderen Einrichtungen (Wohlfahrtsverbänden, Schulen, Vereinen etc.) können darüber hinaus Veranstaltungen, z.B. Vorträge in Altenheimen oder Kunst-Spielaktionen, durchgeführt werden, die dazu beitragen, einen weiteren Kreis von Personen zu erreichen und deren Interesse für einen Museumsbesuch zu wecken.

Eine Möglichkeit, dem derzeitigen Trend zum Erlebniskonsum zu entsprechen, stellt die Durchführung von Kulturevents dar, die sowohl auf eine emotionale Bindung des Besuchers an die Kulturinstitution als auch auf die Vermittlung kultureller Bildung abzielt (Beispiele: „lange Nacht der Museen", Burgfeste im Rahmen eines Burgmuseums, Konzertveranstaltungen in Museen). Entschließen sich Kulturinstitutionen, Kulturevents auszurichten, ist anzustreben, sie als Attraktion und etwas „Einmaliges" zu kommunizieren. In diesem Zusammenhang muss auch auf die steigende Bedeutung des Agenda (Thematisierung durch Medien: Die Medien bestimmen weitgehend, mit welchen Themen sich das Publikum beschäftigt) hingewiesen werden. Nur Kulturinstitutionen, denen es gelingt, die Medien für ihre Tätigkeiten zu interessieren, bringen sich ins Gespräch und ziehen dadurch die Besucher an.

Zum weiter gefassten Bereich der Museumsleistung sind der Service sowie die Besuchereinrichtungen zu zählen. Studien (Mc Lean 1997) zeigen, dass viele Besucher Museen als unbequem und desorientiert empfinden. Museen sind oft überfüllt, man muss mit einer Vielzahl von Reizen rechnen, die oft schon nach kurzer Zeit nicht mehr aufgenommen werden können, und das lange Gehen wird nach einiger Zeit oft zur Qual. Daher ist es wichtig, Extraservices anzubieten. Dazu gehören unter anderem Wegweiser, Imbissstuben bzw. ein Restaurant, entsprechende Sitzgelegenheiten und ein Museums-Shop. Beim Service sind folgende Kriterien zu beachten:

Da Service, bevor er in Anspruch genommen wird, nicht sichtbar ist, ist es notwendig, den Kunden darauf aufmerksam zu machen. Da der Kunde meist nicht weiß, was ihn erwartet, sind z.B. Bildtafeln hilfreich.

Der Service ist in jedem Fall vom Museum selbst und von der Motivation der Mitarbeiter abhängig. Erlebt der Besucher schlechten Service (zum Beispiel mangelnde Hygiene), so überträgt er diesen Eindruck auf das ganze Museum. Eine gute Ausstellung kann dies kaum noch wett machen. Nicht nur die Präsentation von Sammlungen und Ausstellungen, sondern auch freundliche, komfortable Aufenthaltsbedingungen tragen zu einem positiven Erlebnis bei.

Im Eingangsbereich gewinnen die Besucher – noch vor dem Betreten der eigentlichen Sammlung – die ersten Eindrücke, die auch für die endgültige Besuchsentscheidung ausschlaggebend sein können. Die Ausgestaltung dieses Bereichs hängt von dem zur Verfügung stehenden Raum ab. Er kann neben der Kasse auch einen Museumsshop oder eine Buchhandlung, sowie öffentliche Telefone beherbergen. In jedem Fall sollte er übersichtlich gestaltet sein. Gepflegte Garderoben und Toiletten tragen zu einem positiven Gesamteindruck bei.

Der Museumsshop oder Verkaufsstand stellt nicht nur eine zusätzliche Einnahmequelle dar, sondern kann auch die Attraktivität eines Museums steigern, da er dem Publikumswunsch, „etwas mitzunehmen", entgegenkommt. Artikel, die mit dem Logo des Museums versehen sind, bzw. auf dieses hinweisen, dienen gleichzeitig als Werbeträger.

Ein Café oder Restaurant mit attraktiven Räumen und einem besonderen (regionsspezifischen) Speise- und Getränkeangebot bietet Erholung und die besondere Atmosphäre der Verbindung von leiblichem Wohl und Kulturellem. Es sollte auch Nicht-Besuchern offen stehen. Durch die Gestaltung des Cafés könnte versucht werden, die Gäste zum Besuch der Ausstellung zu animieren. Dazu sollte die Gestaltung des Cafés auf die aktuelle Ausstellung abgestimmt sein (z.B. durch die Verwendung von Plakaten oder Replikaten zur Dekoration).

2.3.2 Kommunikations-Mix

Die Kommunikationspolitik trägt zum einen dazu bei, das Image aufzubauen und zum anderen werden Informationen über die eigentlichen Leistungen vermittelt. Zu den klassischen Kommunikationsinstrumenten zählen die Werbung, die Verkaufsförderung und die Öffentlichkeitsarbeit (Nieschlag u.a. 1991: 441).

> „Aufgabe der Kommunikationspolitik ist die bewusste Gestaltung jener Informationen, die eine Unternehmung zum Zwecke der Verhaltenssteuerung auf aktuelle und potentielle Interaktionspartner richtet" (Müller-Hagedorn 1993: 133).

Diese Aufgabe erfüllt beim besucherorientierten Museumsmarketing die Öffentlichkeitsarbeit. Ihr Ziel ist es, den Bekanntheitsgrad eines Museums zu steigern, indem über seine Leistung informiert und das Interesse von Besuchern sowie Interessentengruppen geweckt und aufrechterhalten wird. Öffentlichkeitsarbeit kann dazu beitragen, dass

- höhere Besuchszahlen im Museum erreicht werden;

- bei vergleichbaren Umfeldbedingungen Museen mit mehr Öffentlichkeitsarbeit besser abschneiden;

- der sinkenden Anziehungskraft eines Museums trotz attraktiver Sammlung gegengesteuert wird;

- das Image des Museums positiv verstärkt und damit die Bereitschaft zur Förderung der Museumsarbeit (Politik, Sponsoren, Ehrenamt, Mitgliedschaft im Förderverein, etc.) zunimmt.

Eine effiziente und professionelle Öffentlichkeitsarbeit ist zielgruppengenau zu konzipieren. Um Zielgruppen ansprechen zu können, muss ein Museum sie identifizieren können (dazu sind Besucherforschungen unabdingbar). Jedes Museum hat für sich die Frage zu beantworten, welches Publikum angesprochen werden soll und kann. Schuck-Wersig u.a. (1993) haben in ihrer empirischen Studie zur „Wirksamkeit öffentlichkeitsbezogener Maßnahmen für Museen und kultureller Ausstellungen" eine Museumsbesuchertypologie erstellt. Dabei wurde u.a. untersucht, inwieweit das jeweilige Museum (Nationalgalerie versus Museum für Volkskunde in Berlin) in die Lebenswelt seiner Besucher integriert ist. Für Volkskundemuseen haben Schuck-Wersig u.a. eine Verlängerung oder Ausstrahlung in die Lebenswelt der Besucher konstatiert. „Der Besucher findet hier Parallelen zu eigenen Tätigkeiten (Weben, Sticken, Schnitzen etc.), erkennt Zusammenhänge wieder aus seinem Alltag" (ebd.: 17). Als Quintessenz der „Analyse von Besucherstrukturen und -motivationen" haben Schuck-Wersig u.a. eine Dominanz der Dimensionen „Lust, Selbstbestätigung und Wissensbestätigung" bei den Besuchern des Museums für Deutsche Volkskunde identifiziert. In diesem Zusammenhang ist darauf hinzuweisen,

> „dass der Besucher immer auch seine persönliche Situation und seinen Alltag mit in das Museum hineinbringt und an dem dort Gezeigten, neben vielen anderen Motivationen, auch sich selbst begreifen und wiedererkennen will" (ebd.: 10).

Daraus folgt für die Public-Relations-Arbeit, die „persönliche Ansprache und die individuelle Einbeziehung der Besucher" (ebd.) explizit zu berücksichtigen. Schuck-Wersig u.a. konstatieren in ihrer o.g. Studie ebenfalls eine stärkere Bindung eines (Stamm-)Publikums an den Typus Volkskundemuseum, für das Ausstellungen als öffentlichkeitswirksame Maßnahmen nicht die Bedeutung haben wie z.B. für Kunstmuseen (Nationalgalerie). Inhaltlich und konzeptionell beginnt Öffentlichkeitsarbeit bereits

> „bei der Präsentation der Sammlung, setzt sich fort in Public-Relations-Aktionen und wird realisiert in so scheinbaren Kleinigkeiten wie kurzen Annoncen in Tageszeitungen, Taschenführern zur Kurzinformation der Aufseher ... oder einem übergeordneten Verzeichnis sämtlicher lokaler Museen" (ebd.: 35).

Welche Strategien auch immer von einem Museum verfolgt werden, es braucht neben einer klaren Konzeption engagierte Akteure, die professionelle Öffentlichkeitsarbeit, sei es ehren-, neben- oder hauptamtlich betreiben. Kleinen Museen ist zu empfehlen, sich auf einige wenige Ziele zu beschränken, um diese mit der nötigen Intensität verfolgen zu können. Öffentlichkeitsarbeit bedient sich verschiedener Mittel:

• der Werbung in Form visueller Außenwerbung mit Plakaten, Aushängen und Hinweisschildern;

• der Werbung durch Anzeigen in den Medien;

• Maßnahmen zur Information potentieller Besucher (z.b. die Herausgabe von Veranstaltungskalendern oder Museumszeitschriften in regelmäßigen zeitlichen Abständen).

Öffentlichkeitsarbeit mit den Medien ist besonders wirksam, zumal damit gezielte Informationen transportiert werden können. Durch regelmäßige Präsenz in Presse, Fernsehen etc. kann das Museum im Bewusstsein der Öffentlichkeit verstetigt werden. Diese Präsenz findet eine Verstärkung in Gesprächen über das Museum und sein Angebot. „Dann nämlich steigt die Selbstbestätigung eines Museums, einer Ausstellung, eines neu ausgestellten Bestandes oder einer Inszenierung überproportional an" (Treinen 1994: 33). Dazu tragen insbesondere aktuelle Ereignisse (Sonderausstellungen und -veranstaltungen, Personalwechsel, Jubiläen, außergewöhnliche Geschehnisse) bei, da die „aktualitätszentrierten" Medien vorwiegend zu solchen berichten.

Maßnahmen für ein professionelles „Medien-Marketing" umfassen die Gestaltung der Kontakte zu den Medien und ihren Vertretern:

• Pressemitteilungen und Pressekonferenzen;

• Pflege des persönlichen Kontaktes zu Redakteuren verschiedener Medien;

• Einladung zu aktuellen Anlässen;

• regelmäßige Gespräche.

Neben werblichen Maßnahmen ist die direkte Ansprache des Publikums ein Instrument, bei dem, z.B. durch persönliche Mitteilungen und Einladungen, regelmäßige Zusendung des Veranstaltungskalenders, auf spezifische Zielgruppen eingegangen werden kann. Besonders wirksam kann Öffentlichkeitsarbeit im Rahmen einer Kooperation mit anderen Einrichtungen (z.B. der Zusammenarbeit verschiedener Museen, Museumsverbände oder anderer Institutionen auf regionaler bzw. überregionaler Ebene) sein. Und schließlich ist ein nicht zu unterschätzender Faktor für die Öffentlichkeitsarbeit die „Mund-zu-Mund-Propaganda", da „persönliche, informelle Werbung ... das beste Werbemedium" (Klein/Wüsthoff-Schäfer 1990: 26) ist. Die Gründung bzw. Pflege von Förder- und Interessenkreisen oder -vereinen ist ebenfalls ein effektives Instrument der Öffentlichkeitsarbeit, zumal die Mitglieder dieser Institutionen als Multiplikatoren fungieren können. Insbesondere für die Entwicklung der „Corporate Identity" eines Museums ist Öffentlichkeitsarbeit zuständig: Das Spektrum der Maßnahmen reicht hier von der Entwicklung eines Logos, das auf allen Museumsprodukten erscheint, bis hin zur Schulung des Personals (Kasse, Aufsicht etc.).

2.3.3 Kontrahierungs-Mix

„Im Mittelpunkt der preis- bzw. entgeltpolitischen Überlegungen steht das sogenannte Preis-/Leistungsverhältnis. Die Entscheidungen beziehen sich auf die Wahl unter alternativen Preisforderungen" (Müller-Hagedorn 1993: 133).

Bei der Preisgestaltung sind die „Zulieferer" (betrifft bei Museen Personalkosten, Honorare von Künstlern/Kulturschaffenden), die Konkurrenten, die Abnehmer (das Publikum) und die Bedingungen beim Anbieter selbst (interne Situation, Ressourcen, Zielsystem) als Bestimmungsfaktoren zu berücksichtigen (Klein 1995: 11). Entscheidungen in diesem Bereich betreffen die Eintrittsgelder und Strategien der Preisdifferenzierung (Schenker 1990: 99). Wenn ein Museum seine Preispolitik definiert, muss es dabei drei wichtige Punkte beachten:

- Für welche der angebotenen Leistungen kann man überhaupt Geld verlangen? Das bedeutet auch, dass die Öffentlichkeit davon überzeugt werden muss, dass das Museum etwas anzubieten hat, wofür es sich lohnt Geld auszugeben.

- Im zweiten Schritt muss die Preispolitik für die einzelnen Besuchersegmente, sprich Mitglieder, Gruppen, Touristen usw. festgelegt werden, d.h. die Museumsbetreiber müssen sich darauf einigen ob alle Besucher den selben Preis zahlen müssen oder ob es beispielsweise Ermäßigungen für Gruppen geben soll.

- Und letztendlich muss das Museum bestimmen, welchen Teil der Gesamteinnahmen das eingenommene Geld ausmachen wird. Dies dient dazu festzulegen, wie viel Geld das Museum pro Jahr mindestens einnehmen muss um seine Ausgaben decken zu können.

Im Allgemeinen versuchen Museen ihre Eintrittspreise so niedrig wie möglich zu halten, um Besucher nicht abzuschrecken.

Mit der Einführung oder Erhöhung von Eintrittsgeldern werden Museen zunehmend mit der Konkurrenz anderer Kultur- und Freizeitanbieter konfrontiert. Einführung und Erhöhung von Eintrittsgeldern können zu einem Besucherrückgang führen, dem dann durch Maßnahmen wie Qualitätsverbesserung, intensive Öffentlichkeitsarbeit, Dienste-Entwicklung gegengesteuert werden kann. Höhere Preise beim Besuch von Sonderausstellungen können allerdings auch einen Anreiz zum Besuch dieser Ausstellungen darstellen. Bei einer Preiserhöhung innerhalb der Dauerausstellung werden, einschlägigen Untersuchungen (vgl. Heft 46 der Materialien aus dem Institut für Museumskunde) zufolge, insbesondere Stammbesucher abgeschreckt.

Erforderlich ist eine Preisdifferenzierung, die sich auch als Instrument zur zeitlichen Mengenverteilung der Besucherfrequenz einsetzen lässt. Dabei können verschiedene Rabattformen zum Einsatz kommen: Ermäßigungen oder freier Eintritt für bestimmte Zielgruppen (z.B. Kinder, Senioren, Mitglieder des Freundeskreises) oder zu bestimmten Zeiten (z.B. ein eintrittsfreier Tag pro Woche, freier Eintritt kurz vor der Ende der Öffnungszeiten), Mengenrabatte (Gruppenermäßigung, Jahreskarte). Ebenfalls kann eine Preisdifferenzierung für die ständige Sammlung und für Sonderausstellungen sinnvoll sein.

Weitere Möglichkeiten der Preisgestaltung bieten die Kombination verschiedener Leistungen (Eintritt mit Führung, Veranstaltung, Imbiss), die Kooperation mit anderen Einrichtungen (Kombitickets, Museumspass, gegenseitige Rabatte), das Angebot von Abonnements (z.B. für Führungen, Veranstaltungsreihen), gesponserte eintrittsfreie Zeiten oder das Verteilen von Freikarten oder Ermäßigungsgutscheinen (z.B. an bestimmte Zielgruppen, zu bestimmten Anlässen, an bestimmten Orten) (vgl. Erhebung des Instituts für Museumskunde, Berlin 1996: 43 f.).

2.3.4 Distributions-Mix

„Bei der Distributionspolitik geht es darum, über welche Distributionskanäle und -organe die Leistungen an die Abnehmer herangetragen werden sollen und wie sichergestellt werden kann, dass die jeweilige Leistung auch im richtigen Zustand, zur rechten Zeit und am gewünschten Ort in ausreichender Menge zur Verfügung steht (Absatzlogistik)" (Müller-Hagedorn 1993: 133).

Entscheidungen im Bereich der Distribution beziehen sich insbesondere auf die Öffnungszeiten, die Präsenz im öffentlichen Raum und auf die Einschaltung von

Absatzmittlern, wobei die Wünsche und Bedürfnisse der Zielgruppen eine zentrale Rolle spielen (Vermeulen/Geyer 1995: 94 ff.). Ideale Öffnungszeiten gibt es nicht, da sich aufgrund zahlreicher Faktoren (Größe und Standort des Museums, Jahreszeit, Ferienzeit, Zusammenhang mit dem Besuch anderer Einrichtungen, klimatische Gegebenheiten und Besucherstruktur) die zeitliche Verteilung der Besuchsfälle bei verschiedenen Museen stark unterscheidet (nach Jahreszeiten sowie nach Wochentagen und Tageszeiten). Generell gilt es, die Öffnungszeiten soweit wie möglich auf die Bedürfnisse der Besucher abzustimmen.

Berufstätige sind in Museen z.b. an Werktagen stark unterrepräsentiert, erst eine Abendöffnung des Museums würde ihnen einen Besuch während der Woche ermöglichen. Flexible Sonderöffnungszeiten (z.b. zu besonderen Anlässen oder für bestimmte Zielgruppen) könnten den Besucherinteressen ebenfalls entgegenkommen. Eine Änderung der Öffnungszeiten sollte probeweise und kontrolliert und von der Öffentlichkeitsarbeit stark unterstützt über längere Zeit durchgeführt werden, um Aufschluss zu erlangen, ob sie wirklich sinnvoll ist. Eine Verkürzung von Öffnungszeiten führt in der Regel zu einem Besucherrückgang (Klein 1984).

Die Museumsangebote sollten von Besuchern möglichst problemlos in Anspruch genommen werden können. Neben einer günstigen Verkehrsanbindung tragen Hinweisschilder und Wegweiser im Stadtbild dazu bei. Darüber hinaus trägt die Schaffung eines einladenden Ambientes im öffentlichen Raum vor dem Museum dazu bei, Schwellenängste abzubauen (Müller-Hagedorn 1993: 125). Das Museumspublikum erwirbt die Eintrittskarte in der Regel unmittelbar vor dem Besuch im Haus selbst. Neben der Möglichkeit der (telefonischen) Reservierung oder Anmeldung und Vorbestellung von Tickets kann der Verkauf zusätzlich durch Einschaltung von Absatzmittlern (Agenturen, Vorverkaufsstellen, Verkehrsvereinen, Reiseveranstalter) angeboten werden. Für Ausstellungen von internationalem Rang wird dies (z.B. von der Kunsthalle Tübingen) bereits praktiziert. Für weniger herausragende Ereignisse und die Dauerausstellung ist es nur eingeschränkt sinnvoll, kann aber beim Vorverkauf für Sonderveranstaltungen (Konzerte, Filme, Museumsfest) und im Rahmen von Tourismusangeboten durchaus nützlich sein (Klein 1995: 18).

2.4   Praxisbeispiel: Das Robert Musil-Literaturmuseum in Klagenfurt:
Eine Stärken-/Schwächenanalyse

Vorbemerkung   .

Im WS 1999/2000 sowie 2000/2001 ist das Lehr- und Forschungsprojekt „Stär-
ken-/Schwächenanalyse des Robert Musil-Literaturmuseums" am Institut für
Germanistik der Universität Klagenfurt durchgeführt worden. Dieses Projekt
stand im Zentrum meiner als Kompaktseminar durchgeführten Lehrveranstal-
tungen zum Museumsmanagement. Die bereits dargestellten theoretischen Ü-
berlegungen sowie im Folgenden referierten empirischen Befunde waren
Grundlage der Stärken-/Schwächenanalyse sowie des Ideenpools und Maßnah-
menkatalogs, die die Studierenden gemeinsam mit mir konzeptualisiert haben.

2.4.1   Literaturmuseen: Zwischen Authentizität und Inszenierung

Literaturmuseen sind eine spezielle Art von Ausstellung, sozusagen exemplari-
sche Orte individueller Begegnung. Literatur ist eine sehr persönliche, beinahe
intime Interaktion zwischen Text und Leser. Literaturmuseen sind daher, obwohl sie natürlich in und mit der Öffentlichkeit arbeiten, das Gegenteil schreie-
rischer „Events". Sie ermöglichen etwas, das sehr selten und kostbar geworden
ist: Stille, Einkehr, Besinnung, Intensität, Reflexion auf sprachkünstlerischem
Niveau. Gleichwohl: Öffentlichkeit ist das zentrale Element eines jeden Museums. Mit Ausstellungen sollen möglichst viele Menschen erreicht werden. Ein
Museum ist per se ein öffentlicher Ort.
    Eine gute Literaturausstellung muss von daher mehrdimensional angelegt
sein. Sie muss, mit den Worten Thomas Manns, „die Wenigen und die Vielen",
den stillen Leser und den mehr extrovertierten Touristen erreichen. Dafür sollten
Gestaltung und Literaturwissenschaft Hand in Hand arbeiten.
    Eine Literaturausstellung soll Literatur anschaulich machen. Deshalb wird
sie die haptische Schauseite der Literatur zu zeigen versuchen, also beispielsweise das Manuskript, die handschriftlichen Korrekturen, Verlagsprospekte,
Anzeigen zum Erscheinen des Buches, den Umschlagentwurf, die Erstausgabe
etc.
    Die Mehrzahl der Einrichtungen klagt in den letzten Jahren über rückläufige
Besucherzahlen. Das liegt bei manchen daran, dass die Namen der dort ausgestellten Autoren der Allgemeinheit nicht so geläufig sind oder es handelt sich

um Orte, die abseits touristischer Hochburgen liegen. Um ein größeres Publikum zu erreichen, sind viele Stätten des literarischen Erbes außerdem dazu übergegangen, nicht allein museal tätig zu sein, sondern sie bieten wie das Robert Musil Literatur-Museum in Klagenfurt, ein vielfältiges (auch zeitgenössisches) literarisches Programm an.

Für die Akzeptanz und das Fortbestehen vor allem der vielen kleinen Einrichtungen wird es darauf ankommen, zwischen den Polen „Anbiederung" und „Ignoranz" das richtige Verhältnis zu dieser Entwicklung zu finden.

Im besten Fall haben wir die Möglichkeit, Literatur an den authentischen Orten ihrer Entstehung zu zeigen. Aber nicht immer handelt es sich um Geburts-, Sterbehäuser oder weitere Wohnorte der vorgestellten Autorinnen oder Autoren, was dem Besucher das Gefühl vermittelt, er wandele auf des Autors Spuren. Was soll und kann über das Biographische hinaus mitgeteilt werden? Und wie vermeidet man die ermüdenden Darstellungen, in denen die Besucher gesenkten Kopfes von Vitrine zu Vitrine wandeln und am Ende denken, das alles hätten sie lieber zu Hause in einem Buch lesen sollen?

Eine Literaturausstellung darf – so ist zu folgern – alles sein, nur nicht langweilig. Jede Präsentation literarischer Stücke ist auch eine Art von Inszenierung, und jede Vitrine ist eine kleine (oder große) Bühne, auf der etwas stattfindet. Aber die Inszenierungen um ihrer selbst willen scheint mir fragwürdig. Auch die fast immer höchst professionell gemachten Schaufenster-Inszenierungen großer Kaufhäuser sollen ja nicht bloß ihren Reiz ausüben, sondern uns, die Passanten, zum Kauf animieren.

2.4.2   Robert Musil-Literaturmuseum: Ein Portrait

Zur Person Robert Musils
Robert Musil, österreichischer Schriftsteller, wurde in Klagenfurt am 6.11.1880 geboren und starb in Genf am 15.4.1942. Er gilt als einer der Schöpfer des modernen Romans. Seine Werke: 1906 erschien Musils erster Roman: Die Verwirrung des Zöglings Törleß; es folgten Dramen, Essays, Novellen, Theaterkritiken und umfangreiche Tagebücher; sein Hauptwerk: der unvollendete Roman „Der Mann ohne Eigenschaften".

Robert Musil, zu Lebzeiten kaum beachtet, wurde Ende der 50er, Anfang der 60er Jahre als vergessener Exilautor wiederentdeckt (Renaissancezeit für Musil als Autor). Er erlangte, durch die Neuausgabe seiner Werke, Weltruhm und wurde nun seinem hohen literarischen Rang entsprechend gewürdigt.

Geschichte des Hauses

Die ersten Monate seines Lebens verbrachte Robert Musil in dem 1867 errichteten Haus in Klagenfurt. Robert Musils Geburtshaus war zur Zeit seiner Wiederentdeckung in Privatbesitz. In den 70er Jahren gelang Prof. Dinklage ein kulturpolitischer Sieg: Das Robert Musil-Geburtshaus wird unter Denkmalschutz gestellt, es kommt zu einer Vereinsbildung. Das Geburtshaus Musils wird zu einem symbolischen Kaufpreis von diesem Verein erworben. Der persönliche Nachlass Robert Musils ist das Kernstück des Museums. Von Italien wurden seine persönlichen Papiere und Fotos nach Klagenfurt gebracht. Seit damals finden im Geburtshaus regelmäßig Ausstellungen statt. Man versucht, die Lebensreise mit Originalobjekten, Dokumenten, Fotos und Erstausgaben nachzuzeichnen. Der schriftliche Nachlass liegt in der Nationalbibliothek in Wien. In den 90er Jahren gerät der Verein in einen finanziellen Engpass, das Haus wird in den Besitz der Stadt Klagenfurt übernommen und 1996/1997 zu einem modernen Zentrum für Literatur aufgebaut, einem Haus der Literatur. Im Geburtshaus Robert Musils befinden sich:

• das Literaturmuseum,

• das Robert Musil-Institut für Forschungsarbeiten,

• das Literatur-Archiv,

• die Öffentliche Bibliothek,

• ein Veranstaltungsbereich,

• der Ingeborg Bachmann-Wettbewerb wird hier jährlich durchgeführt,

• ein unabhängiger Verein, eine Interessengemeinschaft für Autoren des Landes Kärnten, eine Art Gewerkschaft, die sich für die Rechte der Literaten einsetzt und

• Wohnungen.

Literaturmuseum

Das Personal besteht aus zwei Mitarbeiter(innen). Eine(r) ist für die Gästebetreuung, Kasse sowie für die Aufsicht zuständig, der(die) andere übernimmt die restlichen Aufgaben. Die Anzahl der Besucher/innen des Museums betrug in den Jahren 1999/2000 jeweils ca. 2000 Personen. Die Besucherkurve steigt von Mai bis Mitte September. Es werden auch Führungen für Schulklassen durchgeführt, in erster Linie AHS, BHS und 3./4. Klasse Hauptschule. Führungen sind nach Vereinbarung möglich und im Eintrittspreis inkludiert. Die durchschnittliche Verweildauer beträgt eine Stunde.

Dauerausstellungen

- Einblick in den Lebenslauf Musils.

- Aus dem persönlichen Nachlass Christine Lavants ist ihr Wohn- und Arbeitszimmer nachgebaut worden.

- Die frühen Lebensjahre der Ingeborg Bachmann und ihr Bezug zu Klagenfurt sind dokumentarisch erfasst.

Sonderausstellungen
Wechselausstellungen, die zumeist interdisziplinär, wie z.B. painted poems: ein Künstler veranschaulicht und interpretiert einen Text durch seine Malerei, inszeniert werden. Das inhaltliche Konzept der Dauerausstellungen stammt von Heimo Strempfl, das Ausstellungsdesign wurde vom Architekt Franz Freytag entworfen. Die Möglichkeit zum Einsatz verschiedener Medien ist gegeben (Videoraum).

Robert Musil-Institut für Forschungsarbeiten
Es entstand unter der Leitung von Prof. Amann, Institut für Germanistik der Universität Klagenfurt. Die zentralen Aufgaben des Instituts sind: Editorische Grundlagenarbeit; Entwicklung von textkritischen Erschließungsprogrammen und Editionsmodellen; Weiterführung der Arbeiten, die im Zusammenhang mit der CD-ROM-Nachlassedition Robert Musils begonnen wurden; Ausdehnung dieser Arbeiten auf andere Autoren; wissenschaftliche Dokumentation und Erforschung der Grundlagen und Zusammenhänge des literarischen Lebens im Länderdreieck Kärnten, Slowenien, Friaul; Erwerb, Katalogisierung und wissenschaftliche Bearbeitung von Materialien zur Literaturgeschichte dieser Region, insbesondere von Nachlässen Kärntner Autoren und Autorinnen beider Landessprachen. Die persönlichen Schwerpunktsetzungen der Mitarbeiter/innen ergänzen und erweitern die Forschungsaufgaben des Instituts, die auch der Gefahr einer zu intensiven Konzentration auf das Regionale entgegenarbeiten. Es sind dies vor allem Arbeiten in den Bereichen der Theorie des literarischen Bildes,

des Verhältnisses von Film und Literatur, Arbeiten mit literatursoziologischen Fragestellungen wie z.b. der Rezeptionsgeschichte oder der Geschichte literarischer Institutionen. Insgesamt ist über die Institutsaufgaben hinaus eine Konzentration auf österreichische Literatur des 19. und 20. Jahrhunderts erkennbar, ein Interesse, das sich nicht zuletzt in der ausgedehnten Herausgeberschaft der Institutsmitglieder niederschlägt.

Literatur-Archiv
Ein Archiv für Kärntner Literaten bzw. Literaten mit Kärnten-Bezug. Der Aufbau dieses Kärntner Literatur-Archivs, zum Beispiel zur Übernahme wertvoller Manuskripte, wurde durch den Umbau des Hauses ermöglicht. Der Nachlass der Autorin Christine Lavant zählt zum Grundstock des Archivs, in dem sich auch Werke von Autoren wie Gert Jonke oder Josef Winkler befinden. Der Gründungsauflage entsprechend gibt es keine sprachlichen Einschränkungen. Im Literatur-Archiv sind auch Werke Kärtner Slowenen oder friulanischer Autoren in ihrer Heimatsprache vorhanden.

Öffentliche Bibliothek
Der Schwerpunkt der Bibliothek liegt bei Kärntner Literaten, aber auch Werke nicht gebürtiger Kärntner, wie z.B. H.C. Artmann oder Thomas Bernhard, also Literaten mit Kärnten-Bezug, stehen zur Verfügung. Während der Öffnungszeiten kann hier gearbeitet werden, die Bücher sind jedoch nicht auszuleihen. Es besteht eine Direktverbindung zur Universität Klagenfurt, ein Einsteigen in den Universitätskatalog ist möglich (Präsenzbibliothek). Die Bibliothek wird von Universitätsmitgliedern mitbetreut (Sommerpause von Juli bis Mitte September).

Veranstaltungsbereich
Ziel der Veranstaltungen ist es, die „Lust" auf Literatur zu wecken. Dementsprechend wird ein breit gefächertes Angebot von klassischen bis hin zu experimentellen Literatur-Bereichen präsentiert. Die Veranstaltungen werden entweder vom Haus, von der Stadt oder auch von anderen Literaturvereinen organisiert. Diese Veranstaltungen sind für die Besucher kostenlos. Das Publikum ist aufgrund der weiten Palette des Literaturangebots breit gefächert. Durch die Eintragungen in ein Adressbuch, das im Haus ausgelegt ist, hat sich

eine Art Stammpublikum (ca. 500 Personen, Region Klagenfurt und Umgebung) herauskristallisiert. Die im Aufbau befindliche Besucher-Datenbank ermöglicht eine Verständigung über die Aktivitäten des Hauses.

Der Ingeborg Bachmann-Wettbewerb

Dieser Wettbewerb ist das Aushängeschild des Robert Musil Literaturmuseums. Er wird von der Stadt Klagenfurt und dem ORF in Eigenregie durchgeführt. Organisiert wird der Ingeborg Bachmann-Wettbewerb vom Robert Musil Literaturmuseum und findet im ORF-Theater in Klagenfurt statt. Vorausgehend zu diesem Wettbewerb wird im Geburtshaus Musils auch „Translatio", der österreichische Staatspreis für literarische Übersetzer, überreicht. In diesem Rahmen findet ein interdisziplinärer Literatur-Kurs statt. Hier wird jungen Autoren die Möglichkeit geboten, sich mit qualifizierten Autoren (als Tutoren) auseinander zu setzen. Sponsor des Ingeborg Bachmann-Wettbewerbs ist z.Zt. Telekom-Austria.

Gastronomie

Es gibt ein Büfett, welches nach Bedarf aktivierbar ist. Bei Veranstaltungen wird mit konzessionierten Betrieben gearbeitet. Gelegentlich werden Bons ausgegeben, die im gegenüberliegenden Café eingelöst werden können.

Merchandising

Zum Verkauf werden Postkarten von Autoren, Plakate vom Haus und Biographien verschiedener Autoren angeboten.

Vermarktung

Das Museum ist in die Kärnten-Card eingebunden. Veranstaltungen werden im ‚Aviso' der „Kleinen Zeitung" veröffentlicht, und das Museum ist mit aktuellen Themen und Diskussionen präsent im Internet unter: www.musilmuseum.at (die Web-site wird von der Firma connex gestaltet, die auch für die Web-site der Stadt Klagenfurt zuständig ist). Die Veranstaltungen des Robert Musil Literaturmuseums werden auch auf der Homepage der Universität Klagenfurt angekündigt. Des weiteren liegen Folder mit entsprechenden Informationen über Dauerausstellungen, Sonderausstellungen und spezielle Veranstaltungen vor.

Finanzierung
Bund, Land und Stadt tragen zur Finanzierung des Hauses bei. Der Bund zahlt die Gehälter der Wissenschaftler, das Land unterstützt das Museum mit Sachsubventionen, wie z.b. Bücher für die hauseigene Bibliothek, die Stadt kommt als Eigentümer für die Umbauten am Haus auf und führt über die Kulturabteilung das Museum. Die finanziellen Mittel, die aus dem Kulturbudget der Stadt zur Verfügung stehen, werden politisch verhandelt.

Ziele
Das „verstaubte Image" des Museums soll verändert, Zugänge zur Literatur sollen geschaffen, Anregungen zum Lesen gegeben, die „Lust auf Kunst" soll erweckt und kulturelles Wissen vermittelt werden. Das Haus soll als Kultur-Denkmal und nicht als „Grabmal" dienen. Eine breite Öffentlichkeit soll angeregt werden, die Angebote des Museums zu nutzen.

Standort
Das Robert Musil Literaturmuseum liegt in der Landeshauptstadt Klagenfurt.

Öffnungszeiten
Das Museum ist ganzjährig geöffnet. Montag bis Freitag 9-17 Uhr, Samstag 10-14 Uhr, sonn- und feiertags geschlossen.

Anreise
Das Museum liegt direkt gegenüber dem Hauptbahnhof in Klagenfurt. Eine Gehminute reicht, um etliche Bahn- wie auch Buslinien zu erreichen.

Eintrittspreis
40,00 Schilling. Ermäßigung für Schüler und Studenten sowie Senioren ab dem 60. Lebensjahr auf 20,00 Schilling.

2.4.3 Ergebnisse der Besucher/innen-Befragung

In dem Zeitraum vom 1.11.1999 bis zum 1.12.2000 ist die Besucher/inner-Befragung am Robert Musil-Literaturmuseum durchgeführt worden. Die Aufgabe der Museumsmitarbeiter/innen bestand darin, die Besucher/innen über den Zweck der Befragung zu informieren und sie anschließend zu bitten, die Fragebögen auszufüllen. Insgesamt sind 200 ausgefüllte Fragebogen retourniert worden, dies entspricht einer Gesamtrücklaufquote von ca. 10 Prozent. Im Folgenden sollen – exemplarisch – die für eine Stärken-/Schwächenanalyse relevanten Ergebnisse der Befragung dargestellt werden: Das Gesamtdurchschnittsalter der Besucher/innen beträgt 33 Jahre. Die meisten von ihnen stammen aus Klagenfurt bzw. der näheren Umgebung. Von den ausländischen Besucher/innen (10 Prozent) kommen über 90 Prozent aus Deutschland. Nahezu 80 Prozent aller Besucher/innen besuchen das Robert Musil-Literaturmuseum zum ersten Mal, immerhin 10 Prozent bereits zum dritten Mal. Was die Bewertung des Museums betrifft, so ist die Gesamtbewertung mit einem Durchschnittswert von 1,7 als sehr positiv einzustufen. Die Besucher/innen sind mit der Freundlichkeit und Kompetenz der Museumsmitarbeiter/innen zufrieden. Schlecht beurteilt werden die Parkmöglichkeiten, die Präsenz des Museums in den Medien sowie die Öffentlichkeitsarbeit.

Bezüglich des Merchandising ist festzuhalten, dass die überwiegende Mehrheit der Besucher/innen (90 Prozent) Interesse an Souvenirs hat, wobei die Souvenirwünsche insbesondere Bücher, Postkarten, Kataloge, Aufkleber, CDs und Plakate betreffen.

2.4.4 Ergebnisse der Straßenbefragung potentieller Besucher/innen des Robert Musil-Literaturmuseums

Insgesamt sind 55 Personen interviewt worden:

- 20 Befragte wissen nicht, dass es in Klagenfurt ein Robert Musil Literaturmuseum gibt und haben es folglich auch noch nicht besucht. Davon leben 9 in Klagenfurt. *A*

- 29 Befragte sind über die Existenz des Museums informiert, waren allerdings noch nicht dort. Davon leben 16 in Klagenfurt. *B*

- 6 Befragte wissen, dass es dieses Museum gibt und haben es bereits besucht. Davon leben 3 in Klagenfurt. *C*

Gruppe *A*:
9 Personen würde ein eigenes Musilcafe motivieren, das Museum zu besuchen. Für 8 Befragte wäre eine „Robert Musil interaktive Erlebniswelt" interessant. 7 Personen haben Interesse an Sonderausstellungen jedweder Art. 10 der befragten Personen interessieren sich nicht für das Thema Literatur, 6 Befragte schreckt das Literaturmuseum ab. Weitere 4 Personen sind mit den Öffnungszeiten nicht einverstanden und interessieren sich grundsätzlich nicht für Museeen.

Gruppe *B*:
Gründe, das Musil-Museum zu besuchen, sind in dieser Gruppe vor allem Sonderausstellungen, ein eigenes Cafe, einfache Museumsbesuche, eine interaktive Erlebniswelt und eine Videoshow. Von 8 Befragten sind die Öffnungszeiten als Grund für einen Nicht-Besuch genannt worden. Die Preise schrecken nur wenige ab, ebenso Entfernung oder Parkplatzprobleme.

Gruppe *C*:
Ein Musilcafe, Führungen, die interaktive Erlebniswelt sowie eine Videoshow wären ein Anreiz für einen nochmaligen Besuch des Museums. Was stellen Sie sich unter dem Robert Musil Literaturmuseum vor? (Reihenfolge nach Zahl der Nennungen): 11x Schriftsteller, 8x keine Ahnung, 3x Literatur, 2x Büchermuseum, 2x viele Bücher, 2x Bilder, 2x breite Palette an Literatur und Biographien, sowie – jeweils 1x genannt – Bahnhof, Lebensraum, Reptilien, Musiker, Musilcafe, Menschen .

Evaluation des Veranstaltungsprogramms des Robert Musil-Literaturhauses

Vom 22.10.1999 bis zum 22.12.1999 wurde ein Fragebogen zur Evaluation des Veranstaltungsprogramms des Literaturhauses eingesetzt. 75 Fragebögen wurden von den Besuchern während dieses Zeitraums ausgefüllt und in die zur Verfügung gestellte Sammelbox eingeworfen. Die wichtigsten Ergebnisse:

- Der überwiegende Teil der Besucher ist weiblich.

- Größter Anteil des Publikums fällt in die Altersklasse von 40 bis 59 Jahre, die Altersverteilung ist bei beiden Geschlechtern ähnlich.

- Die Mehrheit der Befragten besucht die angebotenen Veranstaltungen gelegentlich. Der überwiegende Teil der Besucher/innen hat durch Einladung von der Veranstaltung Kenntnis erhalten.

- Das besondere Interesse der Besucher/innen gilt der „zeitgenössischen Literatur" (43 Prozent), gefolgt von „aktuellen Diskussionen" (18 Prozent) und „Kärntner Literatur" (17 Prozent). 13 Prozent der Befragten bevorzugen „experimentelle Literatur".

- Als Hauptmotiv für den Besuch der Veranstaltungen konnte das Interesse für den Autor und Interesse an Literatur herausgefiltert werden.

- Der überwiegende Anteil der Schwerpunkte „Kompetenz des Veranstalters (Auswahl der Inhalte) und die Rahmenbedingungen (Ambiente)" einerseits sowie „Ausstrahlung des Künstlers bzw. Vermittlung der Inhalte durch diesen" andererseits wird mit „sehr gut" bzw. „gut" beurteilt.

- 63 Prozent der Befragten wünschen monatlich ein Veranstaltungsprogramm.

- Nahezu die Hälfte (49 Prozent) der Teilnehmer/innen ist daran interessiert in Verbindung mit der Veranstaltung das Museum zu besuchen.

- Fast zwei Drittel (72 Prozent) der Befragten sind bereit, für die Veranstaltungen Eintritt zu bezahlen.

- Alle befragten Besucher/innen wollen das Robert Musil-Literaturhaus auch in Zukunft besuchen.

2.4.5   Stärken-/Schwächenanalyse des Robert Musil-Literaturmuseums

Stärken

- Freundlichkeit und Kompetenz des Personals

- Homepage (Internet)

- Preispolitik

- Kärnten Card

- Öffentliche Verkehrsmittel (Erreichbarkeit, gute Verbindung)

- Jährlich 200.000 ÖS Jahresbudget der Stadt (exkl. Personal)

Schwächen

- Parkplatzprobleme

- Öffnungszeiten

- Kommunikationspolitik (Öffentlichkeitsarbeit, Werbung, inhaltliche Positionierung)

- Finanzierungspolitik (Fund-Raising, Sponsoring, Merchandising)

- Trennung von Institut und Museum

- Präsentation der Ausstellungsobjekte

- Das fehlende Cafe

- Fehlender internationaler Bezug (Mehrsprachigkeit, Kooperation)

Das Robert Musil-Institut

Stärken

- Ausstrahlung und Kompetenz der Literaten

- Inhalte der Veranstaltungen zeitgenössischer Literatur

- Ambiente

- Datenbank (Kundenkartei)

- Betreuung des Stammpublikums

Schwächen

- Keine Eintrittspreise

- Keine regelmäßige (monatliche) Programmvorschau

- Trennung von Institut und Museum

- Fehlende Werbung für Jugendliche

- Fehlendes Kommunikationszentrum

- Überbeanspruchung des Personals

2.4.6 Ideenpool für das Robert Musil-Literaturmuseum

- Neuer Name: Robert Musil-Literaturzentrum

- Mehr Farbe in den Räumen. Durch Beleuchtung könnten Farbeffekte erzielt werden und als Untermalung des Besuchs: klassische Musik

- Logische Anordnung der Exponate. Nützlich wären Brechtsche Tafeln, die Informationen über die Literatur aufbereiten

- Die Schaukästen sollten fürs Auge ansprechend wirken

- Über Kopfhörer könnte man die Originalstimmen der Autoren sprechen lassen; Nutzung der Tonbandaufnahmen der Schriftsteller. Des weiteren könnten über Kopfhörer Informationen zu den Exponaten vermittelt werden

- Basisinformationen fehlen vollkommen. Man muss schon mit Vorwissen in die Ausstellung kommen. Durchaus passend wäre eine kurze Einführung in z.B. „Was ist Lyrik?"

- Zusammenarbeit mit dem Institut für Publizistik und Medienkommunikation der Universität Klagenfurt bezüglich medialer Präsentation

- Attraktivierung der Fassade des Museums; Projektion von Bildern aus dem Museum im Zuge der Umgestaltung des Bahnhofs

- Einrichtung eines Cafes (z.B. Rekrutierung eines Pächters beim Musil Cafe am Eck)

- Veränderung der Öffnungszeiten (z.B. Ausweitung auf Abendstunden und Sonntags durch das Engagement ehrenamtlicher Mitarbeiter/innen)

- Verbindung von Museums- und Veranstaltungsbereich

- Ausdifferenzierung der Produktpalette im Merchandising

- Erfahrungsaustausch und Kooperation mit Kärntner Museen

- Plakatwerbung

- Tag der offenen Tür

- Kulturtouristische Inwertsetzung des Museums

- Bessere Nutzung des Raumes der Bachmann-Ausstellung durch Positionierung der Vitrinen in der Mitte des Raumes

- Viele Werke von Bachmann sind verfilmt worden. Deshalb Präsentation von Filmplakaten sowie Einrichtung einer Ingeborg Bachmann-Videothek

- Tonträger (z.b. Interviews, Hörspiele) der ausgestellten Autoren sammeln und für die Öffentlichkeit zugänglich machen

- Entfernung des Christine Lavant Schlafzimmers, das ohnehin nicht zur Ausstellung passt

- Gemütliche Gestaltung der Bibliothek durch Schaffung von „Leseecken"

Robert Musil-Institut (Veranstaltungen)

- Eintrittspreise (z.b.: 100 ÖS mit der Option des Besuchs des Museums)

- Stärkere Ansprache von Schülern und Jugendlichen

- Auswertung der Datenbank zwecks Information weiterer Besucher/innen (Folder, Broschüren)

- Veranstaltungsangebot auch in den Sommermonaten

- Intensivierung der Öffentlichkeitsarbeit

- Plakatwerbung

- Kooperation mit Volkshochschulen (Erwachsenenbildung/Literatur)

Übungsaufgabe 5

Die Besucherforschung stellt die wesentliche Grundlage des besucherorientierten Marketing dar. Erstellen Sie – für ein Museum Ihrer Wahl – einen Besucher(innen)Fragebogen und führen Sie eine Besucher(innen)Befragung durch. Versuchen Sie – auf der Basis der erhobenen Daten – eine Stärken-/Schwächenanalyse (in Anlehnung an das Beispiel des Robert Musil-Museums).

3   Kulturtourismus

Dass der Kulturtourismus ein wesentliches und ausbaufähiges Praxisfeld des Kulturmanagement darstellt, ist unbestritten. Im Folgenden soll zunächst das theoretische und marketingstrategische Konzept zum (regionalen) Kulturtourismus vorgestellt werden. Daran anschließend erfolgt die Darstellung einer Fallstudie zum Kulturtourismus in der Regio Aachen, in der die zuvor entwickelten Überlegungen für diese Regio operationalisiert werden.

3.1   Definition von Kulturtourismus

Eine umfassende Definition des Kulturtourismus hat sich an den Bedingungen zu orientieren, die durch die breite Beteiligung aller Schichten der Bevölkerung am modernen Tourismus entstanden sind, und die Ziele zu berücksichtigen, die sich dem Kulturtourismus sowohl als völkerverbindendes als auch wirtschaftliches Element stellen. Als Kriterien einer Definition könnten sich daher als nützlich erweisen (Eder 1993: 165): Ein Kulturbegriff, in dem neben den Objekten und Veranstaltungen auf hoher künstlerischer oder historisch bedeutsamer Ebene mit gleicher Aufmerksamkeit und Intensität auch das Gebiet der Alltagskultur Beachtung findet. Dieser Kulturbegriff geht über die kulturellen Institutionen wie z.B. Museen, Theater, Oper oder Konzerte hinaus. Er umfasst gleichermaßen die

> „gebaute Kulturwelt mit z.B. Kirchen, Schlössern und modernen Architekturbauten, Traditionen und Bräuchen sowie präsente Alltagskultur, wie z.B. Altstadtprojekte, Weihnachtsmärkte, Stadtfestivals und -jubiläen, die atmosphärische, urbane Wirkung mit Stadtteilmilieus" (Wolber 1997: 54).

Die Erhaltung und der Schutz von Denkmälern als zuverlässige Dokumente und die Wiederbelebung und Pflege des regionalen Brauchtums in einer traditionsgerechten Form als inhaltlich authentische und materiell dauerhafte Basis eines Kulturtourismus. Kulturtourismus darf keine aus Vergangenheit und realer Gegenwart ausgesonderte Touristen-Kultur hervorbringen, keine Disneyland-Welten schaffen und vor allem nicht zum Verschleiß des „kulturellen Erbes" führen (Eder 1993: 165). Die Chance zur Hebung der Einkünfte aus dem Tourismus als Anreiz für die touristische Erschließung von Orten, Regionen und Ländern unter Betonung ihrer kulturellen Eigenart und Leistung. Ohne die aktive Mitwirkung der Regionen und die Förderung einer regionalen Identität der Träger dieser Kultur ist Kulturtourismus kaum zu entwickeln. Der Kulturtourismus definiert sich nach diesen Vorgaben demnach als die

„schonende Nutzung kulturhistorischer Elemente und Relikte und die sachgerechte Pflege traditioneller regionsspezifischer Wohn- und Lebensformen zur Hebung des Fremdenverkehrs in der jeweiligen Region; dies mit dem Ziel, das Verständnis für die Eigenart und den Eigenwert einer Region in dem weiten Rahmen einer europäischen Kultureinheit zu erweitern und zu vertiefen und zwar durch eine verstärkte Kommunikation zwischen den Bewohnern des europäischen Kontinents und durch eine sachlich richtige, vergleichende und diskursive Information über die Zeugnisse aus Vergangenheit und Gegenwart am Ort" (ebd.: 165/166).

Diese Definition beschreibt die klassische Form des Kulturtourismus, der mit dem Begriff *Authentizität* charakterisiert werden kann. Als Gegenpol bzw. Erweiterung zu diesem authentischen Kulturtourismus ist der sog. *Erlebnis-* bzw. *Eventtourismus* zu verstehen.

3.2 Erlebnisorientierter Kulturtourismus

Der Begriff „Erlebnis"[4] ist seit einigen Jahren zum Dreh- und Angelpunkt kulturtouristischer Werbeangebote geworden.[5] Es verdient ein kurzes Nachdenken, was eigentlich versprochen wird, wenn „Kulturerlebnisse" verkauft werden.

Zunächst gilt es, den ganz alltäglichen Bedeutungsumfang des Wortes „Erlebnis" zu erfassen: „Erlebnis" ist begrifflich zwischen den Polen „Sensation" und „Erfahrung" einzuordnen; es definiert sich nicht am äußeren Anlass wie die „Sensation" (= das unerhörte, einmalige Ereignis), sondern an den Gefühlen, die etwas Äußeres im Individuum hervorrufen. Diese Gefühle sind weniger dramatisch als sie sich mit dem Wort „Sensation" assoziieren, haben jedoch bleibenden Erinnerungswert, sind von hervorgehobener Bedeutung.

In Abgrenzung zu „Erfahrung" hat das „Erlebnis" eine stärkere Bindung an den äußeren Anlass des Erlebens als die „Erfahrung". „Erfahrungen" hingegen sind auch ohne herausragende, objektiv nachvollziehbare Anlässe in der Umwelt möglich.

Auf kulturtouristische Angebot bezogen bedeutet dies: Wer Erlebnisurlaub verspricht, verspricht Anlässe zu Gefühlen besonderer positiver Bedeutung mit bleibendem Erinnerungswert. Erlebnis als zentraler Begriff in Kultur und Tourismus speist sich aus (zumindest) zwei theoretischen Quellen, deren Herkunft nicht immer bewusst ist, „Erlebnisangebote" jedoch strukturieren: Die inzwi-

---

4   Dieser Abschnitt ist gemeinsam von Th. Heinze und U. Krambrock verfasst worden.

5   Für B. Rothärmel (Stella AG) lösen erfolgreich positionierte Marken, die das „besondere Erlebnis" garantieren, nach wie vor relativ unabhängig vom Freizeitbudget Nachfrage aus (Rothärmel 1998).

schen allgemein rezipierte Studie von Gerhard Schulze „Die Erlebnisgesell-schaft" (1992) sowie kulturpädagogisch orientierte Ansätze der „Erlebnispäda-gogik". Schulze erklärt hier „das gute Erlebnis" zur vorrangigen Lebensorientie-rung der (damaligen 1985) bundesrepublikanischen Wirklichkeit, die die frühere Orientierung am bloßen Überleben abgelöst habe. In der „Erlebnisgesellschaft" ist das erlebnisorientierte Denken zur Lebensphilosophie von jedermann gewor-den:

> „Das Leben soll interessant, faszinierend und aufregend sein oder vielleicht auch friedvoll, erheiternd, kontemplativ, aber auf keinen Fall ereignislos, arm an Höhe-punkten, langweilig" (Schulze 1994: 28).

Dass diese erlebnisorientierte Denkweise eine strategische Bedeutung für den (regionalen) Kulturtourismus hat, ist evident. In der Erlebnisgesellschaft be-zeichnet Erlebnismarkt das „Zusammentreffen" von Erlebnisangebot und Erleb-nisnachfrage (d.h. die Nachfrage nach alltagsästhetischem, auf das „Schöne" ausgerichteten, Konsum). Grundlage dieses Konsumverhaltens ist ein „innenori-entiertes", subjektives Handeln. „Innenorientiertes" Handeln meint die Absicht, ein Produkt nicht aufgrund eines „objektiven Gebrauchsnutzens" sondern in Er-wartung eines „subjektiven Erlebnisnutzens" zu kaufen. So erwirbt z.b. ein Inli-neskater Rollerblades nicht in Verbindung mit einem schnelleren Fortkommen, sondern „innenorientiert", weil er damit Sportlichkeit, „In-Sein" etc. assoziiert. Dies bedeutet – verallgemeinernd – den Trend zu einer neuen Marktorientie-rung, die sich auf „erlebnisrationales Handeln" bezieht (Schulze 1992: 415).

> „Beim erlebnisrationalen Konsum haben Waren und Dienstleistungen den Status ei-nes Mittels für innere Zwecke; man wählt sie aus, um sich selbst in bestimmte Zu-stände zu versetzen. Erlebnisrationalität ist Selbstmanipulation des Subjekts durch Si-tuationsmanagement. Die Absichten der Konsumenten richten sich auf psychophysi-sche Kategorien, etwa Ekstase, Entspannung, sich wohl fühlen, Gemütlichkeit, sich ausagieren" (Schulze 1994: 28).

Die Rationalität der Erlebnisnachfrage besteht darin, etwas zu erleben. Im Zen-trum des Handelns steht der Handelnde selbst. Wir versuchen, so Schulze (1992), unsere Aktionen so zu gestalten, dass sich ein „gewollter psychophysi-scher Prozess einstellt" (ebd.: 430) und erwarten auf Knopfdruck „interessante", „faszinierende" Erlebnisse (Gefühle). Bezüglich der Erwartung bestimmter Er-lebnisse können wir enttäuscht werden: Erst nachher wissen wir, ob das Erlebnis das gebracht hat, was wir uns vorgestellt haben. Den Erlebnisnachfragern steht somit harte Arbeit bevor. Welches Angebot sollen sie wählen, um ihre Erlebnis-ziele zu erreichen? Sie leben ständig in einer Unsicherheit, verbunden mit einem Enttäuschungsrisiko. Am Erlebnismarkt erhält man nämlich nur die Zutaten für das Erlebnis, nicht aber das Erlebnis selbst. Und vor allem lassen sich die Erlebnisse nicht in Dauerzustände verwandeln. Es entsteht somit für den Erlebnismarkt eine ständige Nachfrage. Die Erlebnissuchenden investieren Geld, Zeit und Aufmerksamkeit in den Erlebnismarkt.[6] Für Tourismusmarketing beinhaltet der Bezug auf das Modell des Erlebnismarktes die Maxime, nicht Tourismusprodukte, sondern Tourismuserlebnisse zu verkaufen. Damit avancieren auch kulturtouristische Reisen zu Erlebnisreisen und der Kulturtourismus zum Erlebnistourismus.

Dem Kultur-Erlebnis-Ansatz von Schulze ist inhärent, dass er die Vertreter der verschiedenen Milieus im wesentlichen als Konsumenten und Betrachter kultureller Angebote wahrnimmt und klassifiziert. Anders ist dies in den kulturpädagogisch orientierten Ansätzen der „Erlebnispädagogik": Die Erlebnispädagogik will Kindern, Jugendlichen und Erwachsenen „Erlebnisse" verschaffen, die aus der Eigentätigkeit heraus entstehen. Die Erlebnispädagogik beruft sich hierbei als später Abkömmling auf die reformpädagogischen Ansätze der 20er Jahre. Erlebnispädagogische Angebote können sportlich orientiert sein, Naturerleben provozieren, Erfahrungen mit z.B. mittelalterlichen Lebensweisen ermöglichen oder auch kulturelles Schaffen erfahrbar und erfassbar machen. Welchem Zielbereich das Erlebnisangebot auch gilt, Eigentätigkeit ist die bedingende Basis des gewünschten Erlebnisses (Neukam 1997).

Der neue Trend zum Kulturerlebnis äußert sich in dem zunehmenden Wunsch nach Individualität im Urlaub, in einem Drang nach etwas Einzigartigem. Die für unsere Gesellschaft konstitutive Öffnung sozialer Räume und Felder geht einher mit einer sozialen und wertebezogenen Pluralisierung und Individualisierung. Individualisierung und Pluralisierung sind das Fundament für die Ausbildung individueller Dispositionen und Mentalitäten.

Der Kontext von Pluralisierung und Individualisierung sind die sozialen Milieus, in denen sich die verhaltensrelevanten Deutungsmuster und Handlungsmuster herausbilden. D.h.: Die Art und Weise, wie „man" zu leben, zu denken, zu beurteilen und wahrzunehmen hat (Wöhler 1997a: 198). Die Ausdifferenzierung von Milieus prägt die einzelnen Lebensstile. Der Urlaubsort mit „seiner je spezifischen Lebensstilsemantik" verstärkt die soziale Distinktion und verifiziert die milieufixierten Lebensstile: „Wie man behandelt werden will, zu welchen Leuten man sich lieber gesellen will, wie man sich ‚designt' (von der Kleidung bis zur Sprechweise" (ebd.: 202). Marketingpolitisch relevant ist die Lebensstil-Segmentierung (Lebensstile als Überformungen des Lebensvollzugs) im Kontext touristischer Werbe- und Kommunikationsstrategien. Allerdings garantieren

---

6 Vgl. hierzu Th. Heinze: Kulturtourismusmarketing im Zeichen des Erlebnismarktes. In: Th. Heinze (Hg.) 1999b

selbst bis ins Detail erforschte Lebensstilgruppen als Zielgruppen touristischer Angebote nicht zwangsläufig Erfolg (siehe Österreich). „Urlauben oder Reisen kann eine stilisierte labile Sonderwelt sein, die heute hier oder morgen dort gesucht wird. Der „Lebensstilurlauber" will keinen bestimmten geographischen Ort, sondern einen Platz für die Inszenierung bzw. Praktizierung seines Lebensstils. Und diese Plätze hängen nicht vom geographischen Raum ab (ebd.: 207). Bei aller Unterschiedlichkeit können folgende Aspekte der erlebnistouristischen Ansätze als gemeinsam angesehen werden.

• Der unkonventionelle Umgang mit kulturellen Inhalten.

• Die Verknüpfung sehr unterschiedlicher, bislang weitgehend unverbundener (alltags)-kultureller Sphären.

• Der Versuch, zielgruppenspezifische Angebote zu machen.

• Das Bemühen um Aktivierung und Selbsttätigkeit der Erlebniskonsumenten.

• Mögliche Gefahrenzonen erlebnistouristischer Ansätze sollen hier nicht verschwiegen werden:

• Eine Pädagogisierung von Urlaubsangeboten mit Hilfe didaktisch aufbereiteter Erlebnisangebote.

• Der Absturz in die bloße Animation, bei der Urlauber zu „Erlebniskonsumenten" werden.

• Das wahl- und niveaulose Bedienen von Sensationsbedürfnissen und Verstärken massenhysterischer Phänomene.

• Das Aufgreifen und Verstärken von Denk- und Verhaltensmustern einzelner Vertreter von Extremsportvarianten, deren Körper- und Naturbegeisterung z.T. extreme Ausmaße annimmt.

Ein Marketingkonzept für den Kulturtourismus muss die „Deutungs- bzw. Interpretationsregeln der Nachfrager kennen" (Wöhler 1997a: 13). Über den speziellen Typus der „Kulturtouristen" wissen wir im qualitativ-empirischen Sinne nichts Genaues. Es liegen zu wenig Erkenntnisse darüber vor, wie sich das Segment der „Kulturtouristen" eingrenzen lässt, welche Motivationen die Urlauber bewegen und welche Aktivitätsmuster sich vollziehen. Genaue Kenntnisse darüber sind die Voraussetzung für ein professionelles, strategisches und operatives Tourismusmarketing. Denn: lediglich ein „Produkt, das an Kundenwünschen orientiert ist und nachfragespezifischen Merkmalen Rechnung trägt, wird beim Nachfrager auf Interesse stoßen und Absatz finden" (Becker, Steinecke 1997: 161). *Unabdingbar sind demnach soziodemographische Daten über diese Zielgruppe sowie ihre besonderen Interessen und Neigungen.*

Die vorliegenden quantitativen Studien und Prognosen zum Kulturtourismus in Europa machen deutlich, dass es sich bei diesem Segment um einen stabilen Markt mit allerdings deutlichen Sättigungstendenzen handelt. So konstatieren Becker, Steinecke (1997), dass in Europa seit Mitte der 80er Jahre eine „erhebliche Erweiterung des kulturellen bzw. kulturtouristischen Angebots stattgefunden" hat. Da die kulturtouristische Nachfrage nicht gleichermaßen gestiegen ist, „besteht derzeit ein Überangebot: Der Markt ist gesättigt, er hat sich vom Verkäufer- zum Käufermarkt entwickelt" (Steinecke 1997b: 12). Für die Zukunft prognostiziert Steinecke eine Verschärfung der Wettbewerbssituation im Kulturtourismus. Dies führt er auf folgende Faktoren zurück:

- die steigenden Ansprüche der Kulturtouristen,

- das Auftreten neuer Wettbewerber im Kulturtourismus (Museen, Städte, Regionen),

- die Reglementierung des touristischen Zugangs zu Kultureinrichtungen (Belastungserscheinungen, Proteste der Bevölkerung),

- die Schaffung von Substitutionsprodukten (künstlerische Freizeit-, Erlebnis- und Konsumwelten).

- In Deutschland rangiert der „Kulturtourismus (im engeren Sinne) in der Beliebtheit von Reisearten an fünfter Stelle hinter dem Ausruhurlaub, dem Vergnügungsurlaub, dem Strandurlaub und dem Verwandten-/Bekannten-Besuch" (Becker/Steinecke 1997: 9).

Nach Untersuchungen des Irish Tourist Board (1988: 23) sind 34,5 Mio. Touristenankünfte in den Ländern der Europäischen Gemeinschaft dem Kulturtourismus zuzuordnen (23,5 % aller Ankünfte). Davon werden ca. 31 Mio. (90 %) als „General Cultural Tourists" eingestuft („Visiting cultural attractions as part of a general holiday"). Die restlichen 3,5 Mio. (10 %) gelten als „Specific Cultural Tourists" („Specific reason for the trip was visiting cultural attractions"). Speziell für die Kulturtouristen („Specific Cultural Tourists") wurde nachgewiesen, „dass für diese Zielgruppe neben der Kultur geistige Bereicherung, romantische Stimmung, unberührte Natur, Andersartigkeit der Menschen, Gesundheit und intensiver Genuss von großer Bedeutung sind" (Becker/Steinecke 1997: 20). Die Gruppe der Kulturtouristen zählt zur wichtigsten, weil kaufkräftigsten touristischen Zielgruppe: Entsprechend hoch ist auch ihr Anspruchsniveau an die Qualität des touristischen Angebots (Infrastruktur, Service etc.). Da aber zahlenmäßig das Segment der „reinen" Kulturtouristen zu klein ist, ist zu überlegen, wie andere Zielgruppen (z.B. Familien mit Kindern und Jugendliche) durch kulturtouristische Angebote erreicht werden können. In der Verbindung des Kulturtourismus mit anderen touristischen Leistungen besteht die Chance, neue Angebote zu schaffen und neue Zielgruppen anzusprechen. Gefragt ist eine innovative Angebotspalette, die flexibel auf Marktveränderungen reagiert. So werden im Tourismus- und Freizeitmarkt *Cross-over-Angebote*, also Mischungen aus Freizeit und Bildung, Sport und Reisen, Essen und Einkaufen, künftig eine immer größere Bedeutung gewinnen (ebd.: 23). Dieses Phänomen ist auf die Komplexität der Motiv- und Aktivitätsbündel der Nachfrager zurückzuführen: „Die Freizeit- und Urlaubsmotive werden zunehmend vielschichtiger. Anstelle eines Hauptmotivs ist nun ein Bündel von Reisemotiven zu beobachten" (ebd.: 19/20).

3.4 Voraussetzungen und Vorteile eines regionalen Kulturtourismus

Beim Kulturtourismus handelt es sich, im Gegensatz zu anderen Teilbereichen des Tourismus (speziell Wintersporttourismus, Dritte-Welt-Tourismus), um ein überwiegend positiv besetztes Marktsegment (Steinecke 1993: 247). Positive Effekte des Kulturtourismus sind: Bewusstwerden der eigenen Kultur und Entstehen eines neuen Regionalbewusstseins, regionalpsychologische Stabilisierungseffekte, Vermittlung globalen, grenzüberschreitenden Denkens, Beitrag zu Völkerverständigung und Vergangenheitsbewältigung. Mit dem Kulturtourismus eröffnet sich für Regionen die Möglichkeit,

„ihre Entwicklung selbst zu gestalten und zu beeinflussen. Durch die Aktivierung dieser endogenen Potentiale für den Tourismus können nicht nur Unterentwicklungen überwunden, sondern es können auch regionale Disparitäten abgebaut werden" (Wöhler 1997b: 129).

Im Kontext der Entwicklung und Implementierung eines Marketingkonzepts für den regionalen Kulturtourismus ist die kulturtouristische Ausgangssituation anhand zweier Fragenkomplexe zu eruieren: Soll durch die Erstellung kulturtouristischer Angebote eine Region touristisch erschlossen werden, die bisher wenig Entwicklungsmöglichkeiten im Tourismus besaß, dessen Potential insbesondere auf kulturellen und kulturräumlichen Elementen basiert? Sollen durch kulturtouristische Angebote die touristischen Angebote in einem bereits entwickelten Gebiet (z.B. Eifel) ergänzt und erweitert werden mit dem Ziel der Attraktivierung (Zusatznutzen) der Region für (neue) touristische Zielgruppen?

Die Beantwortung dieser Fragenkomplexe ist Voraussetzung für die Entwicklung einer kulturtouristischen Marketingkonzeption. Für beide Strategien gilt, dass kulturtouristische Angebote das *endogene* kulturelle Potential einer Region auszuschöpfen und zu nutzen haben. Hierbei sind die Besonderheiten einer kulturtouristischen Inwertsetzung zu berücksichtigen sowie die Vorteile des Kulturtourismus für die Zielregion herauszuarbeiten (Steinecke 1993: 247):

- Authentizität der Angebote (Nutzung des endogenen kulturellen Potentials wie historische Bauten, Brauchtum, aktuelle kulturelle Ereignisse);

- Einbeziehung der einheimischen Bevölkerung in die Angebotsgestaltung und kulturtouristische „Vermarktung" (Einheimische verkaufen ihre Region durch ihr Informationsverhalten Ortsfremden gegenüber);

- hohe Kaufkraft der Kulturtouristen und große Wertschöpfung für die Region und arbeitsintensiver Sektor mit Beschäftigungsmöglichkeiten (z.B. für Reiseleiter, Gästeführer).

Basis der Gestaltung kulturtouristischer Angebote ist die Ausstattung einer Region mit kulturellen Objekten (Gütern). Diese Ausstattung beschränkt sich nicht nur auf den historisch gewachsenen Bestand (Burgen, Kirchen, Schlösser, Brauchtum u.a.), sondern umfasst auch das kreative Potential der Gegenwart wie Theater, Konzerte, Musikveranstaltungen, Ausstellungen in Museen, Galerien, Lesungen etc.

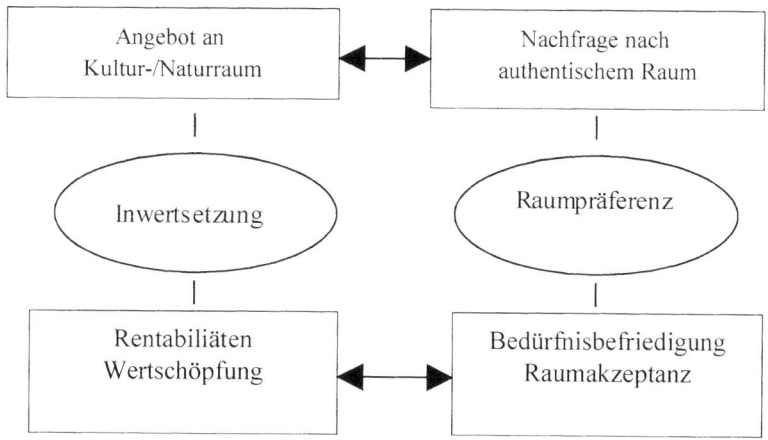

Abbildung 1: Vereinfachtes kulturtouristisches Modell (nach Wöhler 1997b: 130)

Marktfähig wird ein „Kultur-/Naturraum mit seinen gegebenen, je spezifisch ausgeprägten Ressourcen/Potentialen, wenn er in Wert gesetzt wurde und ihm somit eine Nutzungsform gegeben worden ist" (Wöhler 1997b: 130). Erst die Inwertsetzung setzt den in der Abbildung dargelegten

> „Kreislauf von Rentabilität, Schaffung/Erhaltung von Arbeitsplätzen und Einkommen, Attraktivitätssteigerung, Zufriedenheit etc. in Gang. Der kulturtouristische Produktionsprozess erschöpft sich dabei nicht nur in der Beanspruchung dieser Ressourcen als Inputfaktoren. Eine kulturtouristische Inwertsetzung umfasst immer auch die Bereitstellung von Infrastrukturen (von ‚Inszenierungsstrukturen') über das Gastgewerbe bis hin zu Informationsmaterialien und Verkehrsflächen)" (ebd.).

Wichtigster Faktor eines Kulturtourismus-Marketingkonzepts ist die Art und Weise, wie das Kulturangebot präsentiert und wie damit geworben wird. Dabei kommt es darauf an, die Fülle und die Vielfalt, die in der Regel das regionale bzw. städtische Kulturangebot kennzeichnet, für den auswärtigen und einheimischen Besucher möglichst zu bündeln und transparent zu machen. Es gilt einerseits, Schwerpunkte zu bilden, bestimmte Teile besonders hervorzuheben, andererseits müssen Zusammenhänge hergestellt werden. So erst werden bestimmte Kulturgüter „konsumierbar", d.h. kulturtouristisch überhaupt verwertbar (Fessmann 1993: 18). Darüber hinaus ist es notwendig, *möglichst zielgruppengenau die unterschiedlichen Interessengruppen anzusprechen, d.h. die Angebote nach den Interessen der sehr unterschiedlichen Lebensstile und Erwartungshaltungen der Kulturreisenden zu differenzieren (Marktanalyse).*

Insgesamt bieten alle kulturtouristischen Angebote eine Fülle von Schnittstellen zu anderen touristischen Leistungen und Aktivitäten. Kombinationen mit touristischen Angeboten zu Erholung, Sport, Naturerleben, Gesundheitspflege sowie adäquate Hotellerie- und Gaststättenangebote sind Voraussetzung für erfolgreiche kulturtouristische Strategien. Da der Kulturtourist nicht

„ein einzelnes kulturelles Angebot nachfragt, sondern die Kombination mit anderen touristischen Leistungen sucht, sollte ein komplexes Angebot im Sinne eines Gesamterlebnisses gestaltet werden, d.h. es gilt: Kulturelle Attraktion + Unterkunft + Transportleistung + Regionaltypische Verpflegung + Geselligkeit/Kommunikation + Vergnügen/Erlebnis + Eigeninitiative + Sinnlicher Genuss = Innovatives Angebot" (Wolber 1997: 56).

3.5 Strategische Überlegungen zu einem regionalen Kulturtourismus-Marketingkonzept

Ziel eines regionalen kulturtouristischen Marketingkonzepts ist es, die Region gegenüber Konkurrenzregionen mit ähnlichen Angeboten aus der Sicht der Nachfrager zu profilieren und so die Reiseentscheidung zu beeinflussen. Strategisch bedeutet dies, vom kulturtouristischen Einzelangebot zu einem umfassenden regionalen Kulturtourismusprodukt zu gelangen. Die Leistungsbündel eines Tourismusortes oder einer Tourismusregion müssen dabei mit den Gästen/Kunden so koordiniert werden, dass daraus ein hoher Gäste-/Kundennutzen und Wettbewerbsvorteil resultiert (Wöhler 1997a: 282). Für ein lokales bzw. regionales Tourismusmanagement kommt es darauf an, spezifische Touristenprofile mit entsprechenden Angeboten in Übereinstimmung zu bringen, bzw. mit vorhandenen Leistungsangeboten bestimmte Urlaubstypen anzusprechen (ebd.). Wichtige Arbeitsschritte für die Erarbeitung eines Kulturtourismus-Marketingkonzepts als Bestandteil professioneller regionaler Fremdenverkehrsarbeit sind:

„Bestimmung der eigenen Position am Markt (Stärken-/Schwächen-Analyse), gemeinsame Entwicklung eines Leitbildes für die Tourismusregion,konsequente, Umsetzung des Leitbildes durch Maßnahmen in den Bereichen Infrastruktur, Human-Ressource, Außen-/Innen-Marketing, Organisation" (Steinecke, Brysch, Haart, Herrmann 1996: 100).

Ein kulturtouristisches Marketing, das dem Kriterium der Authentizität folgt, wird allerdings in Abgrenzung zum Massentourismus dafür Sorge tragen müssen, dass touristische Aktivitäten die kulturelle Identität der Städte und Kommunen nicht gefährden. D.h.: Eine Ereigniskultur, die um Touristen wirbt, hat in einem ausgewogenen Verhältnis zur dauerhaften kulturellen Infrastruktur zu stehen. Kultur kann zwar als ein Wirtschaftsfaktor verstanden werden, sollte aber nicht uneingeschränkt für die Fremdenverkehrswirtschaft vermarktet werden. Andererseits müssen die z.T. bei Kulturverantwortlichen vorhandenen Vorbehalte gegen eine professionelle Berücksichtigung touristischer Belange bei der Erschließung, Präsentation, Information und Vertriebsorganisation überwunden werden. Kulturelle Einrichtungen und Ereignisse, die auf auswärtige Besucher hoffen, brauchen ein gezieltes Marketing und eine professionelle Organisation mit diesem Ziel. Dazu wird es nötig sein, eine Marketing-Kooperation zu institutionalisieren, die zwischen Tourismus, kommunaler Kulturarbeit und Kulturwirtschaft vermittelt mit dem Ziel der Schaffung einer Kommunikationsbasis zwischen den regionalen Akteuren. Dabei sollte ein erfolgreiches Destinationsmanagement angestrebt werden, das integrierte Angebote (Verknüpfung kulturtouristischer Angebote untereinander sowie mit anderen touristischen Leistungen) erarbeitet.

3.5.1 Bestimmung der eigenen Position

Für die Abgrenzung des relevanten Marktes im Kulturtourismus muss das spezifische kulturelle Potential einer Region in der Angebotsstruktur und -gestaltung dokumentiert werden. Das bedeutet für die Städte und Kommunen eine qualifizierte Bestandsaufnahme/Analyse ihres für den Tourismus bedeutsamen Kulturangebots mit Blick auf das touristische Marketing („Produktpolitik"). Dieses umfasst sowohl das staatliche und städtische Spektrum als auch die institutionellen sowie ereignisbezogenen Kulturangebote in freier und kommerzieller Trägerschaft. Dabei ist aufzuzeigen, wer Träger der Einrichtung bzw. Veranstaltung ist. Eine qualifizierte Bestandsaufnahme/Analyse tourismusrelevanter kultureller Angebote beinhaltet darüber hinaus die Gewichtung und Wertung des Angebots im Sinne eines Ausschlusses *nicht* touristisch relevanter Angebote.

Der *erste Schritt* der Analyse der eigenen Ausgangssituation erfolgt in Form einer Bestandsaufnahme und Analyse des kulturellen Potentials sowie der Prüfung auf Umsetzungsmöglichkeiten in eine Angebotskonzeption. Bei der Sichtung, Ordnung und Bereitstellung des kulturtouristischen Potentials des jeweiligen Gebiets ist zu untersuchen, ob die folgenden Untergruppen des Kulturtourismus (Jätzold 1993: 139) in der zu untersuchenden Region zu identifizieren sind. Außerdem ist zu klären, in welcher Zusammenstellung sie als „Paket" angeboten werden können.

Objektkulturtourismus:

- Beispiele: Historische Gebäude (Kirchen, Burgen, Schlösser), Museen, Ausstellungsorte/Galerien (technische u.a. Denkmäler);

Gebiets-/Ensemblekulturtourismus:

- Landschaftliche Sehenswürdigkeiten/Naturparks/Gärten;

- Dorf-/Stadtensembles (Sind in den Städten/Dörfern der Region geschlossene Ensembles, historische Dorf/Stadtkerne erhalten geblieben?);

- „Straßen" kultureller Objekte, z.B. Straße der Industriekultur;

Ereigniskulturtourismus:

- Festspiele/Festivals;

- (Groß-)Veranstaltungen aller Art;

- Gedenkfeiern;

- historische Märkte;

Gastronomischer Kulturtourismus:

- Welche regionalen Spezialitäten gastronomischer Art werden angeboten? Können sie in besonderer Weise in Zusammenhang mit anderen kulturellen „Genüssen" präsentiert werden?

Insgesamt lässt sich mit dieser Typologie von Kulturtourismus, die nicht einem derzeit boomenden „Event-Tourismus" (Freyer 1996) folgen will, eine Balance bei der Erfassung touristischer Angebote herstellen, nämlich zwischen dem, noch zu definierenden, kulturellen Erbe einer Region und einer kulturellen Erlebnisorientierung, unter Einschluss der Aspekte Unterhaltung und Konsum.

Der *zweite Schritt* der Analyse besteht in der Bewertung der ermittelten Daten (Vor- und Nachteile, Stärken- und Schwächen-Analyse). Dabei beziehen sich die Stärken und Schwächen einer Region bezüglich des Kulturtourismus zum einen auf das eigentliche kulturelle Potential, zum anderen auf die Fähigkeit, das Potential zu vermarkten (Linstädt 1994: 67).

3.5.2 Entwicklung eines Leitbildes für die Tourismusregion

Entscheidend ist in diesem Zusammenhang, Präferenzen für die regionsspezifische Kultur zu schaffen und die darauf aufgebauten Angebote in der Weise zu gestalten, dass sie nicht austauschbar sind (Kriterium: Authentizität). Als Ergebnis einer Präferenzstrategie ist eine „Regionstreue" beim Nachfrager zu erwarten, sofern er mit der Region Qualität, Erlebnis und hohe Bedürfnisbefriedigung assoziieren kann. Die Verknüpfung des Kulturangebotes mit den Aspekten Erholung, Lebensart oder Gastronomie sowie die Bündelung des kulturellen Angebots (z.B. Stadtführung und Museumsangebot) ist hier besonders wichtig, da die Potentiale des Kulturtourismus in der jeweils regional spezifischen Verbindung der Dimensionen „Landschaft und Erholung, Gastlichkeit und Lebensart sowie kulturellem Erlebnis" (Meffert/Frömbling 1993: 649) liegen. Auch diese Koppelung des Kulturtourismus mit anderen touristischen Aspekten sollte dem „Profil" der Region entsprechen, es verstärken und evtl. erweitern.

3.5.3 Umsetzung des Leitbildes durch gezielte Maßnahmen

Die Interessen des Gastgebers (Stadt, Kommune, Region) beziehen sich zunächst auf die ökonomischen Folgewirkungen. Insofern ist der Tourismus für die Region politisch und kulturell wichtig als Hebel für Transferleistungen aus wohlhabenderen Regionen (des In- und Auslandes). Dabei ist allerdings zu beachten, dass die kulturelle Infrastruktur genauso wenig wie diejenige der Naturlandschaft für fremde Zwecke verschlissen werden darf; sie muss vielmehr nachhaltig genutzt werden, d.h. substanzerhaltend und substanzerneuernd. Das erfordert Überlegungen, wie Kapazitätsgrenzen rechtzeitig erkannt werden.

„Zwar sind die ‚Umwegrentabilitäten' inzwischen offenes Motiv für die Veranstaltungen internationaler Ausstellungen, glanzvoller Festspiele oder großer Messen. Doch gilt es auch, die Grenzen zu beachten. Voraussetzung für Effizienz sind zunächst einmal genügend Besucher mit möglichst viel frei verfügbarer Kaufkraft. Nach der Faustregel steigt die Kaufkraft mit der Entfernung, aus der die Besucher anreisen; je größer die Kaufkraft, desto anspruchsvoller sind sie allerdings auch bezüglich der vorausgesetzten Infrastruktur; sie verlangen entsprechende Investitionen in die angebotenen Kunstgenüsse" (Hoffmann 1993: 12/13).

Das Marketing muss für die Außenwerbung gezielt Attraktionen einspannen, aber auch das gesamte Angebot profilierter kleinerer Anbieter erfassen. Die Entwicklung und Inszenierung von Ereignissen und Events tragen zur Imageprofilierung und Erhöhung des Bekanntheitsgrades einer Stadt, Kommune oder Region bei.

„Die Beschränkung auf große attraktive Ereignisse und Pakete ist nicht Vereinfachung und Missachtung der Vielfalt. Doch es geht zunächst einmal darum, die Region touristisch wahrzunehmen und zusätzliche Reiseströme in die Region zu lenken. Diese können sich dann je nach persönlichem Geschmack auf einzelne Teilregionen und verfeinerte Angebote zubewegen" (Masterplan für Reisen ins Revier: 89).

Insgesamt kumulieren die Wirkungen kulturtouristischer Angebote, da sich durch kulturelle Schwerpunkte auch das Image einer Region verändert. Dabei darf die Intensivierung des Kulturbewusstseins und die Bewusstseinsbildung nach innen nicht vernachlässigt werden, denn auch die Akzeptanz in der Bevölkerung ist ein wichtiger Faktor für den Kulturtourismus. Globale Ziele für eine regionale kulturtouristische Marketingkonzeption sind: Pflege und Festigung bestehender Zielgruppen durch interessante Angebotsgestaltung; Rekrutierung neuer (einkommensstarker) Zielgruppen; Erhöhung der Tagesausgaben; Imageergänzung und -verbesserung aufbauend auf den existierenden Imagefaktoren „Natur", „Landschaft", „Erholung"; Steigerung des Bekanntheitsgrades der kulturellen Eigenarten der Region; Steigerung der Akzeptanz in der Bevölkerung.

Wenn das Ziel, die Etablierung des betreffenden Gebiets als kulturtouristische Region, erreicht werden soll, muss die Strategie darin bestehen, das vorhandene kulturlandschaftliche Potential in kreativen und hochwertigen Arrangements anzubieten, die auf der operativen Ebene durch einen optimalen Marketingmix konkretisiert werden müssen. Dabei sind die kulturellen Interessen der Zielgruppe zu charakterisieren und zu berücksichtigen. Idealiter korrespondieren die von den (potentiellen) Gästen präferierten kulturellen Angebote (Schloss- und Kirchenbesichtigungen, Stadtführungen, Museen, Ausstellungen und Konzerte) mit den Angeboten der Region. Dies gilt für die Zielgruppe der „klassischen" Kulturtouristen und müsste für andere Zielgruppen entsprechend verändert wird.

3.6 Fallstudie zum Kulturtourismus in der Regio Aachen

3.6.1 Zur Entwicklung eines einheitlichen Leitbildes

Die Entwicklung eines Leitbildes aus dem historischen Erbe
Entsprechend den theoretischen Vorgaben, wie sie eingangs formuliert worden sind, ist für die Entwicklung eines gemeinsamen kulturtouristischen Marketingkonzepts für die Regio Aachen ein einheitliches und typisches Leitbild nötig. Grundlage für die Entwicklung dieses Leitbildes ist die Gemeinsamkeit der Region (und ihrer Kreise) als charakteristische und unverwechselbare Größe. Gerade dies stößt in der Regio auf besondere Schwierigkeiten.[7] Als Ansatzpunkte für die Entwicklung eines Leitbildes bieten sich an:

Die Einheitlichkeit der Landschaft
Begriffe wie „Der Niederrhein" oder „Das Münsterland" sind mit einem spezifischen Landschaftstyp verbunden und ermöglichen die übergreifende Vermarktung des Gebiets. Diese Basis muss bei der Regio außer Acht gelassen werden, da ihr landschaftliches Erscheinungsbild zu unterschiedlich ist.

Die geographische Lage
der Regio im äußersten Westen Deutschlands könnte als Ansatzpunkt für ein touristisches Leitbild dienen. Slogans wie „Wir im Westen", „Go west – Go Regio" oder „Reisen in die Regio" sind zwar nutzbar für das Etablieren einer regio-weiten Identität, d.h. die geographische Lage dient als Grundlage für das Binnenmarketing, doch geben sie keine Hinweise für einen authentischen Kulturtourismus im traditionellen Sinn, und vor allem bedürfen sie der inhaltlichen Ausdifferenzierung.

Das Erbe an historischen Bauwerken
kann ebenfalls genutzt werden, um ein einheitliches Vermarktungskonzept zu entwickeln. Diesen Ansatzpunkt verwendet die Straße der Romanik in Sachsen-

---

7 Dieser Beitrag ist Bestandteil des als Studienbrief konzipierten Forschungsberichts „Kulturtourismus in der Regio Aachen. Ideen – Konzepte – Strategien" (Hrsg. Thomas Heinze). Weiterbildendes Studium KulturTourismusManagement. FernUniversität. Hagen 1998

Anhalt. Sie führt durch verschiedene Landschaften, die Gemeinsamkeit besteht in der mittelalterlichen Geschichte und in der entsprechenden kunstgeschichtlichen Epoche dort entstandener sakraler und profaner Bauwerke. In der Regio Aachen ist jedoch die Existenz eines historischen Bestandes an sakralen und profanen Bauwerken, aufgrund von Kriegseinwirkungen, sehr unterschiedlich.

Die ethnische Zugehörigkeit
der Bevölkerung ist eine weitere mögliche Basis für die Konstruktion eines Leitbildes. Um diese Gemeinsamkeit in der Regio Aachen aufzufinden, muss man weit in die Geschichte zurückgehen, bis in die Zeit der Entwicklung und Konsolidierung des Frankenreiches, d.h. bis 500-900 n.Chr. Seit dieser Zeit wird der Raum von Ripuariern bewohnt, einem Übergangstypus zwischen Ober- und Niederfranken. Doch liegt diese Gemeinsamkeit weit zurück und bietet heute wenig für die Entwicklung eines charakteristischen Leitbildes.

Die geschichtliche Entwicklung der Region
kann ein weiterer Ansatzpunkt für die Entwicklung eines einheitlichen Leitbildes sein, wobei die politische und wirtschaftliche Geschichte zu unterscheiden ist. Als Beispiel für eine auf der politischen Geschichte basierende Vermarktung ist Sachsen zu nennen, während die Wirtschaftsgeschichte bei der Initiierung des Ruhrgebiets als touristische Region die Klammer bildet. Hier ergeben sich Möglichkeiten für die Entwicklung eines Leitbildes der Regio Aachen. Es verbleiben als Ansatzpunkte die frühmittelalterliche Geschichte (Zeit der Karolinger, vor Entstehen der unterschiedlichen geistlichen und weltlichen Herrschaften), die Ära Napoleons (französische Besatzung) und die Handwerks- und Industriegeschichte. Doch auch diese Ansatzpunkte sind nur mit Einschränkungen zu benutzen. Die Zeit der französischen Besatzung von 1794 bis 1815 kann aufgrund der kurzen Dauer nicht dazu dienen, ein gemeinsames Leitbild zu entwickeln. Ebenso sind die erhaltenen Reste der gemeinsamen Industriegeschichte nur bedingt nutzbar. Zwar werden die im Zeitalter der Industrialisierung entstandenen Industrieanlagen zur Zeit so vermarktet, dass sie als gleichrangig mit Kathedralen, Schlössern und anderen historischen Bauwerken von den Besuchern akzeptiert werden. Doch ist auf dem Gebiet der „Industriekultur" das Ruhrgebiet in Deutschland führend, es besitzt die „Stars" dieser Kultur (Beispiel: Zeche Zollern in Dortmund) und vor allem, es ist in der Vermarktung dieses Angebots professioneller als jede andere Region.

Damit können sich die kreisübergreifend in der Regio vorhandenen Indust-
riedenkmäler (die Kreise Heinsberg, Aachen, Düren verfügen über Industrie-
denkmäler, die die Industriegeschichte dokumentieren, hinzu kommen Bergwer-
ke, Fabriken und Werkstätten, die die vorindustrielle Fertigung verdeutlichen)
zwar präsentieren, dies muss aber in deutlicher Profilierung vom Ruhrgebiet abgehoben geschehen. Eine Möglichkeit besteht in der Verbindung mit anderen
Attraktionen, aber auch hier ist die Konkurrenz des Ruhrgebiets (Industriekultur, Industrienatur und Boulevard Ruhr) zu beachten. Hinzu kommt, dass die
Bevölkerung des Ruhrgebiets als potentielle Besucher angesprochen werden
soll. Es ist aber fraglich, ob Bewohner einer Industrieregion Kurz- oder Kultur-
Urlaub in einer anderen Industrieregion mit ähnlichen „Attraktionen" machen
werden. Insgesamt stößt die Initiierung eines typischen und profilierten Leitbildes für die Etablierung eines Kulturtourismus-Konzepts in der Regio auf besondere Schwierigkeiten, die u.a. auf die Heterogenität des Raumes, die unterschiedlichen Besiedlungsformen und Flächennutzungen, die fehlende gemeinsame historische Entwicklung und die unterschiedliche industrielle und verkehrs-
mäßige Erschließung zurückzuführen sind. Als Fazit ist festzustellen, dass es
sich bei der Regio Aachen weder um einen einheitlichen Natur- oder Kulturraum noch um einen einheitlichen Wirtschaftsraum handelt. Als regioweite Gemeinsamkeiten verbleiben die frühmittelalterliche Geschichte sowie die gemeinsame Handwerksgeschichte. Für diese beiden Gemeinsamkeiten gilt, dass sie
euregionalen Charakter haben. Deshalb ist zu überlegen, ob nicht eine zweiglei-
sige Strategie Sinn macht: Die Initiierung eines euregionalen Bewußtseins (Feri-
en und Freizeit in der Euregio) und damit einhergehend das Angebot eines euregionalen Kulturtourismus sowie die forcierte Vermarktung einzelner touristisch
attraktiver Gebiete der Regio.

3.6.2 Die Entwicklung eines Leitbildes aus dem aktuellen Kulturangebot der Regio Aachen

Der Blick auf die Kulturlandschaft der Regio (Schwarzbauer 1997) zeigt eine
Vielfalt von Institutionen und Angeboten, doch sind diese Angebote überwiegend lokal, wenige regional ausgerichtet. Dies ist vorteilhaft für eine flächende-
ckende und nahe Kulturversorgung der Bevölkerung. Für touristische Zwecke
ist diese Vielfalt mit ihrer geringen Attraktivität uninteressant. Die unterschiedlichen Museen (naturhistorische, kulturhistorische, industriegeschichtliche,
Kunst-Museen) sind in ihren Sammlungen ähnlich, Sammlungsschwerpunkte

überschneiden sich, Dauerausstellungen und temporäre Ausstellungen werden nicht koordiniert, sind vielfältig und unübersichtlich und vor allem nur von lokaler/regionaler Bedeutung. Dabei wäre das Potential für herausragende Ausstellungen durchaus vorhanden und könnte durch Leihgaben noch optimiert werden. Ähnliches kann man auch für den Musikbereich (Ritter 1998) feststellen, für das Theater muss die Zentrierung in Aachen ebenso wie für die Kunst-Museen akzeptiert werden.

Fast jede Kommune, jeder Kreis in der Regio gibt einen eigenen Veranstaltungskalender heraus, es existiert keine regioweite Zusammenstellung der Angebote. Zwar erscheint in Aachen ein wöchentlicher Veranstaltungsführer (der Tageszeitungen), doch ist diese Ankündigung aufgrund der Kurzfristigkeit für touristische Zwecke nicht nutzbar. Ein regioweites Marketing erfolgt nicht, das regioexterne Marketing ist zufällig und hängt von der Aktivität des jeweiligen Veranstalters ab. Die öffentlichen und privaten Kulturanbieter arbeiten nicht zusammen, da es für die Planung von Events keine Institution gibt. Ein Beispiel für eine beginnende Koordination ist das Angebot des Kongreßzentrums in Aachen, das z.T. Verweise auf das sonstige kommunale/private Kulturangebot enthält.

Der Blick auf die aktuellen Kulturangebote zeigt, dass es, mit Ausnahme des Aachener Kultursommers, keine überregional attraktiven Events gibt. Daher sind in der Regio langfristig angelegte und standortbezogene Kultur-Konzepte zu erarbeiten, mit dem Ziel, das kulturelle Angebot überregional und international zu attraktivieren. Sie sollten ein typisches Profil zeigen und neben der Möglichkeit der kulturtouristischen Vermarktung auch dazu beitragen, eine „Identität" der Bevölkerung in der Regio zu initiieren. Das Konzept einer typischen und regionalbezogenen Ereigniskultur, das im Rahmen eines Kulturtourismus nutzbar wäre, kann von uns nicht erarbeitet werden, da es mit den Beteiligten und den Akteuren vor Ort zu entwickeln ist.

3.6.3 Perspektiven des Kulturtourismus in der Regio Aachen

Die Inszenierung eines euregionalen Kulturtourismus

Der euregionale Kulturtourismus hat sowohl das historische Erbe als auch die aktuellen Angebote zu berücksichtigen. Die traditionelle Variante des Kulturtourismus wird bereits in der Verbindung von Aktiv-Urlaub und Kulturtourismus angeboten. So offerieren die verschiedenen Tourismus-Verbände der Euregio Rad- und Wandertouren zu den euregionalen Kultur-Zentren. Dieses Angebot ist weiter zu spezifizieren, z.B. könnten die Touren in das „Kernland der Karolinger", also in die Städte Aachen, Lüttich und Maastricht führen und die Spuren des frühen Mittelalters nachzeichnen. Hinzukommen könnten andere Bauwerke der Zeit wie Kirchen und Klöster der Karolinger im Raum der Euregio. Die Wegstrecken dieser „Kulturrouten für Radfahrer" können als „Pakete" von den Touristik-Anbietern offeriert werden. Streckenführung und Informationen sollten aber auch in den Hotels ausliegen, die sich zudem auf die Bedürfnisse der Radwanderer einstellen müssen (Fahrradverleih/-reparatur u.ä.).

Dies erfordert vor allem ein intensives Marketing in den Zielregionen (z.B. Ruhrgebiet). Doch gibt es hier ein Problem: Während die Prospekte der deutschen Veranstalter dreisprachig sind (deutsch, niederländisch, französisch), sind die entsprechenden Angebote des VVV Limburg nur auf niederländisch zu erhalten (Prospekt des VVV Limburg 1998). Damit sind deutschsprachige Besucher nicht zu erreichen.

Darüber hinaus kann die Nutzung und Vermarktung der gemeinsamen Handwerkskultur zu einer regionalen und euregionalen Profilbildung beitragen. Dazu existiert bereits eine regionale sowie euregionale Arbeitsgruppe (AG Industriemuseen). Sie kann für die Konzeptionalisierung von Straßen der Handwerkskultur/Industriekultur Vorarbeiten leisten. (Ein Beispiel für eine derartige Themenstraße „Auf den Spuren der Tuchmacher und Weber" findet sich bei Wessel 1998). Für das aktuelle Kulturangebot der Euregio sollte ein Euregio-Festival konzipiert werden. Ein derartig flächendeckendes Angebot gibt es z.B. in Flandern (Flandern-Festival, „alte Musik") oder in Schleswig-Holstein mit klassischer Musik (Schleswig-Holstein-Festival). Doch zeigen die Festspiele der Klassik rückläufige Besucherzahlen. Vor diesem Hintergrund ist die Inszenierung eines weiteren Musik-Festivals klassischer Musik, wie das geplante Eifel-Festival, sorgfältig zu prüfen (vgl. Ritter 1998).

Das Euregio-Festival bedarf eines klaren Konzepts, das es von anderen Festivals unterscheidet. Es muss international ausgerichtet sein und aktuelle sowie attraktive Angebote präsentieren. Ansatzpunkte für eine derartige Inszenierung gibt der Aachener Kultursommer, der attraktive Veranstaltungen bietet und auch die Städte (Kerkrade, Maastricht, Heerlen, Eupen) der Euregio mit einbezieht. Dieses Angebot, das den Begriff der Authentizität modifiziert und dem Thema des Erlebnis/Ereignis-Kulturtourismus folgt (der zwar an das vorhandene Potential anknüpft und es nutzt), sollte intensiviert und euregional ausgeweitet werden.

Die Planung von Themenstraßen in der Regio

Der klassische Kulturtourismus in der Regio kann in Form von Themenstraßen, die als Kulturrouten gelten, intensiviert werden. Grundidee ist dabei, die Kunstwerke/Sehenswürdigkeiten dem Besucher in ihrer landschaftlichen und historischen Umgebung zu präsentieren. Dies kann im Verlauf einer Ausstellungstrasse, die einem bestimmten Thema folgt, geschehen. Dabei müssen die einzelnen Strecken/Etappen ausgeschildert sein; auf die jeweiligen Sehenswürdigkeiten ist mit Hinweisen und Tafeln aufmerksam zu machen. Ausgangspunkt einer derartigen Route kann ein Museum/Bauwerk/Wirtschaftsgebäude sein, das sich mit der entsprechenden Thematik befasst. Mit der Konzeption von Themenstraßen soll die Gemeinsamkeit der Regio betont werden. Ein Beispiel zeigt das Konzept der Kulturroute „Auf den Spuren der Tuchmacher und Weber" (Wessel 1998). Eine weitere Themenstraße könnte die in der Regio zahlreich erhaltenen historischen Orts- und Stadtkerne zusammenführen. Entsprechend dem Konzept der Ausstellungsstraßen sollten das „Thema" der Straße auch in den vorhandenen kulturhistorischen Museen präsentiert werden. Die Museen/Ausstellungsorte greifen Aspekte der lokalen/regionalen Geschichte auf. Eine weitere Möglichkeit zur Attraktivierung besteht in der Inszenierung aktueller kultureller Events an/in dieser Straße, die an besonderen, herausgehobenen Orten stattfinden könnten. Diese sollten nicht nur Darstellungen und Aufführungen der Hochkultur umfassen, sondern passend zum Ambiente mittelalterliche Märkte, Ritterturniere u.ä.

Der besondere Vorteil dieser Form von Kulturtourismus besteht darin, dass in eine Themenstraße auch bisher touristisch noch nicht erschlossene Orte miteinbezogen werden können. Da der Tourismus anhand von Themenstraßen vor allem Radwanderer anspricht, muss gewährleistet sein, dass sich die Hotels auf diese Gruppe einrichten. Dies bezieht sich auf die Lokalkenntnisse der Hoteliers und ihrer Mitarbeiter (die sie den Gästen vermitteln), aber vor allem auf einen

Service „Rund ums Rad", wie Abstellräume für die Räder, sportärztliche Betreuung, Fit-Menüs, etc. Für die einzelnen Themenstraßen muss ein entsprechender Führer entwickelt werden, in dem die Wegstrecke ausgewiesen ist, der Kurz-Informationen zum Thema enthält und bei den Touristik-Anbietern sowie in den Hotels erhältlich ist. Außerdem sollte dieser Führer alle spezialisierten Betriebe erfassen und darüber informieren, welche Hotels eher auf Radfahrer-Familien und welche auf Sport-Radfahrer eingerichtet sind.

Die Konzeption von künstlichen Ferien- und Freizeitwelten

Ein wesentliches Merkmal der gegenwärtigen Freizeits- und Urlaubsgestaltung liegt in der Ansprache und Ausnutzung der sinnlichen Wahrnehmung unter besonderer Betonung der optischen Sinneseindrücke, die dem Betrachter auf immer spektakulärere Weise und unter Benutzung sämtlicher technischer Möglichkeiten „Erlebnisse" vermitteln sollen. Dieser Trend schlägt sich in der Konzeption von neuen Freizeit-, Vergnügungs- und Themenparks nieder.[8] Die fünf großen Freizeitparks in Deutschland hatten 1995 8,8 Mio. Besucher. 1996 wurde der Themenpark „Movie World" in Bottrop eröffnet, der jährlich mit 2,5 Mio. Besuchern rechnet. Marktanalysen (Masterplan 1997: 54) gehen davon aus, dass ca. 13-15 % der Gesamtbevölkerung zur Kerngruppe der Freizeitparkbesucher zählen. Auf den Trend Freizeitparks reagieren die Reiseveranstalter bereits mit Spezial-Katalogen (der 62-seitige Neckermann Katalog „Parks, Fun und Breakfast" erscheint zum Saisonstart 1998 mit einer Auflage von 600.000 Exemplaren). Der Grund dafür sind die steigenden Besucherzahlen der Ferien- und Freizeitparks. Sie zeigten 1997 eine Steigerung um 5,7 % auf 22,2 Mio. Gäste. Damit wächst dieses Segment deutlich stärker als das Normalprogramm der Reiseveranstalter.

Um diese in den USA schon lange verbreitete Möglichkeit der Ferien- und Freizeitgestaltung zu charakterisieren, müssen die unterschiedlichen Formen dieser künstlichen Freizeitwelten beschrieben werden. Gemeinsames Kennzeichen ist die Tatsache, dass sie von privaten Betreibern und Investoren getragen werden, was sie von den öffentlichen Anlagen der Zoos, Grünanlagen, Parks

---

[8] Horst W. Opaschowski hat in seinem Skript zur Freizeitforschung – „Kathedralen des 21. Jahrhunderts. Die Zukunft von Freizeitparks und Erlebniswelten." Hamburg 1998 – Ergebnisse und Analysen einer Repräsentativumfrage des Freizeitforschungsinstituts der British American Tobacco vorgestellt, in der 3.000 Personen ab 14 Jahren nach ihrer Einschätzung und Bewertung von Freizeit- und Erlebniswelten befragt worden sind.

und Nationalparks abhebt.

Die touristische Nutzung der Freizeitparks erfuhr Anfang der 80er Jahre einen Aufschwung mit der Idee der „Resorts", d.h. der Verbindung von Freizeit- und Erlebnispark mit Hotels; als Beispiel kann das „Magic Kingdom" Disneyland bei Orlando, Florida, genannt werden.

Eine besondere Form der Freizeitparks sind die Themenparks, deren Spektrum vom Märchen- bis zum Technologiepark reicht.

EXKURS

Künstliche Ferien- und Freizeitwelten – Beispiele für Vergnügungs- und Themenparks

Der Europa-Park Rust, dessen Angebot vom Vergnügungspark über „Nationalstraßen" (wie „Russisches Dorf", „Deutsche Straße") bis zur Übernachtung im Erlebnishotel „El Andaluz" reicht. Ähnliche Konzepte liegen dem Heide-Park Soltau und dem Hansa Park Sierksdorf/Ostsee zugrunde.

Themenparks

Das amerikanische Unternehmen Anheuser-Busch betreibt insgesamt neun Themenparks in den USA. Obwohl alle Parks eine jeweils spezifische Thematik haben, besteht die Gemeinsamkeit in der Begegnung mit Tieren und in dem Anspruch, Interessantes und Wissenswertes über die Tierwelt zu vermitteln. Diese Konzeption ist auf deutsche Verhältnisse übertragbar und wird in dem Projekt „Öko-geologischer Park Eifel" vorgestellt (Kap. 4). Bekannte Parks sind die Sea World Adventure Parks bei Orlando und San Diego. In den Parks der Anheuser Busch Gruppe stellen Tiere die Attraktion dar, doch werden auch spezielle Lern- und Informationsprogramme angeboten. Das Thema Film dient als Anreiz für die Themenparks „Movie World" bei Bottrop sowie dem Filmpark Babelsberg in Potsdam. Die Erdgeschichte ist das Thema für den französischen Park „Vulcania", der von dem österreichischen Architekten Hans Hollein geplant wird und der in der Nähe von Clermont-Ferrand in dem Vulkangebiet am Puy de Dome entsteht. Er benutzt ein ehemaliges Militärgelände bei Saint-Ours-les-Roches und soll als „Parc Naturel des Volcans d´Auvergne" das Gebiet für den Massentourismus erschließen. Insgesamt soll das Vulcania-Gelände 57 Hektar umfassen, eine neue Straße wird die ca. 80 Vulkane der Gegend für Autofahrer erreichbar machen.

Für das Areal des Vulkanparks hat Hollein eine teils unter- teils oberirdische Anlage konzipiert. Der unterirdische Teil wird von einem Glasdom überdacht und besteht aus einem Garten mit Basaltfelsen, mit tropischer und regionaler Vegetation. Eine Spiralrampe transportiert die Besucher ca. 20 m tief in die Erde, wo sie ein Filmsaal in Form eines Amphitheaters erwartet. Dort erhalten die Touristen mit Hilfe der neuen Kommunikationstechniken Einblick in die Entwicklung unseres Planeten. Die Besucher können ein Erdbeben erleben, Schwefelgeruch atmen, glühende Lava und Geysire beobachten. Die Vulkankette des Puy de Dome wird als Riesenmodell zu sehen sein wie auch die Nachbildungen anderer Vulkane. Außerdem soll ein Bereich die Topographie des Meeresbodens darstellen. Im oberirdischen Teil befindet sich das „Europäische Zentrum für Vulkanismus und Erdwissenschaften", das die wissenschaftliche Begleitung des Projekts leistet. Die Initiatoren rechnen mit rund 500.000 Besuchern im Jahr, der Eintrittspreis wird ca. 100 Francs betragen. Ebenfalls die Erdgeschichte und die durch Filme initiierte Saurierbegeisterung ist Grundlage des Dinosaurier-Parks Münchenhagen bei Hannover. Das Zentrum des Parks bilden die in der Landschaft erhaltenen, mehr als 130 Mill. Jahre alten Trittspuren von Dinosauriern. Sie sind in einer 3.500 qm großen Glashalle zu besichtigen. Der Rundgang ermöglicht dem Besucher eine ca. 2,5 km lange Entdeckungsreise vom Devon bis zum Tertiär. Ca. 100 Rekonstruktionen dokumentieren in Originalgröße die Entwicklung der Riesenreptilien. Zusammen mit dem museums-pädagogischen Dienst sind verschiedene Aktivitäten für unterschiedliche Altersgruppen unter dem Motto „Ausstellungen über Saurier bereichern das Wissen" geplant.

In zunehmendem Maße wird die Technik thematischer Focus der Themenparks. Als Beispiel ist das „Epcot-Center" bei Orlando zu nennen, wo Infotainment betrieben wird: Der Besucher kann sich auf vergnügliche Weise über Kommunikation, Satellitentechnik usw. informieren. Ein wenig bekanntes Beispiel ist der Freizeitpark Futuroscope bei Poitiers, der Kindern und Erwachsenen auf spielerische Weise die Themen Multimedia, Computertechnik und neue Filmtechnologien nahe bringt.

Ein weiteres Thema, das sich von den obengenannten, themenzentrierten, aber auch erlebnisbetonten Parks unterscheidet, ist die Akzentuierung von Ökologie und Natur. Hier tritt neben den öffentlichen Anlagen (Naturparks, Landschaftsparks etc.) bereits ein privater Anbieter, die holländische Gruppe Landal Green Parks auf. Ihr Konzept besteht darin, dem Besucher ein Naturerlebnis

„pur" zu ermöglichen: Die neun Anlagen der Gruppe liegen in abgeschiedenen, meist waldreichen Gegenden, es gibt keine Attraktionen, dafür aber Wanderungen und Ausflüge. Dieses Konzept erscheint ausbaufähig und in der Regio realisierbar, es wird z.T. in kleinem Rahmen in der Eifel bereits praktiziert. Die verschiedenen Möglichkeiten der Themenparks stellen ein Potential dar, das hinsichtlich der Realisierungsmöglichkeiten in der Regio überprüft werden sollte. Die vielfältigen Ansatzpunkte für die Etablierung dieser Freizeit- und Ferienwelten können die Besonderheiten der Regio aufgreifen.

So ist denkbar, dass die vorhandenen Beherbergungs- und Gastronomiebetriebe, Kulturanbieter, Veranstalter und öffentliche Einrichtungen unter einem spezifischen Thema sukzessive kooperieren und die einzelnen Angebotselemente vernetzen, mit dem Ziel der Erstellung eines regionstypischen touristischen Produkts. Als Beispiel dazu dient die Konzeption eines öko-geologischen Parks in der Eifel, die im Kapitel 3.6.6 vorgestellt wird.

Die Entwicklung von jahresübergreifenden Themen

Jahresübergreifende Themen, die den Besucher an die jeweilige Region binden sollen, können in bereits etablierten Fremdenverkehrsregionen entwickelt werden. Damit sind die Möglichkeiten dieser Variante in der Regio begrenzt, da nur die Eifel und die Stadt Aachen als bereits bekannte touristische Destinationen gelten können. Die Entwicklung von jahresübergreifenden Themen ist im Anschluss an die Etablierungsphase des öko-geologischen Parks Eifel möglich. In dem Konzept des öko-geologischen Parks Eifel könnte „Das Feuer der Erde" ein zentrales Thema sein. Mögliche Inhalte wären: Die unterschiedlichen Formen des Vulkanismus, die Erscheinung von Geysiren, die verschiedenen Ergussgesteine, evtl. ihre Nutzung durch den Menschen, das Entstehen von Edelsteinen, die geologische Entwicklung der Erdkugel mit der Entstehung der Kontinente. Ein anderes Jahresthema wäre: „Die Macht der Gestirne" (Die Wirkung der Gestirne auf Erde und Menschen). Für die Ansprache astronomisch interessierter Touristengruppen ist die Eifel durch ihre Höhenlage und die geringe Luftverschmutzung besonders geeignet. Zudem können in ein derartiges Thema die bereits vorhandenen Einrichtungen eingebunden werden. Dabei handelt es sich um das Observatorium auf dem Hohen List bei Daun sowie um das dreh- und kippbare Radioteleskop in Effelsberg/Bad Münstereifel.

3.6.4 Konzepte für die Regio Aachen

Die Stadt Aachen

Als kulturtouristisches „Highlight" ist die Stadt Aachen zu nennen. Sie ist durch das vorhandene kulturelle Erbe für die traditionelle Form des Kulturtourismus prädestiniert. Allerdings ist – so Herr Schlösser, Leiter des Verkehrsvereins Aachen – die touristische Infrastruktur Aachens (d.h. Auslastung der Gastronomie und der Hotels) „ausgereizt" durch den Kongress- und Kurtourismus. (Ob diese Einschätzung zutreffend ist, wäre im Detail zu prüfen).

Der Kongresstourismus könnte in Aachen attraktiviert werden, indem die Taglastigkeit dieser Tourismusform durch Unterhaltungs- und Kulturangebote ergänzt wird. Denkbar sind auch Fitness- und Wellnessangebote für „gestresste" Manager. Sowohl die Unterhaltungs- als auch die Kultur- und Fitnessangebote sind in den späten Nachmittags- bzw. Abendbereich zu legen. Dies würde zwar nicht eine Erhöhung der Gästezahlen bewirken (dies ist auch nicht erwünscht, da die Kapazitäten ausgelastet sind), doch würden die Gäste mehr Geld in Aachen ausgeben.

Der Landkreis Aachen

Die Gebiete des Landkreises Aachen, des Kreises Düren und die Regionen des Kreises Euskirchen, die nicht zur Eifel zählen, sind kulturtouristisch zum gegenwärtigen Stand nicht relevant: Einerseits aufgrund des fehlenden historischen Bestandes, andererseits sind in diesem Gebiet keine überregional attraktiven kulturellen Angebote vorhanden (Event-Kultur). Die existierenden Reste der Industrie-Kultur sind, obwohl bereits teilweise zu Museen ausgebaut, nur unter Vorbehalt kulturtouristisch zu vermarkten: Der Grund besteht in der Nähe zum Ruhrgebiet, das ein ähnliches touristisches Angebot bereits auf dem Markt präsentiert.

Um den Kulturtourismus in diesen Kreisen der Regio erst einmal zu starten, werden verschiedene, thematisch passende Orte/Bauwerke etc. der betreffenden Kreise in die Streckenführung der folgenden z.T. ausgearbeiteten, z.T. erst konzipierten Themenstraßen („Auf den Spuren der Tuchmacher und Weber", „Route der romantischen Orte") eingebunden.

Als weitere Möglichkeit schlagen wir für die betreffenden Kreise der Regio eine Kooperation zwischen „Gleichen" vor: d.h. die ZAR sollte mit Düren und Jülich im Bereich Tourismus zusammenarbeiten.

Der Kreis Heinsberg

Auch der Kreis Heinsberg ist für den traditionellen Kulturtourismus unergiebig, da ein überregional bedeutendes kulturelles Erbe nicht vorhanden ist. Deshalb sind andere Formen des Kulturtourismus insbesondere in Verbindung mit dem Erleben der Landschaft zu konzipieren. Dies wird vom Heinsberger Tourist Service (HTS) teilweise schon realisiert (vgl. Schlemmermarkt), könnte aber noch ausgebaut werden. Das Angebot des HTS entspricht den Möglichkeiten und dem Potential des Kreises. Es gibt einen jährlichen Wander- und Radwanderführer sowie spezielle Pakete an bestimmten Terminen. Hinzu kommt die Auflistung der stattfindenden Ereignisse.

Da im Kreis Heinsberg der Tourismus vor allem Wander- und Radwander-Tourismus ist, müssen die bestehenden Wander- und Radwanderwege vernetzt, gepflegt, gut beschildert sein und zu attraktiven Objekten führen. Auch sollten die vom HTS bereits angebotenen Wanderungen differenzierter ausgerichtet werden, z.B. könnten anstelle der Montagswanderung Touren angeboten werden, die unter einem Thema stehen.

Weiter ist darüber nachzudenken, wie neben dem tradionellen Wandern und Radfahren die Besucher „aktiviert" werden könnten. Denkbar sind auf den thematischen Touren das Nachvollziehen handwerklicher Fertigkeiten. Fitness- oder Wellness-Angebote sollten dabei in Zusammenarbeit mit den örtlichen Sportvereinen und Fitness-Clubs in Erwägung gezogen werden.

Um das Touristenaufkommen zu forcieren und den Kreis Heinsberg in den Zielregionen bekannter zu machen, wird ein Radwandersonntag vorgeschlagen. Er könnte unter dem Motto „Happy Heinsberg" oder auch „Auf in den weiten Westen Deutschlands" firmieren. Dieser Sonntag sollte an einem Sommerwochenende (Termin muss sich an den Ferien orientieren) stattfinden, in Zusammenarbeit mit der DB (ab Dortmund, über Bochum, Essen, Duisburg, Düsseldorf) und den Bahnen in NL und B organisiert werden. Die Bahnen offerieren für diesen Sonntag einen Sonderpreis und ermöglichen die Mitnahme von Fahrrädern. Vor Ort, im Kreis Heinsberg, sollten Straßen, die eine Routenführung zwischen 25/30 km und 70 km ermöglichen, für den Autoverkehr gesperrt werden. Entsprechend dem Heinsberger Profil „Märkte, Motten und Mühlen" führt der Parcours an einigen dieser Sehenswürdigkeiten vorbei. Sie können auch in den Verlauf der Route eingeplant werden (Besuch eines Marktes, Besichtigung einer Motte und einer Mühle). Außerdem sollten die Gastronomen die gesperrten Straßen teilweise für eine „Open air" Gastronomie nutzen.

Jugendliche sollten ebenfalls für eine Weekend-Tour nach Heinsberg angesprochen werden. Dies könnte im Rahmen eines Challenge-Day erfolgen, die Werbung dafür ist euregional zu organisieren. Als Sportaktivitäten sind Beachvolleyball, Streethockey, Skateboards, Inline Skates, evtl. Surfen und Wasserski, u.a. denkbar. Am Samstagabend folgt der „kulturelle" Teil, z.B. Konzerte mit verschiedenen Gruppen und Musikstilen, Shows von Theatergruppen und sonstige kulturelle Aktivitäten. Da dieses Wochenendangebot an verschiedenen Orten des Kreises präsentiert werden kann, ist die Frage des Transports und der Verkehrsverbindungen zu klären. Preiswerte Unterkünfte und Gaststätten müssen vorhanden sein.

Für das Binnenmarketing wäre es sinnvoll, diesen Challenge-Day zunächst nur im Kreis Heinsberg und den angrenzenden niederländischen Gemeinden durchzuführen. Die ARGE realisiert derartige Veranstaltungen mit unterschiedlichen Angeboten für verschiedene Bevölkerungsgruppen. Sie bietet sportliche Aktivitäten für Kinder, Jugendliche, Männer und Frauen, aber auch für Senioren an. Dieses Angebot muss auf bestimmte Zielgruppen spezifiziert und um kulturelle Aspekte ergänzt werden, damit es zum „Challenge-Week-End" und außerdem touristisch nutzbar wird.

Konkurrenz für den Tourismus im Kreis Heinsberg stellt vor allem der angrenzende Niederrhein dar aufgrund der landschaftlichen Gegebenheiten sowie der möglichen Verknüpfung von Erleben der Landschaft, historischem Erbe und attraktiven Events. Von dieser Konkurrenz muss sich der Kreis Heinsberg durch ein eigenes Profil abheben, das unter zwei Themen bestimmt werden könnte.

Das erste Thema wird unter dem Slogan „Märkte, Motten und Mühlen" entwickelt. Eine derartige Kombination entspricht auch den Zielgruppenanalysen, aus denen hervorgeht, dass deutsche Kulturtouristen ein touristisches Produkt erwarten, das sich aus Erlebnis-, Konsum- und Gourmetelementen zusammensetzt (Steinecke 1994: 22). Von den Sehenswürdigkeiten mit lokaler und regionaler Bedeutung können vor allem die profanen Bauwerke genutzt werden. Da im Tal der Wurm zahlreiche Schlösser und Burgen vorhanden sind, sollte eine thematische Route zu ihnen führen (Geilenkirchen: Schloss Trips, Übach: Haus Zweibrüggen). Mit der VHS, dem Heimatverein, dem Denkmalamt könnte ein Paket über die Entwicklung dieser Bauwerke unter dem Thema „Von Motten und Burgen zu Schlössern" geschnürt werden. Entsprechend dem Slogan

„Märkte, Motten und Mühlen" ist es möglich, Wander-/Radwandertouren, eine „Wassermühlen-Tour im Tal der Schwalm" oder eine „Windmühlen-Tour" (Heinsberg, Haaren, Waldfeucht, evtl. niederländische Mühlen) zu konzipieren. Bei diesen Touren können die Mühlen besichtigt (evtl. als Paket mit Führung), die Heimatmuseen miteingebunden und schließlich die Teilnehmer einer derartigen Tour aktiviert werden. Das Thema „Vom Korn zum Brot" erklärt die Funktion einer Kornmühle. Im Heimatmuseum oder auf einem der erhaltenen Bauernhöfe (z.b. Rietdachgehöfte des 17./18. Jahrhunderts in Rickelrath, Venheyde, Schwaam, Merbeck) wird mit alten Verfahren und Öfen Brot gebacken. Derartige Themen und Aktionen könnten in Zusammenarbeit mit dem Kreismuseum, der VHS oder dem Heimatverein realisiert werden.

Außerdem ist zu überlegen, wie die kreisweit stattfindenden Märkte und Ereignisse „typisiert" werden könnten. Jeweils einer Gemeinde sollte ein „Ereignis" zugeordnet werden, z.b. der Stadt Heinsberg ein bestimmter Markt, der Gemeinde X der Schlemmermarkt, der Gemeinde Y der Töpfermarkt, Erkelenz das Schnauferl-Treffen und die grenzüberschreitende Oldtimer-Rallye (fand am 27./28.9.1997 erstmalig statt). Auch ein jährlicher Europa-Tag, der einzelnen Staaten der EU gewidmet ist, könnte realisiert werden („Geilenkirchen blickt auf Europa" 1997 Niederlande). Diese Events sollten regelmäßig wiederkehren und als aktuelle Kulturereignisse in die Wander- und Rad-Touren mit eingebunden werden.

Entsprechend den Trends im Tourismus muss eine stärkere Spezifizierung des Angebots vorgenommen und auf spezifische Zielgruppen ausgerichtet werden. Dies ist möglich über den Slogan, mit dem der Kreis Heinsberg sich profilieren könnte. Ausgehend von der geographischen Lage wäre er als der „Weite Westen Deutschlands" vermarktbar. Landschaft (Heideflächen, Flusstäler, Naturschutz) und die dünne Besiedelung lassen es zu, hier ein Western Szenario zu inszenieren (Rodeos, Reiterferien, Gastspiele der Karl-May-Festspiele, Western Town-Atmosphäre mit Glücksspielen im „Saloon").

Die obigen Vorschläge dokumentieren, dass hier ein erweiterter Kulturbegriff zugrundegelegt wird. Auch wird der Begriff der Authentizität vernachlässigt, d.h. das touristische Angebot erwächst nicht direkt aus dem vorhandenen regionalen Potential.

Eine Spezialisierung, die allerdings kaum noch Berührung mit dem Kulturtourismus hat, kann über die Ausrichtung auf bestimmte Sportarten erfolgen. Nachdem Tennis- und Golf-Ferien fest etabliert sind, könnte der Kreis Heinsberg, bedingt durch die Gegebenheiten vor Ort, zum Eldorado der Reiter werden. Die bereits vorhandenen Reiterhöfe und noch zu errichtenden Pferde-Raststationen könnten zusammen mit einem ausgebauten und gepflegten Reitwege-netz attraktive Angebote für eine zahlungskräftige Gruppe, nämlich die der Reit-sport-Anhänger, entwickeln. Sie sollten von der Reitausbildung über Ausflüge mit Lagerfeuer bis zu Wanderreit-Trails reichen und als Zielgruppe Kinder, Ju-gendliche und Wanderreiter ansprechen. Diese Spezialisierung würde das „Wes-tern"-Image sinnvoll ergänzen.

Insgesamt muss eine stärkere Bündelung der kulturellen Angebote in Heins-berg erfolgen. Vorrangig ist hier die Zusammenfassung eines Kulturkalenders für die Stadt und den Kreis Heinsberg, die z.Zt. noch jeweils einen eigenen Füh-rer herausgeben wie auch die Kreisgemeinden, die zusätzlich eigene Flyer dru-cken. Dies macht das Angebot sowohl für die Besucher, aber auch für die Be-wohner des Kreises unübersichtlich. Ein guter Ansatzpunkt sind die vom HTS zusammengestellten Veranstaltungsinformationen. Sie gelten bereits für den Kreis und könnten um die Angebote der niederländischen Gemeinden erweitert werden. Der Veranstaltungsführer muss aus zwei Teilen bestehen: Ein Teil bein-haltet die ständigen oder wiederkehrenden kulturellen Angebote mit Angabe von Adressen, Art des kulturellen Angebots und Öffnungszeiten/Preise. Der zweite Teil müsste regelmäßig aktualisiert werden und über die einmaligen/tem-porären Angebote informieren.

Auch sollte der Heinsberger Kultursommer nicht in Konkurrenz zum glei-chen Event in Aachen treten, dessen Höhepunkte in Heinsberg ohnehin nicht fi-nanzierbar sind. Er muss inhaltlich/thematisch anders ausgerichtet sein und ein ganz spezifisches Publikum ansprechen. Im Unterschied zu Aachen, wo auf-grund des historischen Erbes ein klassischer Kulturtourismus möglich ist und dem als temporäre Events entsprechend „klassische" Veranstaltungen („Klassi-sches" aus Oper, Operette, Musical, Pop, aber auch Theater) zugeordnet werden können, sollte in Heinsberg ein „Nischen-Publikum" angespochen werden, das ganz spezifische kulturelle Ereignisse nachfragt. Dies könnte über die Western-Thematik erreicht werden. Denkbar sind ein Country-Music-Festival, Trucker-Treffen oder Square-Dance-Competitions (Square-Dance-Clubs treffen sich zum Wettbewerb).

Die Eifel-Gebiete

Im Bewusstsein der Bevölkerung ist die „Eifel" ein bereits etablierter Begriff, sie wird in Zusammenhang mit Vulkanismus, Abgelegenheit („Preussisch-Sibi-rien") und natürlicher Landschaft gebracht. Da das gesamte Eifelgebiet bereits ein Image hat, macht es wenig Sinn, nordrhein-westfälische Eifelgebiete getrennt von den rheinland-pfälzischen Teilen der Eifel zu vermarkten. Hier ist eine bundesländerübergreifende Kooperation dringend geboten, um dem potentiellen Besucher ein umfassendes und attraktives Angebot zu präsentieren. Um das bereits existierende Image der Eifel, das zum Teil auch negativ besetzt ist, touristisch nutzbar zu machen, wird eine Modifizierung des Eifel-Images vorgeschlagen. Das vorgeschlagene neue Leitbild vermarktet die Eifel als „Wunderwelt Eifel". Die „Wunderwelt Eifel" kann als touristisches Markenprodukt sowohl Angebote machen, die dem klassischen Kulturtourismus verpflichtet sind, als auch erlebnisorientierte Formen anbieten.

Auch kann in der Eifel die Grenzlage für einen grenzüberschreitenden Tourismus genutzt werden. Dies geschieht bereits in den vorhandenen Naturparks, die Zusammenarbeit mit belgischen und luxemburgischen Anbietern sollte allerdings weiter ausgebaut werden und z.b. zu grenzüberscheitenden Themenstraßen führen.

3.6.5 Konzepte zum traditionellen Kulturtourismus in der Eifel

Die Inszenierung der Eifel als kulturtouristisches Gebiet bietet sich an, da sie über erhaltene historische Reste (Kirchen und Klöster, Burgen und Schlösser, Stadt- und Ortskerne) und zudem über landschaftliche Schönheit und Vielfalt verfügt. Damit ist ein Kulturtourismus möglich, der auf dem vorhandenen Erbe aufbaut und der deshalb als authentisch gilt. In der Eifel ist eine weitaus intensivere Vermarktung des historischen Erbes geboten, um eine größere, vor allem eine überregionale Bekanntheit zu erreichen. Dies muss nach der Entwicklung eines typischen Leitbildes für die klassische Variante des Kulturtourismus in der Eifel durch die Zusammenarbeit mit allen dort tätigen Touristik-Anbietern in den Zielregionen (Ruhrgebiet, belgische und niederländische Ballungsräume, Berlin etc.) realisiert werden. Hier ist im Sinne einer effektiven Vermarktung ein länderübergreifender Zusammenschluss dringend nötig. Ob das typische Leitbild des Kulturtourismus in der Eifel sowohl Natur als auch Kultur umfassen sollte, ist zu diskutieren, da das GHZ Luxemburg bereits mit dem Slogan „Kultur liegt in unserer Natur" operiert. Im Sinne einer Profilierung der Eifel als eigenständige kulturtouristische Destination sollte eher darauf verzichtet, dafür aber die aktuelle Kultur miteinbezogen werden. Deshalb ist die Attraktivierung der Destination Eifel durch regelmäßig stattfindende kulturelle Events zu betreiben. Dies kann in den unterschiedlichen Sparten geschehen, es ist zu überlegen, ob man den Musik-Bereich oder eine andere Kunstsparte, z.B. Theateraufführungen, bevorzugt. Diese (wetterunabhängige) Form des Kulturtourismus bietet sich in der Eifel an. Jedoch gilt für alle Sparten der Kunst, dass der Akzent weniger auf dem klassischen (Hoch)Kulturbereich liegen sollte, sondern eher auf der unterhaltsamen und populären Kunst.

Als Stichwort für den authentischen Kulturtourismus in der Eifel wird der Begriff „Romantik" vorgeschlagen: „Romantische Zeitreisen" für die Sparte der darstellenden Kunst und „Romantische Musik an romantischen Orten" für die klassische Musik. Die „Wunderwelt Eifel" ermöglicht dem Kulturtouristen „romantische" Erlebnisse in der Welt der Künste. Dies zeigt, dass der Begriff „Romantik" sich hier nicht auf die entsprechende Zeitepoche und Stilrichtung der Musik bezieht, also nicht als Fachterminus benutzt, sondern umgangssprachlich zur Bezeichnung einer Gefühlslage gebraucht wird.

Romantische Zeitreisen

Die darstellenden Künste könnten die historischen Bauten nutzen, um dem Besucher „Zeitreisen" anzubieten, d.h. szenische Darstellungen einer entsprechenden Epoche in einem „passenden" Ambiente. Dies wird zum Teil auch schon realisiert, wie die Burgspiele in Satzvey mit Ritterturnieren und mittelalterlichem Markttreiben zeigen. Die Aufführungen und Darstellungen der „Zeitreisen" könnten erweitert werden: Szenische Bearbeitungen in säkularisierten Klöstern (Umberto Ecos: Im Namen der Rose) geben ein Bild des mittelalterlichen Klosterlebens, historische Stadtkerne dienen als Kulisse für das „Erleben" der Vergangenheit, Schlösser laden zu „Hoffesten" mit entsprechenden Aufführungen. Hier sind der Phantasie kaum Grenzen gesetzt. Durch Zusammenarbeit mit den vor Ort bestehenden musealen Einrichtungen, Heimat- und Brauchtumsvereinen können ganze „Museumsdörfer oder -orte" etabliert werden. Die Museumsdörfer/-orte werden außerdem in den öko-geologischen Park „Wunderwelt Eifel" eingebunden und verbinden den traditionellen, authentischen Kulturtourismus mit neuen, auf das „Erleben" ausgerichteten Formen.

Ein Beispiel für ein derartiges Museumsdorf ist das „Beamish Museum" in Nordengland, das im folgenden beschrieben wird. Derartige Museumsorte gibt es auch in den USA, wo die „Bewohner" dem Touristen eine beeindruckende Vorstellung von der Lebensweise ihrer Vorfahren geben.

Das Beamish Museum bringt dem Besucher die Lebensweise der Menschen in Nordengland zu Beginn unseres Jahrhunderts nahe. Dies geschieht nicht durch Texte und Ausstellungsstücke, sondern durch das Erleben der Geschichte: Im „Sun Inn" Pub wird dunkles Ale gezapft, auf der Getränke- und Speisekarte gibt es die typischen Getränke und Speisen der Zeit, die selbstverständlich von entsprechend gekleideten Darstellern serviert werden. Im „Sweet Shop" können die Gäste zusehen, wie Bonbons hergestellt werden, die Verkäuferinnen tragen weiße Häubchen und Schürzen und verkaufen die bunten Bonbons aus den Gläsern. Die „Home Farm" ist der Bauernhof von Beamish, der Misthaufen liegt vor dem Hof, Schweine, Kälber, Hühner werden in der früher üblichen Weise gehalten. Die bürgerliche Lebensform wird in dem Haus des Zahnarztes oder der Anwaltskanzlei präsentiert. Die Tageszeitung wird mit Bleilettern im „Newspaper Office" gesetzt. Selbstverständlich gibt es einen zeittypischen Laden zum Einkaufen der Lebensmittel, alte Straßenbahnen transportieren die Gäste durch das weiträumige Gelände und an der „Railway Station" schnauft eine Dampflok. Die Bergarbeiterhäuschen aus einem nahegelegenen Dorf sind in Beamish neben der Kohlengrube wieder aufgebaut worden und genauso eingerichtet wie zur Jahrhundertwende. Das Museumsdorf ist ganzjährig geöffnet, der Eintritt beträgt 20 DM (Kinder) und 24 DM (Erwachsene).

Romantische Musik an romantischen Orten

Die Eifel kann im Bereich der Musik ebenfalls ein authentisches, kulturtouristisches Angebot entwickeln, das die gesamte Bandbreite der musikalischen Entwicklung umfasst: Von gregorianischen Gesängen in Kirchen und Klöstern, über profane und sakrale Musik der Renaissance in Burgen und Schlössern bis hin zu Barock, Klassik und Romantik in entsprechenden Bauten. Ein Ansatzpunkt zur überregionalen Attraktivierung der Eifel in der Sparte Musik wäre die Anbindung an das noch zu konzipierende Euregio-Festival. Die musikalischen Beiträge der Eifel sollten stimmig zum Programm des Euregio-Festivals sein, es ergänzen, dabei aber einen ganz spezifischen Charakter besitzen. Dies kann unter der Bezeichnung „Romantische Musik an romantischen Orten" erfolgen. Die Bezeichnung „Romantische Musik an romantischen Orten" kann als Thema für die Etablierung des Eifel-Festivals dienen, das ein entsprechendes Musikangebot aus dem Bereich der klassischen Musik offeriert. Allerdings wenden sich Aufführungen von klassischer Musik, die hier als Stimmungsträger benutzt werden soll, an ein gebildetes und anspruchsvolles Publikum. Um dieses Publikum anzuziehen, ist ein hochkarätiges und überregional attraktives musikalisches Angebot zu konzipieren. Damit stellt sich die Frage, ob dies im Bereich der Eifel finanzierbar ist, zumal diese Musikformen nur von einer ganz bestimmten, oben beschriebenen und zahlenmäßig geringen Zielgruppe nachgefragt werden.

„Swinging Eifel"

Aus diesem Grund sollte unter dem Stichwort „Swinging Eifel" die Musik unseres Jahrhunderts präsentiert werden, wobei das Gewicht auf der „leichten Muse" liegen müsste. Unter dem Stichwort „Magic Music Wonderland", „Swinging Eifel" (ein griffiger deutscher Titel ist noch zu finden) sind Musiktheater-Aufführungen zu bestimmten Terminen denkbar, sie können ergänzt werden durch Musicals („Die Schöne und das Biest" in einem Schloss) sowie durch andere musikalische Show- und Entertainment-Angebote. Durch die Konzentration auf die Unterhaltungs-Musik unseres Jahrhunderts unterscheidet sich die Destination Eifel von anderen Festivalgebieten (Schleswig-Holstein-Festival, Flandern-Festival), aber auch von den etablierten Festspiel-Orten wie Bayreuth oder Salzburg. Einen Berührungspunkt gibt es lediglich zu den Bregenzer Festspielen, die inzwischen auch Musicals (Porgy und Bess) im Repertoire haben. Mit der deutlichen Abgrenzung durch die Festlegung auf die Unterhaltungs-Musik kann das Eifel-Festival in das ebenfalls geplante Euregio-Festival miteinbezogen werden. Ein weiterer Vorteil besteht in der mit dieser Ausrichtung erfolgten Vergrößerung der Zielgruppe, da mit diesem Programm nicht nur die Klassik-Liebhaber, sondern auch Fans anderer, populärer Musik-Richtungen angesprochen werden.

3.6.6 Erlebnisorientierte Formen des Kulturtourismus in der Eifel

Die „Wunderwelt Eifel" als öko-geologischer Park

Dieses touristische Konzept verlässt die Variante des klassischen Kulturtourtourismus, indem es kulturtouristische Aspekte mit dem Erleben der vorfindbaren Kulturlandschaft verbindet. Die „Wunderwelt Eifel" beinhaltet „feuerspeiende Berge und Fossilien, Fauna und Flora der Eifel" und stellt die Besonderheit und Einzigartigkeit der Eifellandschaft in den Vordergrund. Der öko-geologische Park wird in Abkehr von der Ereignis- und Erlebniskultur geplant und soll als Dauereinrichtung ein Informationsangebot über die Erdgeschichte und somit ein kulturtouristisches Angebot entwickeln. Die inhaltlichen Themen des Parks konzentrieren sich auf drei Bereiche: Die Erdgeschichte, die eifeltypische Naturlandschaft (wobei vorausgesetzt wird, dass unsere heutige „Natur"-Landschaft immer schon vom Menschen bearbeitete und damit veränderte „Natur" darstellt) sowie die für die Eifel charakteristische Kulturlandschaft, d.h. die Nutzung der natürlichen Ressourcen durch den Menschen. In die beiden letzten inhaltlichen Bereiche sind ökologische Aspekte integrierbar. Unter dem Label „Wunderwelt Eifel" kann ein neues Image der Eifel etabliert werden, das von allen Regionen der Eifel benutzt und gemeinsam vermarktet wird. Die „Wunderwelt Eifel" gliedert sich nach den lokalen Funden, Vorkommen und Gegebenheiten in „Feuerspeiende Berge und Fossilien", „Wunderwelt Eifel: Fauna und Flora" sowie „Wunderwelt Eifel: Kultur und Natur pur". Das Ziel dieser Strategie ist es, die „Eifel" zu einem touristischen Markenprodukt zu machen, das sich von anderen Destinationen unterscheidet und das dem Touristen ein attraktives und spezielles Angebot macht. Dem Besucher des öko-geologischen Parks wird ein Panorama der Entwicklung der Erdgeschichte, der Pflanzen- und Tierwelt vor Augen geführt, das ihn zur Achtung und Bewahrung seiner Umwelt anregen soll. Der Aspekt „Erholung" steht jedoch im Vordergrund, obwohl er in eine inhaltliche Thematik miteingebunden wird und als Klammer der drei inhaltlichen Bereiche dient: Der Gast sucht nämlich vor allem „Erholung vom Alltag". Deshalb ist der gesamte Park ein „Resort", er verfügt über gut ausgestattete Picknick-, Spiel- und Sportplätze, die in die unterschiedlichen inhaltlichen Schwerpunkte integriert werden und als „Aktionsräume" ausgewiesen sind. Das Hotel- und Gaststättenangebot bedient alle Preisgruppen, Auto-, Rad- und Wanderwege sind ausgeschildert und gepflegt. Der Entwurf des öko-geologischen Parks im Rahmen der „Wunderwelt Eifel" macht zwar Anleihen bei dem Konzept der Themenparks, jedoch in Form einer speziell auf die Gegebenheiten der Eifel zugeschnittenen Variante. Bei dem öko-geologischen Park handelt es sich nicht um einen Park, der dem Vergnügungspark-Konzept mit Fahrgeschäften u.ä. Attraktionen folgt, sondern um eine großräumige Einrichtung eines Themenparks mit Resort-Anlagen an entsprechenden Stellen. Er sollte den Charakteristika der Themenparks entsprechen:

- Eine eigene kleine Welt muss um das Thema hergestellt werden.

- Serviceleistungen müssen differenziert und umfangreich auf unterschiedliche Zielgruppen hin erbracht werden.

- Er muss in eine landschaftlich und architektonisch entsprechend gestaltete Umgebung eingebettet werden.

- Fast alle Anlagen sollten durch die Betreiber selbst bewirtschaftet werden.

Um ökologischen Ansprüchen zu genügen, müssen die Prinzipien für die Errichtung und den Betrieb von Naturparks sowie die Naturschutzbestimmungen beachtet werden. Grundsätzlich ist der Naturschutz mit den Maßnahmen zur touristischen Erschließung zu vereinen, um die ökologisch sensiblen Bereiche zu schützen und zu erhalten, nicht zuletzt, weil der Tourismus nur in einer intakten Landschaft erfolgreich sein kann. Dies kann u.a. durch die Gliederung des Eifel-Parks in Aktions- und Erlebnis-Räume, in Erholungs- und Ruheplätze sowie in Tabuzonen Exkursionen durch, bei denen die Hobby-Geologen ihre eigenen Fossilien „entdecken" können. Sinn macht die Spezialisierung der Museen auch, zumal nach Abschluss der Etablierungsphase des Parks jahresübergreifende Themen zu entwickeln sind, um die Besucher zum Wiederkommen zu veranlassen.

Vorschläge zur möglichen inhaltlichen Ausdifferenzierung der drei Themen

1. Themenbereich Erdgeschichte: Feuerspeiende Berge und Fossilien

Die inhaltliche Ausdifferenzierung des Themas „Erdgeschichte" behandelt die Entstehung der Erde und speziell der Formationen in der Eifel. Der Vulkanismus und die Bildung der Fossilien sind weitere inhaltliche Schwerpunkte. Als bereits bestehende Einrichtung zum Themenbereich „Erdgeschichte", die weiter ausgebaut werden könnte, ist das Naturkunde- und Geologische Museum in Gerolstein aufgrund seiner Lage in einer Eifler Kalkmulde (dies sind Gebiete des an Fossilien reichen mitteldevonischen Kalkgesteins, das sich in einer N-S-Senke von Trier bis Zülpich zieht) geeignet. Da die „Fossilien" einen Schwerpunkt des Bereichs „Erdgeschichte" darstellen, müssen sie entsprechend präsentiert werden.

Als Beispiel für eine Präsentation kann das neue Museum für Mineralogie und Paläontologie in Thallichtenberg bei Kusel dienen. Der Standort des Museums im Raum Kusel ist die Hauptfundstelle fossiler Zeugnisse aus dem Permokarbon. In dieser Zeit vor ca. 270 Millionen Jahren lebten in der Pfalz noch Dinosaurier. Das neue Museum ist ein „Geoskop", es soll dem Besucher Wissen und Einblick in den Verlauf der Erdgeschichte geben. Die Mineraliensammlung wird auf 60 qm präsentiert. Das Prunkstück der Sammlung, ein „weißer Hai" aus dem Permokarbon, zeigt sich dem Besucher durch ein Guckloch im Boden des Museums. Im Untergeschoss des Museums hat der Besucher „direkten" Kontakt mit der Vergangenheit: Ein Fels aus dem Permokarbon ragt in den

Raum hinein. Das Labor des Präparators ist mit einer Glaswand versehen, eine Gegensprechanlage ermöglicht die Kommunikation.

Die Ausstellung und Sammlung des Museums in Gerolstein ist zu attraktivieren, vor allem müssen zu ihrer Aufbereitung und Präsentation die technischen Möglichkeiten genutzt werden, um dem Besucher ein möglichst eindrückliches und intensives Bild von den Veränderungen in den Formationen, Sedimentbildungen und der Fossilienentstehung zu vermitteln. Diese Investition sollte in einer bereits vorhandenen Einrichtung, z.B. der oben genannten, konzentriert und schwerpunktartig erfolgen. Im Anschluss an die Attraktivierung der Präsentation und dem Aus- und Umbau des Museums zu einem Besucher-Zentrum wird ein offensives und gebündelten Marketing der Touristik-Anbieter in den Zielregionen nötig.

Der Gast kann nach der im Besucher-Zentrum erfolgten Einführung die in der Landschaft auffindbaren Relikte zu den Themen erfahren, erleben, erwandern sowie die spezialisierten Besucher-Treffs ansteuern. Ansatzweise, in einem kleinen Rahmen, wird dies bereits im Geo-Park der Verbundgemeinde Gerolstein praktiziert, außerdem werden geologische Exkursionen in Daun, Hillesheim und Manderscheid angeboten. Die bestehenden Angebote sind inhaltlich zu fokussieren und schließlich zu einem Gesamt-Paket „Wunderwelt Eifel: Feuerspeiende Berge und Fossilien" zu verbinden.

Hauptattraktion des Themas „Erdgeschichte" aber ist der Vulkanismus, der in der Eifel in spezifischen Formen anschaulich wird. Auch bei der Präsentation dieses Inhalts kann auf Institutionen zurückgegriffen werden, die im Gebiet der Vulkaneifel existieren; hier ist vor allem das Geo-Zentrum Vulkaneifel in Daun zu nennen. Dieses Zentrum dient bereits jetzt der Informations- und Wissensvermittlung durch Aus- und Darstellungen. Es kann ebenfalls zu einem Besucher-Zentrum ausgebaut werden; vor allem muss das interessante Thema mit allen technischen Möglichkeiten vermittelt werden. Als Beispiel für die Attraktivierung dieses Zentrums kann das französische Vulcania-Projekt dienen. Neben der Präsentation von Panoramen und Modellen von Vulkanen sollten die neuesten medialen Innovationen und technologischen Möglichkeiten genutzt werden, um den Besucher durch Computersimulationen und Filme Vulkanausbrüche oder Erdbeben „live" erleben zu lassen. Danach kann der Gast die Spuren des Vulkanismus in der Landschaft „erfahren" (zu Fuß, per Rad oder Auto) und inhaltliche „Spezialitäten" vor Ort in kleineren Besucher-Treffs erleben.

2. Themenbereich Naturlandschaft: Fauna und Flora

Das Thema „Naturlandschaft" bildet einen weiteren inhaltlichen Fokus des Parks. Grundlage ist die landschaftliche Schönheit und Vielfalt der Eifel, die einen hohen Erholungswert hat. Damit liegt der Akzent hier weniger auf der Information und Darstellung bestimmter Inhalte, sondern der Aspekt des Erlebens der Landschaft und der Erholung in der Natur tritt in den Vordergrund, hinzu kommen die Erhaltung und der Schutz der vorhandenen Flora und Fauna. Um diesen Aspekt zu realisieren, kann wiederum auf bestehende Einrichtungen zurückgegriffen werden. So können die beiden Naturparks (Deutsch-Belgischer und Deutsch-Luxemburgischer Naturpark) mit einbezogen werden. Außerdem sind bereits für Autowanderer Streckenführungen zum Thema „Grüne Straße Eifel-Ardennen", die „Große Eifel-Route" und die „Deutsche Wildstraße" ausgearbeitet worden.

In das Thema „Naturlandschaft, Fauna und Flora der Eifel" gehören auch die Wildparks, in die z.T. Freizeitanlagen integriert sind. Der Hirsch- und Saupark Daun, der Wild- und Freizeit-Park-Eifel bei Gondorf und der Adler- und Wolfspark Kasselburg sind durch die Deutsche Wildstraße verbunden (Strecke: Daun, Manderscheid, Gondorf, Bitburg, Kyllburg und Kylltal, Gerolstein, Pelm, Daun).

In der Nordeifel gibt es Wildparks bei Heimbach (Wildpark Schmidt), bei Schleiden (Gemünd, Waldlehrpfad und Walderlebniszentrum), bei Hellenthal (Wildgehege Hellenthal) und bei Mechernich-Kommern den Hochwildpark Rheinland. Das Hochwild- und Freigehege Gangelt liegt entfernt davon im Kreis Heinsberg.

Diese bereits vorhandenen staatlichen und privaten Institutionen sollten in das Konzept des öko-geologischen Parks eingebunden werden. Ergänzt werden müssen sie durch Resort-Einrichtungen, die neben Unterkünften und Gaststätten der verschiedenen Preisklassen auch Freizeitanlagen für die unterschiedlichen Zielgruppen (Familien mit Kindern, Schüler- und Jugendgruppen) bereitstellen. Sie bilden die Aktionsräume des Parks und müssen zielgruppenorientiert spezielle Inhalte miteinander verbinden, z.B. geologische oder naturkundliche Exkursionen sowie Spiel und Sport in ausgewiesenen/ausgestatteten Aktionsräumen des öko-geologischen Parks. Damit die unterschiedlichen Bedürfnisse der Zielgruppen (erholungsuchende Gäste, Kinder und Jugendliche) nicht kollidieren, erfolgt eine Gliederung des Parks in Aktions-Räume, Ruhe- und Tabu-Zonen. Über die Ausstattung der Aktionsräume ist nachzudenken. Ausgehend von der Zielgruppenbestimmung sollten sie verschiedene Sportarten ermöglichen, die vom Wassersport über Beach-Volleyball, Kletterwände, Half-pipes für Skate-Boards u.ä. bis hin zu Ballspielen wie Fußball und Tennis reichen.

3. Themenbereich Kulturlandschaft: Kultur und Natur pur

Das Thema „Kulturlandschaft" beschäftigt sich mit der Bearbeitung und Nutzung der Natur durch den Menschen sowie den ökologischen Aspekten. Der Umgang des Menschen mit der Natur, die Produktion von Nahrung und die Nutzung der Rohstoffe, kann in der Form von „Öko-Museen" dargestellt werden. Dazu werden die vorhandenen kulturhistorischen Ausstellungsorte/Museen mit ihren Sammlungen zum bäuerlichen Leben auf bestimmte Themen verpflichtet, d.h. ein Haus konzentriert sich auf die Nutzung des Waldes und die Bearbeitung des Holzes. Dazu gehören die Baumarten, die das Holz liefern, die Berufe, die mit der Verarbeitung des Holzes zu tun hatten und noch haben, etc.

Ebenso können ein Haus des Getreides konzipiert oder bestimmte Verarbeitungsformen der lokalen Rohstoffe demonstriert werden. Zusammen ergeben diese, in ihrer Sammlung und Ausstellung spezialisierten und aufeinanderbezogenen, Einrichtungen die „Öko-Route" durch den Park. In diesem Zusammenhang sollte auch das Konzept des Parks, seine Gliederung in Aktions-, Ruhe- und Tabuzonen erklärt werden. Außerdem könnten ökologische Inhalte in Form von Spezialprogrammen der Ausstellungshäuser oder -orte und in geführten Besichtigungen vermittelt werden. Auch dieser Schwerpunkt wird in einer Kombination von Informationen zum Thema und dem „Erfahren" der Landschaft realisiert. Wesentlich ist das Aktivieren der Besucher, damit sie „Natur" nicht nur konsumieren (dies ist eine Frage der Animation, bei der die öffentlichen Anbieter durchaus von den kommerziellen Institutionen, z.B. Animation in den Ferien-Clubs, lernen können).

In diesen inhaltlichen Bereich ist auch das „Museumsdorf", das unter den „Romantischen Zeitreisen" beschrieben worden ist, einzuordnen. Ein passendes Ambiente für ein überschaubares Museumsdorf ist in Kronenburg/Dahlem gegeben.

Eine bereits sehr aktive Einrichtung ist das Naturschutzzentrum Eifel in Nettersheim. Es unterbreitet Angebote in einer derartigen Vielfalt, die für den Besucher fast unüberschaubar ist: Vom kreativen Gestalten über Esoterik bis zu Fossilien reicht das Spektrum. Grundsätzlich gilt, dass ein spezifisches thematisches Angebot nur dort konzipiert werden sollte, wo es Bestandteil des „endogenen Potentials" ist. Zur Orientierung der Besucher und zur gezielten Vermarktung ist eine Spezialisierung der Institution von Vorteil. Museen, Ausstellungs- und Aktionsorte sollten nicht ein breites Sortiment von Ähnlichem und Gleichem anbieten, sondern ganz gezielt inhaltliche und thematische Schwerpunkte setzen. Aus diesem Grund sind Besucherbefragungen dringend geboten. Aus einer solchen Erhebung ließen sich Konsequenzen für die Profilierung des Angebots und seine Attraktivierung ziehen.

Resümee

Das Hauptziel des Konzepts ist es, den Naturraum Eifel als Ganzes zu erfassen, ihn in seiner Eigenart bekannt zu machen und ihn als touristisches „Marken-Produkt" zu etablieren. Die oben skizzierten Vorschläge zum öko-geologischen Park übernehmen die Marke „Wunderwelt Eifel" um klar erkennbares touristisches Produkt mit eigenem Profil anzubieten.

Das Ziel eines öko-geologischen Parks „Wunderwelt Eifel" sollte in einer schrittweisen Kooperation und Vernetzung der bereits vorhandenen Angebote zum Thema realisiert werden. Dazu ist ein hoher Kooperations- und Koordinationsaufwand erforderlich. Um den Marktzugang zu ermöglichen, muss in den Kommunen übergreifend geplant werden und vor allem betriebswirtschaftliches „Know How" benutzt werden. Fragen der Finanzierung sollten in einem derartigen Verbund ebenso wie ein effektives Marketing diskutiert werden. Die thematisch orientierten Kooperationen sind gemeinde- und vor allem bundesländerübergreifend anzulegen. Da das Thema sich auf die vorhandenen regionalen Ressourcen bezieht, dürfte es weder von Einheimischen noch von Gästen als „unecht" empfunden werden.

Besonderes Gewicht ist auf den Aufbau einer differenzierten Zielgruppenarbeit zu legen. Die vielfältige Nutzbarkeit des Angebots muss Bestandteil des Konzepts sein. Für Schulklassen ist ein anderes Angebot zu erarbeiten als für den Familienausflug, Einheimische erwarten andere Schwerpunkte als Urlauber, etc.

Zu den Realisierungschancen des Konzepts

Das Gespräch mit Prof. Dr. Kasig[9] und Herrn Katsch von der RWTH Aachen ergab, dass zahlreiche, bereits schon bestehende Einrichtungen in dieses Konzept eingebunden werden könnten. Sowohl in der rheinland-pfälzischen Vulkaneifel wie auch in den nordrhein-westfälischen Eifelgebieten gibt es geologische Lehr-Pfade, Sammlungen von Fossilien, freigegebene Kalk- und Erzbergwerke, Fossilien- und Mineralienfundorte sowie Ausstellungen zum Vulkanismus. Diese einzelnen Attraktionen müssen konzentriert, d.h. auf die Gesamtkonzeption „Wunderwelt Eifel" hin orientiert werden; hinzu kommt die publikumsnahe Aufbereitung und Attraktivierung, damit ein charakteristisches und eifeltypisches touristisches Produkt entsteht, das zugleich dem Anspruch eines authentischen Kulturtourismus und eines ökologisch vertretbaren Tourismus genügt.

Übungsaufgabe 6

Entwerfen Sie in groben Zügen ein kulturtouristisches Profil (Projekt) für Ihre Stadt bzw. Kommune unter Berücksichtigung der Balance von „Authentizität" und „Inszenierung" (Event).

---

[9] Herr Prof. Kasig nannte als bereits in ihrem Gebiet zuständige Ansprechpartner für dieses Konzept: H. Brunemann, Koordinationsstelle Hellenthal-Rescheid; Fr. Frey, Zielgruppe Jugendliche und Kinder, Gerolstein; H. Jungheim, Museum Nettersheim; und H. Eschgi, Daun.

III Kulturwissenschaftliche Hermeneutik als Bezugsrahmen für ein reflexives Kulturmanagement

Wir verlassen nun die aus wirtschaftswissenschaftlicher Beobachtungsperspektive thematisierten Praxisfelder des Kulturmanagement und bemühen uns im Folgenden – ganz im Sinne eines grenz- und disziplinübergreifenden Verständnisses von Kulturmanagement – um eine kulturwissenschaftliche (philosophische und soziologische) Annäherung an das Phänomen Kulturmanagement.

1 Ästhetisches Denken und Kulturmanagement

Zunächst werden die kulturphilosophischen Überlegungen des "Klassikers" der philosophischen Postmoderne, W. Welsch (1993[3]), unter dem Blickwinkel der ästhetischen Fundierung einer Theorie des Kulturmanagement referiert. Ästhetisches Denken ist – so Welsch (1993[3]) – nicht nur bloß Gegenstand der Reflexion, sondern macht gleichzeitig den Kern des Denkens aus. Es meint eine Mobilisierung der Sinne im Denken, ein Praktizieren von Denken, das über Sinne verfügt und mit ihnen Sinn macht. "Ein ästhetischer Denker sieht und hört nicht bloß in umweltlicher Orientierung, sondern er wittert eine Einsicht, ist einem schal schmeckenden Einfall gegenüber skeptisch, tastet das Gewebe eines Gedankens ab" (Welsch 1993[3]:47). Für ästhetisches Denken sind Wahrnehmungen ausschlaggebend, die nicht bloße Sinneswahrnehmungen sind. Wahrnehmung meint "Gewahrwerden", d.h., das Erfassen von Sachverhalten, wobei dies gleichzeitig mit Wahrheitsansprüchen verbunden ist. Es geht um den Charakter von Einsicht, um Wahrnehmen sowohl sinnlich wie unsinnlich.

"Was sich bei einem Stierkampf im Einzelnen abspielt, kann man sehen. Aber dass darin der alte Kampf von Finsternis und Licht, Böse und Gut, Rohheit und Kultur, Gewalt und List sich wiederholt, dass diese urtümlichen Kräfte hier erneut aufstehen und ihren Kampf vollführen, dessen muss man innewerden, das muss man wahrnehmen. Oder: Licht im Sinne der Beleuchtungsindustrie gehört zum Sehen und zur Sinneswahrnehmung, Licht im umfassenden Sinn der Helle aber – vom Hellwerden des Tages über die Erhellung einer Situation bis zum aufklärerisch erhofften Lichtwerden der Welt – gehört zu einem umfassenderen Wahrnehmen. Ähnlich kann man erotische Attribute zwar feststellend sehen, die erotische Aura einer Person aber gilt es wahrzunehmen" (ebd.: 48).

Diesen Sachverhalt machen sich u. a. moderne Marketingstrategien zunutze. Welsch unterscheidet zwischen Sinneswahrnehmung und Sinnwahrnehmung. Letztere ist anspruchsvoll und bedeutsam. Auf sie kommt es an. Er beschreibt vier Schritte die deutlich machen wie ästhetisches Denken im Ausgang von einer Wahrnehmung im Sinne der Sinneswahrnehmung zu einer Wahrnehmung im Sinne der Sinnwahrnehmung überführt werden kann.

"Stets stellt eine schlichte Beobachtung den Ausgangspunkt und die Inspirationsquelle alles Folgenden dar. Von ihr aus bildet sich dann zweitens – imaginativ – eine generalisierende, wahrnehmungshafte Sinnvermutung. Diese wird anschließend reflexiv ausgelotet und geprüft. Daraus resultiert schließlich eine Gesamtsicht des betreffenden Phänomenbereichs, die durch ästhetische Grundierung mit reflexivem Durchschuss gekennzeichnet ist" (ebd.: 49).

Zunächst werden also die Wahrnehmungsgehalte der Situation forciert, sie werden sozusagen ausgereizt und zugespitzt; dabei kann erfahren werden, dass die Einzelsituation durchaus in der Tat symbolisch für die Gesamtsituation zu stehen vermag. "Aus einer einzelnen Beobachtung geht ein Bild der Welt hervor" (ebd.: 50). Die schlichte Beobachtung ist also das erste, die ästhetisch-imaginative Expansion im Ausgang von ihr das zweite. Dann kommen noch zwei Folgeschritte hinzu,

"reflexive Kontrolle und Stabilisierung des Bildes" (ebd.). Zugespitzt lässt sich formulieren: "Den Ausgang macht eine Beobachtung, daran schließt sich die imaginative und experimentelle Expansion von deren Gehalt an, darauf folgt die reflexive Prüfung, ob dieser imaginative Fund auch wirklich einer ist und schließlich folgt die Konsolidierung der reflexiv erhärteten Wahrnehmung" (ebd.: 51).

Wolfgang Welsch macht dies an einem Beispiel deutlich: München, Ende der 1960er Jahre:

"Die Stadt erlebte einen enormen Modernisierungsschub. Die Olympischen Spiele standen bevor, und allenthalben wurde den modernen Olympiern durch gigantische Baumaßnahmen das Terrain bereitet und obenan die Modernisierungsflagge gehisst: allerorten prangte die selbstbewusste Fortschrittsparole 'MÜNCHEN WIRD MODERN'. – Eines morgens aber las ein Passant an denselben Orten einen ganz anderen Satz. Gewiss, die Tafeln und die Lettern waren noch die gleichen wie vorher. Aber der Text lautete anders. Da stand nicht mehr die Fortschrittsparole 'MÜNCHEN WIRD MODERN', sondern da war plötzlich eine Fäulnisprophetie zu lesen: 'MÜNCHEN WIRD MODERN' (in Moder übergehen). Durch einen kleinen Akzentwechsel hatte sich der Modernisierungssatz als Palimpsest erwiesen und war ein Menetekel hervorgetreten: München wird sich – dereinst, in absehbarer Zeit, bald, es hat schon begonnen – in Fäulnis und Verwesung auflösen. Dieser Wahrnehmungssprung – ein Umschlag des Hörens, Lesens, Auffassens – bildete die Initialzündung. Von da aus tauchte die Frage und Vermutung auf: Könnte es sein, dass zwischen 'Moderne' und 'Moder' und nicht nur, wie man immer schon sagte, zwischen 'Moderne' und 'Mode' ein innerer Zusammenhang besteht? Könnte am Ende der Modernisierungsprozess als solcher ein Moderprozess sein? Denn dies war ja das Bestürzende und möglicherweise Aufschlussreiche dieser Wahrnehmung; dass man kein Yota ändern musste, um von dem einen Sinn zum anderen, vom Fortschrittspathos zur Desaster-Imagination zu gelangen. 'Modern' schlug, buchstäblich identisch bleibend, durch eine bloße Akzentversetzung, in 'Moder' um. Schrie hier der Fortschrittsprozess seine – bislang unerhörte – Wahrheit heraus? Dies war die Vermutung, zu der ein wahrnehmungsoffenes Denken angesichts der geschilderten Umschlag-Erfahrung gelangen konnte.

Dann braucht es drittens eine reflexive Prüfung der Hypothese. Vielleicht war der Gleichklang ja nur ein Zufall und führte – Ernst genommen – nur zu Unsinn. Oder handelte es sich doch um einen veritablen Wink, um das Aufblitzen einer Sinnkonstellation, um eine Goldader für den Explorateur? Das wollte geprüft sein. Machte man sich nun an die Analyse, so entdeckte man zuhauf Indizien und schließlich strukturelle Gründe für den vermuteten Zusammenhang. Das ist heute, wo wir die Krisen der Moderne nicht mehr als Nebeneffekte bagatellisieren, sondern zunehmend als systematische Produkte ungebremster Modernisierung erkennen, geläufiger, als es damals war. Aber was durch eine einzelne Beobachtung veranlasst war, konnte sich schon vor Jahrzehnten zur reflexiv bestätigten Wahrnehmung eines Wirklichkeitszusammenhangs verdichten.

Von da aus konnte der Kernpunkt – die plötzlich wahrgenommene Konjunktion von 'Moderne' und 'Moder' – schließlich viertens – zu jener kritischen Gesamtsicht der Moderne sich entwickeln und stabilisieren, die in der Rede von der Postmoderne ihren Ausdruck gefunden hat" (ebd.: 51 f.).

Als Gegenbegriff zur Ästhetik bezeichnet Welsch "Anästhetik" als jenen Zustand, "wo die Elementarbedingung des Ästhetischen – die Empfindungsfähigkeit – aufgehoben ist" (ebd.: 10). Anästhetik ist Unfähigkeit zur Sensibilität, sie reicht von der physischen Stumpfheit bis zur geistigen Blindheit.

Während Ästhetik sowohl Empfindung als auch Wahrnehmung, Gefühl oder Erkenntnis meint, bezieht sich Anästhetik primär auf die Empfindung. Die Beziehung von Ästhetik zu Anästhetik ist als dialektische zu verstehen: "Anästhetik reicht ... vom Nullphänomen bis zu einem Hyperphänomen des Ästhetischen" (ebd.: 11). Die Phänomene der Kulturindustrie (vgl. Kapitel IV) bezeichnet Welsch als Formen von Anästhetisierung. Die meisten unserer "konsum-inszenatorischen Dekorationsbauten" erweisen sich en detail als zombiehaft und für ein verweilendes Anschauen als unerträglich. Der Betrachter wird für die Wahrnehmung von Faktur und Details systematisch desensibilisiert. "Die gestalterischen Elemente sollen gar nicht als solche wahrgenommen werden, sondern sollen eine Stimmungslage erzeugen, in der sie als Spotlights einer aufgedrehten

Atmosphäre der Stimulation zu schönem Leben und Konsum wirken. Die ästhetischen Werte machen als Animationswerte Sinn" (ebd.: 13 f.).

Mit der Desensibilisierung für ästhetische Fakten geht eine Anästhetisierung auf psychischer Ebene einher.

"Im postmodernen-konsumatorischen Ambiente ... haben die Anregungen einen anderen Sinn (einen nichtkontemplationsfördernden Zweck, Th. H.). Sie erzeugen leerlaufende Euphorie und einen Zustand trancehafter Unbetreffbarkeit. Coolness – diese neue Tugend der 80er-Jahre – ist ein Signum der neuen Anästhetik: Es geht um Unbetreffbarkeit, um Empfindungslosigkeit auf drogenhaft hohem Anregungsniveau. Ästhetische Animation geschieht als Narkose – im doppelten Sinn von Berauschung wie Betäubung. Ästhetisierung ... erfolgt als Anästhetisierung" (ebd.: 14).

Diese Anästhetisierung geht allerdings über den engen Bereich des Ästhetischen weit hinaus, sie ist gleichzeitig mit einer sozialen Anästhetisierung verbunden, mit einer zunehmenden Desensibilisierung für die gesellschaftlichen Kehrseiten einer ästhetisch narkotisierten Zweidrittel-Gesellschaft (ebd.: 15).

Begünstigt wird dieser Prozess durch die mediale Wirklichkeit unserer Gesellschaft, die drastische Anästhetisierungspotentiale enthält. Die mediale Bildwelt hat als eigentliche Wirklichkeit bedingt, dass wir zunehmend kontakt- und gefühllos gegenüber der ursprünglich konkreten Wirklichkeit, die inzwischen zur uneigentlichen, sekundären, scheinhaft-farblosen Realität herabgesunken ist, werden. "Die Anästhetisierung gegenüber der Realität von einst ist die Kehrseite des Aufstiegs der neuen, der Tele-Ontologie ... Wer bildervoll ist, der braucht keine Fenster mehr, er hat schon alles (hat es zumindest zur Verfügung)" (ebd.: 16).

Seit dem 26.04.1986, dem Tag von Tschernobyl, müssen wir uns bewusst sein, "dass die elementaren Bedrohungen unserer Gegenwart anästhetischer Art sind. Sinnlich kann man sie nicht mehr wahrnehmen, erst ihre Schäden betreffen – sprich: zerfressen – auch die Sinnlichkeit" (ebd.: 18).

Gaben uns früher die Sinne zuverlässigen Bescheid über Zuträglichkeiten und Abträglichkeiten, Nutzen und Schaden für uns als Lebewesen, so hat sich dies im technologischen Zeitalter grundlegend geändert. Unser Vertrauen in die Sinne ist zur Falle geworden (vgl. auch Anders 1980). Was uns angenehm ist, macht uns kaputt. Da wir uns nicht mehr auf unsere Sinne verlassen können, könnte man die Anästhetik sogar als "Lebensvorteil" bezeichnen. Wir würden nicht mehr zum Schädlichen verführt werden. Darin liegt die Paradoxie unserer gegenwärtigen Situation. Tatsache ist, dass die Anästhetisierung im Sinne eines Unempfindlichwerdens für den Unterschied von Simulation und Original auf dem Vormarsch ist (vgl. Welsch 1993[3]: 21).

Anästhetik als Überlebensstrategie tritt dort auf, wo das Wegsehen, wo die

Verweigerung eindringlicher Wahrnehmung hier zur Bedingung von Selbsterhaltung geworden ist (vgl. ebd.: 64). Bei zahlreichen gesellschaftlichen, umweltlichen, menschlichen Phänomenen ästhetischer Unerträglichkeit ist dies der Fall. So sind z.b. viele Politikerreden nur durch Ignorieren, Wahrnehmungsverweigerung, Panzerung zu bestehen.

> "Wir haben nicht nur Müllberge, sondern auch Schrottgerede. Haben nicht nur Abraumhalden, sondern betreiben schon Abrissbau und bewegen uns oft inmitten unseresgleichen mitsamt allen anderen wie in einer Kloake ... Wahrnehmungs- und Kommunikationsverweigerung gegenüber solchen Situationen hat nichts Elitäres an sich, sondern ist lebensnotwendig geworden" (ebd.).

Ästhetisches Denken und ästhetische Erfahrung bürgen – so Welsch – für die Wirklichkeitskompetenz einer Welt, die sowohl durch Ästhetisierung als auch durch Anästhetisierung geprägt ist.

Welche Funktion kommt in diesem Zusammenhang der Kunst zu?

Kunsterfahrung kann geradezu als Modell ästhetischen Denkens fungieren. Strukturelles Merkmal der Kunst ist die Pluralität. Wer für diese Kunst ein Sensorium hat, dem wird Folgendes klar:

> "Man muss erstens jeweils den springenden Punkt und spezifischen Ansatz entdecken. Man muss zweitens die eigentümliche Gestaltungslogik und die spezifischen Regeln des betreffenden Kunsttypus erfassen und beachten ... von daher wird man drittens allergisch, aber auch gefeit sein gegen banausische und beckmesserische Übergriffe, gegen die Bemessung des einen Typus am Maß des anderen, gegen diesen Elementarfehler in einer Situation der Pluralität – gegen diesen einen kleinen Anfang von Terror, dessen Ende unabsehbar groß sein kann" (ebd.: 70).

Kunst bringt uns, wie sonst kein Medium, die Pluralität der Gesellschaft nachdrücklich in Erfahrung. Allerdings ist nicht mehr die Situation der Pluralität, sondern der mögliche Verkehr der pluralen Formen untereinander zum generellen Problemfocus der Gegenwart geworden und stellt zugleich ein Grundthema der postmodernen Kunst dar (vgl. ebd.: 72).

Das zukünftige Denken ist – so Welsch – ein Denken in Kategorien der Transversalität. Verschiedene Kunstformen miteinander zu verknüpfen heisst, verschiedene Bildsprachen aufeinander zu beziehen.

> "Ästhetisches Denken, das mit seinem Wahrnehmungsbezug Wahrheitsansprüche verbindet – und ohne dies wäre es trivial und zynisch – birgt gerade in einer Situation der Pluralität kritische Potenzen und wendet seine Sensoren gegen das aufgedrehte Potpourri, das plural tut, während es in Wahrheit alles in eine Einheitssoße verwandelt" (ebd.: 74).

Ästhetisches Denken in diesem Sinne ist in besonderer Weise wirklichkeitskompetent. Auch die politische Kultur bedarf einer Kultivierung einer solchen

Wahrnehmungsfähigkeit. Politik geht anästhetisch glatter, einzig ästhetisch aber könnte sie den heute gestiegenen Anforderungen von Gerechtigkeit Rechnung tragen (vgl. ebd. 75).

Unstrittig ist, dass Welsch in vielfacher Hinsicht die philosophischen Grundlagen der Kritischen Theorie (Adorno, Marcuse, Anders u. a.) aufgreift und reformuliert. Um diese Tradition aufzuzeigen, soll der folgende Exkurs zum Thema "Kultur/Kunst und Gesellschaft" (Marcuse) eingeschoben werden.

In der Verhältnisbestimmung von Kunst (Kultur) und Gesellschaft weist Marcuse (1965) darauf hin, dass eine autonome ästhetische Praxis und eine aus zweckrationalen Handlungszusammenhängen gebildete Gesellschaft eine prekäre, komplementär aufeinander verweisende Einheit bilden. Diese Verhältnisbestimmung begreift er als ambivalent, und zwar deshalb, weil trotz ihres marginalen Status Kunst immanenter Bestandteil der gegeben Gesellschaft ist, andererseits jedoch "draußen" steht und somit ein transzendentes utopisches Potenzial darstellt, das über die Bedürfnisse der materiellen Produktion hinausgehende Wünsche und Imaginationen der Gesellschaft enthält.

In dem Essay "Tod der Kunst im Zeitalter der Technologie?" konstatiert Marcuse, dass Kunst sich bisher nur verwirklichen konnte, indem sie Illusion blieb und Illusionen schuf. Gegenüber früheren Zeiten habe sich der Stellenwert von Kunst insofern geändert, als sie heute ein potenzieller Faktor bei der Konstruktion einer neuen Realität werde. Voraussetzung dafür sei, dass Kunst als Erkennen und Rückerinnern sich auf die "ästhetische Macht der Ruhe" besinne, der

"Ruhe des Bildes und der Statue, der Ruhe, die die Tragödie durchdringt, und der Ruhe, die in der Musik vernommen wird. Ruhe als kommunikatives Medium, als Bruch mit dem Gewöhnlichen und Vertrauten; Ruhe nicht nur an einem bestimmten Platz oder zu einer bestimmten Zeit für die Kontemplation reserviert, sondern als eine ganze Dimension, die vorhanden ist, ohne gebraucht zu werden. Lärm ist überall der Aggression unterstellt. Urtrieb aller erotischen und ästhetischen Energie, sucht der narzisstische Eros vor allem anderen die Gelassenheit. Die Gelassenheit, in der die Sinne dem, was in der täglichen Geschäftigkeit und in dem täglichen Vergnügen unterdrückt wird, ihre Aufmerksamkeit und ihr Gehör widmen können; in der wir wirklich sehen, hören und fühlen können, was wir und was die Dinge sind" (Marcuse o. J.: 4 f.).

Kunst könne als Form der Imagination die Konstruktion einer neuen Gesellschaft einleiten ... "In dem Maße, wie die ästhetischen Qualitäten die nicht-aggressiven Qualitäten par excellence sind, würde Kunst als Technologie und Technik die Entstehung einer neuen Rationalität hinsichtlich der Konstruktion einer neuen Gesellschaft implizieren, d.h.: die Entstehung neuer Verhaltensweisen und Ziele des technischen Fortschritts selbst" (ebd.. 5). Die Verwirklichung von Kunst in diesem Sinne als Prinzip gesellschaftlicher Rekonstruktion setze einen grundsätzlichen gesellschaftlichen Wandel voraus, eine "totale Umorientierung des Lebens in einer neuen Gesellschaft". In einer solchen Gesellschaft würde "Kunst-Technik die lebensschützenden und lebenserweiternden Möglichkeiten der Materie freisetzen; das Leben würde von einem Realitätsprinzip beherrscht werden, welches die Energie der Aggression zugunsten der Energie der Lebenstriebe auf einer sozial erträglichen Stufe hält" (ebd.: 6). In diesem Sinne sei Kunst tatsächlich eine Illusion: eine Darstellung dessen, was nicht ist. Dennoch: das "Gewusst wie" liege schon vor, die Instrumente und Materialien für die Konstruktion eines nicht-aggressiven, ästhetischen Milieus seien vorhanden. Die Verwirklichung, die wirkliche Änderung – Menschen und Gegenstände zu befreien – bleibe Pflicht der politischen Aktion. "Aber diese wesensfremde Aktivität heute ist vielleicht der Situation von Kunst zugehörig – und vielleicht sogar die Vollendung von Kunst" (ebd.: 9).

Wer– so Welsch (1993[3]) – durch die

"Schule der Kunst gegangen ist und in seinem Denken der Wahrnehmung Raum gibt, der weiß nicht nur abstrakt um die Spezifität und Begrenztheit aller Konzepte, auch seines eigenen, sondern rechnet mit ihr und handelt demgemäß. Er urteilt und verurteilt nicht mehr mit dem Pathos der Absolutheit und der Einbildung der Endgültigkeit, sondern erkennt auch dem anderen mögliche Wahrheit grundsätzlich zu, noch gegen die eigene Entscheidung" (ebd.: 76).

Es entstehen zunehmend Lebensformen, die durch Wahrnehmungen konturiert sind und auf Erweiterungen der Wahrnehmungsfähigkeit und Wahrnehmungsrelevanz zielen. In diesem Zusammenhang kommt es auf die prinzipielle Anerkennung des Einsichtscharakters und der Orientierungsrelevanz von Wahrnehmungen an. Kunst ist also nicht Ziel sondern ein Modellbereich der Reflexion. Sie stellt Wahrnehmungspotenziale bereit und verlangt besondere Wahrnehmungsfähigkeit bzw. setzt diese frei. Auf dieses Wahrnehmen kommt es dem ästhetischen Denken an. Hierbei ist nicht nur an die sinnliche Wahrnehmung zu denken, sondern an Wahrnehmung allgemein, insbesondere an ein Erfassen originärer Sachverhalte, die als originäre eben nur durch wahrnehmungsartige Vollzüge erschlossen werden können (vgl. ebd.: 109).

Da die heutige Wirklichkeit vor allem über Prozesse medialer Wahrnehmung konstituiert ist, kann ihr auch nur noch mit einem wahrnehmungsfähigen Denken adäquat begegnet werden. "Angesichts einer Wirklichkeit, deren Pluralität heute durch massive Unifomierungstendenzen bedroht ist, wächst die Relevanz und ... Dringlichkeit einer solchen Ästhetik" (ebd.: 150). Eine solche Ästhetik schließt eine Anästhetik ein. "Sie richtet ihr Augenmerk auf die Ausschlüsse, die mit jedem Wahrnehmen verbunden sind ... sie verlangt eine spezifische Aufmerksamkeit auf die Blindheit des Wahrnehmens selbst, auf die immanente Anästhetik jeglicher Ästhetik" (ebd.: 150/151). Allenthalben ist unser Denken dazu übergegangen, die "Idee eines letzten Fundaments zu verabschieden und statt dessen eine originäre Vielzahl wirklicher und möglicher Welten, Sinngestalten und Lebensformen anzuerkennen und als Basisbeschreibung zu vertreten" (ebd.: 155).

> "Die Kunst kann ... als Elementarschule der Pluralität soziale Modellfunktion haben. Das heißt keineswegs, dass nun alles inhaltlich an ihr zu orientieren wäre. Aber strukturell hat sie Vorbildfunktion. An ihr kann man lernen, was heute analog auch in der Gesellschaft mit ihren differenten Lebensformen wichtig wird: Anerkennung des Differenten, Verbot von Übergriffen, Aufdeckung impliziter Überherrschung, Widerstand gegenüber struktureller Vereinheitlichung, Befähigung zu Übergängen ohne Gleichmacherei" (ebd.: 165).

Über den Tellerrand eigener Wahrnehmung schauen, Fremdes zu Eigenem machen, in der eigenen Gebärde das Andere schauen – das ist der Grund, sich auf Kunst einzulassen. Kunst erweist sich als Erkenntnis und Organisationsprinzip in komplexen Praxisfeldern wie Pädagogik, Medizin, Ökologie, Politik und eben auch in der Wirtschaft.

Die Gegenwartsdiagnose "Postmoderne" hat Pluralität zum Focus. Die Postmoderne beruht auf der Einsicht, dass "die Diversität der Lebensformen, Orientierungsmuster, Sprachspiele und Bedürfnisstrukturen unüberschreitbar und legitim ist" (ebd.: 214).

Für ein innovatives Kulturmanagement bedeutet dies, dass es auch Ressourcen zur Produktion von noch nie Dagewesenem nutzt. Die Zukunft wird ein Leben innerhalb unterschiedlicher sozialer und kultureller Kontexte sowie ein Leben, das in sich mehrere Entwürfe durchläuft und verbindet, sein. Darauf muss ein modernes Management adäquat reagieren. Zu seiner Aufgabe gehört es geradezu, die Erfahrung von Unstrukturiertem zu ermöglichen, Ungesehenes zu schaffen, Objekte im Geist des Ereignisses zu gestalten (vgl. ebd.: 217). "Das ist kein Freibrief für Dilettanten, sondern ein Aufruf zu professionellem Mut" (ebd.). Es gilt, die Rahmenbedingungen unserer Lebensverhältnisse, d. h. unserer Kultur, zu verändern.

Übungsaufgabe 7:

Erläutern Sie das von W. Welsch konstatierte Phänomen der "Anästhetisierung" anhand eines Beispiels aus der modernen "Kulturindustrie" bzw. politischen Kultur!

Diskutieren Sie die Relevanz von Kunst als "Modellbereich der Reflexion" in der heutigen Realität angesichts der Dominanz ökonomischer Wertfestschreibungen!

2 Kulturmanagement als Vermittlung von Kunst

Eingangs (Kap. I, 1.1) wurde die "kulturelle Einstellung" (Soeffner 1990) als Perspektive für ein reflexives, innovatives Kulturmanagement herausgestellt. Die "kulturelle Einstellung" und das "ästhetische Denken" (Welsch 1993[3]) sind – so ist hoffentlich deutlich geworden – Bezugspunkt und Orientierungsrahmen für eine Theorie des Kulturmanagement. Gleichwohl bedarf es einer (methodischen) Operationalisierung dieses programmatischen Rahmens, die in diesem Kapitel unter dem Stichwort "kulturwissenschaftliche Hermeneutik" (Heinze-Prause/Heinze 1996) vorgenommen werden soll.

2.1 Das Kunstwerk als Gegenstand philosophischer Hermeneutik

Können – so fragt Gadamer in "Kleine Schriften II" (1967) – Kunstwerke als Erreger "interesselosen" Wohlgefallens (Kant) Gegenstand hermeneutischer Deutung sein?

Als zentraler Diskussionspunkt stellt sich für ihn das Problem, ob Kunstwerke, zu einer bestimmten Zeit vor einem bestimmten Hintergrund entstanden, heute nicht nur Objekte ästhetisch-historischen Genusses sind und eigentlich nichts mehr von dem übertragen, was sie ursprünglich zu sagen hatten. Das heißt, ob dieses "Etwas zu sagen haben" nur als Metapher zu sehen ist, der "als eigentlicher Wahrheit ein unbestimmter ästhetischer Gestaltungswert zugrunde liegt – oder ist es umgekehrt so, dass jene ästhetische Gestaltungsqualität nur die Bedingung dafür ist, dass das Werk seine Bedeutung in sich selber trägt und uns etwas zu sagen hat?" (Gadamer 1967: 2).

Gadamer geht davon aus, dass das Kunstwerk als etwas, das etwas zu sagen hat, in den Zusammenhang all dessen gehört, was zu verstehen ist und deshalb als Gegenstandsbereich der Hermeneutik zu betrachten ist. Für ihn ist Hermeneutik die "Kunst, das von anderen Gesagte, das uns in der Überlieferung begegnet, durch eine eigene Anstrengung der Auslegung überall dort zu erklären, wo es nicht unmittelbar verständlich ist" (ebd.: 3). Dabei weist er darauf hin, dass das gewachsene historische Bewusstsein der Menschen die Missverständlichkeit und die mögliche Unverständlichkeit aller Überlieferung (dazu zählt er auch Kunst) deutlicher zutage gebracht hat, ebenso wie das Individuum in seiner Vielschichtigkeit stärker in den Mittelpunkt des Interesses gerückt ist.

Die Kunst gehört im Verständnis Gadamers zu den Quellen menschlicher Geschichte, nämlich als zum Zweck der Erinnerung überlieferte Aufzeichnung.

Dabei ist nicht von entscheidender Bedeutung, ob ein Kunstwerk sprachlicher bzw. nichtsprachlicher Natur ist: Das, was die Sprache des Kunstwerks genannt wird, um deretwillen es erhalten und überliefert wird, ist die Sprache, die das Kunstwerk selbst führt, ist der Sinnüberschuss, der im Werk selbst liegt und seine Unausschöpfbarkeit ausmacht. Daraus resultiert als Aufgabe der Hermeneutik, "den Sinn dessen, was es sagt, zu verstehen und – sich und anderen – verständlich zu machen" (ebd.: 5). Dabei ist zu beachten, dass der "eigentliche Sinn des Gesagten immer darüber hinausgeht, was Gesagtes aussagt. Diese Aufgabe schließt gleichzeitig die Bereitschaft ein, sich etwas sagen zu lassen" (ebd.). In diesem Sinne ist Verstehen eines Kunstwerks Selbstbegegnung: Das heißt, die Erfahrung der Kunst muss "in das Ganze der eigenen Wertorientierung und des eigenen Selbstverständnisses" integriert werden (ebd.: 6).

Mit der Anwendung der Hermeneutik auf die Kunst wird deutlich, dass die Subjektivität des Meinens nicht ausreichend ist, den Gegenstand des Verstehens zu bezeichnen. Ebenso wie die Meinungen geschichtlicher Ereignisse durch Zeitgenossen auf der einen und Historiker im Rückblick auf der anderen Seite zumeist auseinander fallen, lässt die Erfahrung des Kunstwerks die "mens actoris" hinter sich. Das macht auf die umfassende Universalität des hermeneutischen Gesichtspunkts aufmerksam, der darin zum Ausdruck kommt, dass ein jegliches auf ein anderes hindeutet, dass die Dinge in unüberschaubaren Beziehungen zueinander stehen, dass jedes einzelne aber auch als Repräsentant des Ganzen fungiert.

Bezug nehmend auf den Goetheschen Symbolbegriff formuliert Gadamer: "Die Sprache des Kunstwerkes hat die Auszeichnung, dass das einzelne Kunstwerk den Symbolcharakter, der allem Seienden, hermeneutisch gesehen, zukommt, in sich vereinigt und zur Sprache bringt" (ebd.: 8). Kunst hat in ihrer Vertrautheit gegenüber allen anderen Überlieferungen den Vorzug, dass sie in Vergangenheit, Gegenwart und Zukunft etwas zu sagen hat, das über das Gesagte hinausgeht und ein Wiedererkennen und Verändern hervorruft.

Gadamer (1977) entwickelt an drei Dimensionen menschlicher Erfahrung unser Verhältnis zu Kunst: Spiel, Symbol, Fest.

Spiel ist eine elementare Funktion des Lebens als Ausdruck eines Überschusses, als Selbstdarstellung des Lebendigseins. Der Anfang eines Spieles ist Bewegung, ein Hin und Her, das sich ständig wiederholt, keinen Zweck als den Selbstzweck kennt. Die Bewegung kommt nicht zur Ruhe, denn sie ist Leben; zu solcher Bewegung gehört Spielraum; sie beansprucht Freiheit von fremd gesteuerten Zielen und Regeln. Das Spiel schafft sich seine Regeln selbst und entwickelt so eine Eigengesetzlichkeit. Spiel ist Selbstdarstellung der Spielbewegung und wirkt animierend auf Zuschauer oder Betrachter und fordert Mitspielen, entweder durch innere Anteilnahme beim Zuschauen wie z. B. bei einem Tennis- oder Fußballspiel oder durch Mitspielen, wie es kleine Kinder oft herausfordern. Es ist der Anfang menschlicher Kommunikation, und dieses Tun kennt keinen Abstand zwischen Spieler und Zuschauer.

Was hat nun Spiel mit Kunst zu tun? Auch ein Kunstwerk ist Selbstdarstellung und lebt sich selbst. Es hat eine "hermeneutische Identität", d.h.: Es will etwas sagen, meint etwas, es ist zu verstehen, in sich eins, geschlossen, jedoch nicht verschlossen; im Gegenteil, es animiert dazu, betrachtet, gelesen, reflektiert zu werden. Gerade moderne Kunst verweigert sich dem rein ästhetischen Kunstgenuss. Kunst möchte den Abstand zwischen Werk und Publikum durchbrechen, reizt den Betrachter, als Mitspieler zu agieren. Nur dann birgt der "Kunstgenuss" wirkliche Erfahrung des Kunstwerks, wenn der Betrachter tätig wird, d. h. eine eigene Leistung aufbringt und nicht nur die Leistung des Künstlers bestaunt.

Bildende Kunst zu betrachten ist ein synthetischer Akt wie das Lesenlernen, wenn aus Buchstaben Wörter entstehen, die Sinn ergeben. Ein Bild "lesen" bedeutet, die ständige hermeneutische Bewertung zu vollziehen – das Spiel mitzuspielen, wie die Zuschauer am Tennisplatz, deren Köpfe sich hin und her drehen, um immer am Ball zu bleiben. Das Bild wird aufgebaut und reflektiert. Der Betrachter nimmt die Forderung auf, nachzuvollziehen, sich zu identifizieren mit dem, was gemeint, gewollt ist; er besetzt die Nische, die der Künstler seinem Mitspieler als Freiraum gelassen hat, das Wiedererkennen, das Verstehen zu variieren, zu gewichten. So wird das Betrachten des Kunstwerks ein kommunikativer Akt wie das Spiel.

Symbol wird – so Gadamer – in der Regel definiert als ein Zeichen, das für etwas anderes steht – und verweist auf einen tieferen Sinn. Das würde bedeuten, dass Zeichen für einen Sinnzusammenhang ausgewechselt werden könnten wie etwa beim Stilmittel der Allegorie. Nimmt man jedoch die ursprüngliche griechische Bedeutung des Wortes an, so zeigt sich, dass damit ein Bruchstück gemeint ist, das zur Ganzheit benötigt wird.

Darin drückt sich das permanente Streben des Menschen nach Ganzheit, nach Vollständigkeit aus, die der Mensch in sich selbst nicht finden kann. Deshalb ist er darauf angewiesen, auf dem Wege der Kommunikation sich zu ergänzen. Diesen Weg beschreiten wir in der Kunst; indem wir uns auf das Schöne einlassen, begegnen wir der besonderen Bedeutung, erinnern wir uns an Bekanntes, erhoffen wir, das fehlende Bruchstück zu unserer eigenen Ganzheit zu finden, d.h.: Wir begegnen in der Kommunikation mit dem Kunstwerk uns selbst.

Hegel sagt: "In der sinnlichen Erscheinung des Schönen wird die Idee gegenwärtig." Dann wäre das Kunstwerk nur ein Medium, durch das uns die Botschaft durchscheinen würde. Jedoch ist das Werk der schöpferische Ausdruck des Künstlers. Der Künstler hat das Werk geschaffen und nicht die Botschaft verpackt. Das Kunstwerk kann nicht bloßer Sinnträger sein. Es verweist auf etwas, das sich vor dem bloßen Anblick verbirgt, dem wir aber begegnen können, indem wir uns darauf einlassen. Die Hoffnung, unsere bruchstückhafte Existenz zu ergänzen, zieht uns an, lässt uns vom Bedeutsamen des Kunstwerkes angerührt sein, lässt uns teilnehmen an dem unauflöslichen Verwirrspiel von Aufzeigen und Verbergen.

Jede Kunst ist – so Gadamer – einzigartig und nicht austauschbar. Es ist nicht nur Offenlegung von Sinn, Idee, sondern das Hineinnehmen von Sinn in ein gestaltetes Gebilde. Es verweist auf eine Idee, verkörpert sie und steht dafür ein. So liegt es am Betrachter, das Symbolische im Kunstwerk zu erfahren und die potentielle Gemeinsamkeit auszuloten.

Gadamer lässt diesen Kommunikationsprozess von Kunstwerk und angerührtem Betrachter in dem Begriff vom Fest gipfeln, definiert Fest als "Gemeinsamkeit und durch die Darstellung der Gemeinsamkeit". Ein Isolieren und Zurückziehen ist nicht mehr möglich. Bei unserer Arbeit, beim zielgerichteten Tätigsein, vereinzeln wir uns, das Fest jedoch versammelt, es ist eine intentionale Tätigkeit. Man arrangiert ein Fest auf ein bestimmtes Ziel hin; ein Fest findet immer oder immer wieder statt – es verlangt Wiederkehr. Es ist eine erfüllte Zeit, hat seine Eigenzeit und bestimmt den Rhythmus selbst; so wie beim Hin und Her des Spiels eine Eigengesetzlichkeit eintritt. Das gleiche gilt für die Schönheit des Kunstwerks: Es ist eine organische Einheit, auf eine eigene Mitte hin zentriert und feiert seine Selbstdarstellung voller Lebendigkeit.

2.2 Ästhetische Kommunikation

Wenn wir uns bemühen, ein Kunstwerk zu verstehen, müssen wir uns vergegenwärtigen, dass Kunstwerke "Ergebnisse der symbolischen Transformation von Erfahrungen (sind), die sich auf andere Art nicht ausdrücken lassen" (Lux 1993: 14). Sie sind sowohl "Ausdrucks-" als auch "Wahrnehmungssymbol". Zwischen Künstler und Rezipient besteht eine soziale Beziehung: "Die inneren Vorgänge beim Künstler einerseits und beim Rezipienten andererseits sind nicht unabhängig voneinander. Für den Künstler ist das Kunstwerk ein Ergebnis der symbolischen Transformation von Erfahrungen, die er nur auf diesem, d. h. künstlerischem Wege ausdrücken kann. Zwischen dem Kunstprodukt und seinen inneren Erfahrungen als dessen Bedeutungen besteht aber eine logische Analogie. Diese Analogie trifft ebenfalls für die Beziehung der Kunstwerke zu den inneren Erfahrungen des Rezipienten zu. Denn Künstler und Rezipient sind gleichermaßen mit einer 'anthropologischen Konstante', d. h. einer abstrakten Gefühlsmorphologie ausgestattet, die ihre symbolische Entsprechung im Kunstwerk findet. Aufgrund dieser beiden Analogien müssen sich auch die inneren Erfahrungen bei Künstler und Rezipient im Bezug auf das Kunstwerk entsprechen. Beide haben also etwas gemeinsam, nämlich ein inneres Erlebnis. Diese Gemeinsamkeit ist deshalb möglich, weil der Künstler ein Objekt (das Kunstwerk) in der äußeren Welt 'installiert', das von Kunstinteressierten intuitiv 'erkannt werden kann' (ebd.: 26). Das rezipientenseitige Verstehen des Kunstwerks stützt sich dabei allein auf eine symbolvermittelte und symbolbildende Tätigkeit.

Nach Schütz (1971) bewegt sich der Künstler in seiner Eigenschaft als Künstler in einer Welt, die dem "geschlossenen Sinnbereich" der Kunst entspricht. Um sich anderen mitzuteilen, muss er diese Sinngrenze zeitweise überschreiten, um im Bereich der Alltagswirklichkeit "Objekte" oder "Ereignisse" zu präsentieren. Diese Kunstwerke sind unter besonderen Bedingungen dem Kunstrezipienten in der Alltagswelt zugänglich und ermöglichen ihm den "schockartigen Wechsel des Sinnbereichs" in die Welt der Kunst. So erhält er die Möglichkeit des Zugangs zu der Art, wie in diesem Bereich die Welt gesehen wird (Lux 1993: 31). Der Kunstrezipient versteht ein Kunstwerk, wenn er dessen Symbolik als die eines höheren Sinnzusammenhangs "sieht", d. h. es "künstlerisch" betrachtet.

Nach Bourdieu (1974) existiert das Kunstwerk als symbolisches Gut nur für den, der in der Lage ist, es sich anzueignen. Die "ästhetische Kompetenz" bemisst sich danach, inwieweit das Subjekt "die zu einem gegebenen Augenblick verfügbaren und zur Aneignung des Kunstwerks erforderlichen Instrumente, d. h. die Interpretationsschemata, beherrscht, die die Bedingung der Appropriation des künstlerischen Kapitals, m.a.W. die Bedingung der Entschlüsselung von Kunstwerken, bilden, wie sie einer gegebenen Gesellschaft zu einem gegebenen Zeitpunkt offeriert werden" (Bourdieu 1974: 169). Die Fähigkeit zur eingrenzenden und unterscheidungsgeleiteten Bezeichnung von Kunstwerken, die auf einem vorgängigen kunstkulturellen Wissen beruht, bezeichnet Bourdieu als Kunstkompetenz. "Die Kunstkompetenz erweist sich also als die unerlässliche Kenntnis der spezifisch künstlerischen Unterteilungsprinzipien, die es gestalten, einer Darstellung durch Gliederung der stilistischen Indikatoren, die sie enthält, im Rahmen der Darstellungsmöglichkeiten, die den gesamten Bereich der Kunst konstituieren, ihren Ort zuzuweisen, nicht aber im Rahmen der Vorstellungsmöglichkeiten, die das Universum der alltäglichen Gegenstände (oder, genauer gesagt, der Gebrauchsgegenstände) oder der Welt der Zeichen bilden" (ebd.: 171).

Die Kunstkompetenz setzt als differenzierende Fähigkeit also eine Differenzierung voraus, nämlich die zwischen Kunstwerken und Gebrauchsgegenständen (Lux 1993: 65).

Das Interesse der Rezipienten an einem Kunstwerk hängt – so Bourdieu – von historisch sich ändernden, gesellschaftlich vermittelten Wahrnehmungspräferenzen ab. "Daher bildet die Geschichte der Wahrnehmungsinstrumente eines Werkes die unerlässliche Ergänzung zu der Geschichte seiner Produktionsinstrumente, da ein jedes Werk in gewisser Weise zweimal gemacht wird, nämlich einmal vom Urheber und einmal vom Betrachter oder genauer, von der Gesellschaft, der dieser Betrachter angehört" (Bourdieu 1974: 175). Zu ergänzen ist, dass auch bei Zeitgenossen derselben Gesellschaft das kunstkulturelle Wissen unterschiedlich verteilt ist, so dass sich differente Wahrnehmungspräferenzen ergeben. Das vom Rezipienten in "innerer Handlung" geschaffene (erlebte) Kunstwerk stellt eine eigene fiktionale Welt dar, die sich von der praktisch vom Künstler geschaffenen unterscheidet. Neben dem von Bourdieu genannten kunstkulturellen Wissen spielen für den differenten Zugang zum Kunstwerk situative und biographiespezifische Faktoren (Lux 1993) eine entscheidende Rolle. Die gesellschaftliche Bedingtheit der Wahrnehmungskategorien wird insbesondere in Zeiten künstlerischen Umbruchs offenkundig, in denen die Kluft zwischen dem individuell verfügbaren und gesellschaftlich entwickelten Code besonders ausgeprägt ist. Dies erklärt sich daraus, dass der Wandel der künstlerischen Produktion dem Wandel der Wahrnehmungsinstrumente vorausgeht.

Die aktive Rolle des Kunstrezipienten wird auch von semiotischen (vgl. Faltin 1985) und rezeptionsästhetischen Ansätzen (Juchem 1985; Ingarden 1975; Iser 1975) hervorgehoben. So weist Faltin (1985) darauf hin, dass der Rezipient durch "innere Handlungen" die ästhetische Bedeutung aus der "Materialität" des ästhetischen Zeichens generiert. "Wahrnehmung ästhetischer Zeichen ist kein registrierender, sondern ein schöpferischer Vorgang der Bedeutungskonstitution" (Faltin 1985: 62).

Die Bedeutungen werden dem Kunstwerk nicht "entnommen", sondern- so Faltin- erst in der Wahrnehmung hergestellt und zwar durch ein In-Beziehung-

Setzen von Elementen. Somit basiert "ästhetische Kommunikation" gleichermaßen auf der Leistung des Rezipienten.

Juchems (1985) Ausführungen zur aktiven Rolle des Kunstrezipienten gehen von der erkenntnistheoretischen Unterscheidung von "primärer" und "sekundärer" Kommunikation aus. Die primäre Kommunikation umfasst den Bereich der "diskursiven Symbolik" (z. B. der Wissenschaft), die sekundäre Kommunikation den der "präsentativ-fiktionalen Symbolik" (der Kunst).

"Das letztlich unerfüllbare Postulat der Wissenschaft von Eindeutigkeit und Allgemeingültigkeit erreicht im Gebiet der Kunst eine umgekehrte Erfüllung, da sie geradezu auf Bedeutungsvielfalt angelegt ist. Fiktionalität in der Kunst ist dann eine Art der Realitätsbewältigung, die in ihrer Bedeutungsvielfalt eine Vielzahl von Auslegungen möglicher Modelle der Realität geradezu herausfordert" (Juchem 1985: 131).

Der "aktive" Verstehensprozess stellt sich wie folgt dar:

"In der Rezeption der fiktionalen Produkte, die selbst im eigentlichen Sinne eine Handlungsweise der Fiktion ist, und der sie fundierenden Ideen und Themen (steht) nicht das Verstehen der Intention des Produzenten und seines Produkts als solchem im Vordergrund, sondern die vom Rezipienten vollzogene Neukomposition des Produkts, das so zu seiner inneren Handlung und Erfahrung wird" (ebd.: 134).

Produktion und Rezeption durchdringen sich gegenseitig. Aus der Sicht der Rezeption stellt sich der Verstehensprozess als "Umformungsaktivität des Rezipienten" (Lux 1993: 83) dar. Juchem führt dazu aus:

"Im Falle der Kunst ... handelt es sich nicht um ein bloßes Rezipieren eines schon abgeschlossenen und vollendeten Produkts, sondern die durch die präsentative Symbolik geschaffene Bedeutungsvielfalt hinsichtlich der Auslegungsmöglichkeiten kommt erst in der ständigen Rezeption zum Ausdruck, die auf diese Weise ein solches Produkt immer wieder neu 'schafft'. Ein Kunstprodukt findet nur in der Rezeption seine vorläufige Vollendung" (Juchem 1985: 138).

Gemeinsam ist den verschiedenen Ansätzen der Rezeptionsästhetik,

"dass sie herkömmliche am Kunstprodukt orientierte Formen der Ästhetik zu überwinden sucht. Im Zusammenhang von Künstler, Produkt und Rezipient wird die gesellschaftliche Rezeption als der entscheidende Faktor angesehen, wobei die aktive Rolle des Rezipienten betont wird" (Lux 1993: 84).

Zu verweisen ist in diesem Zusammenhang auf die von Iser (1975) vorgenommene Unterscheidung von "künstlerischem" und "ästhetischem Pol". Bezogen auf ein literarisches Werk bezeichnet der künstlerische Pol den vom Künstler (Autor) geschaffenen Text, der ästhetische die vom Rezipienten geleistete "Konkretisation" (Ingarden 1975).

Das Kunstwerk ist mit keinem dieser Pole identisch. Es ist mehr als der Text, da es Bedeutung erst in der individuellen Ausfüllung der "Leerstellen"

(Unbestimmtheitsstellen) erhält. Andererseits geht die Konkretisation über die subjektive Disposition des Lesers hinaus, zumal sie im Leseakt erst zu den Bedingungen des Textes aktiviert wird (vgl. Lux 1993: 87).

Als Weiterentwicklung der rezeptionsästhetischen Theorie sollen abschließend Überlegungen des Prager Strukturalisten Chvatik (1987) resümiert werden, die die historische, politische, gesellschaftlich-kulturelle und kunstsystem-spezifische Bedingtheit des Rezeptionsvorgangs explizieren: "Das Werk wird weder vom Künstler noch vom Empfänger isoliert geschaffen bzw. wahrgenommen, denn in diesem Falle wäre eine spezifisch künstlerische Bedeutung nicht mitteilbar und damit unbegreifbar. Die Möglichkeit der künstlerischen Äußerung und ihres Verstehens entsteht mit der Möglichkeit, den Sinn des Werks auf dem Hintergrund des Kontextes anderer Werke und der ganzheitlichen kulturellen Struktur einer Zeit zu interpretieren, d. h. auf dem Hintergrund eines bestimmten Systems von Bedeutungen, Funktionen und Werten einer bestimmten gesellschaftlichen Gruppe. Der künstlerische Code enthält bestimmte Anweisungen, wie es zu verstehen ist, damit diese Mitteilung adäquat interpretiert werden kann. Auf der Ebene der allgemeinen Voraussetzungen können wir einstweilen sagen, dass diese Anweisungen sowohl bestimmten künstlerischen Traditionen als auch den Gesetzmäßigkeiten der einzelnen Kunstarten und -genres sowie der ganzheitlichen stilistischen Orientierung folgen" (Chvatik 1987: 126).

2.3 Das autonome Kunstwerk

2.3.1 Kunst und Sprache

Analysen und Interpretationen von Kunstwerken suggerieren sehr oft, dass ohne ihre Hilfestellung das Kunstwerk stumm bliebe, sie erst brächten das Werk für den Betrachter zum Sprechen. Durch diesen Eindruck nehmen sie dem Kunstwerk, um dessen Dechiffrierung sie sich bemühen, die Selbständigkeit und auf der anderen Seite dem Rezipienten die Chance zur eigenen, autonomen sinnlichen Erkenntnis, die das Kunstwerk ihm bietet.

Andererseits kann die Interpretation eines Kunstwerks die erfahrbare Wirklichkeit, die sich in ihm als sinnliche Erkenntnis niederschlägt und die sich durch die künstlerische Beherrschung des Materials objektiviert hat, auf die Ebene der begrifflichen Erkenntnis heben. In dieser dienenden Funktion, die eine Übersetzungstätigkeit ist, kann die Interpretation den Erkenntnisgewinn des Kunstwerks sichern helfen. Aber die Interpretation vermag natürlich nie die sinnliche Präsenz des Kunstwerks zu ersetzen. Die Gefahr besteht, dass sie die sinnliche Erkenntnis unter einem Wust von vorgefassten Kategorien und Meinungen verschwinden lässt (vgl. Oevermann: o. J.).

Die Einzigartigkeit der künstlerischen Ausdrucksintention steht immer am Anfang des künstlerischen Prozesses, der sich unter die strenge, überpersönliche Gesetzlichkeit der Konstruktion stellt und sie zu entfalten trachtet.

"Das an die Individualität des Künstlers gebundene Besondere wird dadurch zum autonomen Kunstwerk, welches wiederum allgemeine Regeln unterlegt. Am Ende mündet die Konstruktion, in deren Gesetzmäßigkeit die Stellen der abgeforderten künstlerischen freien Entscheidung genau markiert werden, in die Materialisierung eines sinnlich Präsenten, ja Einzigartigen ein. Es steht in der Reihe der gesetzlich produzierbaren unendlichen Vielfalt und vertritt doch in seiner Autonomie als plastischer Text, als Ausdrucksgestalt das Ganze der Gesetzlichkeit künstlerischer Produktion" (Oevermann o. J.: o. S.).

Diesem Prozess der Produktion entspricht auf der Seite des Rezipienten nicht ein diffuses, unverbindliches, pseudokreatives Assoziieren, sondern ein diszipliniertes Erschließen der spezifischen ästhetischen Struktur.

Als Modell für dieses dialektische Verhältnis von Allgemeinem und Besonderem dient unsere Sprache. Bereits Humboldt erkannte in der Sprache eine kreative, weltaufschließende und erzeugende Kraft. Diese Leistung der Sprache hat die moderne Sprachtheorie deutlicher bestimmt. "Auf eine kurze Formel gebracht, besteht sie darin, dass mit einer endlichen Zahl von Konstruktionsregeln eine unendliche Fülle von konkreten sprachlichen Ausdrücken als je gültig und erzeugt verstanden werden kann" (ebd.: o. S.). Letztlich handelt es sich hier um das Grundprinzip des erkennenden, autonomen Geistes.

Die Sprache ist uns allen wie eine Gattungsausstattung selbstverständlich als Regelbewusstsein genuin zu eigen und strukturiert die Urteilsfähigkeit unseres Geistes ohne eine eigens dazu erforderliche spezielle Ausbildung. Im Gegensatz dazu sind die "Sprachen" der künstlerischen Produktion nicht auf ein vergleichbares genuines Regelsystem gegründet. Sie müssen vom Künstler in der exemplarischen Gestaltung von Einzelwerken herausgearbeitet werden mit Bezug auf die determinierenden Randbedingungen des Gestaltungs- und Ausdrucksmaterials einerseits und mit dem Bezug auf die Physiologie des Wahrnehmungsapparates andererseits. Sie lassen sich nicht allgemein begründen wie die Phonologie und die Grammatik, sondern bleiben an die sinnliche Präsenz des Einzelwerks gebunden. Der Künstler übersetzt das uns allen gleichermaßen zugängliche Regelbewusstsein der Sprache, in dem allein sich Bedeutung und Sinn konstituieren können, auf den Zusammenhang von außersprachlichen Materialien und psychosomatischen Äußerungs- und Wahrnehmungsweisen und "erschließt so der auf Bedeutungsfunktion angewiesenen Erfahrung im Modus der sprachunabhängigen sinnlichen Erkenntnis eine ganz neue, bis dahin unaussprechliche Welt. Räumliche Konstellationen, Gesetze der Wahrnehmung und die Wahrnehmung fremder und eigener Leiblichkeit werden in die Sphäre des Geistes gehoben, ihr zugänglich gemacht" (Oevermann: o. J. o. S.).

Die verbindliche, durch die künstlerische Erzeugungskraft entstehende Sprache der Kunst kann sich also nicht auf ein schon vorliegendes Regelbewusstsein berufen. Sie muss dieses Regelbewusstsein zugleich mit der auszubildenden Sprache bewusst und methodisch erschaffen. In jedem Werk setzt sich so der Künstler dem Risiko aus, das in der Unvorhersehbarkeit des Gelingens besteht.

2.3.2   Das Entstehen des autonomen Kunstwerks

Die Intention des Künstlers ist die eines Produzenten, der sich autonom glaubt, der ebenso die Apriorie von den intellektuellen, normativ gesetzten Programmen abweist wie die nachträglich seinem Werk angedienten Deutungen. Das "offene Kunstwerk" ist intentional und seinem Wesen nach polysemisch (mehrdeutig). Es kann als letztes Stadium eines Prozesses der Eroberung künstlerischer Autonomie durch den Künstler verstanden werden. Die Anerkennung der Autonomie der Produktion bedeutet die Anerkennung des Vorrangs der Form. Der Inhalt, der die Unterwerfung unter Funktionen mit sich bringt, wird sekundär. Damit geht die Kunst von einer die Natur imitierenden Kunst zu einer die Kunst imitierenden Kunst über. Diese Kunst findet das Prinzip ihrer Experimente wie auch ihrer Brüche mit der Tradition ausschließlich in ihrer eigenen Geschichte. Eine Kunst, die immer umfänglicher auf ihre eigene Geschichte rekurriert, erfordert einen historischen Blick. Sie verlangt, nicht auf die dargestellte oder bezeichnete "Realität" bezogen zu werden, sondern auf den Gesamtbereich der vergangenen und gegenwärtigen Kunstwerke. Wie die künstlerische Produktion ist auch die ästhetische Wahrnehmung notwendig von geschichtlichem Charakter. So wie der "naive" Maler keinen Eingang findet in die genuine Geschichte der Gattung, so verschließt sich auch dem "naiven" Betrachter die genuine Wahrnehmung von Kunstwerken, deren Wert sich einzig im Kontext der spezifischen Geschichte einer künstlerischen Tradition erschließt. "Die ästhetische Einstellung, die Produktionen eines zu hoher Autonomie gelangten künstlerischen Felder erheischen, ist nicht zu trennen von einer besonderen kulturellen Kompetenz" (Bourdieu 1982: 22).

2.3.3 Das ästhetische Urteil

Eine der Fragen Kants war, ob es ein "ästhetisches Urteil" gebe, das sich von anderen Urteilen unterscheide und ob diesem Urteilstyp eine Eigentümlichkeit zukomme, die sich beschreiben lasse. Seine Antwort: Ein ästhetisches Urteil ist eines, das weder an dem "Material" noch an der "Moral" interessiert ist, sondern das sich "interesselos" ganz und gar auf das einlässt, was das ästhetische Produkt uns bietet. Das bedeutet nichts anderes, als dass im ästhetischen Urteil die theoretischen und praktischen Zwecke ausgesetzt werden. Die sinnliche Wahrnehmung fügt sich nicht einem "bestimmenden" Urteil ein. Dieses Urteil kennt die Begriffe schon, denen die Wahrnehmung und Erfahrung subsumiert wird, im Gegensatz zum "ästhetischen Urteil": Hier muss der passende Begriff dem ästhetischen Produkt erst hinzuerfunden werden. Kant nannte dies ein "reflektierendes" Urteil. Er führt dazu aus: "Ist das Allgemeine ... gegeben, so ist die Urteilskraft, welche das Besondere darunter subsumiert ... bestimmend. Ist aber nur das Besondere gegeben, wozu sie das Allgemeine finden soll, so ist die Urteilskraft bloß reflektierend" (Kant 1957: 251). Ästhetische Urteile werden somit als reflektierende Urteile verstanden.

Kant versucht in seinem Bemühen, die Besonderheit des ästhetischen Urteils begrifflich zu fassen, akribisch zwischen dem, was "gefällt" und dem, was "vergnügt", zu trennen. Die "Interesselosigkeit" ist die einzige Garantie für die eigentliche ästhetische Beschaffenheit der Anschauung und des ästhetischen Urteils. Auch das Interesse der Vernunft, das Gute zu definieren, gehört nicht zum ästhetischen Urteil.

Im Gegensatz dazu findet sich in den Urteilen derer, die aus den "populären" Schichten stammen und die von jedem Kunstwerk erwarten, dass es eine Funktion erfüllt, und sei es nur die eines Zeichens, kein "interesseloses" Urteil, da es sich auf die Normen der Moral oder des Vergnügens bezieht. Ihre Wertung greift also stets auf ein ethisch fundiertes Normensystem zurück (vgl. Bourdieu 1982: 23).

2.3.4 Der ästhetische Blick

Indem der populäre Geschmack bei der Beurteilung autonomer Kunstwerke die Schemata des Ethos anwendet, die auch in den Alltagssituationen zur Geltung kommen, so vollzieht er eine systematische Reduktion des Kunstwerks auf die Dinge des Lebens. Durch die Ernsthaftigkeit oder die Naivität, die er in die Fiktion und Repräsentation einführt, steht der populäre Geschmack im Gegensatz zum "reinen Geschmack", der die "naive" Verhaftung als gegebene zu suspendieren trachtet, um damit ein gleichsam spielerisches Verhältnis zu den elementaren Zwängen des Daseins zu erreichen (ebd.).

Der ästhetische Blick hingegen bedeutet einen Bruch mit den alltäglichen Verhaltensweisen. Der naive Geschmack ist auf dem Postulat eines bruchlosen Zusammenhangs von Kunst und Leben gegründet, da es die Unterordnung der Form unter die Funktion beinhaltet. Der "reine" Blick hingegen geht auf die Forderung der zeitgenössischen Kunst ein: Er konzentriert seine Aufmerksamkeit auf die Form. Damit erfordern die Produktionen eines zur Autonomie gelangten künstlerischen Bereichs eine besondere kulturelle Kompetenz. Der vertraute Umgang mit Kunstwerken und die Schulung des Auges ist ein durch Erziehung reproduziertes Produkt der Geschichte. Dies gilt vor allem für die gegenwärtig sich behauptende Wahrnehmungsweise von Kunst, der ästhetischen Einstellung als Fähigkeit "in Form und Inhalt nicht allein die für eine solche Anschauung bestimmten Werke der legitimen Kunst abzuwägen, sondern schlechthin alle Dinge dieser Welt, die zu historischer Stunde noch nicht verbindlich anerkannten kulturellen Werke so gut wie für natürliche Objekte" (Bourdieu 1982: 21).

2.4   Das Kunstwerk als künstlerischer Text

2.4.1   Zur strukturalen Analyse ästhetischer Objekte

Zur "Schulung" der Wahrnehmungsfähigkeit und zur methodisch kontrollierten Interpretation soll nun das der "Alltagshermeneutik" analoge Konzept der "objektiven (strukturalen) Hermeneutik" vorgestellt werden.

2.4.2   Kunstwerk und Lebenspraxis

Ein Kunstwerk, ein Bild, von dessen Existenz niemand weiß, das nicht gesehen und über das nicht gesprochen wird, hat keine soziale Realität. Erst wenn es in den Bereich der Interaktion einbezogen und zum "Kommunikationsobjekt" wird, erlangt es soziale Realität. Dabei bedient es sich einer speziellen "Sprache", da es seine Mitteilung in einem jeweilig spezifischen Medium vorträgt.

Mit der Einordnung des Kunstwerks in den Bereich der Kommunikation wird es zum Teil der Lebenspraxis, in der Alltagshandeln, künstlerische Praxis und wissenschaftliches Handeln fundiert sind. Diese Lebenspraxis ist als soziale Wirklichkeit nie im direkten Zugriff fassbar, sie ist immer nur in ihren "Objektivationen", d.h. als "Text", erfahrbar. Der Sozial-/Kulturwissenschaftler kann die Lebenspraxis immer nur in den textförmigen Ausdrucksgestalten fassen. Er hat keinen direkten Zugriff auf die Unmittelbarkeit der Erfahrung der Lebenspraxis, d. h. auf die außerhalb der Textförmigkeit liegende Schicht sozialer Wirklichkeit, und er bleibt methodisch auf die Vermittlung durch die Textförmigkeit angewiesen (vgl. Oevermann 1986: 49).

Das Kunstwerk, das als Objektivation künstlerischen Handelns entsteht, ist in der Lebenspraxis des Künstlers begründet und kann somit als "Text" angesprochen werden.

"Kunst und Protokolle naturwüchsigen Alltagshandelns weisen strukturell hintergründige Gemeinsamkeiten bei aller radikalen Verschiedenheit auf. Man macht im Umgang mit den verschiedenen Texten aus der sozialen Wirklichkeit die Erfahrung, dass die spontanen Produktionen des Alltags eine erstaunliche strukturelle Reichhaltigkeit des Ausdrucks aufweisen. Zwanglos drücken sie gültig eine konkrete Lebenspraxis aus und erreichen spontan das, was der Künstler – erfahrungserweiternd in unbekannte Bezirke vordringend – durch methodische Kontrolliertheit und Beherrschung der Ausdrucksmaterialität in Augenblicken des Gelingens erzeugt und deutlicher artikuliert. Kunstwerke sind strukturelle Steigerungen der Möglichkeiten des Alltagshandelns. Sowohl vor den Texten des Alltagshandelns, wie vor den gelungenen Kunstwerken, steht der objektive Hermeneut, wenn er versucht hat, sie durch extensive Sinnrekonstruktion zu entziffern, staunend ob ihrer strengen und deutlichen Strukturiertheit" (Oevermann 1983b: 280).

Ein Kunstwerk ist immer beides: Es ist alltäglich, weil es als Ergebnis künstlerischen Handelns im praktischen Handeln des Alltags begründet liegt, aber es ist zugleich außeralltäglich, weil es dieses alltägliche Handeln transzendiert. Diese Ambivalenz ist für die Kunst konstitutiv. Damit wird die dialektische Beziehung von Kunstwerk und Lebenspraxis Grundlage der Bestimmung der Gültigkeit, des Gelingens von Kunstwerken. Ein Kunstwerk ist gelungen, wenn es das Alltägliche übersteigt und für den Betrachter einen befremdlichen Text stellvertretender Deutung anbietet. Diesen Text muss er auf unwahrscheinliche Lesarten hin absuchen, denn die Entschlüsselung des Textes stellt Ansprüche an ihn und erfordert Anstrengungen (vgl. Oevermann 1982: 14).

2.4.3 Zur Nichtalltäglichkeit des Kunstwerks

Zur Beziehung von Kunstwerk und Lebenspraxis schreibt Oevermann:

"Im Kunstwerk kommt also nur gesteigert zum Ausdruck, was der Alltäglichkeit sozialen Handelns prinzipiell eigen ist. Die Steigerung des Kunstwerks lässt sich u .a.
dieser Alltäglichkeit gegenüber darin bestimmen, dass der Künstler nicht nur eine individuelle beliebige Lebenspraxis zum Ausdruck bringt, sondern, indem er in die
sprachlich und begrifflich nicht artikulierbaren 'Tiefen' seiner inneren Realität vor-
dringt, an ihr das ausdrückt und erfahrbar macht, was gewissermaßen stellvertretend
das Allgemeine einer historisch-gesellschaftlichen Situation repräsentiert. Zugleich
besteht die Steigerung in der gültigen Artikulation eines bisher nicht verständlich
Ausdrückbaren, und das wiederum setzt voraus, dass das Medium oder die spezifische Materialität der Ausdrucksgestalt technisch beherrscht wird wie eine besondere
Sprache" (Oevermann 1986: 50).

Dies ist eine Sicht des Kunstwerks, die bereits Schopenhauer hatte, die von Benjamin und Adorno aufgegriffen und zuletzt von Bourdieu vertreten wurde.

Die Steigerung des künstlerischen Textes besteht gegenüber den alltäglichen
Texten darin, dass er das Allgemeine einer historisch-gesellschaftlichen Situation repräsentiert. Als Merkmal der Verortung des Kunstwerks über der Alltäglichkeit bestimmt Benjamin seine "Aura". Mit dem Begriff der "Aura" fasst er
das Immaterielle des Kunstwerks, seine Originalität und seine Einmaligkeit.
Den Entstehensgrund des Kunstwerks sieht Benjamin im Kultus, bzw. in der
Präsenz bestimmter gesellschaftlicher und kultureller Gegebenheiten, damit also
in der Geschichtlichkeit. Geschichte wird im Kunstwerk aufgehoben, be- und
verarbeitet, aber in einer besonderen, für das Werk typischen Weise.

Auch die Einmaligkeit verweist auf die ursprüngliche Einbindung des
Kunstwerks in einen gesellschaftlich-historischen Zusammenhang. Sie bezieht
sich nicht nur auf das, was das Werk einmalig macht, auf seinen Werkcharakter,
sondern sie "ist identisch mit seinem Eingebettetsein in den Zusammenhang der
Tradition. Diese Tradition selber ist freilich etwas durchaus Lebendiges, etwas
außerordentlich Wandelbares" (Benjamin 1974: 19). In diese wandelbare Tradition sind auch Motive, Gestaltungsprinzipien oder Techniken eingebunden, sie
sind dadurch gesellschaftlich-kulturelle Zeugnisse und werden in den Werken
repräsentiert.

Oevermann beschreibt eine weitere Steigerung des Kunstwerks gegenüber
dem alltäglichen Text durch die gültige Artikulation eines bisher nicht verständlich Ausdrückbaren. Das Kunstwerk wird zur Artikulation einer gesteigerten
sinnlichen Erkenntnis.

Dies begründet er mit der Theorie künstlerischen Handelns von Konrad Fiedler. Fiedler stellt künstlerisches Handeln als eine auf sinnliche Erkenntnis hin spezialisierte und vereinseitigte Form des Handelns dar. Er setzt der Überbewertung der Sprachabhängigkeit des Wahrnehmens und Denkens die Eigenständigkeit eines sprachunabhängigen, künstlerisch-anschaulichen Denkens entgegen. Dabei versucht er nachzuweisen, dass der Mensch auch die Fähigkeit hat, nur über das Auge erfassen zu können, ohne Begriff und Wort (vgl. Fiedler 1977: 131 ff.). Künstlerische Tätigkeit wird zur Erkenntnistätigkeit, bezogen auf die Fähigkeit, "reine" anschauliche Formen zu sehen, zu denken und hervorzubringen.

Oevermann greift diesen Ansatz auf und versucht mit seiner Hilfe, das Entstehen der objektiven Bedeutung aufzuzeigen. Sinnliche Erkenntnis wird dann erreicht, wenn ein Abstreifen der begriffssprachlichen Strukturierung von Erfahrungsgehalten möglich wird. Solche Erfahrungen liegen vor, wenn sie als Erinnerungsspuren aus einem Entwicklungsalter stammen, in dem die latente Sinnstruktur ohne be-griffssprachliche Strukturierung unmittelbar affektiv entschlüsselt und abgespeichert wurde. Diese aus der Kindheit stammenden und im weiteren Verlauf der Sozialisation erfolgten "Abspeicherungen" der objektiven Bedeutungen repräsentieren das gesellschaftlich Allgemeine in der Subjektivität des Künstlers. Durch die ins Außeralltägliche gesteigerte Vereinseitigung der sinnlichen Erkenntnis, die als Charakteristikum künstlerisches Handeln bestimmt, wird die Fortführung der unmittelbaren Abspeicherung von Erfahrungen ermöglicht (vgl. Oevermann 1982: 4 ff.).

Die Vereinseitigung der sinnlichen Erkenntnis, die das künstlerische Handeln konstituiert, ist im Vergleich zur Struktur des praktischen Handelns zwar etwas Außeralltägliches, das aber bereits im alltäglichen Handeln angelegt ist. Die Professionalisierung des künstlerischen Handelns bedeutet eine Veralltäglichung dieser Vereinseitigung: Sie gehört zur gesellschaftlichen Typisierung der Figur des Künstlers und wird durch die Professionalisierung normalisiert (vgl. ebd.: 4).

2.4.4   Zur Konstitution von Bedeutung in künstlerischen Texten

Die im Kunstwerk auffindbare gesteigerte sinnliche Erkenntnis basiert allerdings auf der sprachlich konstituierten Bedeutungsfunktion sowie der Reflexivität des sprachlichen Bewusstseins. Nach Mead (1975) ermöglicht die Sprache mit ihrem intersubjektiven System von Regeln, Elementen der Symbolisierung und Elementen des Ausdrucks naturgeschichtlich die Konstitution von Bedeutungsfunktionen und lässt dadurch die sinnstrukturierte soziale Handlung erst entstehen. Danach ist es möglich, dass andere vorsprachliche Ausdrucksformen voll gültig Handlungen realisieren und protokollieren können. Die sinnstrukturierte Handlung, die erst durch Sprache konstituiert wird, existiert als Struktur außerhalb dieser nichtsprachlichen Ausdrucksformen. Die Bedeutungsfunktion der Sprache ist den anderen, nicht-sprachlichen Ausdrucksformen vorgängig. Die nicht-sprachlichen Ausdrucksformen können die Bedeutungsfunktion der Sprache "entleihen", d. h. übernehmen und benutzen, da sie selbst sinnstrukturierte Handlungen nicht zu konstituieren vermögen.

Unter der Prämisse der prinzipiellen und vorgängigen Konstitution von Bedeutung durch Sprache und ihrer Übertragbarkeit auf nicht-sprachliche Ausdrucksformen können Kunstwerke als Träger von Sinnstrukturen, als Texte aufgefasst werden. Diese Texte enthalten eine objektive Bedeutungs- und Sinnstruktur, die zudem noch auf eine Vielschichtigkeit von Bedeutungen hin angelegt ist.

Oevermann hebt aber hervor, dass hier nicht die faktische sprachliche Ausgedrücktheit einer Bedeutung zur Voraussetzung der außersprachlichen Artikulation im Kunstwerk gemacht wird. Schließlich hat der Künstler sein Werk nicht geschaffen, um eine Bedeutung zu verpacken. Eine solche Auffassung würde die Eigenständigkeit von Kunstwerken zerstören, "denn sie würde das zentrale Kriterium für das Gelingen von Kunst: die konstitutive Verwiesenheit auf die sinnliche Präsenz des Ausdrucksmaterials und die Nicht-Reduzierbarkeit auf eine andere, vor allem nicht auf eine sprachliche Ausdrucksmaterialität, von vornherein nicht gelten lassen" (Oevermann 1982: 79).

2.4.5   Zur semantischen Dimension der Syntax in Sprache und
         Bildern

Eine weitere Basistheorie des Oevermannschen Konzeptes ist die Theorie der generativen Linguistik von Noam Chomsky (1977/1978). Bei der Beschreibung mentaler Sprachprozesse stellt Chomsky die Gedankenkonstruktion einer Unterscheidung von Oberflächenstruktur und Tiefenstruktur der Sätze her. Die Satzoberflächen der geschriebenen oder gesprochenen Sätze können mehrdeutig sein. Mehrdeutigen Sätzen liegen entsprechend auch mehrere Tiefenstrukturen zugrunde. Man kann nun die Oberflächenstruktur als das Endresultat einer Satzherstellung beschreiben, die in der Tiefenstruktur ihren Anfang hat. Der Unterschied der Oberflächenstruktur zur angenommenen Tiefenstruktur besteht darin, dass sie dieser gegenüber so genannte "Transformationen" durchgemacht hat. Um die Tiefenstruktur des Satzes zu verstehen, muss der Hörer, bzw. der Sprecher, über die Fähigkeit verfügen, mit Hilfe einer begrenzten Zahl von Sprachregeln eine unbegrenzte Zahl von Sätzen zu produzieren. Damit beginnt der Produktionsprozess eines Satzes nicht mit der Syntax, sondern mit der Semantik. Die Bedeutung des Satzes entsteht in einem "vorgrammatischen" Zustand, sie erfährt durch die Syntax ihre Manifestation.

Welchen Bezug gibt es nun von den Oberflächenstrukturen, den Tiefenstrukturen und ihren Transformationen zu einem Werk der Kunst?

Georg Kauffmann konstatiert:

"Kunst besitzt aber auch Tiefenstruktur, wie die Sprache, wenngleich der Begriff in diesem Zusammenhang bisher nicht verwendet wird. Überall, wo es in der Kunstgeschichte um das Inhaltliche geht, wird diese Tiefenstruktur angesprochen. Man macht dabei die Erfahrung, dass Ikonographie nur dasjenige festhält, was ohnehin in der Oberflächenstruktur erkennbar ist. Hierin liegt ihre entscheidende Schwäche: Dass sie zwischen den Beständen der Oberfläche und denen der Tiefe keinen rechten Unterschied macht. Ihr fehlt der Begriff 'Transformation' und methodisch jedes Mittel, Transformationen als solche sichtbar zu machen. Infolgedessen enden ikonographische Untersuchungen vielfach in Tautologien oder Gleichmacherei. Nur vermeintlich bringt die Ausgrenzung stabiler geschichtlicher Elementarquanten Resultate. Die Erkenntnissituation kann durch sie nicht optimiert werden" (Kauffmann 1978: 548).

Das methodische Defizit, das Kauffmann hier anspricht, kann mit der Methode der "objektiven Hermeneutik" angegangen werden, da sie intendiert, die latenten Sinnstrukturen, die Tiefenstrukturen und ihre Transformationen, zu rekonstruieren.

2.5   Das Verfahren der strukturalen Analyse und Interpretation eines ästhetischen Objekts

Im Rückgriff auf die Oevermannschen Ebenen der Feinanalyse, die dort auf Interakte bezogen sind, werden nun einzelne Kategorien hinsichtlich der Anwendung auf künstlerische Texte umformuliert. Das Ziel ist, "in der rekonstruierenden Begriffsbildung die Sache selbst zum Sprechen zu bringen" (Oevermann 1983: 244). Dabei wird von der Explikation der Strukturiertheit des konkreten Bildes ausgegangen und rekonstruierend der Weg zu den latenten Sinnstrukturen zurückverfolgt.

Ebene 1: Konstruktion von Lesarten und Paraphrase des künstlerischen Textes
Entsprechend der Methode der "objektiven Hermeneutik" und der von ihr in Anspruch genommenen "Alltagshermeneutik" beschränken sich die Informationen
auf dieser Ebene darauf, welche Hinweise der Museums- oder Ausstellungsbe-
sucher erhält, also in der Regel: Titel, Maler, Entstehungsjahr und Größe des
Bildes. Der Grund dafür ist, dass zunächst das intuitive Regelwissen des/der Interpreten möglichst ungetrübt zum Zuge kommen soll. Auf dieser Ebene darf
kein Wissen an den Text, das Bild, herangetragen werden, das Herstellen von
Beziehungen, Vergleiche mit anderen Werken, wie in der Kunstgeschichte sonst
üblich, sind nicht gestattet: Nur das Werk selbst soll intuitiv und rekonstruktiv
erschlossen werden. Dieses Erschließen geschieht dadurch, dass das Kunstwerk
zum Auslöser von gedankenexperimentellen Konstruktionen, von "Lesarten",
wird. Dabei soll das intuitive Regelwissen des/der Interpreten benutzt werden.
Die Entwicklung der Lesarten über objektive Bedeutungen sollte möglichst unterschiedliche, auch unwahrscheinliche aber zum Text passende Deutungen umfassen.

Die Entwicklung der Lesarten, d.h. der sinnvollen Kontexte des Kunstwerks,
erfolgt mit Hilfe der "Alltagshermeneutik", des intuitiven, alltäglich benutzten
Regelwissens, also der "Kompetenz" im Sinne der generativen Grammatik
Chomskys. Ziel ist es, sich schon hier mit Hilfe der Lesarten zur Bedeutungsvielfalt des Kunstwerks auf den verschiedenen Ebenen vorzutasten (vgl. Oevermann u. a. 1979: 396). Im Anschluss daran werden die bereits erkennbaren gemeinsamen Merkmale der Lesarten herausgearbeitet und verallgemeinert, um so
zu einer auf der "Intuition" basierenden Folie zu kommen.

Der nächste Schritt besteht in der Paraphrasierung des Bildes. Es geht dabei
nicht um die Deskription des Werks. Schon Leonardo wusste, dass man ein Bild
nicht so beschreiben wie man es malen kann. Die Paraphrase versucht, das Exponat im Medium der Sprache zu fassen. Die Paraphrasierung ist für dieses Verfahren unabdingbar, da die objektive Bedeutung des Textes nur im Medium der
Sprache gefasst werden kann, denn sie stellt nach den theoretischen Vorgaben
das System von Elementen und Regeln dar, in dem die latente Sinnstruktur des
Werks greifbar wird.

Auf das Problem der Versprachlichung von Bildern wird hier nicht eingegangen. Die objektive Hermeneutik geht davon aus, dass Bilder prinzipiell zu
versprachlichen sind. Sie räumt aber ein, dass es immer einen Rest gibt, der
sprachlich nicht zu fassen ist und der die "Offenheit" des Kunstwerks begründet.

Mit dem Begriff der Paraphrase entgeht Oevermann dem Dilemma der Deskription. In jede Beschreibung gehen Vorannahmen ein. Dieses Problem hat in

der Kunstgeschichte Tradition: Bereits Panofsky stellte fest, dass es keine theoriefreie Beschreibung gibt; Imdahl (1981) löste es, indem er sein Verfahren als "phänomenale Deskription" bezeichnete.

Auf dieser Ebene können auch Vermutungen über die Intentionen des Künstlers angestellt werden. Jedoch tritt die Frage nach den subjektiven Intentionen in den Hintergrund, da die strukturale Hermeneutik auf.die objektiven Bedeutungen des Werks zielt. Grundlage der Spekulationen bleibt jedoch immer der Text und seine Paraphrase. Oevermann selbst weist nachdrücklich auf die spekulative Seite dieses Schrittes hin.

Ebene 2:   Explikation des ästhetischen Objekts
Ebene 2.1: Explikation der objektiven Motive des künstlerischen Textes
Dies ist die zentrale Ebene der Analyse. Hier muss das Bild in seiner Strukturiertheit erschlossen werden. Nicht von außen darf eine Struktur an das Werk herangetragen werden, sondern aus den Elementen des Bildes muss das vorliegende Beziehungsgefüge geklärt werden. Es geht um das, was das Bild objektiv ausmacht, ohne Rücksicht auf das, was der Künstler ausdrücken wollte.

Das Werk wird hinsichtlich Aufbau, Relationen, Material usw. analysiert. Danach werden die Verknüpfungen dieser Elemente rekonstruiert. In der Rekonstruktion der manifesten und vielfältigen Beziehungen zeigt sich die "objektive Bedeutung" des Bildes.

Bereits hier kann Fachwissen benutzt werden – doch mit einer entscheidenden Einschränkung: Dieses Wissen darf nicht subsumptionslogisch benutzt werden, nicht als Klassifikationsschema dienen, vielmehr soll es heuristisch eingesetzt werden.

Ebene 2.2: Explikation der Funktion des künstlerischen Textes hinsichtlich der
Reaktionen des Betrachters
Auf dieser Ebene kommt der Betrachter des künstlerischen Textes in den Blick. Dies ist eine für das Gesamt der Analyse und Rekonstruktion eher sekundäre Ebene, da es diesem Verfahren primär um die objektive Bedeutung des Bildes und weniger um das Betrachterverhalten geht. Dennoch kann auf das Rezeptionsverhalten, das vom Werk provoziert wird, eingegangen werden.

*Ebene 2.3: Explikation der individualspezifischen Besonderheiten des künstle
rischen Textes*

Diese Ebene bezieht die individualspezifischen Besonderheiten des Bildes hinsichtlich Stil und Technik in die Analyse ein. Die Explikation der individualspezifischen Besonderheiten ist bei einer Bildanalyse und -interpretation unum-
gänglich. Sie erfolgt unter dem pragmatischen Aspekt (Besonderheiten des Materials, der Technik, etc.), dem syntaktischen und semantischen Aspekt.

Besonderes Gewicht liegt auf dem syntaktischen Aspekt, da durch die spezielle Zusammenfügung – nach den oben beschriebenen theoretischen Vorgaben
der Theorie der generativen Linguistik – Bedeutungen manifest werden.

Ebene 2.4: Rückgriff auf die intuitive Folie (Lesarten)

Die durch die durchgeführte Explikation gewonnene Struktur des Bildes wird
nun als Strukturhypothese aufgefasst und mit der intuitiven Folie, den aufgelis-
teten Lesarten, konfrontiert. Dabei wird festgestellt, welche Lesarten nach der
Explikation der Struktur des ästhetischen Textes zurückgewiesen werden müssen und begründet, inwiefern eine bis dahin nicht abzuweisende Interpretations-
alternative plausibler, weniger plausibel oder gar unsinnig ist.

*Ebene 2.5: Extrapolation der Struktur des künstlerischen Textes auf das ge-
samte Werk und die Biographie des Künstlers (Strukturgeneralisierung)*

Hier geht es darum, das analysierte Werk im Zusammenhang des Gesamtwerks
des Künstlers zu betrachten. Die explizierte Struktur wird im Blick auf ein anderes Werk überprüft. Dazu wird möglichst ein Werk ausgewählt, das auf den ersten Blick der ausgeführten Struktur widerspricht. Ziel ist es, die explizierte
Strukturiertheit zu validieren – soweit dies bei künstlerischen Texten möglich ist
– und eventuell zu einer Strukturgeneralisierung zu kommen.

Ebene 3: Verallgemeinerung

Auf dieser Ebene wird der Bezug der Ergebnisse zum fachwissenschaftlichen
Diskurs hergestellt. Die allgemeinen Zusammenhänge, die sich am untersuchten
Text feststellen, belegen oder problematisieren lassen, werden festgehalten.

Dies fordert einen radikalen Perspektivenwechsel vorzunehmen: Von dem re-
konstruktionslogischen Vorgehen auf den Ebenen 1 und 2, das zum Erkennen
der spezifischen Strukturiertheit des ästhetischen Objekts nötig war, hin zu einer

vergleichenden, Beziehungen herstellenden und resümierenden Strategie: Es geht darum, die erkannte Struktur in Beziehung zu anderen Erkenntnissen zu setzen.

IV Kritische Theorie und Kulturmanagement

Zur weiteren theoretischen Fundierung des Konzepts eines reflexiven Kulturmanagement sollen in diesem Kapitel Ansätze der Kritischen Theorie vorgestellt und diskutiert werden. "Frankfurter Schule" und "Kritische Theorie", das löst – so Wiggershaus (1986) in seiner umfassenden Studie zur Geschichte, theoretischen Entwicklung und politischen Bedeutung der "Frankfurter Schule" – "die Vorstellung einer Reihe von Namen aus, allen voran Adorno, Horkheimer, Marcuse, Habermas – und Assoziationen auf der Linie: Studentenbewegung, Positivismusstreit, Kulturkritik – und vielleicht auch: Emigration, Drittes Reich, Juden, Weimar, Marxismus, Psychoanalyse" (Wiggershaus 1986: 9). Die hier vorgestellten Ansätze umfassen sowohl die Analysen der älteren Kritischen Theorie (Adorno, Horkheimer, Benjamin) als auch die in der Tradition (Anders 1956/1960) und im Umfeld der Kritischen Theorie stehenden orthodox-marxistischen Ausführungen zur "Warenästhetik" (Haug 1971). Eine Einschränkung ist an dieser Stelle zu treffen: Mit Bonß/Honneth (1982) bin ich der Meinung, dass sich die "Aktualität der Kritischen Theorie durch eine hermeneutische Selbstauslegung der 'klassischen Texte' allein kaum retten lässt" (Bonß/Honneth 1982: 7). Deshalb ist eine erweiterte Rekonstruktion notwendig. Diese hat die technologischen Veränderungen im Kulturbereich (Globalisierung, Technisierung, elektronische Vernetzung) sowie die "Akzentverschiebungen der gesellschaftlichen und wissenschaftlichen Erfahrungsverarbeitung zu berücksichtigen" (ebd.). Zu überprüfen ist, ob auf dieser (erweiterten) Grundlage die Analysen der Kritischen Theorie einen Orientierungsrahmen für reflexives Kulturmanagement darstellen können.

1 Das Konzept eines reflexiven Kulturmanagement

Im Folgenden soll – ergänzend zum Kapitel I.1.1 – thesenartig das Konzept eines reflexiven Kulturmanagement skizziert werden. Dies geschieht in der Absicht, eine Kontrastfolie für den Umgang mit der Kritischen Theorie zu gewinnen. Es geht hier darum, darzustellen, was das Kulturmanagement von der Kritischen Theorie lernen kann – und wo die Differenzen bestehen.

Zunächst bedarf es einer begrifflichen Klärung des Gegenstandsbereichs. Kulturmanagement bezieht sich – wie eingangs dargestellt – nicht auf den Gesamtbereich der Kultur sondern auf einen engeren Sektor, auf „Institutionen, Initiativen und Projekte, in denen Kunst entsteht, Kunstergebnisse gefeiert oder ritualisiert werden, kunstnahe Unterhaltung feilgeboten oder ästhetische Praxis angeregt wird" (Bendixen 1993: 76). Anspruch eines reflexiven Kulturmanagement ist es, die Kultur einerseits davor zu schützen, bloßes Objekt wirtschaftlicher Interessen zu werden, andererseits glaubhaft das sprenghafte Potenzial der Kunst zu vermitteln.

Als Paradigmenwechsel in der Philosophie der Kunst und theoretischer Bezugsrahmen eines reflexiven Kulturmanagement kann die Position von Niklas Luhmann (vgl. dazu ausführlich Kapitel V) gesehen werden. Luhmanns Theorem von der Kunst als gesellschaftlichem Teilsystem befreit die Kunst vom Ballast überfordernder Sinngebungserwartungen (Adorno) sowie vom Stress avantgardistischer Überholungszwänge (Lüddemann 2003: 62 f.).

Diese Befreiung ermöglicht dem System Kunst die Erzeugung von Sichtweisen auf die Welt. Die Tauglichkeit und Validität dieser Sichtweisen sind Gegenstand öffentlicher Kommunikation. Die Qualität von Kunst besteht für Luhmann darin, neue Organisationsformen der Erfahrung bereitzustellen. Kunst ist – so Lüddemann in Anlehnung an Luhmann – das Laboratorium für neue Entwürfe von Weltsichten. In einer Welt als „Schauplatz ultraschneller Übersetzung" (ebd.) kann Kunst nicht mehr als isoliertes Phänomen sondern nur noch als eine mediale Ebene globaler und damit unbegrenzter Kommunikationsprozesse verstanden werden.

Kunst schult Wahrnehmung, rüttelt wach, zeigt Utopien frei von jedem Zweckdenken. Wer in der Kunst lernt, zweck- und urteilsfrei wahrzunehmen, wird auch in anderen Lebensbereichen feststellen können, dass es keine – wie Adorno unterstellt – geschichtsphilosophisch fundierte absolute Wahrheit gibt, sondern dass jede Wahrheitsbeschreibung ein Modell von Wahrheit ist, das die gleiche Daseinsberechtigung hat, wie jede andere auf gleicher Bewusstseinsstufe. Zeitgenössische Kunst ist heute davon geprägt, dass sie keine dominanten Stilrichtungen und Kunstsprachen mehr ausbildet. Vom Rezipienten verlangt dies ein hohes Maß an Offenheit, die Fülle an Kunstrichtungen urteilsfrei wahrzunehmen und als gleichberechtigte Wahrheiten gelten zu lassen.

Ein reflexives Kulturmanagement hat – in diesem Kontext – zu bedenken, dass der ökonomische Wert von Kunst eine Option, aber nur eine von vielen möglichen Optionen ist. In Frage zu stellen ist die Dominanz einer ökonomischen Wertfestschreibung (über Geld) als Substitut für eine an künstlerischen Standards orientierte Bewertung von Kunstwerken. In diesem Spannungsverhältnis steht ein reflexives Kulturmanagement, das entscheiden muss, nach welchen Parametern es sein Handeln ausrichtet.

2   Kulturindustrie

Im Folgenden werden Essentials der Kulturindustrietheorie dargestellt und gleichzeitig kritisch hinterfragt. Dies geschieht – wie bereits skizziert – in der Absicht, zu eruieren, ob die Kulturindustrietheorie möglicher Bezugsrahmen eines reflexiven Kulturmanagement sein kann.

Sehr eingehend haben Horkheimer und Adorno in dem Kapitel "Kulturindustrie" aus der 1947 erstmals in Amsterdam publizierten "Dialektik der Aufklärung" die "rücksichtslose" Integration von Kultur in den Medienbetrieb thematisiert. Die Integrationstätigkeit ist eine doppelte. Zum einen zwingt die Kulturindustrie "die Jahrtausende lang getrennten Bereiche höherer und niederer Kunst zusammen, zu ihrer beiden Schaden" (Adorno 1967: 60). Die Zwangsgemeinschaft zerstört genau die gesellschaftstranszendierenden Momente, die den beiden Bereichen der Kultur als getrennten möglich war.

Die "höhere" Kunst verliert dabei den Grad an Autonomie, der ihr kritischen Ernst gestattete; "die niedere (wird) durch ihre zivilisatorische Bändigung um das ungebärdig Widerstehende (gebracht), das ihr innewohnte, solange die gesellschaftliche Kontrolle nicht total war" (ebd.).

Die Antinomie der Kultur hat das Entstehen der kulturindustriellen Kultur erst möglich gemacht. Weil die traditionelle Kultur durch die Autonomiesetzung des Geistes um der Erhaltung der Reinheit solcher Autonomie willen den Raum gesellschaftlich-geschichtlicher Praxis sich selbst hat überlassen und freigeben müssen, bringt sie aufgrund solcher Autonomiesetzung in sich selbst zugleich auch das entgegengesetzte Moment der Anpassung an die empirische Wirklichkeit hervor: Jene hat die durch die Autonomiesetzung des Geistes freigelassene Leerstelle der gesellschaftlich-geschichtlichen Praxis zu besetzen, um deren Auseinanderbrechen ins "Chaotische" gegenzusteuern (Schmucker 1977: 85).

Der von Adorno diagnostizierte Zerfall von Bildung und Kultur führt – so Wiggershaus (1987) – zur Zerstörung eines gesellschaftlichen Bereichs, in dem Raum für die Entstehung autonomen Denkens und Fühlens, des Widerstands gegen "die verhärteten Verhältnisse naturverfallener Naturbeherrschung" war

(Wiggershaus 1987: 85). Dieser Zerfallsprozess wurde beschleunigt, weil die Kultur auch zu einer "Angelegenheit von Großkonzernen und Verwaltungen wurde, die Kultur in Regie genommen und als in Regie Genommene in Übereinstimmung einerseits mit dem Profitmotiv, andererseits mit dem Interesse an der Stabilisierung autonomiefeindlicher gesellschaftlicher Verhältnisse standardisiert und homogenisiert" (ebd.) haben.

Was an die Stelle der traditionellen Kultur getreten ist, bezeichnet Adorno als den "kategorischen Imperativ der Kulturindustrie": "Du sollst dich fügen, ohne Angabe worein; fügen in das, was ohnehin ist, und in das, was als Reflex auf dessen Macht und Allgegenwart alle ohnehin denken" (Adorno 1967: 67). Kulturindustrielle Kultur manifestiert sich als Synthese unterschiedlichster Erscheinungen: Sie hat sowohl Elemente der Volkskunst, der oppositionellen Subkulturen, als auch der autonomen Kunst in sich vereinigt (Kübler 1977). Sie hat sich zu einer Massenkultur par excellence entwickelt, an der alle Bildungsgeschichten partizipieren. Kultur wird – so Adorno 1970 – unter den Bedingungen der kulturindustriellen Produktion und Verwertung so sehr von diesen aufgesogen, dass von ihr nichts bleibt als der ökonomisch gewinnreich verwertbare Ruf ihrer großen Vergangenheit. Der Kulturkonsument begnügt sich dabei und findet subjektive Befriedigung daran, "zu betrachten, zu bewundern, am Ende blind und beziehungslos zu verehren, was da alles einmal geschaffen und gedacht wurde, ohne Rücksicht auf dessen Wahrheitsgehalt" (Adorno 1970: 385).

Adorno bezeichnet als die "Physiognomik" der Kulturindustrie das "Gemisch aus stream-lining, photographischer Härte und Präzision einerseits und individualistischen Restbeständen, Stimmung zugerüsteter, ihrerseits bereits rational disponierter Romantik andererseits" (Adorno 1967: 64).

Die "Fusion von Kultur und Unterhaltung heute" beinhaltet eine "Deprivation der Kultur" und eine "Vergeistigung des Amüsements" (Horkheimer/Adorno 1969: 129). Es kommt nicht mehr zu Spannungen zwischen den Polen; Extreme existieren nicht mehr als solche, sondern gehen in eine "trübe Identität" über (ebd.: 116), d. h. sie verlieren ihre gesellschaftskritische Aussagekraft. Nichts zeichnet sie mehr als Besondere aus. Die Opernarie wird zur Unterhaltungsmelodie, die man mitsummt. Der Schlager, als ebenso bekanntes Musikstück, kann direkt neben sie treten.

In diesem Zusammenhang konstatiert Benjamin (1963), dass der "Sinn fürs Gleichartige" gewachsen sei (Benjamin 1963: 19). Das heißt, das Wiedererkennen und Zuordnen nach Quizmanier tritt an die Stelle der Reflexion von Problemzusammenhängen. Für die "Anschauung" lässt sich mühelos ein Beispiel nennen: Klassische Werke wie die Nofretete-Büste oder Tut-Ench-Amuns Goldmaske werden als solche identifiziert, ob sie nun einen Buchumschlag zieren oder auf einer Postkarte abgebildet sind. Die Anschauung im Sinne von gründlichem Hinsehen, um ein Werk genauer kennen zu lernen, d. h. über seine oberflächliche Erscheinung hinaus zu verstehen, entfällt, da das bloße Wiedererkennen bereits hinreichende Bildung signalisiert. Für das Denken gilt bei diesem Beispiel, auf die Möglichkeit einer genaueren Bestimmung zu verzichten, also nicht zu reflektieren, welche Implikationen (wie Kulturraub etc.) dem Werk anhaften. Ein weiterer Aspekt, der von Benjamin thematisiert wird, ist der Appell an den Wunsch, einen Gegenstand zu besitzen, der von den Reproduktionen (man denke an wohlfeile Kunstdrucke) ausgeht. Besonders Kunstwerke verlangen nicht mehr eine intensive Betrachtung, wenn man sie sich einprägen möchte. Sie sind nun als Drucke gleich mit nach Hause zu nehmen. So kann die Betrachtung auf später verschoben werden, entfällt aber wahrscheinlich in den meisten Fällen ganz, wenn das Werk in seiner reproduzierten Form dauernd zugegen ist. Dass hier die innersten Schichten der Wahrnehmung betroffen sind, ist offensichtlich.

Diese Phänomene sind als Folgen des Verfalls der Aura infolge der Reproduzierbarkeit von Kunstwerken zu interpretieren. Zu beobachten sind heute darüber hinaus Entwicklungen, die Anlass geben, Benjamins Ausführungen zu ergänzen und zu differenzieren.

"Die Inszenierung von Kultur zielt wieder auf eine vom neuen Kulturvolk erlebte Aura, eine einmalige Erscheinung einer Ferne, so nah sie sein mag" (Wulf 1987: 58). Allerdings muss man heute eher von einer "Simulation der Aura" durch die Kulturpolitik und die Kulturproduktion sprechen. Charakteristisch für unsere "Kulturgesellschaft" ist das Phänomen, dass die "Aura von den Objekten verschwindet und in das Erleben hinüberwechselt" (Knödler-Bunte 1987: 61). Auf den Zerfall der Aura antworten Kulturpolitik und Kulturproduktion mit einer "Reauratisierung" von Mitteln und Orten, "in denen die profan gewordenen Gegenstände gezeigt werden. Damit treten die Ausstellungen immer mehr jenen Künsten zur Seite, die den Gegenpol eines Ausstellungsrealismus markieren: Theater, Oper, Film" (ebd.: 63).

Zu fragen ist in diesem Zusammenhang, ob nur noch diejenigen Kunstwerke ein aufklärerisches Mandat beanspruchen können, die sich durch ihre esoterische (auratische) Form dem Sog massenkultureller Ideologie verweigern. Die von Adorno geforderte Trennung von authentischer (höherer) Kunst und der Massenkultur potentiell zurechenbarer (niederer) Kunst wäre demnach unabdingbar. Dies ist gegenwärtig nicht mehr nachvollziehbar.

Massenkultur repräsentiert heute – im Gegensatz zum Verständnis von Horkheimer/Adorno – grenzüberschreitende konkrete

"Kulturmuster, Lebensgewohnheiten, Produktions- und Rezeptionsmuster, Weltbilder, Lebensstile etc. Genauer: in ihr werden die Grenzen zwischen den konkreten Kulturen nicht mehr ausschließlich von den traditionellen Trägern – Völkern, Nationen, regional verwurzelten Gemeinschaften – beeinflusst, sondern zunehmend auch von neuen, nahezu allen westlichen Industriegemeinschaften gemeinsamen gesellschaftlichen Strukturen und von den ihnen entsprechend übernational geprägten gesellschaftlichen Gruppen: während die traditionellen Grenzen der an Völker und Räume gebundenen Einzelkulturen immer durchlässiger werden, entstehen neue Kulturgebilde und dementsprechend neue Abgrenzungen" (Soeffner 1990: 18).

Konstitutiv für die sog. Massenkultur ist das Phänomen der „Transkulturaliät" (Welsch 1994). Dieses verweist auf die Vielfalt unterschiedlicher Lebensformen und Lebensstile moderner Gesellschaften sowie die Grenzüberschreitung von Nationalkulturen. „Anstelle der separierten und separierbaren Einzelkulturen von einst ist eine weltweit verähnlichte und hochgradig interdependente Globalkultur entstanden, die sämtliche Nationalkulturen verbindet und bis in Einzelheiten hinein durchdringt" (ebd.: 12). Das Phänomen der „Transkulturalität" betrifft nicht nur die „Makroebene" der Kulturen, sondern auch die „Mikroebene". Wir sind – so Welsch – „kulturelle Mischlinge", unsere kulturelle Formation ist transkulturell.

3   Kritische Theorie und Kulturmanagement

Das grundlegende Problem im Umgang mit der Kritischen Theorie liegt darin, dass diese einerseits eine theoretische Konstruktion an die Stelle empirischer Untersuchungen setzt und andererseits in ihrer Sicht auf eine Differenz von Hoch- und Massenkultur veraltet ist. Die moderne Kulturindustrie scheint dem Dilemma der Ghettoisierung von Hochkultur entgegenzuwirken und selbige für die breite Masse zugänglich zu machen. Jedoch hat es mit der Hochkultur eine eigenartige Bewandtnis: Sobald sie kulturindustriell verwertet wird, scheint sie in ihrer ursprünglichen Bedeutung und Aktualität sowie in ihrer die gesellschaftlichen Bande sprengenden und überwindenden Eigenschaft zu verschwinden. Verdeutlichen kann man dieses Phänomen mit einem Beispiel aus dem Tourismus. Die Ursprünglichkeit einer Region geht verloren, sobald sie durch den Massentourismus vermarktet wird. Ähnliches geschieht mit der Hochkultur, wird sie kulturindustriell aufbereitet. Die verwertbare Oberfläche wird vermarktet, die darin enthaltenen Sprengsätze werden entschärft: z. B. durch Etiketten-

Bildung (das ist Beethoven, der Komponist von „Pour Elise", und nicht, das ist der revolutionäre Komponist Beethoven, der in seiner heldenhaften, fast wahnhaften Egozentrik die formalen Prinzipien der Klassik sprengte).

Gegen Horkheimer/Adorno ist festzuhalten, dass Kultur sich personell und in den inhaltlichen Strategien wesentlich weiter entwickelt hat. Auf der Folie heutiger Erfahrung von privatem Engagement für Kultur, von Formen flexibler Projektarbeit und neuen Koalitionen von Kultur und Wirtschaft, erscheint das Theorem von einem „Verblendungszusammenhang" überholt. Hinzu kommen inhaltliche Projekte, die Traditionsbestände und aktuelle Inhalte von Kunst/Kultur kombinieren. Beispiel: Das Bühnenstück „Sentimenten" brachte auf der Ruhr Triennale (Erste Aufführung, 18. Juni 2003, Jahrhunderthalle Bochum) Ralf Rothmanns Roman „Milch und Kohle" über eine Kindheit im Ruhrgebiet mit Opernmelodien von Guiseppe Verdi zusammen. Dies ist eine Option für Kulturmanagement: Die Erprobung neuer Koalitionen von „High and Low" („High and Low" war bereits 1990 Titel einer Ausstellung im Museum of Modern Art in New York. Das Thema dieser Ausstellung befasste sich mit der Verbindung von moderner Kunst und Popkultur). Diese Formen des Cross Over, die seit den 1990er Jahren Thema der modernen Kunst sind, stehen quer zu Adornos Purismus, der letztlich in der Sackgasse der Verweigerung endet.

Das Kulturmanagement – reflexiv gedacht – muss sich als Transmitter und Ermöglicher in einem Szenario verstehen, das sich durch Kultur an ungewohnten Orten, einen Transfer der Kunstformen und vor allem durch einen fluktuierenden Kunstbegriff auszeichnet. Es ist – meines Erachtens – völlig offen, ob mit Adorno eine Qualitätsdebatte zu führen ist: Wenn überhaupt, dann in der Aufmerksamkeit für die politische Dimension jeder Kulturarbeit und den scharfen Blick für ästhetische Standards und für verdeckte Interessenlagen.

Nicht tragfähig ist - wie eingangs skizziert (I/1.1) - die von der Kritischen Theorie unterstellte strukturelle Symmetrie von Produktion und Konsumtion (Rezeption). Dies setzt voraus, dass die Menschen der Kulturindustrie und ihrem System bedingungslos unterworfen würden. Diese Auffassung kann insofern in Frage gestellt werden, als sie die relative Autonomie des Bewusstseins sowie die Fähigkeit zur Weigerung und Kritik bei den Individuen leugnet. Die These der „monolithischen Manipulation" berücksichtigt nicht die Tatsache, dass einzelne Menschen und Gruppen auf Medienbotschaften unterschiedlich reagieren. D.h.: Diese These missachtet den Sachverhalt der Subjektivierung, der individuellen Aneignung eines seriell hergestellten Produktes durch einen Einzelnen. Das Individuum verschwindet hinter der Rolle des Konsumenten, und die spezielle Gleichheit der Produkte suggeriert fälschlich eine serielle

Gleichheit der Aneignung und Nutzung (Soeffner 1990: 26). Ein reflexives Kulturmanagement hat deshalb nicht nur zu analysieren, wie Menschen sich den Produkten, sondern umgekehrt, wie sich Menschen die Produkte anpassen, „wie sie in ein subjektiv konstituiertes Milieu eingearbeitet und mit ihm verschmolzen werden. In diesen Akten der Privatisierung des allen tendenziell zugänglichen und der Individualisierung des Kollektiven vollzieht sich – an Subjekt und Objekt beobachtbar – die Übersetzung des Seriellen ins Einmalige". (ebd.: 27)

Die serielle Produktion des verwechselbar Gleichen führt also nicht nur zur seriellen Rezeption und Konsumtion. Vielmehr erfahren die Massenprodukte eine individuelle Überprüfung in Form von den mit Aneignungs- und Markierungshandlungen verbundenen Gefühls- und Erinnerungsbeigaben. Sie gehen durch den individuellen Zoll und werden schließlich dort als 'subjektiv' deklariert (ebd.).

In diesem Zusammenhang konstatiert Bergsdorf (2002) eine „Re-Individualisierung der Massenmedien" in unserer Informations- und Wissensgesellschaft. „Die technischen Möglichkeiten der Datenkompression, der Digitalisierung und des interaktiven Zugriffs ermöglichen dem Nutzer der Multimedia-Angebote eine enorme Steigerung seiner Souveränität als Konsument. Jeder wird sich künftig seine Information, Bildungs- und Unterhaltungsprogramme nach seinen speziellen Bedürfnissen und Interessen zusammenstellen können. Das Grundgesetz der Massenkommunikation lautet: Einer druckt oder sendet, viele lesen, hören oder sehen das Gleiche. Das neue Grundgesetz von Multimedia heißt: Jeder wird sein eigener Programmdirektor, jeder entscheidet selbst, welchen Inhalten er die knappe Ressource seiner Aufmerksamkeit zuwendet" (ebd.: 8).

Dass es dabei Gewinner und Verlierer (Intelligente und weniger Intelligente, Jüngere und Ältere) hinsichtlich der Zuwendung zu den neuen Medien geben wird, ist evident. „Deshalb ist auf den Erwerb von Kompetenz im Umgang mit dem multimedialen Angebot besondere Aufmerksamkeit zu lenken" (ebd.: 9). Dies ist eine zentrale Aufgabe eines sich den neuen medialen Möglichkeiten verpflichteten reflexiven Kulturmanagement.

Übungsaufgabe 8:

Diskutieren Sie die Bedeutung der von der "Kritischen Theorie" intendierten Aufklärung über die Wirkungsweise der "Kultur- und Bewusstseinsindustrie" für ein "reflexives" Kulturmanagement!

4 Kritik der Warenästhetik

Die "Kritik der Warenästhetik" von Haug (1971) ist die erste "wissenschaftliche Theorie über Design, Kosmetik, Mode, Werbung usw., die nicht an der Oberfläche der Erscheinungen kleben bleibt, sondern dahinter schaut, Ursachen und Bewegungsgesetze aufdeckt" (Kerbs 1972: 43). Sie weist, wenn man sich die Mühe macht, diese Analyse unter Verzicht auf ihre orthodox-marxistische Diktion zu lesen, verblüffende Analogien zu modernen, empirisch orientierten kultursoziologischen Studien (vgl. Schulze 1992/1994) auf, ist in der theoretischen Analyse allerdings eindeutig stringenter und somit relevanter Bezugspunkt für die Ausarbeitung einer Theorie des Kulturmanagement.

Bei der Analyse der ökonomischen Grundprobleme geht Haug nicht von der Fülle der ästhetischen Erscheinungen aus, sondern von den wirtschaftlichen Grundlagen, nämlich von der Frage: Was geschieht, wenn etwas getauscht, gekauft, verkauft wird? Er versucht die unterschiedlichen Interessen der beiden Seiten, die sich im Tausch- oder Kaufakt begegnen, transparent zu machen.

"Treibendes Motiv und bestimmter Zweck für jede Seite im Tausch zweier Waren ist das Bedürfnis nach dem Gebrauchswert der Ware der jeweils anderen Seite. Zugleich ist die eigene Ware und mit ihr das fremde Bedürfnis nur Mittel zu neuem Zweck. Der Zweck eines Jeden ist dem jeweils Anderen nur Mittel, um durch Tausch zum eigenen Zweck zu kommen. Das Verhältnis ändert sich mit dem Dazwischentreten des Geldes. Wo Geld den Tausch vermittelt, zerlegt es ihn nicht nur in zwei Akte, in Verkauf und Kauf, sondern es scheidet die gegensätzlichen Standpunkte. Der Käufer steht auf dem Standpunkt des Bedürfnisses, also auf dem Gebrauchswertstandpunkt, sein Zweck ist der bestimmte Gebrauchswert; sein Mittel, diesen einzutauschen, ist der Tauschwert in Geldform. Dem Verkäufer ist derselbe Gebrauchswert bloßes Mittel, den Tauschwert seiner Ware zu Geld zu machen, also den in der Ware steckenden Tauschwert in der Gestalt des Geldes zu verselbständigen ... Vom Standpunkt des Gebrauchswertbedürfnisses ist der Zweck der Sache erreicht, wenn die gekaufte Sache brauchbar und genießbar ist. Vom Tauschwertstandpunkt ist der Zweck erfüllt, wenn der Tauschwert in Geldform herausspringt" (Haug 1971: 14 f.).

"Die Warenproduktion setzt sich nicht die Produktion bestimmter Gebrauchswerte als solche zum Ziel, sondern das Produzieren für den Verkauf. 'Gebrauchswert' spielt in der Berechnung des Warenproduzenten nur eine Rolle als vom Käufer erwarteter, worauf Rücksicht zu nehmen ist. Vom Tauschwertstandpunkt aus ist der Prozess abgeschlossen und der Zweck realisiert mit dem Akt des Verkaufs. Vom Standpunkt des Gebrauchswertbedürfnisses aus ist derselbe Akt nur der Beginn und die Voraussetzung für die Realisierung seines Zwecks in Gebrauch und Genuss. Zwischen den beiden Standpunkten ist ein Unterschied wie zwischen Tag und Nacht. Sobald sie erst einmal getrennt vorkommen, ist ihr Widerspruch auch schon eklatant" (ebd.: 16).

Die Auswirkungen, die der Widerspruch zwischen Gebrauchswert und Tauschwert zeitigt, beschreibt Haug wie folgt: "Hinfort wird bei aller Warenproduktion ein Doppeltes produziert: erstens der Gebrauchswert, zweitens und extra die Erscheinung des Gebrauchswerts. Denn bis zum Abschluss des Verkaufsaktes, womit der Tauschwertstandpunkt seinen Zweck erreicht hat, spielt der Gebrauchswert nur insofern eine Rolle, als der Käufer ihn sich von der Ware verspricht. Vom Tauschwertstandpunkt aus kommt es bis zum Schluss, nämlich dem Abschluss des Kaufvertrages, nur aufs Gebrauchswertversprechen seiner Ware an" (ebd.: 16 f.). Aus diesem Grund löst sich das Ästhetische der Ware, nämlich sinnliche Erscheinung und Sinn ihres Gebrauchswertes, von der Sache ab. Das Ästhetische, die sinnliche Erscheinung der Ware, wird zum "Träger einer ökonomischen Funktion, zum Instrument für den Geldzweck" (ebd.: 17).

Ein Beispiel für Gebrauchswertversprechen: "Macher. Den Trend bestimmen. Gegen hohle Phrasen und entstellende Reden. Für ehrliche Zärtlichkeit, schmeichelnden Sinn (?). Überlegt vertrauen. Lodenjoppe SISSI, aus Merino extrafein, Tuchbesatz, Rückenfalte, echte Hirschhornknöpfe".

Das Versprechen appelliert, wie in den meisten Fällen der Werbung, nicht mehr an den Gebrauch im eigentlichen Sinn, berücksichtigt also nicht etwa Aspekte der Nützlichkeit. Vielmehr scheint der Gebrauchswert des Kleidungsstückes darin zu bestehen, dass es Ausdruck einer umfassenden Lebenshaltung (und auch Ausdruck von Sexualität) ist, bzw. darüber hinaus diese Haltung mit der "Joppe" erstanden werden kann. Hinzu kommt die Zuordnung zum Foto: "junge, selbstbewusst und unangepasst dreinschauende Frau".

Haug konstatiert eine Entwicklung weg vom einfach scheinenden Gegenstand, der durch seine physischen Eigenschaften bestimmte menschliche Bedürfnisse befriedigt, in Richtung auf zunehmende Akzentuierung des Bedeutenden und Beziehungsvollen der Ware.

Über das Zusammenwirken von Text und Bild gilt analog zur Nähe von Zaubersprüchen und Werbung: Wie in manchen Zauberformeln soll der berührte Gegenstand Eigenschaften des gesprochenen Wortes annehmen. In der Zauberei werden zusätzlich Pulver u.Ä. benutzt. Die Reklame setzt auf Wort und Bild und auf die Beziehung, die der Leser automatisch zwischen ihnen herstellt. Sie wird sich zunehmend auch den Bedürfnissen zuwenden, die der Gegenstand seinen "physikalischen Eigenschaften" nach nicht befriedigen kann. "Die Sinnlichkeit der Käufer wird von der Ästhetik der Gegenstände gefangengehalten".

Eine wesentliche analytische Kategorie, mit der die Effekte der Kulturindustrie erklärt werden können, ist die "ästhetische Innovation". Bei steigender Produktivität entsteht für die Kulturindustrie ein besonderes Realisationsproblem.

"Nun stoßen die ... Produktivkräfte nicht an die vielen konkurrierenden Anbieter als an ihre Grenze, sondern unmittelbar an die Schranke der Produktionsverhältnisse, die den gesellschaftlichen Bedarf, soweit er sich als zahlungsfähige Nachfrage geltend machen kann, definieren" (Haug 1971: 48). Das "Kapital" stößt sich an der zu großen "Haltbarkeit seiner Produkte" (ebd.). Techniken, mit denen auf diese Situation geantwortet wird, bestehen in der Verschlechterung der Produkte: "künstliche Obsoleszenz" (Produktvergreisung) – Gebrauchsverkürzung. Die qualitative und quantitative Verminderung des Gebrauchswerts wird in der Regel durch Verschönerung kompensiert. Da aber selbst so die Gebrauchsdinge noch zu lange für die Verwertungsbedürfnisse der Kulturindustrie halten, setzen radikalere Techniken bei der Ästhetik der Ware an. "Durch periodische Neuinszenierung des Erscheinens einer Ware verkürzt sich die Gebrauchsdauer der in der Konsumsphäre gerade fungierenden Exemplare der betreffenden Warenart" (ebd.: 50). Diese Technik wird von Haug als "ästhetische Innovation" bezeichnet, die z. B. mit den Begriffen "Altes raus", "Neues rein" charakterisiert wird. "Die ästhetische Innovation als Funktionsträger der Regeneration von Nachfrage wird so zu einer Instanz von geradezu anthropologischer Macht und Auswirkung, d. h. sie verändert fortwährend das Gattungswesen Mensch in seiner sinnlichen Organisation: In seiner dinglichen Einrichtung und seiner materiellen Lebensweise ebenso wie in Wahrnehmung, Bedürfnisbefriedigung und Bedürfnisstruktur" (ebd.: 54). Die Frage, in welcher Weise und auf welche Gestalt hin die menschliche Sinnlichkeit von der Warenästhetik modelliert wird und ihrerseits auf sie zurückwirkt, nimmt in Haugs Buch unter dem Begriff "Technokratie der Sinnlichkeit" besonderen Raum ein. Haug untersucht, "wie Bedürfnis- und Triebstruktur sich ändern unter dem Eindruck ständiger Veränderung unterworfener Befriedigungsangebote, die die Waren machen" (ebd.: 55).

Was Haug mit "Technokratie der Sinnlichkeit" bezeichnet, meint Herrschaft über Menschen, ausgeübt auf dem Wege ihrer Faszination durch technisch-produzierte künstliche Erscheinungen. "Diese Herrschaft erscheint also nicht unmittelbar, sondern in der Faszination ästhetischer Gebilde. Faszination meint nichts anderes, als dass diese ästhetischen Gebilde die Sinnlichkeit von Menschen gefangen halten" (ebd.). "Technokratie der Sinnlichkeit" sei keine Erfindung des Kapitalismus. Genuin kapitalistisch seien in erster Linie die Verwertungsfunktionen, die ästhetische Techniken ergreifen, umfunktionieren und weiterbilden und somit die Sinnlichkeit der Rezipienten modellieren. "Vermarktet die eine Branche die Verpackung der Menschen, die andere ihre Liebessymbolik, so eine dritte ihr leibhaftes Erscheinen, die Art, wie ihre Haut sich anfühlt und riecht, die Aufmachung des Gesichts, die Farbe, den Glanz und die Frisur des Haares" (ebd.: 95). Bedeutsam ist dabei die spezifische Art der Wirkung derartiger Mittel auf die menschliche Sinnlichkeit. So wird z. B. in der Kosmetikindustrie durch Suggestion eine Reinlichkeitsideologie aufgebaut, indem auf der Ebene angstdurchdrungener Übelkeit, die das Ekelige verursacht, eine panische Abwehr und Meidung bei den Rezipienten ausgebreitet wird. So entsteht eine neue soziale, in den Sinn des Individuums vermittelte und übermächtig verankerte Norm des Normalen, Sauberen, auf der anderen Seite des Abstoßenden, Niederen. "Der Vorgang darf Vorgang der Modellierung der Sinnlichkeit genannt werden. Er zeigt bilderbuchartig, wie blinde Mechanismen des Profitstrebens als an sich gleichgültiges Mittel zum Zweck und als Abfallprodukt des Profits die Sinnlichkeit der Menschen umzüchten" (ebd.: 98). Die Kulturindustrie "drängt sich in die engsten und unbefriedigten Sehnsüchte, dirigiert Aufmerksamkeit um, definiert den Körper neu, seinen Anblick, seinen Geruch, aber auch seine Selbstbetrachtung und Berührung" (ebd.: 99). Sie definiert Verhaltensweisen, strukturiert Wahrnehmung, Empfindung und Bewertung und modelliert Sprache. Bei der Prognose der Entwicklungstendenzen der Warenästhetik kommt Haug zu dem Ergebnis: "Ihrer Quantität und aufdringlichen Bedeutung nach werden die hier behandelten Phänomene zunehmen; ihrer Qualität nach werden sie bewirken, dass die Gebrauchswertstruktur der Waren sich weiter verschiebt in Richtung auf einen Überhang ihrer Beziehung auf Bedürfnisse fantastischer Art" (ebd.: 125). "Immer mehr Waren werden sich zunehmend in eine Richtung ändern, an deren Extrem das reine Bedeutungsding steht. Der Richtungsausdruck Bedeutungsding soll besagen, dass der Realisierungsgrad und die Designart des Warenkörpers als Gebrauchswert sich verschieben, weg vom einfach scheinenden Gegenstand, der durch seine physischen Eigenschaften bestimmte menschliche Bedürfnisse befriedigt, in Richtung auf zunehmende Akzentuierung des Bedeutenden und Beziehungsvollen der Ware" (ebd.: 127).

Anders (1956/1980) verallgemeinert – aus kulturphilosophischer Perspektive – die Überlegungen von Haug, in dem er Wirklichkeit im Sinne der "Wirtschafts-Ontologie" nur als den Teil begreift, der verwertbar ist oder verwertbar gemacht werden kann (Anders 1956: 179 ff.).

Das setzt massenhafte Reproduzierbarkeit und Verkaufbarkeit voraus. Das nur Einzelne, das Unverkäufliche existiert im strengen Sinne des Systems nicht. Die Zurichtung der Welt im Dienst der Produktion erstreckt sich prinzipiell auf alle Natur: Ziel ist es, bereits "in den Rohstoff so früh wie möglich einzugreifen, d. h.: ihm gar keine Zeit zu lassen, überhaupt 'nur Rohstoff' zu sein ... und auch sein Werden schon zum ersten Stadium der Produktion zu machen ..." (ebd.).

Anders zieht aus diesen Überlegungen Konsequenzen für den Umgang der Menschen untereinander:

"Da wir in einer Welt leben, die ausschließlich aus Dingen besteht, die nicht nur ersetzbar sind, sondern ersetzt werden sollen (in extremen Fällen sogar gierig auf Ersetztwerden auftreten), ist es nicht nur plausibel, sondern einfach unvermeidlich, dass wir einen Umgangstypus ausbilden, der diesen prononciert sterblichen und todeswürdigen Gegenständen angemessen ist; dass wir in Griff, Gang, Sitz und Miene Acht- und Achtungslosigkeit entwickeln. Und nicht nur den Dingen gegenüber. Es scheint mir undenkbar, dass Verhaltensarten, die Produkten gegenüber nicht mehr als Tugenden, umgekehrt sogar als Untugenden gelten, im Verkehr der Menschen miteinander als Tugenden aufrechterhalten werden können. Die Menschheit, die die Welt als 'Wegwerf-Welt' behandelt, behandelt auch sich selbst als 'Wegwerf-Menschheit'" (Anders 1980: 42).

Die nie abreißende Ablösung der Produktmodelle sei die Geschichte von heute (ebd.: 300). Was unsere Zeit so abenteuerlich macht – resümiert Anders -, sei die Tatsache, dass Apparate,

"die Kraftwerke, die atomaren Raketen, die Weltraumgeräte, die industriellen Großanlagen, die für deren Herstellung benötigt werden, zusammen unsere alltägliche Welt ausmachen. Millionen leben davon, dass die Produktion dieser Geräte autonom geworden ist; die Ökonomie ganzer Kontinente würde zusammenbrechen, wenn die Erzeugung dieser Objekte plötzlich ein Ende fände – alle diese Tatsachen sind heute ja keine Ausnahme, keine Sensation, die man ... besingen könnte, wie das sensationelle Ereignis, das Goethe besungen hat" (ebd.: 402).

Besonders problematisch sei die Tatsache, dass diesen Apparaten (Geräten) die Fähigkeit oder der Wille abgehe, das, was sie sind, auszudrücken, dass sie im extremen Maße "nicht sprechen", dass ihr Aussehen nicht mit ihrem Wesen koinzidiere. Solche Koinzidenz gebe es nicht nur im Bereich der lebendigen Mimik, sondern auch in dem der einfachen Geräte:

"den Hämmern, Stühlen, Hosen oder Handschuhen ist es noch anzusehen, wozu sie da sind, sie 'sehen aus'. Nichts dagegen zeigen z. B. Kernreaktoren, die genau so harmlos und unscheinbar aussehen wie jede beliebige Fabrikanlage und weder etwas von ihren virtuellen Leistungen noch von den ihnen inhärierenden Drohungen verraten" (ebd.: 35).

Die Menschheit bedroht heute den Fortbestand der Welt nicht deshalb, weil sie von Natur aus oder durch einen Fall "sündig" geworden wäre, sondern deshalb, "weil wir Zauberlehrlinge sind, d. h.: Weil wir mit bestem Gewissen nicht wissen, was wir tun, wenn wir unsere Produkte herstellen – weil wir es uns nicht klar machen, wonach diese, wenn sie erst einmal unseren Händen entglitten sind, verlangen – weil wir es uns nicht vorstellen, dass diese, wenn sie erst einmal funktionieren (und das tun sie bereits durch ihr bloßes Dasein), weiter zu funktionieren wünschen, nein, weiter funktionieren müssen, und dass diese sich automatisch zusammenschließen, um ein Maximum an Macht, und eben auch über uns: ihre Erzeuger, zu gewinnen; und dass sie, wie jedes andere Erzeugnis, wie jede andere Ware, begierig darauf sind, verwendet und verbraucht zu werden, um der Produktion neuer Produkte nicht im Wege zu stehen" (ebd.: 409).

5 Konsequenzen für ein reflexives Kulturmanagement

Welche Folgerungen sind aus diesen kulturkritischen (kulturpessimistischen) Überlegungen für die Konzeptualisierung einer Theorie des (modernen) Kulturmanagement zu ziehen? Im Editorial der Zeitschrift "Ästhetik und Kommunikation" (67/68 – 1987) zum Thema "Kulturgesellschaft" werden die Überlegungen der Kritischen Theorie als "merkwürdig veraltet" vor dem Hintergrund der „universellen Entwicklung einer industrialisierten Kultur" bezeichnet. Zu kurz gegriffen sei die "Analyse einer industriellen Dynamik von Kultur und Gesellschaft", die sich aus der "Logik des Kapitals nicht mehr zureichend" (ebd.: 21) beschreiben lasse.

Ebenfalls entspreche die "Dialektik von autonomem Subjekt und verdinglichtem Ganzen, von authentischer ästhetischer Erfahrung und massenkulturellem Konsum" nicht mehr der heutigen Problemlage. "Die Spirale der Vergesellschaftung hat sich weitergedreht, ohne dass die Subjekte im falschen Ganzen vollends verdinglicht wären" (ebd.: 22). Da die Dynamik der Kultur sich entgrenzt habe und selbst zur Struktur von Gesellschaft geworden sei, sei es schwierig, die gegenwärtige Situation auf ein "kohärentes Gesellschaftsmodell" zu beziehen, wie dies in den Ansätzen der Kritischen Theorie mit Konzepten wie Massenkultur oder Kulturindustrie noch möglich gewesen wäre. Mit der Einführung des Begriffs "Kulturgesellschaft" glaubt man, der neuen Entwicklung Rechnung tragen zu können. Kulturgesellschaft ist die

> "Perspektive einer hochindustrialisierten Gesellschaft, die sich anschickt, ihre vorindustriellen, traditionalen Voraussetzungen abzustreifen und ihre eigenen Bedingungen selbst zu generieren. Kulturgesellschaft als These behauptet ... nicht, dass die Gesellschaft sich zu Kultur, schon gar als etwas Wertvollerem, gewandelt hätte. Aber sie besteht darauf, dass die Aneignung von Gesellschaft als Kultur zu einem strukturierenden Faktor der sozialen Entwicklung geworden ist" (ebd.).

Die Kultur übernehme immer mehr Funktionen, die früher in anderen sozialen Bereichen angelegt waren, sie sei zu einer zentralen gesellschaftlichen Ebene geworden, das einzige Terrain, "auf dem man Identitätsentwürfe und Lebensstile noch erproben" (ebd.: 59) könne, so Knödler-Bunte in einer Diskussion über "Tendenzen der Kulturgesellschaft". Ohne auf einzelne Aspekte dieser Diskussion näher einzugehen, stellt sich doch die Frage, ob mit der Einführung eines "neuen" Begriffs "Kulturgesellschaft" tatsächlich die technologischen Veränderungen im Kulturbereich ebenso wie die "Akzentverschiebungen der gesellschaftlichen und wissenschaftlichen Erfahrungsverarbeitung" (Bonß/Honneth 1982: 7) angemessen berücksichtigt werden. Selbst wenn die phänomenologischen Beschreibungen über Entwicklungstendenzen der Kultur von Knödler-

Bunte u. a. prinzipiell zutreffen, sind damit die substantiellen Analysen der Kritischen Theorie nicht widerlegt oder "veraltet", im Gegenteil. Ganz im Sinne der Theorie der "Kulturindustrie" kann heute z. B. eine zunehmende "ästhetische Problembewältigung vom Ladentisch" (Kupffer 1987: 121) diagnostiziert werden. Die "chronische Visualisierung" aller Lebensbereiche macht – so Kupffer – den Gebrauch der Vernunft und die Bildung einer eigenen Meinung äußerst schwierig. Es sei kaum noch möglich, "authentisch zu sprechen und zu empfinden, denn alle denkbaren Ausdrucksformen und Gefühle sind bereits vorgeformt und als Massenartikel vom Ladentisch zu haben" (ebd.). Sprache und Gefühle seien standardisiert: Man wisse immer schon, wie man in bestimmten Situationen fühlen und sprechen müsse. Auch der Widerstand gegen solche "Ladentische" pflege dialektisch in neue Konformität umzuschlagen. "Immer wieder entstehen zwar Bewegungen, die sich um kritische Aufklärung bemühen und neue Formen des Handelns und Denkens etablieren wollen; aber keine von ihnen hält durch, sondern sie alle gerinnen nach kurzer Zeit in Programmen und Verbandsstrukturen. So wird alles, was gestern noch Aufruhr, Kritik und Widerstand gegen alte Ladentische war, selbst zum neuen Ladentisch. Dies zeigt sich an den sterilen, eingespielten Riten und Sprechblasen aufmüpfiger Bewegungen, sobald sie sich in der Öffentlichkeit als Gruppen konsolidieren" (ebd.). Vor allem in der Politik werde mit solchen Ladentisch-Produkten gearbeitet. Überall – so resümiert Kupffer – lauert die Gefahr des "dialektischen Umschlags von rationaler kritischer Haltung zum ästhetischen Eintauchen in die konsumierende Masse" (ebd.: 122 f.).

Um die eingangs formulierte Frage wieder aufzugreifen: Die systematische (theoretische und empirische) Aufklärung über die Wirkungsweise der "Kultur- und Bewusstseinsindustrie" ist auch heute, in einer Zeit, in der Aufklärung und Moderne von vielen für obsolet erklärt werden, eine produktive Herausforderung für ein reflexives Kulturmanagement. "Ideen können nicht gegen materielle Produktion kämpfen, wenn diese die Bilder okkupiert" (Kluge 1985: 125). Dem ist zuzustimmen. Deshalb sollte es zur "Ethik" des Kulturmanagers gehören, auf der Basis einer theoretisch und empirisch fundierten Kulturkritik – wie sie hier in Ansätzen vorgetragen wurde – sein Handeln so auszurichten, dass die interessierten und involvierten (Kultur-)Rezipienten zu einem reflektierten (aktiven) Umgang mit den Projekten und Produkten von "höherer" und "niederer" (Massen-)Kultur angeleitet werden.

Das Kulturmanagement steht vor einer Forschungsaufgabe, der es weder mit Stimmungen noch mit "neurotischer Nachsicht" (Eco 1984: 32) beikommen kann. Es hat sich mit der neuen "anthropologischen Situation" der "Medienzivi-

204

lisation" theoretisch und empirisch auseinander zu setzen.

"Innerhalb dieser Zivilisation werden alle Angehörigen der Gemeinschaft in unterschiedlichem Maße zu Adressaten einer intensiven, ununterbrochenen Produktion von Botschaften, die industriell in Serie gefertigt und in den kommerziellen Kanälen eines Konsums übermittelt werden, den das Gesetz von Angebot und Nachfrage steuert. Sind diese Produkte einmal als Botschaften definiert ..., bedarf es ihrer Strukturanalyse, die nicht bei der Form der Botschaft verweilen oder innehalten darf, sondern die auch klären muss, wie stark die Form von den objektiven Bedingungen der Sendung determiniert ist (die somit auch die Bedeutung, die Informationskapazität der Botschaft bestimmen). Hat man erkannt, dass diese Botschaften sich an eine vielzählige und vielfältige Totalität von Empfängern wenden, müssen zweitens auf empirischem Weg die unterschiedlichen Rezeptionsweisen, je nach den historischen oder soziologischen Umständen und nach der Differenzierung des Publikums, erkundet werden. Drittens (und dies betrifft die Geschichtsforschung und die Formulierung politischer Hypothesen): Wenn feststeht, in welchem Grade die Sättigung mit den verschiedenen Botschaften Massenverhalten durchsetzen hilft, sind die Möglichkeiten und die Grundbedingungen kultureller Intervention in diesen Zustand zu ermitteln" (ebd.: 33 f.).

Honneth hat auf der von ihm organisierten Adorno Konferenz in Frankfurt empfohlen, „Adorno abzurüsten und ihn nur noch als hermeneutischen Schlüssel zu benutzen, mit dem wir erkennen, welche Verletzungsgefahr uns die geschichtliche Natur unserer Gesellschaft zufügt" (Assheuer 2003: 49). Vermutlich ist dies eine Option für ein reflexives Kulturmanagement.

Übungsaufgabe 9:

Vergleichen Sie Haugs "Kritik der Warenästhetik" mit Schulzes kultursoziologischer Analyse der Warenwelt (Kap. I, 1.1) und dem Phänomen der "Anästhetisierung" nach Welsch.

V   Systemtheoretischer Bezugsrahmen[1]

1   Systeme, funktionale Differenzierung, Wirtschaft, Kultur und Management

Die Theorie sozialer Systeme hat in den letzten ca. 15 Jahren zunehmend als allgemeine Grundlage wissenschaftlicher Beobachtung an Bedeutung gewonnen, ohne dabei unumstritten zu sein. Sie trug und trägt unterschiedliche Namen wie beispielsweise „Autopoiesekonzept", „Luhmannsche Systemtheorie", „Theorie sozialer Autopoiese" oder auch allgemeiner „Neue" respektive „Moderne Systemtheorie" oder gar „Systemtheorie", und sie verfolgt das selbst gesteckte Ziel, Basis für die Beobachtung aller sozialen Phänomene zu sein (Gripp-Hagelstange 1989, 1995).

Der vorliegende Beitrag will zweierlei erreichen. Zum einen geht es darum, die Argumentationslinien der Theorie sozialer Systeme darzustellen, weil der Ansatz mit einer Vielzahl traditioneller Definitionen und Sichtweisen radikal bricht, oder, wie es der Begründer der Theorie, Niklas Luhmann, formuliert, die alteuropäische Denktradition verlässt (Luhmann 1995). Zum anderen versucht der Essay eine Anwendung der Theorie auf die Beobachtung des Systems Wirtschaft und auf das Phänomen Kultur. Verfolgt werden diese beiden Zielsetzungen in sechs Schritten, die bereits im Titel angedeutet werden:

Zunächst werden die grundlegenden Begriffe und Konstrukte besprochen, die Systembildung und Beobachtung sozialer Systeme erst möglich machen. Hier geht es um Fragen von Beobachtung und Beobachtern, Unterscheidungen und Konstruktionen, Autopoiese, Selbstreferenz und Systemtypen. Danach wird der Blick auf einen Typus von Systemen, das Kommunikationssystem (Gesellschaft), gelenkt. Vor allem die Frage der Reproduktion von Kommunikation aus Kommunikation, die Verbindung von Gesellschaft zu anderen Systemtypen und die „Zergliederung" von Gesellschaft in Funktionalsysteme stehen hier im Mittelpunkt. Schlüsselbegriffe dieses Abschnitts lauten dabei „Emergenz", „Sinn", „Struktur", „Programm" sowie „funktionale Differenzierung".

---

[1]   Autor: Otto F. Bode

An die Idee der funktionalen Differenzierung anschließend wird das Wirtschaftssystem genauer untersucht. Hier wird die Frage danach gestellt, welche Mechanismen die Reproduktion von Wirtschaft aus Wirtschaft überhaupt möglich machen. Die zentralen Begrifflichkeiten hierzu sind: „Zugriff", „Knappheit", „Zahlung" und „Märkte".

Im Anschluss an die Besprechung der Funktionalsysteme am Beispiel von Wirtschaft soll der Blick auf einen Typus sozialer Systeme gerichtet werden, der sich dadurch auszeichnet, dass er selbst in der Lage ist, an Kommunikation zu partizipieren. Gemeint sind Organisationssysteme. Wie es zur Bildung von Organisationssystemen kommt und wie dieser Systemtyp in das Theoriegebäude der Theorie sozialer Systeme eingebaut werden kann, wird hier besprochen.

Mit der Beobachtung des Phänomens Kultur richtet sich das Interesse nicht mehr auf ein (Kommunikations-)System. Die zentrale These lautet hier: Kultur ist kein System. Was „Kultur" aber sein kann, wenn sie nicht als System verstanden wird, muss innerhalb des theoretischen Rahmens der Theorie sozialer Systeme dann geklärt werden. Dazu wird der Blick auf den Aufbau autopoietischer Systeme gelenkt und mit Rückgriff auf die Idee der „nicht trivialen Maschine" (Bode 2001, Willke 1996) auf Aspekte im Systeminneren abgestellt. Konkret schließt der Abschnitt an die Termini der „Programmierung" und „Strukturierung" an. Die Frage danach, was „Managen" im Kontext der Theorie sozialer Systeme bedeuten kann, bildet den Abschluss der inhaltlichen Besprechungen. Dieser Abschnitt fasst die vorangegangenen Ausführungen in gewisser Hinsicht zusammen, denn er greift die Ideen zur autopoietischen Systembildung auf mehreren Emergenzebenen auf und kombiniert diese mit denen zur Kultur als Programmierung von Systemen. Am Ende dieser Ausführungen steht dann auch eine systemtheoretische Fassung von „Kulturmanagement". Es wird kaum verwundern, dass auch die Aussagen zu „Kulturmanagement" sich von „traditionellen" Überlegungen zu diesem Begriff deutlich unterscheiden.

1.1   Der Konstruktionsplan der Theorie sozialer Systeme

Die Frage danach, was Systeme seien, kann man auf unterschiedliche Art beantworten. Die Theorie sozialer Systeme hat sich entschieden, eine konstruktivistische Antwort zu geben. Damit sind zwei wesentliche Pfeiler gesteckt, die im Gerüst der Theorie sozialer Systeme immer wieder zu finden sind und die das gesamte Theoriedesign beeinflussen:

Ausgangspunkt der Argumentationen bilden *Unterscheidungen*, über deren Setzung entschieden werden muss, weil jede Unterscheidung auch anders gewählt werden könnte (Bardmann 1997). Diese Position setzt am Phänomen der Kontingenz, also am „Auch-anders-möglich-Sein", ebenso an, wie sie einen Beobachter, der unterscheidet, voraussetzt.

Die Theorie sozialer Systeme zielt auf Subjektivität anstelle von Objektivität, weil jeder Beobachter, der eine, und eben keine andere, Unterscheidung wählt, die Welt entlang einer Grenze untersucht und dann nur das beobachten kann, was sich mit der gewählten Unterscheidung beobachten lässt.

Maturana, einer der exponierten Vertreter des Konstruktivismus und einer der Begründer der Theorie autopoietischer Systeme hat dies in die Formel gebracht:

„Everything said is said by an observer". This I say in the „Biology of Cognition". The fundamental cognitive operation an observer performs is the operation of distinction. By means of this operation the observer specifies a unity as an entity distinct from a background and a background as the domain in which an entity is distinguished" (Maturana/Varela 1980: XXII).

Betrachtet man dieses Zitat genauer, so wird klar, dass hier mit „Beobachtung" nicht zwangsläufig eine menschliche Leistung gemeint sein muss. Beobachtung heißt vielmehr allgemein eine Unterscheidung anwenden, die etwas von dem Hintergrund abtrennt. Der rote Adler auf weißem Grund wird mit der Unterscheidung rot/nicht rot beobachtbar. Der weiße Adler auf weißem Grund hingegen lässt sich nicht von seinem Hintergrund abtrennen, und gerade das ist der Witz an der ostfriesischen Nationalflagge.

Wie auch immer in konkreten Fällen unterschieden werden mag, es bleibt eines immer gleich: *Beobachter unterscheiden* (Foerster 1985, 1990). Sie operieren Unterscheidungen so, dass sie eine Seite (beispielsweise: rot) bezeichnen und auf der anderen alles verorten, was nicht der Bezeichnung entspricht (im Beispiel: nicht rot). Auf der nicht bezeichneten Seite entsteht hierbei ein Überschuss, denn der „unmarked state", wie ihn Spencer Brown nennt (Luhmann 1980: 18), nimmt auch all die Möglichkeiten auf, die der Unterscheidung nicht zugänglich sind. Im Beispiel des roten Adlers können dies „schnell", „hoch", „preußisch" etc. sein.[2] Damit wäre definiert, was der Begriff „Beobachter" meint: „Beobachter" ist, wer eine Unterscheidung operiert, bei der eine Seite bezeichnet wird. Mit anderen Worten: Beobachter ist, wer beobachtet.

---

2 Streng genommen wird schon der Adler durch eine zweite Unterscheidung spezifiziert, denn ob ein rotes Kreuz oder ein roter Adler abgebildet ist, kann mit der Unterscheidung rot/nicht rot nicht erfasst werden.

Die Definition mag verblüffen, da sie doch tautologisch anmutet. Sie führt aber zu der Erkenntnis, dass es in erster Linie nicht um den materiellen Beobachter geht, sondern um den Prozess des Beobachtens. Der Prozess konstituiert den Beobachter, der dann seinerseits dadurch beobachtet werden kann, dass er eine bestimmte Unterscheidung verwendet, d.h., dass er auf eine bestimmte Weise beobachtet.[3]

Diese Schlussfolgerung soll nochmals an dem Beispiel der Unterscheidung rot/nicht rot verdeutlicht werden. Nur wer zu dieser Unterscheidung fähig ist, kann die Welt auf diese Weise beobachten. Wer Lichtreize hingegen nicht oder nicht in jedem Fall in verschiedene Farben umsetzen kann, muss auf alle Zugänge zu seiner Umwelt, die auf derartige Unterschiede basieren, verzichten. Ein blinder Beobachter kann seine Welt als leicht/nicht leicht, vor/nicht vor, voll/nicht voll etc. erschließen, nicht aber als rot/nicht rot. Ein rot-grün-blinder Beobachter hingegen steht vor einer vergleichbaren Situation wenn er einen – für andere Beobachter – roten Adler auf grünem Grund beobachten soll.

Gleichzeitig zeigt das Beispiel ebenfalls deutlich, dass der Beobachter durch seine Beobachtung beobachtbar wird. Jemanden als blind oder rot-grün-blind identifizieren zu können, setzt an dessen Vermögen an, bestimmte Unterscheidungen nicht treffen zu können. Gleiches gilt für taub/nicht taub und andere oft als Einschränkungen verstandene Beschreibungen von Beobachtern, die zu bestimmten Zugängen zur eigenen Umwelt nicht möglich sind.

Eine weitere Eigenschaft von Beobachtung ist: Jede Unterscheidung hat ihre eigenen, spezifischen blinden Flecken, also Bereiche, die durch sie gerade nicht erfasst werden können. Wer rot bezeichnet, schließt schnell nicht aus, beobachtet (zunächst) lediglich nicht nach schnell/nicht schnell. Ein Beobachter mag feststellen, dass das, was er als rot identifiziert auch schnell (zweite Unterscheidung) und Rennauto (dritte Unterscheidung) ist.[4] Die folgenden Unterscheidungen setzen an die erste an, setzen sie voraus und sind auf diese Weise geeignet, die blinden Flecken der ersten Unterscheidung zu beleuchten:

„Der Mikroökonom verwendet die Unterscheidung rational/nicht rational, um das Aktionsfeld der Neuen Haushaltsökonomik abzustecken, er bezeichnet die Seite der Rationalität, um dann mit Unterscheidungen wie Kauf/nicht Kauf, Heirat/nicht Heirat, Ausbildung/nicht Ausbildung usw. fortfahren zu können. Was immer die mikroökonomische Theorie im Rahmen der Neuen Haushaltstheorie auch zu erkennen und

---

3 Dies setzt dann wieder einen Beobachter voraus, der den Beobachter beobachtet. Dieses Beobachten von Beobachtung wird „Beobachtung zweiter Ordnung" genannt.

4 Welcher Leser hat in diesem Moment an Ferrari gedacht?

erklären vermag, sie sieht alles als Entscheidung unter Rationalität und erklärt es mit Hilfe eben der Rationalität der handelnden Individuen" (Bode 1999: 45).

Bestimmte religiöse Beobachter, die im Leben eine fortlaufende Prüfung sehen, mögen die selben „Sachverhalte" (Heirat, Kauf, Ausbildung) unter der Differenz der Versuchung/nicht Versuchung beobachten, im Kauf (je nach folgenden Unterscheidungen) das „Der-Verlockung-Erliegen" und in der Heirat ein Sakrament (oder ebenfalls ein „Der-Verlockung-Erliegen") erblicken. Sie sehen, was sie sehen, dann aber als Prüfung, nicht als rationale Wahl freier und individuell-rational handelnder Individuen. Für beide gilt aber, und hier tritt der subjektivistische Kern des Gedankens hervor, beide sehen ihre beobachtungsspezifischen Realitäten: „Realität ist, was durch die Unterscheidung produziert wird" (Fuchs 1992: 39). Für die Bildung von Systemen bestimmter Art – gemeint sind autopoietische Systeme, auf die noch ausführlich eingegangen wird – stellt Unterscheidung und Beobachtung die Bedingung der Möglichkeit ihrer Beobachtung dar, ohne sie vollständig zu beschreiben. Was für diese Systeme zudem wesentlich ist, wird mit den Begriffen der „Selbstreferenz" und „Zirkularität" und schließlich mit „Selbstproduktion" sprachlich erfasst. Ausgangspunkt für all diese Begriffe bildet wiederum die Beobachtung von Beobachtung und die damit verbundene Entdeckung, dass sich bestimmte Beobachtung in ihrem Operieren immer auf sich selbst bezieht und so zu einer Art „Selbstläufer", wir nennen dies später „System", wird. Einer solchen Beobachtung kann gar nicht mehr erkennbar werden, was (real) existiert und was lediglich Einbildung darstellt. Die Beobachtung kann ausschließlich beobachten, was ihr real erscheint. Mit anderen Worten: Es ist nicht wichtig, was (man) ist, sondern, was man glaubt, dass (man) ist. Ein Gedankenexperiment soll die späteren Ausführungen vorbereiten und das eben Gesagte veranschaulichen:

Stellen Sie sich vor, liebe Leserin, lieber Leser, Sie seien keine Studierenden in Kulturmanagement, Sie seien vielmehr Verhaltensforscher im Team eines Prof. namens Heinze. Ihr Team untersucht, wie weit es die Realität eines Autoren trüben könnte, wenn es nur ein möglichst realistisches Szenario von Forschung und Lehre vorspielt. Zu diesem Zweck würden Sie einen gewissen Herrn Bode bitten, ein Essay über Systemtheorie zu schreiben. Prof. Heinze gäbe sich dazu als Lehrstuhlinhaber für Kulturmanagement aus und weiterhin vor, aus den Essays einen Studienbrief und ein Lehrbuch zusammen zu stellen.

Herr Bode schriebe daraufhin seinen Beitrag, wie andere Probanden auch, böte vielleicht sogar Präsenzveranstaltungen und Prüfungen an, lobte (bzw. tadelte) die Leistungen der vermeintlichen Studierenden, überarbeitete seinen Beitrag und wäre nach Ablauf des Experiments noch immer überzeugt, an der Ausbildung in Kulturmanagement teilgenommen zu haben. „Armer Kerl", so

211

könnten Sie sagen. Aber keine Sorge, so lange Sie Herrn Bode nichts erzählten, würde er gar nicht auf die Idee kommen, an seiner Realität zu zweifeln, denn in *seiner Realität* käme die Unterscheidung Experiment/nicht Experiment gar nicht vor, er sähe sich schlicht als Autor eines Beitrags.

In dem Moment, in dem Ihr Team das Experiment beendete und Herrn Bode über die tatsächliche Lage informierte, würde er in der Rückschau sein Verhalten neu bewerten (können). Er könnte seine alten Gedanken nicht ungedacht machen, er könnte sie nur neu überdenken. Aber auch das wäre immer noch Anschluss an die vorangegangenen Gedanken. Ein „Abreißen" dessen, was vorher geschah, wäre ihm nicht möglich. Mit anderen Worten: Auch seine neuen Gedanken wären auf die alten bezogen und seine Erlebniswelt bliebe selbstreferenziell und abgeschlossen. Ihre Informationen, so er diese als „wahr" wahrnehmen würde, wären die Energie, die er für seine Reproduktion der Umwelt entzöge, nicht mehr und nicht weniger und nur vielleicht würde er sich überzeugen lassen, dass sein Essay nicht wirklich in einem Lehrbuch erschienen wäre.[5]

Das, was man hier in einem Gedankenexperiment nachvollzogen hat, ist ein Prototyp eines selbstreferenziellen, zirkulären und – was noch gezeigt werden wird – autopoetischen Systems. Es ist selbstreferenziell, weil es aus Operationen besteht, „die sich selbst auf anderes und dadurch auf sich selbst [O.F.B.]" beziehen (Luhmann 1990: 40). Es ist zirkulär, weil Bezug auf sich selbst immer zu Rückkopplungen der Beobachtung auf Beobachtung des Systems und damit auf die Geschichte des Beobachters führen muss. In dem Gedankenexperiment, bauen Gedanken auf vorherige Gedanken auf. Auf den „Fall des Herrn Bode" kann zurückgegriffen, er kann weitergeführt und modifiziert werden, weil der „Fall" gedacht wurde.[6]

---

5   Das hier beschriebene Prinzip hat im Übrigen in Fernsehsendungen mit versteckten Kameras Methode. P.S.: Das Gedankenexperiment hat bei mir zudem dazu geführt, dass ich Post vom Fachbereich Psychologie der FernUniversität Hagen gar nicht mehr öffne. Vielleicht sollten Sie, liebe Leserin, lieber Leser, dies auch nicht mehr tun. Möglicherweise finden Sie ja einen Brief, in dem Herr Bode, Mitarbeiter am Lehrstuhl Verhaltensforschung von Prof. Heinze, Ihnen von dem Experiment „Was Studierende alles glauben, wenn man Ihnen Lektüre ausreicht, die wie Lehrbriefe aussieht" berichtet. Denken Sie mal darüber nach. Ihr O.F.B.

6   Es ist für das Weiterdenken übrigens völlig gleichgültig, ob es sich bei dem Gedankenexperiment tatsächlich um eine Fiktion handelt oder ob Sie und ich lediglich glauben, es sei ein Gedankenexperiment gewesen. Solange wir überzeugt sind, dass es ein Experiment ist, werden wir nicht merken, wenn wir uns dies alles nur einbil-

Für Bewusstseine gilt also: Gedanken reproduzieren Gedanken aus Gedanken. So lange dies geschieht, gleichgültig, was konkret gedacht wird, bleibt ein Bewusstsein erhalten und formt sich als System, das sich fortlaufend erhält. Die Bezeichnung für derartige prozessuale Systeme lautet mit Luhmann in Anlehnung an Maturana und Varela „autopoietisches System" (Maturana/Varela 1980).

Maturana und Varela hatten den Begriff kreiert, um die biologische Reproduktion von Zellen aus Zellen und so die Spezifika des Lebens zu beschreiben (ebd.). Luhmann verallgemeinert dieses Konzept und lässt es auch für andere Systeme gelten, die sich in ihrem Prozessieren nicht prinzipiell von den biologischen Systemen unterscheiden. Nach Luhmann existieren drei Arten von autopoietischen Systemen (Bode 1999, Luhmann 1991):

1. Physische Systeme, die sich durch Zellteilung erhalten und die schon im Ansatz Maturanas und Varelas beschrieben wurden.

2. Bewusstseine, die sich aus der Reproduktion von Gedanken erhalten.

3. Kommunikationssysteme (Gesellschaft), die sich aus Kommunikationen und nichts als Kommunikationen zusammen setzen.

Luhmanns grundlegende Annahmen für die Beziehung zwischen den autopoietischen Systemen lauten dabei (Bode 1999): Die Systeme stehen in wechselseitigen Abhängigkeitsverhältnissen. In der Beziehung zwischen den Systemtypen existiert keine Form der Hierarchie und entsprechend kann keinem Systemtyp eine herausgehobene Position zugeschrieben werden.

---

den. Aber dies ist ein neues Gedankenexperiment. Fest steht: Wir sind durch das Beispiel in der Lage weiter zu denken.

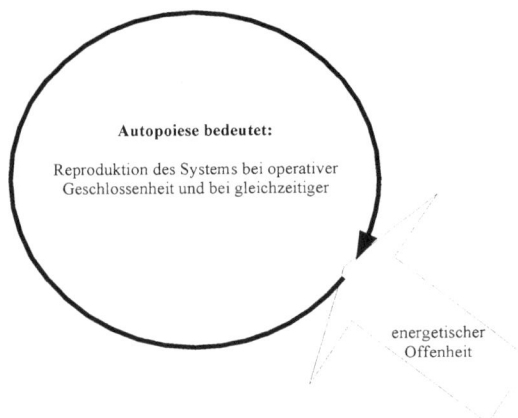

Autopoiese bedeutet:

Reproduktion des Systems bei operativer
Geschlossenheit und bei gleichzeitiger

energetischer
Offenheit

Abbildung 1: Der Prozess der Autopoiese

1.2 Gesellschaft als autopoietisches System

Um zu erläutern, was die Theorie sozialer Systeme mit den Begriffen „soziales System", „Gesellschaft" bzw. „Kommunikationssystem" beschreibt, muss zunächst der Prozess der Kommunikation genauer dargestellt werden. Wie jedes autopoietische System muss auch für Gesellschaft ein Prozess der fortlaufenden Systemreproduktion identifiziert werden, bei dem Systemelemente aus Systemelementen ersetzt werden. Bei den Elementen der Gesellschaft handelt es sich um Kommunikationen, um nichts anderes als um Kommunikationen. Daraus folgt, Gesellschaft wird, wie die anderen autopoietischen Systeme auch, als temporalisiertes System definiert, das seinen Bestand über die Zeit sichern muss, indem es sich reproduziert, und das vergeht, wenn Systemelemente nicht mehr neu produziert werden (können).

Die traditionelle Vorstellung von Kommunikation, die auch heute noch weite Verbreitung besitzt, geht von der Sender-Empfänger-Idee aus. Diese besagt, ein Individuum (A, Ego) will eine Nachricht an ein anderes (B, Alter) übermitteln. Dazu muss A die Nachricht codieren und über ein Medium (beispielsweise Sprache) an B übertragen, das die Mitteilung schließlich aufnimmt und decodiert (vgl. Luhmann 1991: 13).

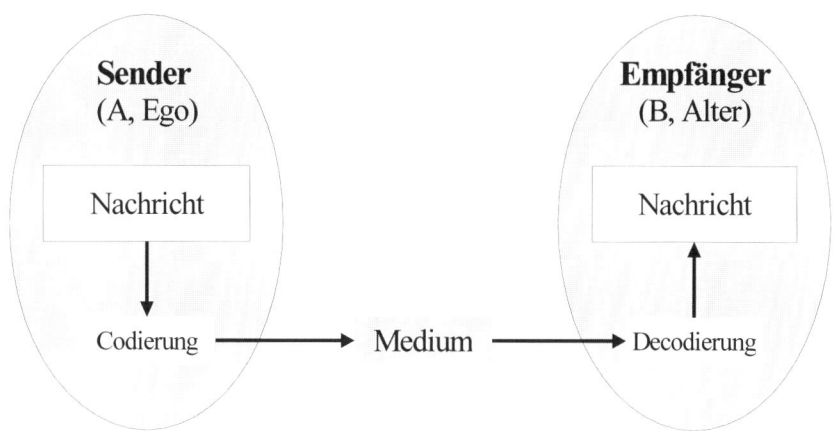

Abbildung 2: Das traditionelle Sender-Empfänger-Modell der Kommunikation

Im „Idealfall" der traditionellen Kommunikationstheorie geht die Nachricht im „Eins-zu-eins-Verhältnis" von A auf B über. Zwar können durch Codierung, Übermittlung oder Dekodierung Fehler auftreten, grundsätzlich lassen sich diese dann aber als Übermittlungsprobleme beschreiben. Die Vorstellung von Kommunikation der Theorie sozialer Systeme unterscheidet sich von der „klassischen" Kommunikationstheorie grundlegend. Die Aussagen des Sender-/Empfänger-Modells werden bestritten. Nach der Theorie sozialer Systeme benötigt Kommunikation zwar als notwendige (nicht als hinreichende) Bedingung das Zusammentreffen von Bewusstseinen, von denen (mindestens) eines auch eine Sendeabsicht verfolgen muss. Aus der Tatsache des Sendens allerdings lässt sich Kommunikation nicht begründen. Damit Kommunikation entstehen kann, bedarf es der Partizipation der Bewusstseine – und zwar beider an Kommunikation.[7]

Partizipation steht vor dem Hintergrund von Kontingenz zunächst allerdings unter sehr ungünstigen Vorzeichen, denn Bewusstseine bilden füreinander undurchdringliche Black-Boxes, also Systeme, deren Innenleben (Absichten, Meinungen, Taktiken etc.) zwangläufig unergründlich und direkter Erfassung unzugänglich sein muss. In einer „Welt der Kontingenz" und des „Auch-anders-

---

7   Der Begriff „Partizipation" erinnert zunächst an den der „Teilnahme". „Teilnahme" assoziiert jedoch ein „Zum-System-Gehören", das von der Theorie sozialer Systeme jedoch als unmöglich angesehen wird, weil die Elemente von Kommunikation immer nur Kommunikationen sein können. Eine genauere Bestimmung der Begrifflichkeiten folgt weiter unten.

Möglich" kann ein Bewusstsein eben nicht sicher wissen, was ein anderes beabsichtigt, was bestimmte Verhalten bedeuten sollen, wie zukünftig gehandelt wird etc. Bewusstseine

> „bleiben getrennt, sie verschmelzen nicht, sie verstehen einander nicht besser als zuvor: sie konzentrieren sich auf das, was sie am anderen als System-in-einer-Umwelt, als Input und Output beobachten können, und lernen jeweils selbstreferenziell in ihrer eigenen Beobachtungsperspektive. Das, was sie beobachten, können sie durch eigenes Handeln zu beeinflussen versuchen, und am Feedback können sie wiederum lernen. Auf diese Weise kann eine emergente Ordnungsebene zustande kommen, die bedingt ist durch die Komplexität der sie ermöglichenden Systeme, die aber nicht davon abhängt, dass diese Komplexität auch berechnet, auch kontrolliert werden kann. Wir nennen diese emergente Ordnungsebene soziales System" (Luhmann 1991: 157).

Entsprechend der Theorie sozialer Systeme bildet „Kommunikation" eine „dreistellige Einheit" aus Mitteilung, Information und Verstehen, die niemals durch einen „Ein-Richtungs-Sendeakt" vollzogen werden kann:

> „Ein Kommunikationsakt kommt nur dann zustande, wenn und insofern drei Selektionen zu einer Synthese zusammengeschmolzen werden: Etwas, das auch anders hätte ausfallen können, wird als mitteilenswerte Information ausgewählt, jemand entschließt sich, dies auch tatsächlich mitzuteilen, obschon er es auch hätte unterlassen können; und jemand versteht, dass ihm etwas mitgeteilt worden ist, obwohl er auch, beispielsweise aufgrund geistiger Abwesenheit, nichts hätte verstehen können. ... Der einzelne Kommunikationsakt ist mit dem Verstehen/nicht Verstehen abgeschlossen" (Gripp-Hagelstange 1995: 67).

Darüber, ob eine Kommunikationsofferte angenommen oder abgelehnt, verstanden oder nicht verstanden wird, entscheidet nach dieser Beschreibung nicht der „Sender" sondern immer der „Empfänger". Dieser kann das Verstehen der Kommunikationsofferte nur dadurch zum Ausdruck bringen, dass er seinerseits mit einem kommunikativen Akt antwortet. Erst im Lichte dieses Anschlusses wird Kommunikation beobachtbar und aus Anschlussfähigkeit Anschlussfaktizität werden lassen.[8]

---

8   Luhmann verwendet die Begriffe „Sender" und „Empfänger" in seiner Terminologie nicht. Er spricht von „Alter Ego", wenn er das Bewusstsein meint, das zunächst eine Kommunikationsofferte generiert, also mit einer „Sendehandlung" beginnt. Mit „Ego" bezeichnet Luhmann dasjenige Bewusstsein, das zunächst als Empfänger beschrieben wird. Da Kommunikation erst dann abgeschlossen ist, wenn die „Gegenkommunikationsofferte" erfolgte, hängt der Erfolg eben entscheidend von dem ursprünglichen „Empfänger" ab. Deshalb ist er nach Luhmann der „Ego", der über Gelingen oder Misslingen von Kommunikation, bewusst oder unbewusst, „entscheidet". Vgl. Bode, O. F. (1999): Systemtheoretische Überlegungen zum Verhältnis von Wirtschaft und Politik, Marburg. 83 ff.

„Theorietechnisch heißt das: Erst wenn Ego das Verhalten von Alter (des Informanten) tatsächlich mit der Unterscheidung Information und Mitteilung >beobachtet<, was aber nur sichtbar wird, wenn er selbst zum kommunizieren anfängt, zeitigt die erste kommunikative Operation ein Ergebnis" (ebd.: 69).

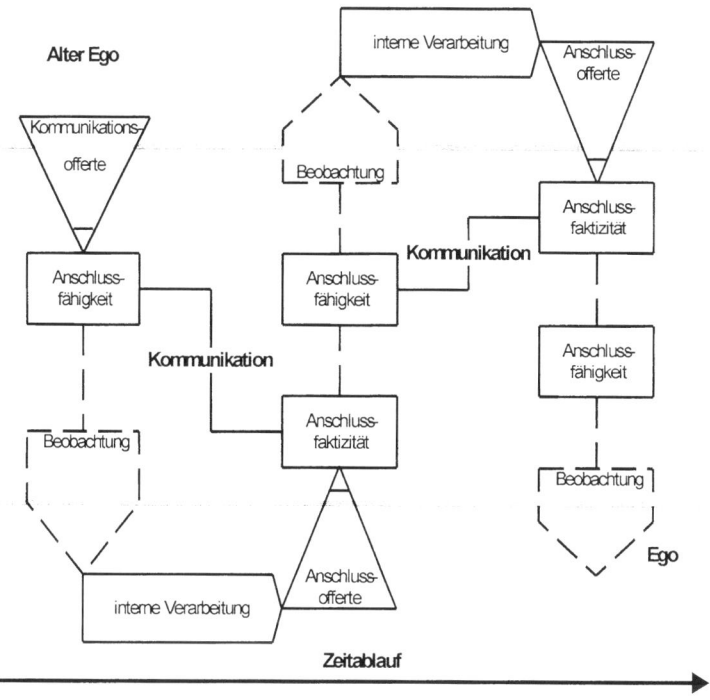

Abbildung 3: Kommunikation als autopoietisches System

Abbildung 3 stellt den Prozess der Kommunikation schematisch dar. Im Ausgangszeitpunkt generiert ein Bewusstsein (Alter Ego) eine Kommunikationsofferte und markiert damit eine Anschlussmöglichkeit für ein anderes Bewusstsein (Ego, in der Abbildung grau hinterlegt). Dieses beobachtet das Verhalten von Alter Ego. Nur wenn Ego in einem internen Prozess der Deutung der Beobachtung eine Kommunikationsabsicht von Alter Ego zu erkennen glaubt, also annimmt, ihm seien Informationen mitgeteilt worden, und dann mit einer Kommunikationsofferte antwortet, ist Kommunikation vollzogen, denn Ego hat verstanden und dieses in seiner Kommunikationsofferte beobachtbar gemacht. Im

Vollzug der Kommunikationsfaktizität erzeugt Ego dann seinerseits Anschluss-fähigkeit, die Alter Ego wiederum aufnehmen und zur Generierung einer weite-ren (Folge-)Offerte umwandeln kann etc. Analog zu Gedankensystemen auch, entwickelt sich aus diesem „Hin-und-Her" aus Kommunikationsofferten, An-schlussfähigkeit und Anschlussfaktizität ein System, das so lange weiter besteht, wie neue kommunikative Akte an alte anschließen: Gesellschaft schafft aus Kommunikation Kommunikation und bildet Gesellschaft, keine Staaten, keine Menschen, keine Bewusstseine, nichts als Kommunikation (Bode 1999).

Die Theorie sozialer Systeme verlangt hier ein hohes Maß an Bereitschaft, sich von alten (alteuropäischen) Denkmustern zu trennen. Sie muss, wenn die Bewusstseine per Definition nicht Mitglied (im Sinne von Teil) der Gesellschaft sein können, allerdings die Verhältnisse zwischen Bewusstseinen und Kommu-nikation neu beschreiben. Sie tut dies u.a. mit den Begriffen „Partizipation" und „Emergenz". Diese wiederum lassen sich nur dann hinreichend erfassen, wenn zuvor „Sinn" und „Sinnverarbeitung" terminologisch geklärt werden.

„Sinn" wird in der Theorie sozialer Systeme (konsequenterweise) differenz-theoretisch definiert, wobei der Begriff einen bestimmten „Umgang" mit Diffe-renzen meint. Jede Beobachtung operiert mit Differenzen, denn sie entsteht durch Unterscheiden und Bezeichnen. Bezeichnen ereignet sich dabei zwangs-läufig als Wahl. Wer „rot" sagt oder denkt, hätte auch „gelb" sagen oder denken können, oder „blau", „Auto" etc. Mit der Bezeichnung wird gewählt und eine bis dahin mögliche Wahl aktualisiert, eben eine Seite einer Unterscheidung eingenommen. Gleichzeitig bleibt die Möglichkeit erhalten, im Verlauf der Zeit, die Seite der Unterscheidung zu wechseln und diese bietet, wie gesagt, mehr als nur die logische Negation der Bezeichnung. Mit anderen Worten: Wer jetzt „rot" sagt oder denkt, kann im nächsten Moment „gelb", „Auto", „Pause" etc. sagen oder denken:

> „Sinn ist ein selektives Geschehen, stets muss eine Auswahl getroffen werden und eine potenzielle Möglichkeit aktualisiert werden. Die nicht aktualisierte Möglichkei-ten gehen, wie bereits angedeutet, nicht verloren, sondern sie bleiben virtuell erhalten und können später aktualisiert werden. Sinn ist also eine Form des Umgangs mit Komplexität. Und zwar ermöglicht Sinn Reduktion und Erhaltung von Komplexität" (Kneer/Nassehi 1994: 77).

Es dürfte einsichtig sein, dass Bewusstseine fortlaufend Sinn operieren:

„Verstehen Sie, liebe Leser, liebe Leserinnen, was ich meine?" Dieser Satz aktualisiert die Unterscheidung verstehen/nicht verstehen.

„Das will ich gar nicht, das ist mir zu abgehoben." Dieser Satz aktualisiert wollen/nicht wollen und anschließend abgehoben/nicht abgehoben. Egal, was man auch denkt, es „macht Sinn" oder besser: Sinn macht es. Man denkt „verstehen" und kann zu „wollen" und „abgehoben" wechseln, später vielleicht zu „verstehen" zurückkehren etc. Weder die „Tatsache", dass man versteht, kann verhindern, dass man gar nicht verstehen will, noch kann die Eigenschaft, dass etwas abgehoben ist, verhindern, dass man vielleicht doch versteht oder eben alles das auch unterbleibt.

Das Operieren von Sinn heißt in der Theorie sozialer Systeme „Sinn-verarbeitung". Bewusstseine sind unvermeidlich sinnverarbeitende Systeme. Sinnverarbeitung ist für Bewusstseine alternativlos. Um zu klären, ob Kommunikation ebenfalls zur Sinnverarbeitung fähig ist, lohnt sich ein erneuter Blick auf die eben dargestellte fiktive Kommunikation:

„Verstehen Sie, liebe Leser, liebe Leserinnen, was ich meine?"

„Das will ich gar nicht, das ist mir zu abgehoben."

Auch Kommunikation verarbeitet Sinn, denn sie aktualisiert Unterscheidungen und bezeichnet eine Seite der Unterscheidung. Das heißt im Übrigen auch, Kommunikation beobachtet. Der Ablauf der Kommunikation ist dabei in kein-ster Weise identisch mit dem in Gedankensystemen. Was in den an der Kom-munikation partizipierenden Bewusstseinen vorgegangen war, um zu den ge-nannten Sätzen zu gelangen, wurde in dem erfundenen Beispiel gar nicht deut-lich. Es konnte hier lediglich eine fiktive Kommunikationssequenz beobachtet werden. Kommunikation kann gar nicht in identischer Weise Sinn verarbeiten wie Bewusstseine, weil Kommunikation immer erst mit der Anschlusskommu-nikation abgeschlossen ist und damit auf Sinnverarbeitung (mindestens) zweier Bewusstseine aufsetzt. Weil dies so ist, muss die Sinnverarbeitung in Kommu-nikation als eigenständige Operation mit eigenem Verlauf und Ausgang angese-hen werden.

„Mit anderen Worten: Die *Kommunikation verarbeitet* auf eine eigene Weise *Sinn*. Sie ist mithin ihrerseits ein *sinnverarbeitendes System*. Und auch für sie gilt dann, dass es für sie keine Alternative zur Sinnverarbeitung geben kann" (Bode 1999: 90).

An diese Argumentationslage anschließend können die Begriffe „Partizipation" und „Emergenz" besprochen werden, die letztlich das Verhältnis von Kommu-nikationssystem, Gesellschaft und Bewusstseinssystemen sowie von Bewusst-seinssystemen in kommunikativen Kontexten untereinander klären helfen. Auch dazu soll nochmals auf die fiktive Kommunikation zurück gegriffen werden. „Verstehen Sie, liebe Leser, liebe Leserinnen, was ich meine?"

Dieser Satz aktualisiert die Differenz verstehen/nicht verstehen. Das Ent-scheidende hierbei ist nun, dass der Satz die Unterscheidung in mindestens zwei Systemen gleichzeitig aktualisiert: in dem Bewusstsein, das den Satz sagt und im Kommunikationssystem und sehr wahrscheinlich auch im Bewusstsein, das den Satz hört. Damit verwenden Kommunikation und Bewusstsein(e) für einen kurzen Moment die selbe Unterscheidung.

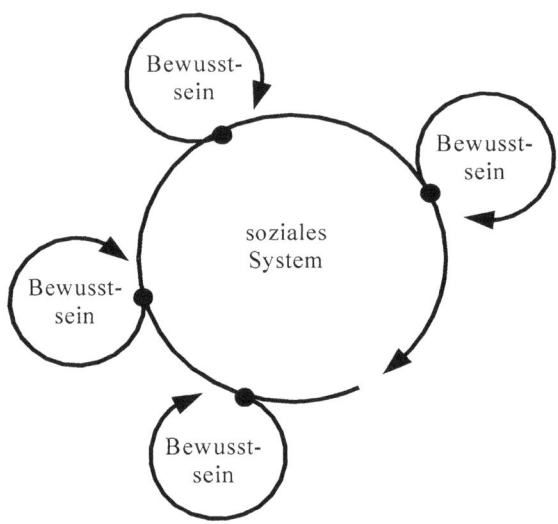

Abbildung 4: Der Prozess der Partizipation

Der Begriff „Partizipation" meint also das Zusammenfallen der Verwendung von Unterscheidungen. Bewusstseine können keine Mitglieder in Gesellschaft sein – Gesellschaft ist Kommunikation, sonst nichts –, aber sie können sehr wohl im eben beschriebenen Sinne partizipieren. Abbildung 4 soll diesen Prozess verdeutlichen. Bewusstseine und soziales System operieren selbstreferenziell und zirkulär. Dies wird in der Abbildung in Anlehnung an die allgemeine Darstellung von Autopoiese (Abbildung 1) dadurch verdeutlicht, dass beide Arten autopoietischer Systeme als Kreise dargestellt werden. Gleichzeitig sind die Systeme als beobachtende Systeme energetisch offen gegenüber ihrer Umwelt.

Da beide Systeme Sinn verarbeitend operieren, müssen sie Differenzen verwenden. Die Partizipation ereignet sich in dem Moment, in dem die beiden Systeme die selbe Differenz aktualisieren. Beide Systeme schließen sodann an die aktualisierte Differenz in je eigener Weise an. Deshalb „trennen" sie sich in dem Moment, in dem sie „zusammenfallen" direkt wieder und beginnen mit systeminternen Verarbeitungen.

220

Nach der Theorie sozialer Systeme hat sich der Prozess der Partizipation so sehr verfestigt, dass beide Systemtypen ohne einander nicht existieren können. So wie ein Gehirn für das Bewusstsein unverzichtbar ist und gleichzeitig auch Gedanken für das Gehirn, so können Kommunikationssysteme nur existieren, wenn Bewusstseine an ihnen partizipieren. Und auch hier gilt umgekehrt, dass Bewusstseine ebenfalls Gesellschaft benötigen, um ihre eigene Existenz zu sichern. Dieses wechselseitige „Aufeinander-angewiesen-Sein" heißt „Emergenz". Bewusstseine und Kommunikation stehen also in einem emergenten Verhältnis zueinander, weil sie das je andere benötigen, um das eigene Prozessieren aufrecht zu erhalten. Sie sind niemals Teil des anderen oder in das andere eingeschlossen etc., sie bleiben Umwelt des je anderen, aber sie garantieren dem je anderen den Bestand, solange es ihnen gelingt, ständig und immer neu (für winzige Momente) die selben Unterscheidungen zu operieren.

Zum eigenen Erhalt bedarf es für Gesellschaft also der Bewusstseine. Es muss ihr mithin gelingen, Bewusstseinen Anreize für die Partizipation zu liefern. Gesellschaft hat dazu nur eine einzige Möglichkeit: Kommunikationsthemen. Weil Gesellschaft Kommunikation ist, kann sie gar nichts anderes anbieten als diese Themen.

Daneben muss Gesellschaft über ein Medium verfügen, dass die Partizipation von Bewusstseinen überhaupt ermöglicht. Dieses Medium muss wiederum in der Lage sein, sowohl von Gesellschaft als auch von Bewusstseinen verwendet werden zu können. Das allgemeine Medium der Kommunikation heißt „Sprache". Sprache liefert als Medium eine fast unendliche „Modellierbarkeit" und ist gleichzeitig als strukturiertes Regelwerk vorgegeben (Jensen 1980).

Diese zunächst paradox klingenden Eigenschaften von Sprache können mit vier nahezu identischen Sätzen veranschaulicht werden:

- „Peter geht spazieren."
- „Bilullen geht spazieren."
- „Johanna geht einkaufen."
- „Peter geht billulen."

Sprache ist offensichtlich sehr modellierbar. Ob Peter oder Johanna spazieren oder einkaufen, macht insofern nichts aus, als es immer noch sinnvolle Sätze sind, die sich bilden lassen. Deshalb entstehen im Falle des ersten und des dritten Satzes keine Probleme. Anders sieht dies beim zweiten und vierten Satz aus. „Bilullen" scheint kein Wort zu sein, das irgendeine Bedeutung trägt. Deshalb sagen diese Sätze nichts aus. Sie können, außer vielleicht als Beispiele für die Eigenschaften von Sprache, nicht verstanden werden, weil sie außerhalb der

Strukturen der Sprache, weil es kein wirkliches Wort „Bilullen" gibt, liegen.[9] In diesem Fall lässt das Medium seinen Gebrauch schlicht nicht (sinnvoll) zu.

Interessant an dem Beispiel ist im Übrigen, dass es Sprache gelingt, selbst, wenn es überhaupt keinen Sinn für das Wort „Bilullen" gibt, Hinweise zu geben, was das Wort denn bedeuten könnte. Im zweiten und vierten Satz entwickelt man völlig unterschiedliche Vermutungen, was das Wort denn bedeuten könnte. Im zweiten Satz wird man eher vermuten, dass Bilullen *jemand ist*, während man im vierten Satz davon ausgehen wird, dass es sich um eine *Tätigkeit* handelt. Die Kombination von Modellierbarkeit und Strukturiertheit ist es, die diese Vermutungen aufkommen lässt. Sprache verdichtet, so könnte man auch sagen, in einer derartigen Weise Informationen, dass auch für den Fall, dass Teile der Information unsinnig sind (oder zumindest so erscheinen), nicht die gesamte Information verloren geht.

Damit, dass eine Kommunikation sinnvoll oder unsinnig sein kann – was man natürlich denken und was Kommunikation kommunizieren kann -, ist ein Aspekt angesprochen, der sich schon mehrfach angedeutet hat, wenn von interner Verarbeitung von Beobachtung die Rede war. Beobachtung alleine genügt nicht, um ein autopoietisches System zu begründen. Beobachtungssysteme müssen immer auch über Mechanismen verfügen, die eine Beobachtung deuten:

Zwei Beobachter, die einen Judowettkampf sehen, können sehr wohl unterschiedliche Deutungen ihrer Beobachtungen produzieren. Während der eine zum Handy greift und seinem Freund begeistert von der Ausführung bestimmter Wurftechniken berichtet, mag der andere Beobachter zum Handy greifen und der Polizei ein Handgemenge melden. Ersterer deutet die Beobachtung dann als Wettkampf, bei dem Sport einer bestimmten Qualität zu sehen ist, letzterer hingegen glaubt eher an eine Schlägerei. Beide aber müssen auf interne Deutungsmuster zurückgreifen, um dem Beobachteten einen „Sinn zu geben". Diese Muster nennt die Theorie sozialer Systeme „Programme" bzw. „Programmierungen".

Eng mit dem Begriff der „Programmierungen" ist der Terminus „Struktur" im Kontext der Theorie sozialer Systeme verbunden. „Struktur" meint nichts Anderes als das *Vorliegen von Wahrscheinlichkeiten*. So ist der Wettkampf, den die beiden Beobachter betrachten, strukturiert, weil die Wahrscheinlichkeit bestimmter Verhalten, beispielsweise das Anwenden von Wurftechniken, größer ist als die Wahrscheinlichkeiten anderer Verhalten, wie das Kratzen oder Faust-

---

9 Es gibt sicherlich noch andere Fälle, in denen die Strukturen der Sprache verlassen werden wie beispielsweise gegen die Grammatik.

schlagen. Dass es sehr wohl dazu kommen kann, zeigt sich darin, dass gelegentlich Sportler in solchen Wettbewerben wegen unsportlichen Verhaltens disqualifiziert werden. Damit können Strukturen niemals Sicherheit geben, die Kontingenz bleibt erhalten, sie lassen aber Erwartungsbildung zu und erleichtern damit die Deutung von Beobachtungen.

Strukturen erleichtern des Weiteren die Entstehung von Kommunikation, weil sie *Erwartungen* über akzeptierte Partizipation an Kommunikation entwickeln helfen. Strukturen stellen die Voraussetzung und in ihrer Gesamtheit die Realisation der Entwicklung von Programmen dar. Dabei gilt, dass Strukturen immer nur für bestimmte Kommunikationskontexte bestehen. Es ist wahrscheinlicher, das Menschen in „strammer Haltung" und der Hand an der Kopfbedeckung grüßen, wenn man sich auf einem Kasernengelände befindet als bei einem Seminar an einer Hochschule. Und es werden diese Strukturen in der Programmierung sehr wohl beachtet werden, damit man je aktuelle Beobachtungen deuten kann.

Kommunikation sowie Partizipation an Kommunikation brauchen also sowohl Beobachtung, als auch Deutung von Beobachtung auf der Seite der partizipierenden Systeme und auf der Seite der Kommunikationssysteme selbst. Daneben benötigen sie Medien. Bestimmte Kommunikationskontexte haben dazu spezielle Medien ausgebildet, die „symbolisch generalisierte Medien" genannt werden (Parsons 1980: 50 ff.). Diese Medien verdichten die Informationen so sehr, dass – im Extremfall – mit einem einzigen immer gleichen Akt kommunikativ agiert werden kann. Zu diesen symbolisch generalisierten Medien zählt auch das Geld. Im Zusammenhang mit Gesellschaft als Kommunikationssystem kommt symbolisch generalisierten Medien eine besondere Rolle zu. Sie sind, weil sie die Informationen extrem verdichten, immer nur für ganz bestimmte Kommunikationsthemen geeignet. In Geld kann man keine Gefühle ausdrücken[10], Gerichtsurteile fällen etc. In Geld kann man allerdings Zugriff (zweit-) codieren und Eigentumsübertragungen provozieren. Geld eignet sich hervorragend, um über die Lösung des (ökonomischen) Knappheitsproblems zu kommunizieren: „Gib mir Geld, dann gehört dir dieses Buch." Oder: „Das zahle ich nicht, das ist der olle Schmöker doch nicht wert."

Gesellschaft, die zunächst aus allen Kommunikationen besteht, lässt sich darauf ein, dass über bestimmte Themenzusammenhänge unter Verwendung bestimmter symbolisch generalisierter Medien kommuniziert wird. Sie bildet damit in sich selbst eigene und ihrerseits selbstreferenziell geschlossene Kom-

---

10 Eine Tatsache, die man manchmal schmerzhaft lernen muss.

munikationszusammenhänge aus, die je bestimmte Differenzen als Basis ihrer Beobachtungen verwenden. Indem Gesellschaft das erreicht, spaltet sie sich sozusagen auf, ohne sich wirklich zu zerteilen. Man könnte auch sagen, Gesellschaft multipliziere sich. Sie bleibt, was sie ist, nur dies in vervielfältigter Form. Dieses Phänomen wird in der Theorie sozialer Systeme „funktionale Differenzierung" genannt (Bode 1999: 135 ff.).

Diese Fassung des Begriffs der „funktionalen Differenzierung" weicht deutlich von „traditionellen" Definitionen des Begriffs ab. Die Theorie sozialer Systeme setzt definiert den Terminus über den verwendeten Code und das zugehörige symbolisch generalisierte Medium. Am Beispiel des bereits genannten Mediums Geld und der zu diesem Medium gehörenden Unterscheidung von Zahlung/nicht Zahlung kann dies veranschaulicht werden.

1.3 Wirtschaft als autopoietisches Funktionalsystem

Mit Geld als Medium kann man nicht sehr viele verschiedene Dinge anfangen. Man kann es haben (oder eben nicht); wenn man es hat, kann man es ausgeben (oder nicht); wenn man es nicht hat, kann man es bekommen (oder auch nicht). Mit diesen wenigen Möglichkeiten lässt sich aber Vielfältiges erreichen. Dies hängt damit zusammen, dass man Geld immer nur dann ausgibt oder annimmt, wenn man an einem ganz bestimmten Kommunikationszusammenhang partizipieren will. Immer dann, wenn es um den Zugriff auf Güter geht, wird in moderner Gesellschaft Geld zu dem wesentlichen Medium der Kommunikation. Es geht (zumeist) nicht um Gerechtigkeit, Liebe, Macht etc., wenn der Zugriff geregelt werden soll, es geht um Geld. Es ist nicht gerecht, dass Menschen in einigen Ländern hungern, es ist eine Frage des Geldes. Alle Macht der Politik konnte nicht verhindern, dass die sozialistischen Staaten, die Zugriff zu einem politischen Gegenstand hatten werden lassen (ebd.: 331 ff.), zusammenbrachen. Und auch die größte Zuneigung und der Wunsch, dem Partner ein Traumschloss kaufen zu wollen, kann nichts daran ändern, dass man letztlich für dieses Schloss bezahlen muss.

Was aber sind die „Bausteine" von Wirtschaft? *Zugriff* ist das Problem, das gelöst werden muss. Damit ist Zugriff auf Güter der Gegenstand der Kommunikation, das Kommunikationsthema. *Geld* schließlich ist das *Medium*, das mit einer einzigen Differenz, Zahlung/nicht Zahlung, diese Kommunikationen aufnehmen kann und damit Zugriff in extrem verdichteter Form kommunizierbar werden lässt. Diese Art der Kommunikation ist zwangsläufig zirkulär. Zahlungen können nur entstehen, wenn Zahlungen geleistet wurden. Im Moment der Zahlung geht Zahlungsfähigkeit verloren und entsteht gleichzeitig wieder neu, wer zahlt, gibt seine Zahlungsfähigkeit an den, der bezahlt wird, weiter. Zahlungen reproduzieren Zahlungen aus Zahlungen.

Es ist kein Zufall, dass in den letzten Zeilen sehr viele Wiederholungen vorkommen. Es ist vielmehr so, dass man ein autopoietisches System, das Elemente aus Elementen generiert, nur in Form von Wiederholungen der Produktion von Elementen immer gleichen Typs beschreiben kann. Mit anderen Worten: Zahlungen, die immer im Medium Geld erfolgen, setzen einen Prozess der autopoietischen Reproduktion in Gang, d.h.: Zahlungen begründen ein eigenes System von in sich geschlossener Kommunikation in Kommunikation. Dieses System heißt gemeinhin „Wirtschaft".

„Wirtschaft" meint im Kontext der Theorie sozialer Systeme also ein Funktionalsystem aus Kommunikation. Auch diese definitorische Fassung unterscheidet sich von dem, was traditionell unter dem Begriff verstanden wird. Da Wirtschaft als autopoietisches Kommunikationssystem beschrieben wird, ist es für das System lediglich wichtig, dass sich die Kommunikationen immer wieder wiederholen. Zahlungen müssen zu Zahlungen führen, die zu Zahlungen führen etc. Weil diese Zahlungen nur erfolgen, wenn mit ihnen Zugriffe gesichert werden, stellt – aus der Perspektive des Wirtschaftssystems – der Zugriff eine Nebenwirkung der autopoietischen Reproduktion dar. Für die partizipierenden Systeme hingegen ist diese Nebenwirkung der eigentliche Anreiz für die Partizipation. Weil Zugriff auf Güter durch Zahlungen erfolgt, lässt man sich auf Kommunikation im Medium Geld überhaupt ein. Aus der Perspektive der partizipierenden Systeme kommt Wirtschaft damit sehr wohl eine Funktion zu.

Die Funktionsweise des Wirtschaftssystems wird in Abbildung 5 veranschaulicht. Ebenso, wie die Darstellung von Partizipation allgemein, bildet auch die grafische Abbildung von Wirtschaft einen Kreislauf ab, der in sich geschlossen ist und der gleichzeitig die Möglichkeit bieten muss, dass Bewusstseine sich auf die von Wirtschaft operierte Differenz von Zahlung/nicht Zahlung einlassen können. Im Moment der Zahlung fallen Kommunikationssystem Wirtschaft und Bewusstseine wiederum zusammen. Und mit der Zahlungsfaktizität wird gleichzeitig wieder Zahlungsfähigkeit geschaffen, die später wieder zur Partizipation an Wirtschaft führen kann. Von außen wird dieser Prozess Wirtschaft in zweifacher Weise flankiert. Zum einen wird das Medium durch eine externe Institution generiert – die Zentralbank bringt Geld in Umlauf –, zum anderen muss die

Politik sicherstellen, dass der Zugriff auf Güter auch tatsächlich durch Kommunikation in Geld realisiert werden kann.[11]

Mit der allgemeinen Beschreibung von Wirtschaft als autopoietischem Prozess sind die Überlegungen zu diesem Funktionalsystem noch nicht beendet. Es gilt noch, kurz auf zentrale Begriffe der Ökonomie einzugehen, die mit Wirtschaft gemeinhin verbunden werden. Gemeint sind die Termini „Knappheit", und „Märkte".

„Knappheit" bezeichnet die Relation von Bedürfnissen und Produktionsmöglichkeiten hinsichtlich eines konkreten Gutes, zu einer bestimmten Zeit an einem bestimmten Ort. Während die Bedürfnisse grundsätzlich unbegrenzt sind, sind die Produktionsmöglichkeiten limitiert. Trotzdem ist nicht alles, was zur Bedürfnisbefriedigung eingesetzt werden kann, an jedem Ort und zu jeder Zeit knapp. Sand ist in der Wüste kein, für einen Häuslebauer im Schwabenland sehr wohl ein knappes Gut. Sobald in einer konkreten Situation die zur Befriedigung von Bedürfnissen notwendige Anzahl von Gütern kleiner ist als die, die maximal zu diesem Zeitpunkt hergestellt werden kann, liegt Knappheit vor. Für die ökonomische Theorie begründet dieses Verhältnis bereits Wirtschaft, denn sie definiert den Umgang mit knappen Gütern als „Wirtschaften". Im Rahmen der Theorie sozialer Systeme muss die „Brücke" zwischen Knappheit und Wirtschaft auf andere Weise geschlagen werden.

---

11 Diese Aussage ist elementar: Wirtschaft kann nur fortbestehen, wenn Politik, die mit einem anderen Medium und einer eigenen Unterscheidung operiert, ihrerseits sicherstellt, dass durch Zahlung tatsächlich Zugriff geregelt werden kann. Dies geschieht durch die Festlegung von Eigentumsrechten (Rechtssetzung) in einem (politischen) Akt der kollektiv bindenden Entscheidung (Differenz: kollektiv bindende Entscheidung/nicht kollektiv bindende Entscheidung) im Medium der Macht. Im Übrigen sind ggf. anschließende Kommunikationen im Rechtssystem (Unterscheidung: Recht/nicht Recht) notwendig, um die politisch fixierte Rechtssetzung zu flankieren. Auf diese Aspekte soll hier nicht weiter eingegangen werden. Teubner, G. (1989): Recht als autopoietisches System, Frankfurt/Main, Bode, O.F. (1999): Systemtheoretische Überlegungen zum Verhältnis von Wirtschaft und Politik. Marburg.

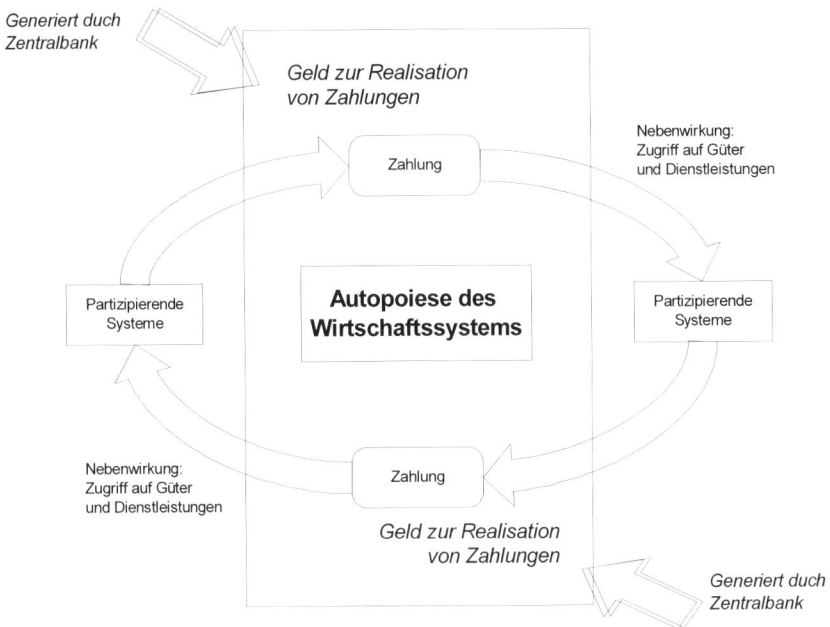

Abbildung 5: Der Prozess der Autopoiese von Wirtschaft (Quelle: Bode 1999).

Die Verbindung zwischen dem nicht kommunikativen Vorliegen von Knappheit und dem Kommunikationssystem Wirtschaft kann in der Theorie sozialer Systeme lediglich über die Tatsache hergestellt werden, dass Kommunikation jeglicher Art – auch diejenige, die extrem komprimiert über symbolisch generalisierte Medien erfolgt – sich auf Themen beziehen muss. Die Kommunikation in Zahlung/nicht Zahlung verlangt sozusagen nach einer Referenz, auf die sie sich beziehen kann. Durch diese Referenz erlangt wirtschaftliche Kommunikation dann ihre „energetische Offenheit". Diese Referenz findet Wirtschaft eben in der Knappheit. Wenn die Gütermengen nicht hinreichen, um alle Bedürfnisse zu stillen, müssen diejenigen Bewusstseine, die die Güter erhalten, von denen, die ihre konkreten Bedürfnisse nicht befriedigen können, getrennt werden. Diese Tatsache äußert sich in der Differenz von Zugriff/nicht Zugriff.

„Zugriff" bedeutet also, dass es einem partizipierenden Bewusstsein gestattet wird (oder dass sich das System es sich „herausnimmt"), bestimmte Güter für seine Zwecke einzusetzen und dies prinzipiell zu Lasten anderer, die auf ihren eigenen Zugriff verzichten müssen. Diese Ausgangslage erweist sich als äußerst schwierig realisierbar, weil zwei Grundprobleme zu lösen sind: Es drängt sich die Frage auf, warum die übrigen Bewusstseine, die auf den eigenen Zugriff verzichten, dies überhaupt akzeptieren sollten. Es entsteht durch Zugriff auf der Ebene des Gesamtsystems eine paradoxe Situation, denn Zugriff mindert (individuell) die Knappheit, lässt sie aber im Gesamtsystem größer werden. Zugriff schafft also, was Zugriff beseitigt.

Nimmt man beide Gesichtspunkte zusammen, so wäre das Gestatten des Zugriffs anderer für ein Bewusstsein eine individuell wenig vernünftige Verhaltensweise. Sie würde das verzichtende Bewusstsein nicht nur aktuell schlechter stellen als das andere, im Kontext der gesamtsystemisch steigenden Knappheit würden zudem auch noch die Chancen für das verzichtende Bewusstsein sinken, die eigenen Bedürfnisse später befriedigen zu können. Aus diesem Grund ist die Differenz Zugriff/nicht Zugriff kaum geeignet, sich als Basis der Beobachtung von Knappheit durchzusetzen.

Mit der Zweitcodierung der Knappheit in Zahlung/nicht Zahlung wurde diese paradoxe Ausgangslage entparadoxiert, weil sie unsichtbar wird. Zwar verzichtet ein Bewusstsein immer noch auf den Zugriff auf bestimmte Güter. Durch die Weitergabe von Geld jedoch erhält es gleichzeitig eine zukünftige Zugriffsmöglichkeit. Wer Geld besitzt, kann zukünftig am Kommunikationskontext von Wirtschaft partizipieren und sich dann Zugriff auf Güter sichern. Damit ein Bewusstsein die Konsequenzen seiner Entscheidungen über Verzicht auf Zugriff oder Realisation von Zugriff einschätzen kann, müssen die Kommunikationen in der Differenz von Zahlung/nicht Zahlung zwischen den partizipierenden Bewusstseinen abgestimmt werden. Diese Aufgabe übernehmen Preise.[12] „Preise" sind somit das Resultat eines Kommunikationsprozesses, der sich aus dem Nacheinander von Exklusion (Verzicht auf Zugriff) und Inklusion (Verwendung von Geld für den Zugriff) ergibt. Sie konkretisieren ansonsten vage Beobachtung und bieten Ansatzpunkte für Programmbildung der partizipierenden Systeme. An den Preisen können sich die Bewusstseine orientieren, weil sie Preise vergleichen können. Daraus ergibt sich der Anschein von „Objektivität" und Berechenbarkeit, die schließlich in gesteigerter Anschlussfähigkeit münden. Dass es sich immer um den Anschein von Objektivität handeln muss, lässt sich schon aus der Beobachtung herleiten, dass es eben Abstimmungsprozesse sind, aus denen Preise hervorgehen. Diese Prozesse sind Beobachtungsprozesse und

---

12 Diese Argumentation liefert eine wichtige Erkenntnis für Geldpolitik, die in ökonomischen Theorien so nicht erschlossen werden kann: Die Tatsache, dass Zahlung die Akzeptanz des Zugriffs anderer erleichtert, weil man in einem bestimmten Maße zukünftig auf Güter zugreifen kann, ist ein starkes Argument für Inflationsbekämpfung und einer an Stabilität orientierten Geldpolitik.

damit für jedes System individuell. Mit anderen Worten: Jedes System beobachtet in seiner eigenen Umwelt, was in wirtschaftlicher Kommunikation über Preise geregelt wird. Jede eigene Umwelt ist eine individuelle Umwelt, denn jedes System differenziert sich selbst aus der Umwelt heraus und beobachtet, was dann noch übrig bleibt. Dadurch multipliziert sich Wirtschaft in die Beobachtungen der partizipierenden Systeme über deren Beobachtungen hinein. Das, was ein partizipierendes System im Vollzug dieser Beobachtung beobachtet, heißt dann „Markt" (Bode 1999: 168, Luhmann 1989: 94 f. und 186 f.).

1.4 Organisationen als autopoietische Systeme

Die Frage danach, was „Organisationen" im Kontext der Theorie sozialer Systeme sein können, ist aktuell noch nicht einheitlich beantwortet. Was aus der Theorielage unstrittig abgeleitet werden kann, ist die Tatsache, dass es sich bei Organisationen um soziale Systeme handeln muss. Damit gilt auch für Organisationen, dass sie aus Kommunikationen und nur aus Kommunikationen bestehen: „Eine Organisation ist ein System, was sich selbst als Organisation erzeugt. Wir müssen dann nur noch die Art und Weise definieren, wie dies geschieht" (Luhmann 2000: 45). An diese Ausgangslage anschließend werden hinsichtlich der Beobachtung von Organisationen aktuell zwei grundlegende Positionen diskutiert.

1.4.1 Organisationen als Operieren von Entscheidungen

Wenn man den Organisationsbegriff an Entscheidungen anknüpft, so geht es unausweichlich um die Beobachtung von Resultaten. Dadurch enthält Organisation immer ein Element des vorher/nachher, an dem sich eine Unterscheidung festmachen lässt. Die dann anschließende These lautet, dass Gesellschaft, also alle Kommunikation, zwar die Möglichkeit bereithält, über subsystemische Grenzen hinweg Kommunikation zu führen, dies allerdings nur realisieren kann, wenn sie sich zerteilt. Genau dazu dient dann Organisation (ebd.: 52).

Um Organisationen zu ermöglichen, müssen ferner Themen angesprochen werden, auf die sich die Organisation beziehen kann. Themen sind, so gesehen, das Gedächtnis der Organisation und in gewissem Sinne auch deren Voraussetzung. Die kommunikative Schließung von Themen führt schließlich zur Organisation, wenn die Beschäftigung mit dem Thema dauerhaft vorliegt, so dass es den kommunikativen Kontexten möglich wird, sich mit Bezug auf dieses Thema derart zu schließen, dass es selbst kommunikative Beiträge liefern kann. Beginnt Kommunikation selbst Kommunikationsofferten zu generieren, so liegt eine Organisation vor. Die Kommunikationsofferten sind es dann, die als Resultate des Systems von außen beobachtet werden können. Da die Partizipation an Kommunikation auf Selektionen (Information, Mitteilung und Verstehen) aufbaut, muss Organisation hinsichtlich dieser Selektionen entscheiden. Die selbstreferenziell geschlossene Partizipation an Kommunikation durch kommunikative Systeme schließlich bilden das System Organisation.

1.4.2 Organisationen als geschlossene Programmierungen

Die alternative Beschreibung von Organisation setzt ebenfalls voraus, dass sich thematische Zusammenhänge bilden, die sich wiederholen und damit stabile Möglichkeiten bieten, damit Bewusstseine an Kommunikation partizipieren. Die Bündelung dieser Themen wird aber, anders als bei der eben dargestellten Position, über das Vorhandensein von Funktionalsystemen kanalisiert. Funktionalsysteme wie beispielsweise das Wirtschaftssystem bieten durch ihr Operieren einen Kommunikationskontext in Gesellschaft, der die Partizipation von Bewusstseinen gleichsam „herausfordern" muss, damit er bestehen bleiben kann. Die elaborierten Codes und die (zumeist ebenfalls ausdifferenzierten) Medien bieten zudem eine Orientierung für Bewusstseine an.

Aus der sich wiederholenden Partizipation an Kommunikation eines Funktionalsystems schließlich erwächst dann auch die Möglichkeit, dass sich beteiligte Bewusstseine untereinander synchronisieren. Aus zunächst „losen" Interaktionen kann eine Stabilisierung erfolgen, die zu einer Synchronisation der Bewusstseine in einem Maße führt, dass die partizipierenden Bewusstseine vor eigenen Kommunikationsofferten zunächst eine Abstimmung untereinander vornehmen.

Dies ist ein wichtiger Schritt auf dem Weg zur Organisation. Werden die einzelnen Kommunikationsofferten derart synchronisiert, dass sich die Bewusstseine nicht mehr selbst als „Sender" und „Empfänger" verstehen, sondern den Prozess der Abstimmung selbst in diese „Rollen" stellen, hat sich Organisation gebildet. Eine solche Organisation braucht dann eine eigene Sprache, eigene Identität, eigene Regeln etc. (vgl. Hammer 1997). Mit anderen Worten: Organisation muss eine eigene Programmierung entwickeln, mit der sie die Synchronisation von Bewusstseinen ermöglichen kann (Bode 1999: 108 ff.).

Unter Programmierung wird innerhalb der Theorie sozialer Systeme nichts anderes als ein Verarbeitungsverfahren verstanden, aus dem die Generierung von Systemergebnissen mit bestimmter Wahrscheinlichkeit hervorgeht. Jedes sinnverarbeitende System muss über eine solche Programmierung verfügen, um überhaupt Unterscheidungen anwenden und interpretieren zu können. Programmierungen favorisieren sozusagen bestimmte Abläufe der Interpretation von Unterscheidungen, ohne dabei die grundsätzliche Möglichkeit zu verlieren, sich über die Zeit – durch Rückkopplungen des eigenen Verhaltens auf zukünftiges Verhalten – zu verändern. Für das Entstehen von Organisationen gilt dabei: Die Organisationen entstehen aus Synchronisation von Bewusstseinen in stabilisierten Kommunikationskontexten von Funktionalsystemen. Jede Organisation bezieht sich zunächst und nach dem eigenen Selbstverständnis auf ein gesellschaftliches Subsystem (Wimmer 1999).

Die Synchronisation geht so weit, dass sich eigene Programme auf der Ebene von Kommunikation bilden können. Abstrahieren die Programme letztlich von den einzelnen Bewusstseinen, die an dem Kommunikationsprozess partizipieren, in der Weise, dass nicht mehr das Bewusstsein, sondern der Synchronisationsprozess selbst an Kommunikation partizipiert, liegt eine Organisation vor. In diesem Stadium der Entwicklung kann eine Organisation auch dann bestehen bleiben, wenn der gesamte „Mitgliederbestand" wechselt, weil sich im Gefolge der Organisationsbildung ein corporate brain entwickelt hat, das Wissen und Informationen auch autonom von den beteiligten Bewusstseinen konservieren kann. In einem letzten Stadium der Organisationengenese gelingt es der Programmierung über die Grenzen des Subsystems „hinaus zu steigen", auf das hin sich Organisation gebildet hat. Ein Unternehmen bezieht seine Schließung auf das Wirtschaftssystem, kann aber als juristische Person auch an Kommunikation in Recht auftreten. Eine Partei bezieht sich auf Politik, muss aber in der Lage sein, auf knappe Güter zuzugreifen. Zwar braucht Organisation zu ihrer Entstehung und für ihre Vorstellung von sich selbst ein Funktionalsystem, auf das es sich primär bezieht, letztlich verstetigt sich der Organisationszusammenhang allerdings derart, dass die Organisationen auch „die Sprache" anderer Funktionalsysteme sprechen lernen, d.h., auch andere Differenzen zu operieren in der Lage sind, als die des primären Funktionalsystems.[13]

---

13 Es ist interessant, dass die Organisationen von den Funktionalsystemen immer in der für das Funktionalsystem relevanten Weise beobachtet werden. Wirtschaft nimmt Organisation immer als Unternehmen wahr (oder lässt eine Partizipation nicht zu). Für Recht gilt, mit den jeweils notwendigen systemspezifischen Änderungen, das selbe, wie sich an dem Konstrukt der juristischen Person exemplarisch zeigen lässt,

1.4.3 Vergleich der Organisationsdefinitionen

Vergleicht man die beiden Definitionen zu Organisationen, so sind sie in den Konsequenzen für den theoretischen Anschluss kaum unterschiedlich. Am Ende wird ein kommunikativer Prozess beschrieben, der seinerseits partizipationsfähig für Kommunikation ist. Trotzdem lässt die erste Definition in einem Punkt Klarheit vermissen: Wenn Organisation an Entscheidungen festgemacht werden kann, ist jedes System Organisation, denn jede Unterscheidung ist immer auch Entscheidung. Selbst wenn dieser Einwand als zu allgemein abgewiesen würde, ließe sich Politik von Organisation nicht mehr trennscharf unterscheiden, denn auch Politik operiert als Leitdifferenz die Entscheidung zwischen – genauer: die Differenz von – kollektiv bindender *Entscheidung*/nicht kollektiv bindender *Entscheidung*. Wo die Grenze zwischen Organisation und Politik dann verlaufen soll, muss unklar bleiben.

Diese Probleme besitzt der zweite Definitionsvorschlag nicht. An ihm kann allerdings ausgesetzt werden, dass er unterstellt, dass sich Organisation immer mit Bezug auf ein gesellschaftliches Subsystem bildet. Dieser Einwand ist ernst zu nehmen. Trotzdem kann die Behauptung dieser Voraussetzung sehr wohl Überprüfung standhalten. Unternehmen, Behörden, Gerichte etc. sind allesamt Organisationen, die deutliche Primärbezüge auf ein System hin aufweisen. Für Gewerkschaften und andere Organisationen, die häufig im zwischensystemischen Raum vermutet werden, gilt bei genauer Betrachtung das selbe (vgl. Bode 1999: 390 ff.).

1.5 *Kultur als Programm nicht trivialer Maschinen*

Mit dem Begriff der Programmierung ist auch die Nahtstelle zwischen den Ausführungen zu Beobachtungen systemischer Einheiten und Aussagen zum Phänomen der Kultur bezeichnet. In den folgenden Ausführungen wird diese Nahtstelle überschritten.[14] Dies führt zunächst zu der allgemeinen Fragestellung, wie das „Innenleben" selbstreferenzieller autopoietischer Systeme grundsätzlich beschaffen ist.

---

das eine aufwendige Konstruktion von Rechtspersönlichkeit für Organisation darstellt. Ohne diese Rechtspersönlichkeit lassen sich rechtliche Fragen nicht der Organisation sondern immer nur Stellvertretern (Inhaber, Unternehmer etc.) zurechnen.

14 Man beachte, dass die lange Zeit unbezeichnete Seite des Systeminnern jetzt aktualisiert wird. Hier wird folglich Sinn operiert.

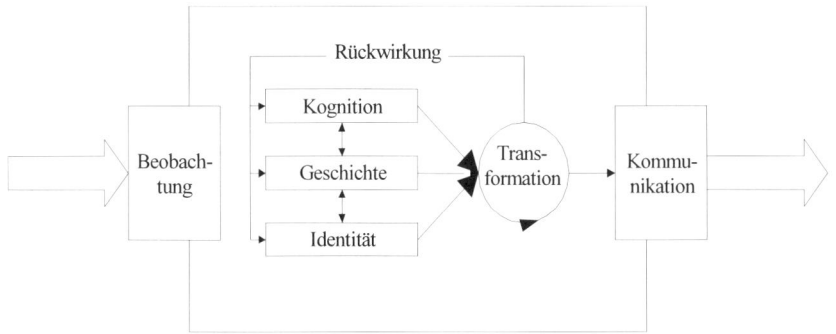

Abbildung 6: Modell der nicht trivialen Maschine

Eine Antwort auf diese Frage lässt sich mit dem durch von Foerster entwickelten Begriff der „nicht trivialen Maschine" geben (Foerster 1985, 1990, 1997, Bode 2001). Eine nicht triviale Maschine zeichnet sich dadurch aus, dass sie alle Außeneinflüsse einer internen Verarbeitung unterzieht. Abbildung 6 illustriert dies am Beispiel eines Systems, das zur Beobachtung und zur Partizipation an Kommunikation fähig ist. Es kann sich also sowohl um ein Bewusstsein als auch um eine Organisation handeln. Beide beginnen nach der eigentlichen Beobachtung mit der Verarbeitung, in der Abbildung bezeichnet als „Transformation", der aufgenommenen Umweltreize. Diese Verarbeitung mündet letztlich in der Generierung einer Kommunikationsofferte. Der Prozess der Verarbeitung baut auf drei wesentlichen Merkmalen auf:

Das System besitzt eine Geschichte, d.h., es schließt an seine eigenen, vorhergegangenen Handlungen und Verhalten, Erfahrungen und Beobachtungen an.

Das System erhält durch diesen Prozess eine Identität, denn es lernt im Vollzug des Prozesses durch Rückkopplungen (Selbstreferenz) sich selbst als System zu verstehen, in dem bestimmte Beobachtungen prozessual aneinander gereiht werden. Mit anderen Worten: Das System kann Selbstreferenz und Fremdreferenz unterscheiden.

Das System entwickelt Kognition, d.h., es wird zur Sinnverarbeitung fähig. Sinnverarbeitung ist von der Kognitionsfähigkeit des Systems abhängig, denn der Wechsel der Seiten einer Bezeichnung, die Möglichkeit, die in der laufenden Beobachtung nicht aktualisierten Unterscheidungen zu aktivieren, kann nur gelingen, wenn sich ein System dieser nicht aktualisierten Möglichkeiten erinnern und sich nachfolgend für einen Anschluss auf dieser Seite entscheiden kann.

Das Zusammenspiel von Geschichte, Identität und Kognition ermöglicht die Transformation von Beobachtungen in Kommunikationsofferten.

Es ist für eine nicht triviale Maschine typisch, dass sich aus der ständigen Rückkopplung von Beobachtungsverarbeitung eine ständige Veränderung des internen Systemzustands ergibt. Das System ist in dem Moment, in dem es als System beobachtet schon nicht mehr dasjenige, das es vor der Beobachtung war. Es hat sich verändert, weil es seine Geschichte, seine Kognitionen und auch seine Identität verändert hat, um aus einer externen Perturbation ein systemeigenes Verhalten hervor zu bringen. Ein solches System kann unmöglich von außen in seinen Handlungen, Verhalten etc. vorhergesagt werden. Selbst wenn man die internen Zustände des Systems kennen würde – was allerdings Illusion bleiben muss – wäre man nur für einen kurzen Augenblick in der Lage, das System vollständig zu beschreiben. Schon mit der nächsten Beobachtung (oder internen Verarbeitung von Beobachtung) wäre das System verändert und nicht mehr vorhersagbar. Durch seine *Lernfähigkeit* wird das System zu einer unberechenbaren (deshalb nicht trivialen) Maschine.

Wenn man die Veränderung von Verarbeitungsabläufen als „Lernfähigkeit" definiert, so muss man sich fragen, auf was sich diese Lernfähigkeit auswirkt. Die Antwort kann mit dem Hinweis auf Programme gegeben werden. Die fortlaufende Restrukturierung von Programmen nicht trivialer Maschinen heißt „Lernen".

Es fällt nicht schwer, diese Ausführungen zu nicht trivialen Maschinen auf autopoietische Systeme zu übertragen: Autopoietische Systeme sind nicht triviale Maschinen. Sie verfügen über Identität, Selbstreferenz, operative Schließung und können eben deshalb weder reine Inputs noch reine Outputs besitzen (Maturana/Varela 1980).

Für unterschiedliche Arten autopoietischer Systeme, haben sich für die Beschreibung der Muster der Verarbeitung von Außenreizen verschiedene Termini (in oftmals verschiedenen wissenschaftlichen Disziplinen) gebildet. Bei Bewusstseinen würde kaum von Programmen, eher von Gewohnheiten, Eigenheiten, typischen Persönlichkeitsmerkmalen etc., gesprochen. Für den Bereich der Organisationssysteme wird das prinzipiell selbe Phänomen mit Regeln und Normen und diese in aktuellen Ansätzen der Organisationstheorie oft auch als „Kultur" bezeichnet. Für Gesellschaft und deren Funktionalsysteme hat sich ebenfalls der Begriff der „Kultur" durchgesetzt (Hammer 1997). Fasst man die Aussagen zusammen, so kann man hinsichtlich des Kulturbegriffs der Theorie sozialer Systeme sagen: „Kultur" meint Programm. Sie umfasst alle strukturellen Gegebenheiten, die ein System zur Verarbeitung von Beobachtung und zur

Generierung eigenen Verhaltens braucht.

Kultur ist in allen autopoietischen Systemen vorhanden.

Kultur unterliegt ständigem Wandel, weil jede systemische Beobachtung und/oder Interpretation in einem selbstreferenziell organisierten System auf die Kultur, das Programm des Systems, zurückwirken muss.

Kultur ist als systeminternes Phänomen nicht von außen (direkt) beobachtbar. Entsprechend der Theorie sozialer Systeme bleibt Untersuchung von Kultur deshalb hinter der Mauer der Black-Box System unergründlich.

Kultur kann von der Theorie sozialer Systeme nicht selbst als System verstanden werden. Dies unterscheidet die Theorie grundlegend von anderen Ansätzen. Kultur lässt sich deshalb auch nicht über eine Leitdifferenz beobachten und ist von Kunst, die sehr wohl Funktionalsystem ist, zu unterscheiden.[15] Der Kulturbegriff der Theorie sozialer Systeme kann als Ausgangspunkt vielfältiger Untersuchungen dienen. So können Lernprozesse hier anschließend untersucht werden, die sich in autopoietischen Systemen ereignen. Ebenso ist es möglich, nach der die Systemtypen übergreifenden Rolle von Kultur zu fragen. Wenn Bewusstseine lernen, Organisationen lernen, Gesellschaft und die Funktionalsysteme lernen und wenn dieses Lernen immer in Kultur zum Ausdruck kommt, so lässt sich vermuten, dass die wechselseitige strukturelle Kopplung[16] zu einer „Überlappung" von Kultur verschiedener Systemtypen führt (zumindest führen kann). Letztlich kann hier auch eine systemtheoretische Begründung von Kompetenzen, wie sie die strukturale Hermeneutik unterstellt, theoretisch hergeleitet werden (Luhmann 2000: 54).

1.6   Kulturmanagement nicht trivialer Organisationen

1.6.1   Management nicht trivialer Organisationen

Nachstehend soll an den Kulturbegriff mit einer Fragestellung angeschlossen werden, die sich innerhalb eines Buches, das sich mit Kulturmanagement befasst, nahezu aufdrängt: In den abschließenden Ausführungen soll geklärt werden, was „Kulturmanagement" im Kontext der Theorie sozialer Systeme bedeuten kann. Dazu soll zunächst auf den Begriff des „Management" eingegangen werden. Historisch kann die Entwicklung von Management in zwei Schritten

---

15 Vgl. auch die Ausführungen von Heinze, Th. in diesem Band (Kap. I,3).

16 Vgl. zum Lernbegriff Maturana 1997.

dargestellt werden (Hejl/Stahl 2000). In einer ersten Stufe war die Organisation noch nicht vom Inhaber zu trennen. Sie hatte keine eigene (Rechts-) Persönlichkeit und die Leitungsaufgaben oblagen dem Unternehmer selbst. Diese Form der Unternehmensführung braucht zweierlei: eine überschaubare Unternehmensgröße und eine hierarchische Ordnung.

Die Entwicklung des Begriffs „Management" wird häufig mit Unternehmen assoziiert. Grundsätzlich muss dies nicht so sein. Unternehmen bilden eine Teilgruppe der Organisationen. Ihnen ist – entsprechend der zweiten Definition von Organisation – als typisches Merkmal zur Beobachtung vorgegeben, dass sie sich in ihrer Programmierung primär auf das Funktionalsystem Wirtschaft beziehen. Das Besondere an Wirtschaft wiederum besteht darin, dass dieses Funktionalsystem keine „höchste Instanz" zur Entscheidungsfindung besitzt.[17] Deshalb fallen Entscheidung im System auf dezentraler Ebene, d.h., bei Haushalten, Unternehmen, also auf der Ebene der partizipierenden Systeme. Dies lässt die Abläufe in Wirtschaft extrem komplex werden lässt. Eine Reaktion auf steigende Umweltkomplexität besteht für Systeme immer in der eigenen Komplexitätssteigerung. Auf Unternehmen und Wirtschaft gewendet bedeutet dies, dass für Unternehmen zur Handhabung der hohen Komplexität ihres primären Funktionalsystems die Möglichkeit der Steigerung der eigenen Komplexität besteht. Mit dem Anwachsen der Unternehmenskomplexität wiederum verändert sich die auf Individuen zentrierte Rolle des Unternehmers und wird durch ein herausdifferenziertes Teilsystem ersetzt. Dieses System zweiter Ordnung, dass die Beobachtungen des „produzierenden Systems" (ebd.: 125) fortlaufend beobachtet, kann weit höhere Komplexität verarbeiten als der in den Produktionsablauf integrierte Unternehmer selbst. Vor allem kann ein ausdifferenziertes Führungssystem die Bedingungen des Selbstregulierungsprozesses zwischen Abteilungen – die ja auch wiederum Subsysteme von Organisationen darstellen – ermöglichen, d.h., Infrastrukturen für den internen Leistungsaustausch schaffen. Die Folge dieser Entwicklung ist zweierlei:

- Unternehmen schaffen sich eine zentrale Lenkungsinstanz, die nicht mehr an bestimmte partizipierende Systeme (Unternehmer) gebunden ist.

- Unternehmen dieser Art lösen sich von der Rechtspersönlichkeit des Unternehmers ab und werden zu einer eigenen Persönlichkeit, auch für andere Funktionalsysteme.

---

17 Anders als beispielsweise Politik, das in der Regel ein höchstes Parlament oder eine Funktion (König, Kaiser) an der Spitze besitzt, oder Recht, das über eine höchstrichterliche Instanz verfügt.

Die beiden genannten Veränderungen gegenüber der ersten Stufe der Unternehmensbildung wirken sich auch auf die Zielsetzungen des Systems Management aus. Es reicht nicht, ausschließlich den alltäglichen Aufgabenbereich der Unternehmung zu koordinieren. Aufgrund der Dominanz des Unternehmers, der seine Visionen, Zukunftsansichten etc. durch sich in das Unternehmen projizieren konnte, muss Management diese Aufgabe in das Unternehmen selbst tragen. Mit anderen Worten: Es wird zur zentralen Aufgabe von Management, der Unternehmung Selbststrukturierung zu ermöglichen (Luhmann 2000: 49). Diese Aufgabe wird gelegentlich mit den Termini „Zukunftsfähigkeit", Resonanzfähigkeit" und „Lernfähigkeit" umschrieben (Hejl/Stahl 2000: 126, Luhmann 2000). Die Frage der Bezeichnung dieser Aufgabe kann hier als ein marginales Problem vernachlässigt werden. Was vielmehr interessiert, ist der Prozess und seine Auswirkung auf das Innere des Unternehmens. Wenn Management zentral für die Strukturierung des Unternehmens zuständig ist, so kann an die Ausführungen im Abschnitt zur „Kultur" nahtlos angeschlossen werden: Strukturierung findet ihren Ausdruck in der Lenkung von Interpretationen der Beobachtung. Jede strukturierende Einflussnahme auf Unternehmen heißt dann auch, Variation der Unternehmenskultur. Beobachtet man den Prozess Unternehmen dann genauer, so bedeutet die Herausbildung von Management als Subsystem der Organisation Unternehmen ihrerseits eine Strukturierung. Während die erstere sich noch dezentral und als Reflex auf die Komplexität des Wirtschaftssystems realisiert, gehen von dem Subsystem Management dann Strukturierungen gezielt aus. Man könnte das, was Management schafft, als strukturierte Strukturierung bezeichnen. Mit Bezug zum Kulturbegriff der Theorie sozialer Systeme kann dann gesagt werden, dass sich Unternehmen, die ein Management ausdifferenzieren einer spezialisierten Selbstbeobachtung hinsichtlich der eigenen Strukturen aussetzt.

In der Autonomie, die (formalen) Strukturen einer Unternehmung ggf. auch radikal verändern zu können, liegt ein wesentlicher Unterschied zwischen Unternehmensmanagement und der Leitung beispielsweise von Behörden. Zwar sind die „obersten Beamten und Beamtinnen" sehr wohl in der Lage, dienstliche Anweisungen zu geben und damit Abläufe zu steuern, ihnen fehlt aber in aller Regel die Möglichkeiten hinsichtlich der Strukturen selbst. Ein wesentliches Gestaltungsinstrument für die Managementaufgaben, wie sie eben dargestellt wurden, bleibt in vielen Organisationen jenseits von Unternehmen versagt. Die voranstehenden Ausführungen lassen den berechtigten Schluss zu, dass letztlich jedes Management immer auch Kulturmanagement sein muss. Dies gilt dann, wenn man die Wirkungen von Management auf Organisationen – hier: Unternehmen – betrachtet. Neben dieser Managementausrichtung – und dichter an der traditionellen Begrifflichkeit, die „Kultur" und „Kunst" nicht scharf trennt, kann von „Kulturmanagement" auch gesprochen werden, wenn es um die „grenz-überschreitenden" Managementaktivitäten geht, die notwendig werden, wenn Kunst zu einem Gegenstand wirtschaftlicher Kommunikation werden soll.

1.6.2 Management an der Schnittstelle zwischen Kunst und Wirtschaft

Anders als „Kultur" meint „Kunst" als Begriff in der Theorie sozialer Systeme wieder einen systemischen Zusammenhang. Als Funktionalsystem wird Kunst häufig als mit der Unterscheidung von Schönheit/nicht Schönheit operierend beschrieben.[18] Als Medien dienen der Kunst die Kunstwerke verschiedener Art – Gedichte, Bilder etc. Diese transportieren die Kommunikationsofferten der Künstler in den Kommunikationsprozess.

Mit Blick auf die Verbindung von Kunst und Wirtschaft ist die Tatsache entscheidend, dass die Medien der Kunst zu knappen Gütern werden können, über die wiederum im Kontext von Wirtschaft kommuniziert werden kann. Für die physische Existenz der an Kunst partizipierenden Bewusstseine, die Künstler, ist es sogar in gewissem Sinne notwendig, dass die Medien der Kunst sich „ver-markten", also in den Kommunikationskontext von Wirtschaft als Referenzen projizieren lassen, denn Künstler bedürfen des Verkaufs der Kunstobjekte zur Generierung von Zahlungsfähigkeit.

Gleichzeitig stößt Kunst immer mehr auf ein spezifisches Interesse von Un-ternehmen, die sich in ihrer Vorstellung der eigenen Identität außerhalb von Wirtschaft mit Bewusstseinen „verbinden" wollen. Das sogenannte „Sponso-ring" stellt eine solche Form der Verbindung von Unternehmen mit Bewusstsei-nen dar, die nachstehend exemplarisch kurz angesprochen wird. Ein Unterneh-men hat als nicht triviale Maschine eine Identität und wird als partizipierendes System von Bewusstseinen wahrgenommen. Weil Bewusstseine wie Unterneh-men in verschiedenen Kommunikationskontexten auftreten können – beide sind in der Lage, ihre beobachtungsleitenden Unterscheidungen zu wechseln -, könne beide Systemtypen einander in verschiedenen Funktionalsystemen begegnen. Über die Variation der Programmierungen der Bewusstseine können Unterneh-men auf diese Weise eine subtile Kundenbindung zustande bringen.

---

18 So auch Hutter, M. (1992): Kulturökonomik, Lehrbrief der FernUniversität Hagen, 31 ff. Heinze, Th. arbeitet alternativ zu diesem Vorschlag im vorliegenden Band mit der Unterscheidung von bezeichnet/nicht bezeichnet.

Genau hier setzt beispielsweise Sponsoring an. Es versucht eine Verbindung zu Kunst unterschwellig aufzubauen, um jenseits der Wirtschaft den Kontakt zu Bewusstseinen zu knüpfen, der später in Wirtschaft zu Zahlungen führen kann. Die Möglichkeiten des Sponsoring sind vielfältig, das Ziel hinter der Unterstützung von Kunst mit finanziellen Mitteln jedoch grundsätzlich immer gleich.

Wichtiger als die Zielsetzung ist hier das Problem der Realisation der Funktionalsysteme überschreitenden Kommunikation mit Bewusstseinen. Auf der Seite von Unternehmen setzt dies voraus, dass diese in der Lage sind, das System Kunst zu verstehen und mit ihren wirtschaftlichen Interessen zu verbinden. Diese Leistung setzt aber in vielfacher Weise Strukturierungen unterschiedlicher Systemtypen voraus: Die Unternehmen selbst müssen strukturiert und des Umgangs mit Kunst befähigt werden. Dies gilt hinsichtlich der Wahrnehmung von Kunst als System wie hinsichtlich der Verbindung von eigenen (potenziellen) Kundengruppen und deren Verhältnis zu bestimmten Bereichen von Kunst. Das Wirtschaftssystem muss einer Strukturierung unterzogen werden, denn es muss Kunstwerke nicht nur als Güter verstehen lernen, sondern darüber hinaus auch als Kommunikationsmedien erkennen. Kunst muss strukturell verändert werden, denn das Zulassen wirtschaftlicher Einflussnahme ist dem Funktionalsystem zunächst nicht möglich. Erst über Programmierungen kann beispielsweise Sponsoring als für Kunst akzeptables Verhalten interpretiert werden. Diese Aufgabe von Management kann nicht unterschätzt werden, denn künstlerische Kommunikation wird nicht zufällig häufig gerade mit der Wirtschaft abgewandtem Verhalten verbunden.

Wie aber kann die Aufgabe von Kulturmanagement in diesem Kontext verstanden werden? Die Antwort auf diese Frage lässt sich kaum umfassend geben. Die wichtigste Aufgabe scheint es zu sein, Kultur als gesellschaftliches Phänomen in verschiedensten Gesichtspunkte erfassen zu können. Es müssen unterschiedlichste systemische Fragmente von Kultur – individuelle Kultur der Bewusstseine, Kultur als Programmierung von Unternehmen, Kultur als Programmierung von Wirtschaft, Kultur als Programmierung von Kunst und schließlich Kultur als Programmierung von Gesellschaft – im Akt des Management zusammengeführt werden. Eine solche Aufgabe bedarf dann entsprechend vielfältiger Kompetenzen des auf Kulturmanagement spezialisierten Systems „Management". Kulturmanagement in diesem Sinne stellt eine „soziale Allgemeinkompetenz" des Verstehens unterschiedlichster kommunikativer Zusammenhänge voraus, die über die Grenzen nur einer Theorie hinausgehen muss. Hier sollen die Ausführungen zur Systemtheorie beendet werden, denn es ist mit dieser Sichtweise von Kulturmanagement eine Stelle markiert, an der sich interessierte Bewusstseine, die Leserinnen und Leser, anderen als systemtheoretischen Gedankengebäuden zum Thema Kulturmanagement zuwenden können. Dies geschieht in der Gewissheit, dass sie irgendwann zur Systemtheorie und zur Theorie sozialer Systeme zurück- kehren werden, schließlich verarbeiten die Bewusstseine ja Sinn.

„Verstehen Sie, lieber Leser, liebe Leserin, was ich meine?"

„Natürlich, so abgehoben ist das hier ja nun nicht."

Übungsaufgabe 10

a) *Definieren Sie die Begriffe „Beobachtung", „Beobachter" und „Unterscheidung".*

b) *Was versteht man unter einer „Leitdifferenz"?*

c) *Viele zirkuläre Beobachtungen führen zu Paradoxien. Ein bekanntes Beispiel hierfür ist der folgende Satz: "Sehr geehrter Leser, dieser Satz ist falsch." Zeigen Sie, wieso hier eine Paradoxie vorliegt, indem Sie (beispielsweise in einer Tabelle) darstellen, was es bedeutet, wenn dieser Satz gelogen bzw. nicht gelogen ist.*

d) *Wie lässt sich erklären, dass autopoietische Systeme gleichzeitig offen und geschlossen sind?*

e) *In einem Ministerium wird in einem Rundschreiben erklärt: "Wie wir bereits in der Personalversammlung kommuniziert haben, gelten ab dem kommenden Jahr die neuen Beurteilungskriterien für die Beförderung. Staatssekretär Hugo Beispielhaft." Nehmen Sie aus der Sicht der traditionellen Kommunikationstheorie und aus der Sicht der Theorie sozialer Systeme dazu Stellung!*

f) *Wie kann erklärt werden, dass nach der Theorie sozialer Systeme die Kommunikation kommuniziert.*

g) *Erläutern Sie die Begriffe der „Emergenz" und „Partizipation"!*

h) *Beschreiben Sie das „Knappheitsparadox", das durch wirtschaftliche Kommunikation entsteht.*

i) *Stellen Sie Organisationen als "Folge von Entscheidungen" und als "Kommunikationen mit Programmierung" dar.*

j) Nehmen Sie aus der Perspektive der Theorie Sozialer Systeme zu der (in der ökonomischen Systemtheorie durchaus üblichen) Aussage Stellung, Kultur sei ein Teilsystem der Gesellschaft!

Anhang/Musterlösungen

Übungsaufgabe 1

„Reflexives Kulturmanagement" kann nominaldefinitiorisch als modernes, innovatives kulturelles Management erläutert werden. Wenn es bedeutungsanalytisch expliziert wird, so kann diese Explikation folgende Elemente konstituieren: Es bedeutet ein Management,

- für das die konzeptionellen Überlegungen der modernen Organisations- und Verwaltungssoziologie zu strategischem Denken von zentraler Bedeutung sind;
- das nicht nur auf sich verändernde Umwelten der Gesellschaft reagiert – und somit in einem Gegensatz zum „unmodernen" managerialen Denken in der Wirtschaftswissenschaft steht –, sondern auch Entwicklungsperspektiven: kulturelle Impulse, Investitionen und Innovationen einbringt sowie unter Berücksichtigung ihrer gesellschaftlichen Wirkungen evaluiert;
- welches im Spannungsfeld zwischen systemstabilisierenden und innovativen Kräften – dem modernen Wirtschaftsmanagement vergleichbar – eine Gestaltungskunst zum Zweck der Ermöglichung von Kunst oder Kultur, zum Beispiel in Form des Schaffens von Bedingungen für Vielfalt auf dem kulturellen Sektor, ist.

Wenn „reflexives" Kulturmanagement auf den verantwortungsvollen Umgang mit künstlerischen und kulturellen Inhalten ausgerichtet ist, so handelt es sich bei einem „reflexiven" Kulturmanager um einen strategisches Denken sowie kommunikative Kompetenz verbindenden, modernen Manager.

Übungsaufgabe 2

Beispiel 1:
Ein Fernsehspot, mit dem die Automarke Ford für die Großraumlimousine Galaxy wirbt, zeigt einen jungen Mann, der von einem Ausflug in die Berge mit dem Ford-Fahrzeug in sein Eigenheim zurückkehrt. Bevor er die Fahrt antritt, legt er auf den Boden des großen Kofferraums eine leere Leinwand, gießt verschiedene Farben darüber und fährt über eine Serpentinenstrecke heimwärts. Vor seinem Haus angekommen, öffnet er den Laderaum, entnimmt ihm ein fertiges Gemälde informeller Stilrichtung, hängt das Bild über sein Sofa, auf dem er zufrieden lächelnd Platz nimmt – Ende des Spots.

Diese Werbung integriert ein Kunstwerk und vor allem dessen Produktion in die Welt des Automobils. Mit dieser Verknüpfung ist die Marke Ford nicht allein. VW brachte einen Golf mit der Bezeichnung „Pink Floyd" heraus, Citroën gab seinem Xzara den Namen „Picasso". Anstatt einen Autotyp mit einem bereits prestigeträchtigen Namen der Kunst/Kultur-Welt zu besetzen, macht Ford das Bild selbst zu seinem Thema. Dabei werden negative Konnotationen der Produktion von moderner Kunst („Das bisschen Gepinsel können meine Kinder auch") in Kauf genommen, um den Vorgang des Autofahrens selbst mit der Konnotation der Kreativität zu besetzen. Nun transportiert das Auto nicht mehr den Namen eines Prominenten; es wird für den Fahrer selbst zum Werkzeug kreativen Handelns. Der Fahrer erfährt den Wagen als Möglichkeit freien, und dass heißt auch immer des nicht vorhersehbaren, spontanen Handelns. Wer einen „Ford Galaxy" kauft und fährt, verwirklicht seine Individualität, hebt sich aus der Menge vieler anderer Autofahrer heraus – dies ist zentrale Botschaft des Werbespots. Über den kreativen Vorgang hinaus steht das fertige Bild für die Qualität der Kunst, den Wunsch nach gehobenem Status und nach einer individuellen, als schön empfundenen Lebensumgebung kommunizierbar zu machen. Diese Botschaften werden in der Verknüpfung von Kunst und Auto vermittelt.

Beispiel 2:
Die Cigarettenmarke „Camel" wirbt jetzt mit einer Plakatserie in der Form einer Kunstedition. Hier wird Bezug genommen auf das Plakat mit dem „Camel Chair". Das Plakat zeigt einen aus hellem Holz und Metallstützen geformten Stuhl. Dieses Möbel ist jedoch nicht benutzbar, da die Silhouette dem Umriss eines Kamels nachempfunden ist. Zugleich zitiert das Gebilde deutlich Stuhlformen.

Diese Werbung bedient sich eines sehr komplexen Verfahrens. Der „Stuhl" leistet mehrfache Verknüpfungen. Das edle Material evoziert den Eindruck eines teuren Designerstücks, das nur für viel Geld zu haben ist. Zugleich zitiert dieses Stück das Kamel, das von der Zigarettenmarke als Motiv einer überaus erfolgreichen Kampagne gesetzt worden war. Statt der humorvollen Situationen, in denen das Kamel gezeigt worden war, wird es nun selbst als kulturelles Wissen beim Rezipienten vorausgesetzt – anders könnte das Kamelzitat in der Umrisslinie des Stuhls nicht sinnvoll sein. Damit entsteht eine dichte Verknüpfung von Konnotationen. Die Zitierung des Kamels weist das Werbemotiv als „klassisch" aus. Nur das, was „klassisch" ist, gehört zum allgemeinen Bildgedächtnis. Diese Konnotation unterstützt das Motiv des Stuhls, das mit Assoziationen von Bauhaus-Design und einer allgemein als „zeitlos" eingeschätzten Gestaltungsweise gleichfalls den Gedanken einer von Moden unabhängigen Schönheit transportiert. Werbemotiv und Symbol der Hochkultur werden so zu einem Bildzeichen verschmolzen. Die Zigarette, die als beworbenes Produkt gar nicht auftaucht, erscheint als Zeichen der Lebensart und des Schicks. Negative Seiten des Rauchens, etwa gesundheitliche Störungen etc., werden vom perfekten Image einer „cleanen" Designoberfläche überdeckt. Zugleich erscheint das Massenprodukt Zigarette in der Aura des teuren Einzelstücks mit Museumswert.

Beide Beispiele zeigen, wie Werbung Versatzstücke aus dem Bereich der Kunst und Kultur in einem Bedeutungsmanagement zu komplexen Transfereffekten nutzt. Mit der Kunst entsteht ein weiter Raum der Konnotationen von Kreativität, Lebensqualität, Kostbarkeit und Singularität, die den wahren Charakter der Ware als Massenprodukt, das für seinen Nutzer eventuell sogar schädliche Auswirkungen haben könnte (Tabak!), unkenntlich macht. Beide Strategien verlangen nach hoher Dechiffrierleistung des Rezipienten. Sie sind nur möglich in einer Mediengesellschaft, in der heterogene Bildwelten fortlaufend zu innovativen Kombinationen zusammengeführt werden.

Übungsaufgabe 3

Hier geht es um die aus der Praxis bekannten Konzepte und Modelle von Kulturfinanzierung wie Sponsoring, Merchandising, Fundraising, Challenge Funding, Mäzene und Stiftungen, insbesondere um das Modell des Public-Private-Partnership. Diese Konzepte und Instrumente (die in dem Beitrag von Bendixen und Heinze (2004) ausführlich dargestellt worden sind) sind zu diskutieren unter dem Gesichtspunkt, inwieweit sie sowohl ökonomischem Kalkül als auch gesellschaftlicher Verantwortung Rechnung tragen.

Übungsaufgabe 4

Zunächst bedarf es einer Analyse der Werkbiographie des Künstlers Schumacher als Vertreter des sog. „Informel". Daran anschließend ist – anhand von BesucherInnen-Statistiken – zu prüfen, welche Zielgruppen die künstlerischen Exponate Schumachers ansprechen. Der nächste Schritt besteht darin, potentielle Sponsoren aus dem privatwirtschaftlichen Unternehmens – sowie dem Dienstleistungssektor ausfindig zu machen, bei denen eine aus ökonomischem Kalkül und/oder gesellschaftlicher Verantwortung begründete Kulturförderungsbereitschaft zu erwarten ist. Die anschließenden Maßnahmen auf strategischer und operativer Ebene können Sie analog zum Beitrag „Kultursponsoring" formulieren.

Übungsaufgabe 5

Der im Folgenden dargestellte BesucherInnen-Fragebogen ist im Rahmen meiner Lehrveranstaltung zum „Museumsmanagement" an der Universität Klagenfurt entwickelt worden. Er dient hier als Musterfragebogen und ist für den von Ihnen zu untersuchenden Museumstyp situationsspezifisch zu adaptieren.

BesucherInnen-Frageborgen: „Ihre Ideen für unsere Museen"

---

1. Fragen zur Person:
a) Geschlecht: ❏ weiblich   ❏ männlich
b) Alter in Jahren: ....Jahre
c) Wohnsitz (Staat, PLZ, Ort): ....
    Mein Wohnsitz hat
    ❏ unter 1.000 Einwohner
    ❏ zwischen 1.000 und 10.000 Einwohner
    ❏ zwischen 10.000 und 50.000 Einwohner
    ❏ zwischen 50.000 und 100.000 Einwohner
    ❏ mehr als 100.000 Einwohner
d) Höchste abgeschlossene Schulbildung
    ❏ Pflichtschule, Volksschule, Hauptschule   ❏ HTL; HAK; HBWL
    ❏ Lehre   ❏ Fachschule/HASCH
    ❏ AHS   ❏ Sonstiges: ....
    ❏ Universität/Hochschule; (akad.Grad): ....
e) Derzeitige (berufliche) Tätigkeit:
    ❏ Arbeiter/in   ❏ Anstellte/r
    ❏ Beamtin/Beamter   ❏ leitende Position/
                                        selbständig
    ❏ Hausfrau/-mann   ❏ arbeitslos
    ❏ Student/in   ❏ Schüler/in
    ❏ Pensionist/in   ❏ Sonstiges: ....
f) Wie haben Sie das Kärntner Landesmuseum erreicht?
    ❏ zu Fuß   ❏ mit dem Fahrrad
    ❏ mit dem Bus   ❏ mit der Bahn
    ❏ mit dem PKW   ❏ Sonstiges: ....
g) Sie besuchen das Museum als
    ❏ Einzelperson   ❏ Familie
    ❏ Reisegruppenmitglied   ❏ Schulklasse

2. Wie sind Sie auf das Kärntner Landesmuseum aufmerksam geworden? (Mehrfachnennungen möglich) ?
    ❏ Zeitung   ❏ Mundpropaganda   ❏ Folder
    ❏ TV   ❏ Internet   ❏ Radio
    ❏ Touristikinformation   ❏ Sonstiges: ....

3. Sie besuchen das Kärntner Landesmuseum zum ..... Mal. Besuchen Sie auch andere kulturelle Institutionen?

□ ja   □ nein

wenn ja, welche: ....

4. Ihr Interesse gilt besonders:

□ Ur- und frühgeschichtliches Institut   □ Volkskunde

□ Landesgeschichtliches Institut   □ Zoologie

□ Kunstgeschichtliches Institut   □ Geologie und Mineralogie

5. Ihr Eindruck: (1 = sehr zufrieden; 6 = überhaupt nicht zufrieden)

Ihre Zufriedenheit mit dem Museumsbesuch: ....

	Nicht wahr-genommen	1	2	3	4	5	6
Ausstellungsstücke des Museums							
Führungen							
Öffentlichkeitsarbeit in den Medien							
Informationsmaterial							
Freundlichkeit der Mitarbeiter/innen							
Kompetenz der Mitarbeiter/innen							
Öffnungszeiten							
Räumlichkeiten							
Preise							
Parkmöglichkeiten							
Service (Toiletten, Garderobe, Sitzgelegenheiten usw.)							

6. Als Erinnerung an den Museumsbesuch würde ich Folgendes gerne käuflich erwerben (Mehrfachnennungen möglich):

□ T-Shirt   □ Video   □ Plakat

□ Kappe   □ Postkarten   □ Aufkleber

□ CD-Rom   □ Kugelschreiber   □ Bücher

□ Sonstiges: ....

7. Wie ist Ihr Gesamteindruck des Kärntner Landesmuseums?

□ Sehr gut   □ gut   □ zufriedenstellend

Verbesserungsvorschläge: ....

....

Vielen Dank für Ihre Mitarbeit! Sollten Sie noch weitere Informationen über die Aktivitäten des Kärntner Landesmuseums benötigen, so tragen Sie sich bitte in das Gästebuch ein.

Übungsaufgabe 6

Als Beispiel sollen Ideen zum „Kultursommer Pustertal 2000" skizziert werden. Gemäß dem Anspruch der Balancierung von Authentizität und Inszenierung sind hier folgende Fragen zu eruieren:

- Kann davon ausgegangen werden, dass ein einheimisches „Wald- und Wiesen-Spektakel" für das Pustertal gewünscht wird?
- Sind „kulturindustrielle" Tourismusangebote im Pustertal akzeptabel?

Zum ersten Punkt könnte ein kulturtouristisches Konzept unter dem Motto „Feste feiern – Tradition erleben" realisiert werden. Dabei wären folgende Themen denkbar: „Märkte und Messen" sowie „Europa zu Gast im Pustertal".

Bezüglich des Themas „Märkte und Messen" bedarf es der Ausarbeitung eines mehrjährigen Rhythmus, wobei verschiedene Sparten der einheimischen Kunst– und Kulturproduktion unter einem einheitlichen Slogan zu „vermarkten" sind. „Europa zu Gast im Pustertal" könnte als jährlich wiederkehrendes Ereignis inszeniert werden, bei dem jeweils ein europäisches Land vorgestellt wird. Dieses Konzept impliziert eine Bestandsaufnahme der kulturellen Infra– und Angebotstruktur des Pustertals mit dem Ziel der Focussierung auf einen thematischen Schwerpunkt. Darüber hinaus sollte ein marktfähiger Slogan für das Pustertal zielgruppengenau konzipiert werden, z. B.:

- „Powertal" für die 18 – 30-jährigen,
- „Märchental" für Familien mit Kindern,
- „Grünes Tal" oder „Swinging Pustertal" für die ab 40-jährigen.

Übungsaufgabe 7 (Teil 1)

Die öffentlich-rechtlichen Radiosender betreiben u. a. jeweils ein Kulturprogramm (z.B. SWR2, NDR3, Radio Kultur, Radio3), das in oft engagierter Weise zur Vermittlung eines weiten kulturellen Spektrums beiträgt. Seit der Öffnung des Marktes für privaten Rundfunk bekommen sie Konkurrenz durch den privaten Hamburger Sender KlassikRadio. Doch ist dies wirklich Konkurrenz? Klassische Musik verkommt hier im Wesentlichen zur Berieselungsmusik. Selten werden Hintergründe zu den ausgestrahlten Werken vermittelt. Hier wird „Empfindungslosigkeit auf drogenhaft hohem Anregungsniveau" zelebriert, und die gesendeten Werke werden offenbar danach ausgesucht, inwieweit sie sich für eine sinnrauschhafte Benebelung eignen.

Hier wird Kunst Opfer einer Kulturindustrie, der es mehr um wirtschaftliche Effizienz (möglichst viele Hörer gewinnen – bessere Einnahmen durch Werbung) und ästhetische Animation als um Erkenntnis geht. Es geht um die Inszenierung einer unterhaltsamen, einlullenden akustischen Fassade, die betäubend wirkt und eher taub macht für die Details der Werke.

Aber Kunst will mehr, will Wahrnehmung irritieren, ihr Hindernisse in den Weg legen, will im Betrachter (auch unangenehme) Fragen nach sich selbst wecken. Diese Wirkung von Kunst soll bei einem auf Konsum ausgerichteten Radio-Sender unterbunden werden, sie ist unerwünschtes Beiwerk.

Übungsaufgabe 7 (Teil 2)

Die Dominanz ökonomischer Wertfestschreibungen bedeutet, dass einem Wert- oder Beurteilungssystem Priorität vor allen anderen eingeräumt wird. In allen Bereichen gesellschaftlichen, politischen und wirtschaftlichen Lebens droht dies zu einer Eindimensionalität des Denkens zu führen, zu einer „Diktatur" wirtschaftlicher Beurteilungskriterien. Andere Wertsysteme verblassen und werden kaum wahrgenommen.

Kunst schult Wahrnehmung, rüttelt wach, zeigt Utopien frei von jedem Zweckdenken. Wer in der Kunst lernt, zweckfrei und urteilsfrei wahrzunehmen wird auch in anderen Lebensbereichen darauf aufmerksam: Jede Wahrheitsbeschreibung ist ein Modell von Wahrheit, das die gleiche Daseinsberechtigung hat wie jede andere auf gleicher Bewusstseinsstufe.

Auch ökonomische Systeme kommen nicht aus ohne diese Flexibilität und ständige Erneuerung von Wahrnehmung, das ständig neue Herangehen daran, etwas für „wahr" zu „nehmen". Deshalb ist es nicht verwunderlich, dass die Deutsche Kammerphilharmonie Bremen Workshops für Manager abhält oder eine niederländische Drogeriekette Musik-Workshops für ihre Mitarbeiter anbietet.

Zeitgenössische Kunst ist heute davon geprägt, dass sie keine dominanten Stilrichtungen und Kunstsprachen mehr ausbildet. Dies bedeutet eine Pluralität der Wahrheiten. Vom Rezipienten verlangt dies ein großes Maß an Offenheit, diese Fülle an Kunstrichtungen (zunächst) urteilsfrei wahrzunehmen und als gleichberechtigte Wahrheiten gelten zu lassen. Man wird ständig damit konfrontiert etwas als Kunst zulassen zu müssen, was zuvor im eigenen Kunstbegriff nicht denkbar war.

Hier wird Kunst auch zum Modellbereich gesellschaftlicher Pluralität, der gegenseitigen Anerkennung und Toleranz. Kunst als „Modellbereich der Reflexion" kann uns sagen: Der ökonomische Wert von etwas ist eine wahre und wichtige Aussage, aber nur eine von vielen möglichen Annäherungen.

Übungsaufgabe 8

Kulturindustrie scheint dem Dilemma der Ghettoisierung von Hochkultur entgegenzuwirken und selbige für die breite Masse zugänglich zu machen. Jedoch hat es mit der Hochkultur eine eigenartige Bewandtnis: Sobald sie kulturindustriell verwertbar ist, scheint sie in ihrer ursprünglichen Bedeutung, in ihrer ursprünglichen Aktualität und die gesellschaftlichen Bande sprengenden und überwindenden Eigenschaft zu verschwinden (ähnlich der Ursprünglichkeit einer Region, die durch Massentourismus vermarktet wird).

Der direkte Weg vom kleinen Kreis der Kenner zur Masse bedeutet: Kultur nur soweit zuzulassen als sie wirtschaftlich verwertbar ist. Die verwertbare Oberfläche wird vermarktet, die darin enthaltenen „Sprengsätze" entschärft: z.B. durch „Etiketten"-Bildung (das ist Tut-Anch-Amun und nicht: das ist fatal, was für ein Kunstraub damit begangen wurde; oder das ist Beethoven, der Komponist von „Für Elise" und nicht: das ist der revolutionäre Komponist Beethoven, der in seiner heldenhaften, fast wahnhaften Egozentrik die formalen Prinzipien der Klassik sprengte) oder durch direkten Verkauf, z.B. von Kunstdrucken: Ein die Wohnung schmückender Mondrian kann die Auseinandersetzung mit seinem Weg zur Abstraktion in die undefinierte Zukunft vertagen.

Auf dem Glaskasten der Hochkultur zu beharren und die Massen auszuschließen wäre aber ebenso nicht haltbar. Der kleine Kreis der Kenner sollte sich zum großen Kreis der Kenner ausdehnen, was für das „reflexive Kulturmanagement" eine heikle Gratwanderung bedeutet. „Reflexives Kulturmanagement" darf hier nicht in erster Linie nur wirtschaftliche Verwertung im Auge haben. Es geht um die Vermittlung des sprengsatzhaften Potenzials von Kunst. Die Erwartungen an Kunst jeweils um das bereichernde Quäntchen fruchtbar zu übersteigen bedeutet letztlich Segmentierung der Rezipienten. Eine fruchtbare Distanz zum Kunstobjekt muss auf unterschiedliche Zielgruppen unterschiedlich abgestuft werden.

Kulturmanagement muss den Glaskasten der Hochkultur aus dem Dornröschenschlaf vermeintlicher wirtschaftlicher Unabhängigkeit aufwecken und gleichzeitig die Kultur davor schützen, bloßes Objekt wirtschaftlicher Interessen zu werden, was einem „Tod" der Kultur gleichkäme. Es müssen für segmentierte Bevölkerungsgruppen gezielt Situationen eines bereichernden Konfrontierens mit der erneuernden Kraft von Kultur geschaffen werden.

Übungsaufgabe 9

Haug entwickelt seine „Kritik der Warenästhetik" aus der Analyse ökonomischer Grundprobleme vor der Frage: Was geschieht, wenn etwas getauscht, gekauft, verkauft wird? Er kommt dabei zu dem Schluss, dass im Gegensatz zum Tausch beim Kauf Gebrauchswert und Tauschwert viel weiter auseinander klaffen: Produziert wird nicht für den Gebrauch, sondern für den Verkauf. Das hat zur Folge, dass bis zum Verkauf eines Produkts die Erscheinung des Gebrauchswerts bzw. das Gebrauchswertversprechen der Ware die Bedeutung des tatsächlichen Gebrauchswerts in der Bedeutung verdrängt. Daraus ergibt sich, dass das Ästhetische der Ware für den Geldzweck instrumentalisiert wird und sich von der Sache ablöst.

In der praktischen Auswirkung auf die ökonomische Realität kommt Haug dabei zu zwei Folgerungen, die sich auch für Schulze aus seinem kultursoziologischen Ansatz heraus ergeben:

Das Gebrauchswertversprechen zeigt sich in der Werbung nicht mehr im Versprechen des direkten Gebrauchswerts (Kleidungsstück zum Anziehen), sondern im „Ausdruck einer umfassenden Lebenshaltung" und einer „zunehmenden Akzentuierung des Bedeutenden und Beziehungsvollen der Ware". Dies entspricht dem erlebnisorientierten Denken bei Schulze. Dieser entwickelt seinen Ansatz aus der These, dass das produktorientierte Denken, das auf dem wirtschaftlichen Mechanismus, immer besser und immer billiger als die anderen zu sein, basierte, zunehmend an zwei Grenzen stößt: Viele Produkte sind in ihrer Funktionalität nicht mehr optimierbar, und bei vielen Produkten wollen die Konsumenten gar nicht bis an die mögliche Grenze der optimalen Funktionalität gehen.

Die zweite Folgerung Haugs wird von ihm „ästhetische Innovation" genannt. Bei steigender Produktivität stößt die Industrie an die Grenze der Bedarfsbefriedigung. Also sollten Produkte nicht zu lange haltbar sein: Neben „künstlicher Obsoleszenz" lässt sich dies durch die Ästhetik der Ware steuern: „Ästhetische Innovation" als „periodische Neuinszenierung des Erscheinens einer Ware" – was nicht mehr zeitgemäß aussieht, ist nicht mehr zu gebrauchen. In Schulzes Konzept des erlebnisorientierten Denkens taucht dies als eine von vier Strategiebeispielen neuer Interaktionsmuster zwischen Anbietern und Nachfragern auf: „Variation und Abwandlung": „Der Produktentwickler arbeitet hier keineswegs am Fortschritt der Produkte ... beim erlebnisorientierten Konsum tritt an die Stelle des Fortschritts eine horizontale Kategorie: das *Andere*."

„Ästhetische Innovation" bedeutet für Haug aber auch: „Sie verändert fortwährend das Gattungswesen Mensch in seiner sinnlichen Organisation: in seiner dinglichen Einrichtung und seiner materiellen Lebensweise ebenso wie in Wahrnehmung, Bedürfnisbefriedigung und Bedürfnisstruktur". Was Haug dabei mit „Technokratie der Sinnlichkeit" bezeichnet, lässt sich direkt mit Welschs Begriff der „Anästhesierung" vergleichen: Es geht darum, Stimmungslagen zu erzeugen, Empfindungen zu vermitteln und nicht Wahrnehmung oder Erkenntnis zu vermitteln. Ästhetische Werte sind nur als Animationswerte willkommen und sollen Stimmungslagen erzeugen, die echte (Selbst-)Wahrnehmung betäubt.

Haug drückt das so aus: „Faszination meint nichts anderes, als dass diese ästhetischen Gebilde die Sinnlichkeit von Menschen gefangen halten." Die Suggestion von Lebensideologien bei Haug verweist wiederum auf eine weitere der erwähnten vier Marktstrategiebeispiele erlebnisorientierten Denkens bei Schulze: Autosuggestion und Suggestion. Schulze betont allerdings, dass hier nicht von „Verführung", Lüge oder Betrug die Rede sein soll, denn der Endverbraucher sei sozusagen Teil dieses Spiels: „Es geht darum, dem Endverbraucher gewünschte psychophysische Prozesse zu verschaffen", also gilt: „Je wirksamer die Suggestion desto besser das Produkt."

Haugs Prognose ist eine Verschiebung weg vom Gebrauchswert der Ware hin zum „Bedeutenden und Beziehungsvollen der Ware". Schulze spricht von der Unbestimmtheit im erlebnisorientierten Denken: Objektive Kriterien wie Funktionalität gehen verloren, „oszillierende Strukturen" bestimmen das Marktgeschehen, das nun auf subjektive (schwankende) Kriterien des Verbrauchers angewiesen ist. Der Konsument kauft die Ware, um ein bestimmtes Erlebnis in sich auszulösen, zugleich ist er in Anbetracht der fehlenden objektiven Kriterien desorientiert: „Je mehr wir tun können, desto weniger wissen wir, was wir tun sollen." Also bedeutet Marketing nun auch jederzeit umkonstruierbare Schematisierungen des Wünschens, und aus dem Marktforscher wird der „Sozialkonstrukteur, der sich neue Formen des Seins ausdenkt."

Auch die Vermarktung des Produkts „Kultur" muss der Erlebnisbedürftigkeit der Besucher Rechnung tragen, nur dass der Kulturmanager ein Produkt verkauft, welches das Prinzip der gesellschaftlichen Rekonstruktion bereits weitaus grundlegender impliziert. Der Kulturmanager steht hier scheinbar vor einem Paradoxon: Mit Mitteln der Suggestion und anästhetisierenden Animationstechniken muss er ein Publikum gewinnen, um diesem ganz im Sinne Welschs „Kunsterfahrung... als Modell ästhetischen Denkens" und „Modellbereich der Reflexion" zu vermitteln.

Übungsaufgabe 10

Zu a) Die Theorie sozialer Systeme ist eine konstruktivistische Theorie. Sie zeichnet sich daher durch die Annahme aus, dass alle Beobachtung durch einen Beobachter erfolgt, der im Vollzug der Beobachtung eine Unterscheidung anwendet. *Unterscheidung* heißt dabei, dass der Beobachter eine binäre Codierung wählt, die zwei Seiten hat. Besitzt die Unterscheidung die Form "p/nicht p", so ist eine Seite bezeichnet, die andere unbezeichnet bzw. unbestimmt. *Beobachtung* im Sinne der Theorie sozialer Systeme meint das Anwenden einer solchen Unterscheidung, es ist also die Operation des Unterscheidens und Bezeichnens. Welches System auch immer eine Beobachtung durchführt ist *Beobachter*. Ein Beobachter konstituiert sich demnach durch die Operation des Beobachtens, also durch die simultane Realisation von Unterscheidung und Bezeichnung.

Zu b) Eine *Leitdifferenz* stellt den Beginn einer "Kette" von Beobachtungen, also den Startpunkt einer Folge von Beobachtungen dar. So kann man die Mitglieder einer Reisegruppe nur nach männlich/nicht männlich, religiös/nicht religiös etc. unterscheiden, wenn man zunächst (einleitend!) nach Reisegruppe/nicht Reisegruppe unterscheidet. Daran anschließend kann man Mitglieder dieser Reisegruppe von anderen unterscheiden und diese wiederum in männliche, religiöse etc. unterteilen. Für die Wirtschaft als System ist "Zahlung/nicht Zahlung" die Leitdifferenz, für Politik "kollektiv bindende Entscheidung/nicht kollektiv bindende Entscheidung", für das Rechtssystem "Recht/nicht Recht" und für Wissenschaft "wahr/nicht wahr". Eine Leitdifferenz öffnet, bildlich gesprochen, ein "Fenster zur Realität", aus dem man alle folgenden Beobachtungen tätigt.

Zu c) Die in dem Satz (des lügenden Kretaers) dargestellte Rückkopplung führt zu einem Paradox, weil sich der Satz in seiner Objektsprache auf den Satz selbst bezieht. *Objektsprache* bezieht sich auf einen Sachverhalt oder Gegenstand, weist auf etwas hin. "Dieser Stuhl ist gelb", fällt in den Bereich der Objektsprache und sagt etwas über den Stuhl aus. Objektsprache ist zu unterscheiden von *Metasprache*, die sich auf Sprache bezieht. "Der Satz 'Dieser Stuhl ist gelb' besitzt 4 Wörter" ist ein Satz, der sich auf einen Satz bezieht. Hier wird nichts über den Stuhl ausgesagt, sondern einzig über einen Satz, der von einem Stuhl handelt. In dem Satz: "Sehr geehrter Leser, dieser Satz ist gelogen", sind Objektsprache und Metasprache in einer "unangenehmen" Weise vermischt. Der Satz sagt etwas über einen Satz aus – und zwar über sich selbst:

Annahme	Daraus folgt....
Der Satz ist wahr	Es stimmt, dass der Satz falsch ist. Wenn dies aber stimmt, so kann er nicht wahr sein, weil er ja falsch ist.
Der Satz ist falsch	Dann ist das, was der Satz behauptet, falsch. Da er behauptet, falsch zu sein, ist er dann wahr? Um falsch sein zu können, muss der Satz wahr sein.

Was aus dieser Konstellation folgt, ist, dass es unmöglich ist, Wahrheit oder Falschheit des Satzes zu bestimmen, denn jede Aussage zu Wahrheit und Falschheit wird paradox. Im Übrigen sind nicht alle Rückbezüge paradox. Im vorliegenden Text wurde mehrfach rekursiv Bezug genommen, als beispielsweise in dem Gedankenexperiment über einen gewissen Herrn Bode gesprochen wurde, oder die Leser angesprochen wurden. Und gerade hier geschieht dies wieder.

Zu d) Hierzu müssen unterschiedliche Prozesse unterschieden werden. Ein autopoietisches System reproduziert sich als Prozess. Dazu operiert es eine Beobachtung. Diese Beobachtung bezieht sich auf etwas und verarbeitet das Beobachtete zu einer systeminternen Operation. Die Beobachtung ist als Prozess geschlossen. Diese Schließung heißt *operative Schließung*. Um Bestand zu haben muss sie sich aber ständig auf etwas beziehen, d.h., sie importiert fortlaufend Beobachtetes in den Prozess der Beobachtung. Dieser "Sachverhalt" heißt *energetische Offenheit*. Autopoietische Systeme sind demnach operativ geschlossene und (gleichzeitig) energetisch offene Systeme.

Zu e) Nach der traditionellen Kommunikationstheorie ist dieser Satz akzeptabel. Hier wird davon ausgegangen, dass ein Sender eine Nachricht übermittelt, die ein Empfänger aufnimmt. Was der Empfänger daraus macht, ist für das Zustandekommen der Kommunikation nicht entscheidend. Deshalb wurde auf der Personalversammlung etwas kommuniziert, also in der Absicht, übermittelt zu werden, an einen Empfänger gesendet. Die Theorie sozialer Systeme spricht hier noch nicht von Kommunikation. Sie bezeichnet den Vollzug von Mitteilung, Information und Verstehen als Kommunikation. Das Senden in der Absicht der Übermittlung von Information reicht hier nicht aus. Erst wenn der Empfänger die Kommunikationsofferte als solche (für sich!) erkennt, ist Kommunikation entstanden. Ob auf der Personalversammlung (und vor allem zwischen wem) kommuniziert wurde, lässt sich in der beschriebenen Weise gar nicht feststellen. Der Staatssekretär kann ja gar nicht wissen, ob ihm zugehört wurde, ob seine Rede als Kommunikationsofferte erkannt wurde etc. oder eben dies gerade nicht. Weil dies so ist, kann er alleine auch gar nicht kommunizieren.

Zu f) Das in e) Gesagte ist der Grund, warum nur die Kommunikation kommuniziert. Nur der Prozess der Mitteilung, Information und des Verstehens ist Kommunikation und nur dieser ist in der Lage zu kommunizieren. Nicht ein Sender entscheidet, ob Kommunikation entsteht, denn was und ob der Empfänger versteht, liegt außerhalb der Möglichkeiten des Senders. Ein „Guten Morgen" kann man als Kommunikationsofferte erkennen oder als Selbstgespräch abtun. Im ersten Fall entsteht Kommunikation, die sichtbar wird, wenn mit einer Gegenofferte (beispielsweise ein zweites „Guten Morgen") geantwortet wird. Im zweiten Falle (Interpretation als Selbstgespräch) hingegen, wird nicht kommuniziert, weil gar nicht verstanden wird, dass eine kommunikative Absicht, also eine Kommunikationsofferte vorlag.

Zu g) Im Vollzug von Autopoiese kann es zur Entstehung von verschiedenen Systemtypen kommen, die sich wechselseitig voraussetzen, um selbst bestehen zu können, ohne dabei ineinander überzugehen. Ohne Bewusstsein (Gedankensystem) kann Gesellschaft nicht bestehen. Ohne Gesellschaft – und sei es nur gelegentlich zur Fortpflanzung – kann aber auch Bewusstsein (langfristig) nicht existieren. Für Bewusstseine und Gehirne gilt dasselbe (mit den notwendigen inhaltlichen Anpassungen). Eine solche Beziehung heißt *emergente* Beziehung. Zwischen Bewusstsein und Kommunikation realisiert sich Emergenz durch die Verwendung derselben beobachtungsleitenden Differenz. Wenn ein Auto gekauft wird, operieren Bewusstseine und Wirtschaft gleichzeitig „Zahlung/nicht Zahlung". Danach "gehen die Bewusstseine und Gesellschaft – hier das Subsystem Wirtschaft – wieder getrennte Wege", im Vollzug des Kaufs jedoch fallen sie zusammen und Wirtschaft wie Bewusstseine nehmen sich die „Energie", die sie zu ihrer weiteren Autopoiese benötigen aus diesem kurzen „Kontakt". Der Prozess, der sich durch die Verwendung von identischen Differenzen zwischen Gesellschaft (im Beispiel: Wirtschaft) und Bewusstsein ergibt, heißt *Partizipati-*

on. Bewusstseine partizipieren an Gesellschaft, wenn sie die in Gesellschaft operierte Differenz für die Reproduktion von Gedanken nutzen.

Zu h) Das Knappheitsparadox besteht zwischen der Systemebene und der individuellen Ebene im Vollzug des Zugriffs. Individuell verringert der Zugriff die Knappheit. Wer ein Glas Wasser trinkt verliert das Gefühl, Durst zu haben. Auf der Systemebene jedoch wird Knappheit vergrößert, denn das Wasser, das individuell die Knappheit verringert, geht verloren und so wird Knappheit insgesamt größer. Bei nicht erneuerbaren Gütern (beispielsweise Rohöl) würde die wirtschaftliche Reproduktion von Kommunikation blockiert, wenn die Paradoxie der Knappheit im Akt des Kaufs mitbedacht würde, weil die systemische Wirkung die individuelle Handlung als inakzeptabel erscheinen lassen würde. Nur wenn es Wirtschaft gelingt, das Knappheitsparadox unsichtbar werden zu lassen (zu invisibilisieren), kann Wirtschaft als autopoietisches System bestehen bleiben.

Zu i) Wenn man den Organisationsbegriff an *Entscheidungen* anknüpft, so geht es unausweichlich um die Beobachtung von Resultaten. Dadurch enthält Organisation immer ein Element des vorher/nachher, an dem sich eine Unterscheidung festmachen lässt. Die kommunikative Schließung von Themen führt schließlich zur Organisation, wenn die Beschäftigung mit dem Thema dauerhaft vorliegt, so dass es den kommunikativen Kontexten möglich wird, sich mit Bezug auf dieses Thema derart zu schließen, dass es selbst kommunikative Beiträge liefern kann. Beginnt Kommunikation selbst Kommunikationsofferten zu generieren, so liegt eine Organisation vor. Aus der sich wiederholenden Partizipation an Kommunikation eines Funktionalsystems erwächst dann auch die Möglichkeit, dass sich beteiligte Bewusstseine untereinander synchronisieren. Aus zunächst „losen" Interaktionen kann eine Stabilisierung erfolgen, die zu einer Synchronisation der Bewusstseine in einem Maße führt, dass die partizipierenden Bewusstseine vor eigenen Kommunikationsofferten zunächst eine Abstimmung untereinander vornehmen. Dies ist ein wichtiger Schritt auf dem Weg zur Organisation. Werden die einzelnen Kommunikationsofferten derart synchronisiert, dass sich die Bewusstseine nicht mehr selbst als „Sender" und „Empfänger" verstehen, sondern den Prozess der Abstimmung selbst in diese „Rollen" stellen, hat sich Organisation gebildet. Eine solche Organisation braucht dann eine eigene Sprache, eigene Identität, eigene Regeln etc. Mit anderen Worten: Organisation muss eine eigene *Programmierung* entwickeln, mit der sie die Synchronisation von Bewusstseinen ermöglichen kann.

Zu j) Aus der Perspektive der Theorie sozialer Systeme ist Kultur kein System. Kultur besitzt keine eigene Leitdifferenz und kann sich somit nicht als funktional geschlossene Einheit konstituieren. Der Kulturbegriff wird deshalb mit Rückgriff auf den Begriff der Programmierung definiert. „Kultur" meint Programm. Sie umfasst alle strukturellen Gegebenheiten, die ein System zur Verarbeitung von Beobachtung und zur Generierung eigenen Verhaltens braucht.

Literatur

Adorno, Th. W. (1967): Ohne Leitbild. Frankfurt/M.

Adorno, Th. W. (1970): Negative Dialektik. Frankfurt/M.

Anders. G. (1956): Die Antiquiertheit des Menschen. München

Anders, G.: (1980): Die Antiquiertheit des Menschen. W. Band: Über die Zerstörung des Lebens im Zeitalter der dritten industriellen Revolution

Arnold, R./Siebert, H. (1997): Konstruktivistische Erwachsenenbildung. Hohengehren

Assheuer, Th. (2003): Das Beste kommt noch. Adorno als Kapitalismuskritiker – eine Konferenz in Frankfurt. In: DIE ZEIT, 1. Oktober

Aufenanger, S./Lenssen, M. (Hrsg.) (1986): Handlung und Sinnstruktur – Bedeutung und Anwendung der objektiven Hermeneutik. München

Bandemer, St. v./Blanke, B./Nullmeier, F./Wewer, G. (Hrsg.) (1998): Handbuch zur Verwaltungsreform. Opladen

Barck, K. u.a. (Hrsg.) (2001): Ästhetische Grundbegriffe. Historisches Wörterbuch in sieben Bänden. Bd. 2. Stuttgart/Weimar

Bardmann, T. M. (1997): Unterscheide! – Konstruktivistische Positionen in Theorie und Praxis. Aachen

Baumann, C./Losse, V. (Hrsg.) (1997): Heinrich Vogeler und der Jugendstil. Köln

Becker, Chr. (1993): Kulturtourismus – Eine Einführung. In: Becker, Chr./Steinecke, A. (Hrsg.) (1993): Kulturtourismus in Europa: Wachstum ohne Grenzen? ETI – Studien – Band 2. Trier

Becker, Chr. (1993): Kulturtourismus – Eine Einführung. In: Becker, Chr./Steinecke, A. (Hrsg.) (1993)

Becker, Chr./Steinecke, A. (Hrsg.) (1993): Kulturtourismus in Europa: Wachstum ohne Grenzen? ETI-Studien Band 2. Trier

Becker, Chr./Steinecke, A. (1997): KulturTourismus: Strukturen und Entwicklungsperspektiven. Studienbrief des Weiterbildenden Studiums KulturTourismusManagement. FernUniversität Hagen. Hagen

Becker, G. S. (1976): The Economic Approach to Human Behavior. Chicago

Bendixen, P. (1993): Ästhetische Wahrnehmung in der (Kultur-)Managementpraxis. In: Fuchs, M. (Hrsg.) (1993)

Bendixen, P. (1993): Grundfragen des Managements kultureller Einrichtungen. In: Fuchs, M. (Hrsg.) (1993): Zur Theorie des Kulturmanagements. Remscheid

Bendixen, P. (2001): Einführung in das Kultur- und Kunstmanagement. Wiesbaden

Bendixen, P./Heinze, Th. (1999a): Kulturförderung und ihre Finanzierung. In: Heinze, Th. (Hrsg.) (1999a)

Bendixen, P./Laleli-Bendixen, P. (1995): Kulturfinanzierung. Studienbrief des Weiterbildenden Studiums KulturManagement. FernUniversität Hagen. Hagen

Benjamin, W. (1963/1974): Das Kunstwerk im Zeitalter seiner technischen Reproduzierbarkeit. Frankfurt am Main

Benjamin, W. (1972): Jahrmarkt des Essens. Epilog zur Berliner Ernährungsausstellung. In: Rexroth, T. (Hrsg.) (1972)

Benkert, W./Lenders, B./Vermeulen, P. (1995): KulturMarketing – Den Dialog zwischen Kultur und Öffentlichkeit gestalten. Düsseldorf/Heidelberg

Berger, P. L./Luckmann, T. (1980): Die gesellschaftliche Konstruktion der Wirklichkeit. Eine Theorie der Wissenssoziologie. Frankfurt am Main

Bergsdorf, W. (2002): Im Spannungsverhältnis zwischen Wissenschaft und Öffentlichkeit: Die Informationsgesellschaft und ihr wachsender Ethikbedarf. In: Musikforum 38. Jahrgang, Heft 96

Beyme, K. v. (1991): Regierungslehre zwischen Handlungstheorie und Systemansatz. In: Hartwich, H.-H./Wewer, G. (Hrsg.) (1991): 19 ff., 24

Bilstein, J./Winzen, M. (Hrsg.) (2001): Ich bin mein Auto. Die maschinalen Ebenbilder des Menschen. Köln

Bismarck, K. V. u. a. (Hrsg.) (1985): Industrialisierung des Bewusstseins. München

Bode, O. F. (1992): Wirtschaft als autopoietisches System – Eine andere Sicht der Dinge. Diskussionsbeitrag der Universität GH Duisburg. Bd. 179. Duisburg

Bode, O. F. (1999): Systemtheoretische Überlegungen zum Verhältnis von Wirtschaft und Politik. Marburg

Bode, O. F. (2000): Allgemeine Wirtschaftspolitik. München/Wien

Bode, O. F. (2000): Die Ökonomische Theorie und die Systemtheorie Niklas Luhmanns. Möglichkeiten und Grenzen der Kompatibilität auf der theoretischen und praktischen Ebene. In: Gripp-Hagelstange, H. (2000)

Bode, O. F. (2001): Oeconomische Forschung und Beratung. Band II. Osnabrück

Bode, O. F. (2001): Drei Verständnisse von Verstehen II. In: Bode, O. F. (2001): 1 ff.

Bode, O. F./Schmidt, S. (2002): Entwicklung eines Entlohnungssystems für Außertarifliche Angestellte – Multiperspektivisches Management in der Anwendung I. Diskussionsbeitrag der Fontys Hogescholen Venlo. Venlo

Bonß, W.; Honneth, A. (Hrsg.) (1982): Sozialforschung als Kritik. Frankfurt/M.

Bourdieu, P. (1974): Elemente zu einer soziologischen Theorie der Kunstwahrnehmung. In: Ders.: Zur Soziologie der symbolischen Formen. Frankfurt/M.

Bourdieu, P. (1982): Die feinen Unterschiede. Frankfurt/M.

Braun, E./Gallus, Th./Scheytt, O. (1996): Kultur-Sponsoring für die kommunale Kulturarbeit. Köln

Brecht, B. (1967): Gesammelte Werke in acht Bänden. Band VIII. Frankfurt am Main

Bresler, S. (1996): Heinrich Vogeler. Reinbek bei Hamburg

Brock, B. (2001): Auto-Ästhetik. Durch Selbstwahrnehmung zur Selbstbewegung. In: Mythos Mercedes. Von der Funktion zum Design. 4. August – 14. Oktober. Deichtorhallen Hamburg/Ostfildern

Buchkremer, H. (1995): Handbuch Sozialpädagogik. Darmstadt

Cassel, D./Ramb, B.-Th./Thieme, H.-J. (Hrsg.) (1988): Ordnungspolitik. München

Chmielewicz, K. (1979): Forschungskonzeptionen der Wissenschaft. Stuttgart

Chomsky, N. (1977): Reflexionen über die Sprache. Frankfurt/M.

Chomsky, N. (1978): Regeln und Repräsentationen. Frankfurt/M.

Chvatnik, K. (1987): Mensch und Struktur. Kapitel aus der neostrukturalen Ästhetik. Frankfurt/M.

Dadnitzky, G./Bernholz, P. (Hrsg.) (1987): Economic Imperialism. New York

Deecke, Th. (2001): „Wir dürfen nicht veralten". Neues Museum Weserburg besteht seit zehn Jahren. Interview. In: Neue Osnabrücker Zeitung 11. August 2001

Doblies, R. (2001): Minden will Skulptur abräumen für die moderne Kunst. Korrespondentenbericht Deutsche Presse-Agentur 15. Januar 2001

Dreyer, A. (Hrsg.) (1996): Kulturtourismus. München/Wien

Ebers, M./Gotsch, W. (1999): Institutionenökonomische Theorien der Organisation. In: Kieser, A. (Hrsg.) (1999): 199 ff.

Ebert, R./Gnad, F./Kunzmann, K. R. (1992): Partnerschaften für die Kultur: Chancen und Gefahren für die Stadt. Einführung. In : Ebert, R./Gnad, F./Kunzmann, K. R. (Hrsg.) (1992)

Ebert, R./Gnad, F./Kunzmann, K. R. (Hrsg.) (1992): Partnerschaften für die Kultur: Chancen und Gefahren für die Stadt. Dortmunder Beiträge zur Raumplanung 57. Dortmund

Ebert, R./Gnad, F./Kunzmann, K. R. (1995): Kulturleben: Standortfaktor für die Kultur- und Medienwirtschaft. In: Heinze, Th. (Hrsg.) (1995)

Eco, U. (1984): Apokalyptiker und Integrierte. Zur kritischen Theorie der Massenkultur. Frankfurt/M.

Eder, W. (1993): Wissenschaftliche Reiseleitung und Kulturtourismus. In: Becker, Chr./Steinecke, A. (Hrsg.) (1993)

Europäisches Tourismus-Institut (Hrsg.) (1996): Der Tourismusmarkt von morgen – zwischen Preispolitik und Kultkonsum. Trier

Faltin, P. (1985): Bedeutung ästhetischer Zeichen. Musik und Sprache. Aachen

Faßler, M. (1997): Was ist Kommunikation ? München

Fast, K. (1992): Museumspädagogik – Die Praxis. In : Museumsarbeit

Fatzer, G. (Hrsg.) (1999): Organisationsentwicklung für die Zukunft. Köln

Fessmann, I. (1997): Das kulturelle Erbe der Stadt: Möglichkeiten und Grenzen der kulturtouristischen Vermarktung. In: Becker, Chr./Steinecke, A. (1997): Strukturen und theoretische Konzepte zum KulturTourismus. Studienbrief des Weiterbildenden Studiums KulturTourismus & EventManagement. FernUniversität Hagen. Hagen

Fiedler, K. (1977): Schriften über Kunst. In: Eckstein, H. (Hrsg.)

Foerster, H. v. (1985): Sicht und Einsicht. Versuche zu einer operativen Erkenntnistheorie. Wiesbaden

Foerster, H. v. (1990): Kausalität, Unordnung, Selbstorganisation. In: Kratky, K. W./Wallner, F. (Hrsg.) (1990): 77 ff.

Foerster, H. v. (1997): Lethologie – Eine Theorie des Erlernens und Erwissens angesichts von Unwissbarem, Unbestimmbarem und Unentscheidbarem. In: Voß, R. (Hrsg.) (1997): 14 ff.

Forschungsstelle zum Vergleich wirtschaftlicher Lenkungssysteme (Hrsg.) (1987): Ordnungstheorie: Methodologische und institutionstheoretische Entwicklungslinien. Arbeitsberichte zum Systemvergleich. Bd. 11. Marburg

Freimann, K. – D./Ott, E. O. (Hrsg.) (1988): Theorie und Empirie in der Wirtschaftsforschung. Tübingen.

Freyer, W. (1996): Event-Tourismus-Kulturveranstaltungen und Festivals als touristische Leistungsangebote. In: Dreyer, A. (1996)

Fuchs, M (Hrsg.) (1993): Zur Theorie des Kulturmanagements. Remscheid

Fuchs, P. (1992): Niklas Luhmann beobachtet. Opladen

Fuchs, P./Göbel, A. (Hrsg.) (1994): Der Mensch – das Medium der Gesellschaft? Frankfurt am Main

Fuchs, P./Heinze, Th. (1994): Kultur und ihr Management. In. Heinze, Th. (Hrsg.) (1994)

Gadamer, H. G. (1967): Kleine Schriften II. Interpretationen. Tübingen

Gadamer, H. G. (1977): Die Aktualität des Schönen. Stuttgart

Gairing, F. (1999): Organisationsentwicklung als Lernprozess von Menschen und Systemen. Weinheim

Garz, D./Kraimer, K. (Hrsg.) (1994): Die Welt als Text. Frankfurt am Main

Garz, D./Kraimer, K. (1994): Die Welt als Text. In: Garz, D./Kraimer, K. (Hrsg.) (1994): 7 ff.

Gibson, R. (Hrsg.) (1997): Rethinking the Future. Landsleber/Lech

Goodman, N. (1993): Kunst und Erkenntnis. In: Henrich, D. /Iser, W. (Hrsg.) (1993)

Gray, J.(1987): The Economic Approach to Human Beahavior – 1st Prospects and limitations. In: Dadnitzky, G./Bernholz, P. (Hrsg.) (1987): 33 ff.

Grimm-Piecha, G. (1997): Musentempel contra Disneyland? – Vive l'ésprit. In: Reader (1997): Touristische Inwertsetzung kultureller Ereignisse und Objekte. Studienbrief des Weiterbildenden Studiums KulturTourismus & Event-Management. FernUniversität Hagen. Hagen

Gripp-Hagelstange, H. (1989): Niklas Luhmann oder: Was ist ein differenztheoretischer Ansatz. Duisburger Beiträge zur Soziologie. 4/1989. Duisburg

Gripp-Hagelstange, H. (1995): Niklas Luhmann – Eine Einführung. München

Gripp-Hagelstange , H. (2000): Luhmann und seine Folgen. Konstanz

Grosz, A./Delhaes, D. (Hrsg.) (1999): Die Kultur AG. München. Wien

Gumin, H./Meier, H. (1998): Einführung in den Konstruktivismus. München

Günter, B. (1993): Mit Marketing aus der Theaterkrise. In: Absatzwirtschaft. 36. Jg. Sonderausgabe

Günter, B. (2000): Was behindert und eröffnet Wege zu Besucherbindung und Besucherintegration? In: Günter, B./John, H. (Hrsg.) (2000)

Günter, B./John, H. (Hrsg.) (2000): Besucher zu Stammgästen machen! Neue und kreative Wege zur Besucherbindung. Bielefeld

Günther, G. (1979): Beiträge zur Grundlegung einer operativen Dialektik. Bd. 2. Hamburg

Hädrich, G./Kaspar, C./Klemm, K./Kreilkamp, E. (Hrsg.) (1993): Tourismus-Management. 2. Aufl., Berlin/New York

Haibach, M. (1996): Fundraising: Spenden, Sponsoring, Stiftung. Frankfurt am Main/New York

Hammer, M. (1997): Über Management hinaus. In: Gibson, R. (Hrsg.) (1997): 149 ff.

Handbuch Kulturmanagement (1995): D5.2. Düsseldorf

Handbuch Kulturmanagement (1995): E2. Stuttgart

Handbuch Kulturmanagement (1996): F2.5. Düsseldorf

Hartwich, H.-H./Wewer, G. (Hrsg.) (1991): Regieren in der Bundesrepublik – Systemsteuerung und Staatskunst. Bd. 3. Opladen

Harward Business Review on Knowledge Management (1998). Boston

Haug, W. F. (1971): Kritik der Warenästhetik. Frankfurt/M.

Hausmann, A. (2001): Besucherorientierung von Museen unter Einsatz des Benchmarking. Bielefeld

Heinrichs, W. (1999): Kulturmanagement. Eine praxisorientierte Einführung. Darmstadt

Heinrichs, W./Klein, A. (1998): Deutsches Jahrbuch für Kulturmanagement 1997. Baden-Baden

Heintel, E. (1991): Einführung in die Sprachphilosophie. Darmstadt

Heinze, R. G./Strünck, Chr. (1998): Public Private Partnership. In: Bandemer, St. v./Blanke, B./Nullmeier, F./Wewer, G. (Hrsg.) (1998)

Heinze, Th. (Hrsg.) (1994): Kulturmanagement. Professionalisierung kommunaler Kulturarbeit. Opladen

Heinze, Th. (Hrsg.) (1995): Kultur und Wirtschaft. Perspektiven gemeinsamer Innovation. Opladen

Heinze, Th. (1997). Kulturmanagement: Eine Annäherung. In. Heinze, Th. (Hrsg.) (1997)

Heinze, Th. (Hrsg.) (1997): Kulturmanagement II. Konzepte und Strategien. Opladen

Heinze, Th. (Hrsg.) (1998a): Kulturtourismus in der Regio Aachen. Ideen – Konzepte – Strategien. Studienbrief des Weiterbildenden Studiums Kultur-Tourismus & EventMangement. FernUniversität Hagen. Hagen

Heinze, Th. (Hrsg.) (1998b): Kultur und Wirtschaft am Niederrhein. Ein Forschungsprojekt. FernUniversität Hagen. Hagen

Heinze, Th. (Hrsg.) (1999a): Kulturfinanzierung. Sponsoring – Fundraising – Public-Private-Partnership. Münster/Hamburg/London

Heinze, Th. (Hrsg.) (1999b): Kulturtourismus. Grundlagen, Trends und Fallstudien. München/Wien

Heinze, Th. (2000): KulturManagement. Eine Einführung. FernUniversität Hagen. Hagen

Heinze, Th. (2004): Neue Ansätze im Kulturmanagement. Wiesbaden

Heinze-Prause, R. (1994): Das Kunstwerk als künstlerischer Text. Zur strukturalen Analyse ästhetischer Objekte. In: Heinze, Th. (Hrsg.) (1994)

Heinze-Prause, R. (1995): Authentizität als Massenbetrug. Strukturale Analyse des Benetton „Friedensplakats" von Oliviero Toscani. In: Heinze, Th. (Hrsg.) (1995)

Heinze-Prause, R./Heinze, Th. (1996): Kulturwissenschaftliche Hermeneutik. Opladen

Hejl, P. M./Stahl, H. K. (2000): Management und Selbstregulierung. In: Hejl, P. M./Stahl, H. K. (Hrsg.) (2000)

Hejl, P. M./Stahl, H. K. (Hrsg.) (2000): Management und Wirklichkeit. Heidelberg

Helle, H. J. (1992): Verstehende Soziologie und Theorie der Symbolischen Interaktion. Stuttgart

Henrich, D./Iser, W. (Hrsg.) (1993): Theorien der Kunst. 2. Aufl., Frankfurt am Main

Herbst, H. (1992): Öffentlichkeitsarbeit. In: Museumsarbeit, S. 192-197

Herrmann-Pillath, C. (1987): Kritischer Rationalismus. Strukturalismus und die methodologischen Prinzipien von Eucken/Hensel. In: Forschungsstelle zum Vergleich wirtschaftlicher Lenkungssysteme (Hrsg.) (1987): 32 ff.

Heyl, K. (1997): Public Private Partnership. Ein Beispiel aus der Praxis. In: Kulturpolitische Mitteilungen. IV/1997

Hill, H./Magdowski, I. (Hrsg.) (1997): Neue Wege für Kultureinrichtungen. Stuttgart

Hippe, W. (1995): Geld – Macht – Sinn. Oder: Der Zeitgeist weht überall. In: Kulturpolitische Mitteilungen. Heft 71. IV/1995

Hirdina, H. (2001): Design. In: Barck, K./u.a. (Hrsg.) (2001): Bd.2

Hoffmann, H. (1993): Kultur und Tourismus. Zwei Sphären mit Berührungen. Manuskript Lübeck

Holch, J. (1995) Dienstleistungsorientiertes Kulturmarketing. In: Benkert, W./Lenders, B./Vermeulen, P. (Hrsg.) (1995): KulturMarketing – Den Dialog zwischen Kultur und Öffentlichkeit gestalten. Düsseldorf/Heidelberg

Horkheimer, M.; Adorno, Th. W. (1969): Dialektik der Aufklärung. Frankfurt/M.

Hummel, M. (1995): Kulturfinanzierung in Zeiten verschärfter ökonomischer Sachzwänge. Gutachten im Auftrag des Bundesministers des Inneren. Ifo – Studien zu Kultur und Wirtschaft. Nr. 16. München

Hutter, M. (1992): Kulturökonomik. Studienbrief im Weiterbildenden Studium KulturManagement. FernUniversität Hagen. Hagen

Hutter, M./Teubner, G. (1994): Der Gesellschaft fette Beute – Homo juridicus und Homo oeconomicus als kommunikationserhaltende Fiktionen. In: Fuchs, P./Göbel, A. (Hrsg.) (1994): 110 ff.

Imdahl, M. (1981): Cézanne-Braque-Picasso. Zum Verhältnis zwischen Bildautonomie und Gegenstandssehen. In: Imdahl, M.: Bildautonomie und Wirklichkeit. Zur theoretischen Begründung moderner Malerei. Mittenwald

Imdahl, G. (2001): Grober Klotz. Juristisch abgeklopft: Minden wird sein „Keil-Stück" los. In: Frankfurter Allgemeine Zeitung (12. Februar 2001)

Imdahl, G. (2001): Von einem Keilstück gespalten. Populistische Kampagnen gegen eine öffentliche Skulptur von Wilfried Hagebölling in Minden. In: Frankfurter Allgemeine Zeitung (21. Januar 2001)

Ingarden, R. (1975): Konkretisation und Rekonstruktion. In: Warning, R. (Hrsg.): Rezeptionsästhetik. München

Institut für Museumskunde Berlin (Hrsg.) (1993): Erhebung der Besucherzahlen an den Museen der Bundesrepublik Deutschland für das Jahr 1992. Materialien aus dem Institut für Museumskunde. Heft 38. Berlin

Institut für Museumskunde Berlin (Hrsg.) (1996): Erhebung der Besucherzahlen an den Museen der Bundesrepublik Deutschland für das Jahr 1995. Materialien aus dem Institut für Museumskunde. Berlin

Irish Tourist Board, Brady Shipman Martin (1988): Inventory of Cultural Tourism Resources in the Member States, an Assessment of Methods used to promote them. Tourism Study Ref. VII/A4/1. Dublin/Brussels

Iser, W. (1975): Der Lesevorgang. In: Warning, R. (Hrsg.): Rezeptionsästhetik. München

Jätzold, R. (1997): Differenzierungs- und Förderungsmöglichkeiten des Kultur-tourismus und die Erfassung seiner Potentiale am Beispiel des Ardennen-Eifel-Saar-Moselraumes. In: Becker, Chr./Steinecke, A. (1997)

Jensen, S. (1980): Einleitung. In: Parsons, T. (1980)

Jones, F. E. (1996): Understanding Organizations – A Sociological Perspective. Mississauga. Ontario

Juchem, J. G. (1985): Der notwendig konfliktäre Charakter der Kommunikation. Ein Beitrag zur Kommunikationssemantik. Aachen

Jung, T./Müller-Doohm, St. (Hrsg.) (1993): Wirklichkeit im Deutungsprozess. Frankfurt am Main

Kaehlbrandt, R. (1997): Eine Brücke zwischen Individuum und Gesellschaft. Die Stadtstiftung Gütersloh. In: Kulturpolitische Mitteilungen. IV/1997

Kant, I. (1957): Kritik der Urteilskraft. Stuttgart

Karlsruher Schriften zur Besucherforschung (1994): Heft 5: Vom Präsentieren zum Vermitteln. Karlsruhe

Karmann, U./Wellmer, M. (Hrsg.) (2001): Die Kunst des Autos. Kunsthalle Dominikanerkirche. Osnabrück 17. August – 21. Oktober 2001. Hamburg

Kaufmann, G. (1978): Sprache und Bildende Kunst. In: Busch, W.; Hausherr, R.; Trier, E. (Hrsg.): Kunst als Bedeutungsträger. Berlin

Kerbs, D, (1972): Design, Kostmetik, Werbung – manipulierte Sinnlichkeit ohne Sinn? Zur Grundlegung einer Kritik der Warenästhetik. In: Kunst und Unterricht. Heft 15

Kieser, A. (Hrsg.) (1999): Organisationstheorien. Stuttgart

Kieser, A. (1999): Konstruktivistische Ansätze. In: Kieser, A. (Hrsg.) (1999): 287 ff.

Kipphoff, P. (1989): Der konsequente Träumer. Ein Künstler, vereinnahmt von der Provinz und der Partei. „Heinrich Vogeler – Worpswede/Moskau". In: Die Zeit 4. August 1989

Klein, A. (1995): Marketinginstrumente – Planung und Einsatz. In: Handbuch Kulturmanagement (1995): 1992 ff. Düsseldorf

Klein, A. (1996): Mischfinanzierung im öffentlichen Kulturbetrieb. In: Handbuch Kulturmanagement (1996): Band Finanzen, Kap. 2.5. Düsseldorf

Klein, H.-J. (1984): Analyse von Besucherstrukturen an ausgewählten Museen in der BRD und Berlin (West). Materialien aus dem Institut für Museumskunde. Heft 9. Berlin

Klein, H.-J./Wüsthoff-Schäfer, B. (1990): Inszenierung an Museen und ihre Wirkung auf Besucher. Materialien aus dem Institut für Museumskunde. Heft 32. Berlin

Kluge, A. (1985): Die Macht der Bewusstseinsindustrie und das Schicksal unserer Öffentlichkeit. In: Bismarck, K. V. u. a. (Hrsg.) (1985)

Kneer, G./Nassehi, A (1994): Niklas Luhmanns Theorie sozialer Systeme. München

Knödler-Bunte, E. (1987): Editiorial Kulturgesellschaft. In: Ästhetik und Kommunikation. Heft 67/68

Koch, U. (2001): Langer Streit findet juristisches Ende. „Keilstück" bleibt auf dem Martinihof. In: Mindener Tageblatt 13. Juli 2001

Koch, U. (2001): Viel Geld um nichts. Kommentar. In: Mindener Tageblatt 13. Juli 2001

Kommunale Gemeinschaftsstelle für Verwaltungsvereinfachung (KGST) (Hrsg.) (1989): Führung und Steuerung des Theaters. Köln

Kommunale Gemeinschaftsstelle für Verwaltungsvereinfachung (KGST) (Hrsg.) (1989): Die Museen. Besucherorientierung und Wirtschaftlichkeit. Köln

Korff, G. (1985): Forum statt Museum. In: Geschichte und Gesellschaft. Jg. 11. Heft 2. Göttingen

Kotler, P. (1978): Marketing für Nonprofit-Organisationen. Stuttgart

Kotler, P. (1992): Marketing-Management. Stuttgart

Kotler, P./Amstrong, P. (1988): Marketing. Eine Einführung. Wien

Kratky, K. W./Wallner, F. (Hrsg.) (1990): Grundprinzipien der Selbstorganisation. Darmstadt

Kübler, H. (1977): Zum Kulturbegriff Theodor W. Adornos. Dissertation. Dortmund

Kuhn, T. S. (1988): Die Entstehung des Neuen. Frankfurt am Main

Kulturkreis der deutschen Wirtschaft (Hrsg.) (1995): Kulturförderung in gemeinsamer Verantwortung. Weißbuch des Aktionskreises Kultur. Bonn

Kunzmann, K. R. (1995): Strategien zur Förderung regionaler Kulturwirtschaft. In: Heinze, Th. (Hrsg.) (1995)

Kupfer, H. (1987): Ästhetik und Massenkultur. In: Paffrath, F. H. (Hrsg.): Kritische Theorie und Pädagogik der Gegenwart. Weinheim

Küpper, W./Ortmann, G. (Hrsg.) (1992): Mikropolitik. Opladen

Küster, B. (1989): Das Barkenhoff-Buch. Lilienthal

Lakatos, I. (1974): Falsifikation und die Methodologie wissenschaftlicher Forschungsprogramme. In: Lakatos, I./Musgrave, A. (Hrsg.) (1974): 89 ff.

Lakatos, I./Musgrave, A. (Hrsg.) (1974): Kritik und Erkenntnisfortschritt. Wiesbaden

Leonard, D./Straus, S. (1998): Putting Your Company's Whole Brain to Work. In: Harward Business Review on Knowledge Management (1998): 109 ff.

Lindstädt, B. (1994): Kulturtourismus als Vermarktungschance für ländliche Fremdenverkehrsregionen. Trier

Loeffelholz, B., Frhr. v. (1997): Ein „Contrat culturel" für Europa. In: Musikforum. 87/1997

Loeffelholz, B., Frhr. v. (1998): Kulturförderung in gemeinsamer Verantwortung für einen „Contrat culturel". In: Heinrichs, W./Klein, A. (1998)

Lohse, R. (2001): Yasmina Reza. Von Kunst und Konversation. In: Metz, P./Naguschewski, D. (Hrsg.) (2001)

Loock, F. (1990): Kunstsponsoring. Ein Spannungsfeld zwischen Unternehmern, Künstlern und Gesellschaft. Wiesbaden

Lüddemann, St. (2001): Gegen „Akt der Unkultur". Umfrage: Mindener Skulpturenabbau stößt auf Protest: In: Neue Osnabrücker Zeitung 16. Januar 2001

Lüddemann, St. (2001): „Keilstück" darf bleiben. Gericht untersagt geplante Entfernung der Skulptur. In: Neue Osnabrücker Zeitung 13. Juli 2001

Lüddemann, St. (2003): Vom Richteramt zur Evaluationsagentur. Kunstkritik als Kommunikation. Bestandsaufnahme und Perspektiven. Dissertation. FernUniversität in Hagen

Luhmann, N. (1986): Systeme verstehen Systeme. In: Luhmann, N./Schorr, E. (Hrsg.) (1986): 72 ff.

Luhmann, N. (1988): Erkenntnis als Konstruktion. Bern

Luhmann, N. (1989): Die Wirtschaft der Gesellschaft. Frankfurt am Main

Luhmann, N. (1990): Soziologische Aufklärung 5 – Konstruktivistische Perspektiven. Opladen

Luhmann, N. (1990a): Ökologische Kommunikation. Opladen

Luhmann, N (1991): Soziale Systeme. Frankfurt am Main

Luhmann, N. (1992): Organisation. In: Küpper, W./Ortmann, G. (Hrsg.) (1992): 165 ff.

Luhmann, N. (1995): Soziologische Aufklärung 6 – Die Soziologie und der Mensch. Opladen

Luhmann, N. (1997): Die Kunst der Gesellschaft. Frankfurt am Main

Luhmann, N. (1999): Die Gesellschaft der Gesellschaft. 2 Bde. 2. Aufl. Frankfurt am Main

Luhmann, N. (2000): Organisation und Entscheidung. Opladen

Luhmann, N./Schorr, E. (Hrsg.) (1986): Zwischen Intransparenz und Verstehen. Frankfurt am Main.

Lütterfeld, W. (Hrsg.) (1987): Transzendentale und evolutionäre Erkenntnistheorie. Darmstadt

Lux, B. (1993): Ästhetische Kommunikation. Zur Rekonstruktion der sozialen Beziehung zwischen Künstler und Kunstrezipient. Magisterarbeit. Universität Essen

Macharzina, K. (1995): Unternehmensführung – Das internationale Managementwissen. Wiesbaden

Malik, F. (1999): Systemisches Management, Evolution, Selbstorganisation. Bern

Marcuse, H. (1965): Kultur und Gesellschaft 2. Frankfurt/M.

Masterplan für Reisen ins Revier (August 1997): Bericht der Kommission. Im Auftrag des Ministers für Wirtschaft und Mittelstand, Technologie und Verkehr des Landes Nordrhein-Westfalen

Maturana, H. R. (1997): Was ist erkennen? München

Maturana, H. R./Varela, F. J. (1980): Autopoiesis and Cognition – The Realization of the Living. Dodrecht

Maturana, H. R./Varela, F. J. (1987): Der Baum der Erkenntnis. Bern

McCormick, K. (1989): An Essay on the Assumption of Rational Behavior in Economics. Review of Social Economy. XLV. Heft 1. 313 ff.

McKenzie, R. B./Tullock, G. (1984): Homo oeconomicus. Ökonomische Dimensionen des Alltags. Frankfurt am Main

McLean, F. (1997): Marketing the Museum. London/New York

Mead, G. H. (1975[2]): Geist, Identität und Gesellschaft. Frankfurt/M.

Meffert, H./Frömbling, S. (1993): Regionenmarketing Münsterland – Fallbeispiel zur Segmentierung und Positionierung. In: Hädrich, G./Kaspar, C./Klemm, K./Kreilkamp, E. (Hrsg.) (1993)

Merten, K. (1999): Einführung in die Kommunikationswissenschaft. Bd. 1/1: Grundlagen der Kommunikationswissenschaft. Münster

Metz, P./Naguschewski, D. (Hrsg.) (2001): Französische Literatur der Gegenwart. Ein Autorenlexikon. München

Meyer-Drawe, K. (2001): Das Auto – ein gepanzertes Selbst. In: Bilstein, J./Winzen, M. (Hrsg.) (2001): 101-113

Mindener Tageblatt (2000/2001): Leserbriefe zum Streit um die Skulptur „Keilstück" 3. Juli 2000, 12. Dezember 2000, 13. Dezember 2000, 21. Dezember 2000, 11. Januar 2001, 25. Januar 2001

Müller-Hagedorn, L. (1990): Einführung in das Marketing. Darmstadt

Müller-Hagedorn, L. (1993): Kulturmarketing. Studienbrief des Weiterbildenden Studiums Kulturmanagement der FernUniversität Hagen (zus. mit Chr. Feld). 2. Aufl. 2000. Hagen

Museen der Bundesrepublik Deutschland für das Jahr 1992. Materialien aus dem Institut für Museumskunde. Heft 38. Berlin

Nassehi, A. (1997): Kommunikation verstehen – Einige Überlegungen zur empirischen Anwendbarkeit einer systemtheoretisch informierten Hermeneutik. In: Sutter, T. (Hrsg.) (1997): 134 ff.

Neukam, V. (1997): Kultur aktiv erleben – ein wissenschaftlicher Ansatz der Kulturbelegung und -vermittlung. In: Reader (1997): Strukturen und theoretische Konzepte zum Kulturtourismus. Studienbrief des Weiterbildenden Studiums KulturTourismusManagement. FernUniversität Hagen. Hagen

Nieschlag, R./Dichtl, E./Hörschgen, H. (1985): Marketing. 14. Auflage. Berlin

Noltenius, R. (2000): Heinrich Vogeler. 1872-1942. Die Gemälde. Ein Werkkatalog. Weimar

North, D. C. (1988): Theorie des institutionellen Wandels. Tübingen

Oestreich, Chr. (2001): „Keilstück" – Streit geht auf der Straße weiter. In: Mindener Tageblatt 14. Juli 2001

Oevermann, U. u. a. (1979): Die Methodologie einer "objektiven Hermeneutik" und ihre allgemeine forschungslogische Bedeutung in den Sozialwissenschaften. In: Soeffner, H. G. (Hrsg.): Interpretative Verfahren in den Sozial- und Textwissenschaften. Stuttgart

Oevermann, U. (1982): Die Professionalisierung künstlerischen Handelns in der impressionistischen Malerei. Unveröffentlichtes Manuskript

Oevermann, U. (1983a): Hermeneutische Sinnrekontruktion: Als Therapie und Pädagogik missverstanden, oder: Das notorische strukturtheoretische Defizit pädagogischer Wissenschaft. In: Garz, D.; Krämer, K. (Hrsg.): Brauchen wir andere Forschungsmethoden? Beiträge zur Diskussion interpretativer Verfahren. Frankfurt/M.

Oevermann, U: (1983b): Zur Sache. In: Friedeburg, L. v.; Habermas, J. (Hrsg.): Adorno-Konferenz. Frankfurt/M.

Oevermann, U. (1986): Kontroversen über sinnverstehende Soziologie. Einige wiederkehrende Probleme und Missverständnisse in der Rezeption der objektiven Hermeneutik`. In: Aufenanger, S./Lenssen, M. (Hrsg.) (1986): 19 ff.

Oevermann, U. (1991): Genetischer Strukturalismus und das sozialwissenschaftliche Problem der Erklärung der Entstehung des Neuen. In: Müller-Doohm, St. (Hrsg.) (1991): Jenseits der Utopie – Theoriekritik der Gegenwart. Frankfurt am Main

Oevermann, U. (1993): Die objektive Hermeneutik als unverzichtbare methodologische Grundlage für die Analyse von Subjektivität – Zugleich eine Kritik an der Tiefenhermeneutik. In: Jung, T./Müller-Doohm, St. (Hrsg.) (1993): 106 ff.

Oevermann, U. (o. J.): Eugéne Delacroix – biographische Konstellation und künstlerisches Handeln. Unveröffentlichtes Manuskript

Oevermann, U. (o. J.): Kunst und Charisma. Gedanken zum Werk von Joannis Avramidis

Ohlau, J. U. (1995): Kulturstiftungen. Durch Kooperation kulturelle Prozesse initiieren, ermöglichen und begleiten. In: Handbuch Kulturmanagement (1995). Düsseldorf

Ohlau, J. U. (1997): Public Private Partnership. Modelle der Zusammenarbeit zwischen öffentlicher Hand und Kulturförderung. In: Kulturpolitische Mitteilungen. IV/1997

Opaschowski, H. W. (1995): Auf dem Wege zur Urlaubskultur von morgen. In: Kulturpädagogische Nachrichten. Heft 37

Opitz, T. (2001): 100 Jahre Karmann. Eine Erfolgsgeschichte. Hrsg. v. Wilhelm Karmann GmbH. Belm

Pankoke, E. (1992): Organisation und Kultur. Studienbrief des weiterbildenden Studiums KulturManagement. FernUniversität Hagen. Hagen

Pankoke, E. (1993): Kultur und Verwaltung. Studienbrief des Weiterbildenden Studiums KulturManagement. FernUniversität Hagen. Hagen

Pankoke, E. (2000): Organisationssoziologischer Essay. In: Heinze, Th. (2000)

Parsons, T. (1980): Zur Theorie sozialer Interaktionsmedien. Opladen

Pfeiffer, P. (2001): Design – Das Auto als individuelle Skulptur. In: Bilstein, J./Winzen, M. (Hrsg.) (2001): 53 – 64

Plagemann, V. (1997): "Aus-Wege"– Auf der Suche nach Perspektiven. In: Hill, H./Magdowski, I. (Hrsg.) (1997)

Popper, K. R. (1984a): Logik der Forschung. Tübingen

Popper, K. R. (1984b): Objektive Erkenntnis. Hamburg

Puntel, L. B. (1993): Wahrheitstheorien in der modernen Philosophie. Darmstadt

Reader (1997a): Strukturen und theoretische Konzepte zum Kulturtourismus. Studienbrief des Weiterbildenden Studiums KulturTourismus & EventManagement. FernUniversität Hagen. Hagen

Reader (1997b): Touristische Inwertsetzung kultureller Ereignisse und Objekte. Studienbrief des Weiterbildenden Studiums KulturTourismus & EventManagement. FernUniversität Hagen. Hagen

Reich, K. (1997): Systemisch-konstruktivistische Pädagogik. Neuwied

Reichertz, J./Schröer, N. (1987): Probleme der objektiven Hermeneutik. Studienbrief der FernUniversität Hagen. (Unveränderte Fassung 1999). Hagen

Rexroth, T. (Hrsg.) (1972): Gesammelte Schriften. Bd. OV/1. Frankfurt am Main

Reza, Y. (1996). Kunst. Komödie für drei Schauspieler. Lengwil

Riel, C. B. M. v. (1998): Identiteit en imago. Schoonhoven

Rilke, R. M. (1987): Worpswede. Fritz Mackensen, Otto Modersohn, Fritz Overbeck, Hans am Ende, Heinrich Vogeler (1902). Frankfurt am Main

Robinson, J. (1968): Doktrinen der Wirtschaftswissenschaft. München

Rosenfelder, A. (2001): Seitliches Protzen bei Finnen und Auspuff. Der Nitribitt Trittbrett: sportleicht umspielt der „Mythos Mercedes" die Fülle des Hubraums. In: Frankfurter Allgemeine Zeitung 5. September 2001: 56

Rossbroich, J. (1999): Die Kultur als Entwicklungsabteilung der Gesellschaft. In: Grosz, A./Delhaes, D. (Hrsg.) (1999)

Roth, P. (1989): Kultursponsoring. Meinungen, Chancen und Probleme, Konzepte, Beispiele. Landsberg am Lech

Rothärmel, B. (1998): Der Musicalmarkt in Deutschland. In: Bensberger Protokolle Nr. XX „Musicals und urbane Entertainmentkonzepte". Thomas-Morus-Akademie (Hrsg.) (1988). Bensberg

Rusch, G. (1999): Eine Kommunikationstheorie für kognitive Systeme. Bausteine einer konstruktivistischen Kommunikations- und Medienwissenschaft. In Rusch, G./Schmidt, D. J. (Hrsg.) (1999): 150 – 184

Rusch, G./Schmidt, D. J. (Hrsg.) (1999): Konstruktivismus in der Medien- und Kommunikationswissenschaft. Frankfurt am Main

Schenker, Ph. (1990): Ökonomie und Management von Kunstinstitutionen. Basel/Frankfurt am Main

Scheytt, O./Norwidatt-Altmann, B. (1999a): Kultursponsoring – Beispiele aus der kommunalen Praxis. In: Heinze, Th. (Hrsg.) (1999a)

Schmidt, S. J. (1996): Kognitive Autonomie und soziale Orientierung. Konstruktivistische Bemerkungen zum Zusammenhang von Kognition, Kommunikation, Medien und Kultur. 2. Aufl., Frankfurt am Main

Schmidt, S. J. (2000): Kalte Faszination. Medien, Kultur, Wissenschaft in der Mediengesellschaft. Weilerswist

Schmidt, S. J./Zurstiege, G. (2000): Orientierung Kommunikationswissenschaft. Was sie kann, was sie will. Reinbek bei Hamburg

Schmucker, J. F. (1977): Adorno – Logik des Zerfalls. Stuttgart-Bad Cannstatt

Schneckenburger, M. (2000): Die Taliban von NRW. In: Die Tageszeitung 3. Juli 2001

Schreyögg, G. (1993): Normensysteme der Managementpraxis. In: Fuchs, M (Hrsg.) (1993)

Schreyögg, G. (1999): Organisation. Wiesbaden

Schuck-Wersig, P./Schneider, M./Wersig, G. (1993): Wirksamkeit öffentlichkeitsbezogener Maßnahmen für Museen und kulturelle Ausstellungen. Materialien aus dem Institut für Museumskunde. Heft 21. 3. Aufl., Berlin

Schuck-Wersig, P./Wersig, G. (1988): Museen und Marketing. Marketingkonzeptionen amerikanischer Großstadtmuseen als Anregung und Herausforderung. Materialien aus dem Institut für Museumskunde. Heft 25. Berlin

Schuck-Wersig, P./Wersig, G. (1992): Museen und Marketing in Europa. Großstädtische Museen zwischen Administration und Markt. Materialien aus dem Institut für Museumskunde. Heft 37. Berlin

Schuck-Wersig, P./Wersig, G. (1994): Museumsmarketing – Grundfragen und Thesen. In: Wiese, G./Wiese, R. (Hrsg.) (1994)

Schüller, A. (1988): Ökonomik der Eigentumsrechte in ordnungspolitischer Sicht. In: Cassel, D./Ramb, B.-Th./Thieme, H.-J. (Hrsg.) (1988): 155 ff.

Schulze, G. (1992): Die Erlebnisgesellschaft. Kultursoziologie der Gegenwart. Frankfurt am Main

Schulze, G. (1994): Warenwelt und Marketing im kulturellen Wandel. In: Heinze, Th. (Hrsg.) (1994)

Schulze, G. (1999): In der Eventfolklore. In: kulturpolitische mitteilungen. III/1999

Schütz, A. (1971): Symbol, Wirklichkeit und Gesellschaft. In: Ders.: Gesammelte Aufsätze I. Den Haag

Seel, M. (2000): Ästhetik des Erscheinens. München/Wien

Seiffert, H. (1983): Einführung in die Wissenschaftstheorie. Bd. 1. München

Soeffner, G. (1990): Kultur und Alltag. Studienbrief der FernUniversität Hagen. Hagen

Stadt Osnabrück, Wilhelm Karmann GmbH (2001): Pressemappe: „Die Kunst des Autos". Osnabrück 16. August 2001

Steinecke, A. (1994): Kultur und Tourismus. Aktuelle Forschungsergebnisse und künftige Forschungs- und Handlungsfelder. In: Revue de Tourisme – The Tourist Revue – Zeitschrift für Fremdenverkehr. 49. Nr. 4: 22

Steinecke, A. (1997a): Perspektiven des KulturTourismus: Wettbewerbsdruck– Profilierung – Inszenierung. In: Reader (1997a): Strukturen und theoretische Konzepte zum KulturTourismus. Studienbrief des Weiterbildenden Studiums KulturTourismus & EventManagement. FernUniversität Hagen. Hagen

Steinecke, A. (1997b): Kulturtourismus – Chancen und Gefahren. In: Reader. (1997b) Strukturen und theoretische Konzepte zum KulturTourismus. Studienbrief des Weiterbildenden Studiums KulturTourismus & EventManagement. FernUniversität Hagen. Hagen

Steinecke, A./Brysch, A./Haart, N./Herrmann, P. (1996): Tourismusstandort Deutschland – Hemmnisse, Chancen, Herausforderungen. In: Europäisches Tourismus-Institut (Hrsg.) (1996)

Stenzig, B. (1989): Heinrich Vogeler in Worpswede. In: Worpswede 1889-1989. Hundert Jahre Künstlerkolonie. Lilienthal: 74-101

Stephan, E. (2001): Begegnung von Kunst und Technik. Autoschmiede Karmann feiert 100-jähriges mit einer Ausstellung. Korrespondentenbericht des Deutschen Depeschen-Dienstes 16. August 2001

Strachwitz, R., Graf (1995): Der Zweite und der Dritte Sektor. Was heisst Corporate Community Investment? München

Strachwitz, R., Graf (1995): Die Stiftung lebt ewiglich – Stiftungen als Förderer und Träger kultureller Einrichtungen. In: Handbuch Kulturmanagement (1995): Band E. Kulturförderung. Kap. 5.1. Düsseldorf

Sutter, H. (1994): Oevermanns methodologische Grundlegung rekonstruktiver Sozialwissenschaften. In: Garz, D./Kraimer, K. (Hrsg.) (1994): 23 ff.

Sutter, T. (Hrsg.) (1997): Beobachtung verstehen. Verstehen beobachten. Opladen

Terlutter, R. (2000): Lebensstilorientiertes Kulturmarketing. Wiesbaden

Teubner, G. (1989): Recht als autopoietisches System. Frankfurt am Main

Tietzel, M. (1988): Eine Anleitung, empirische Hypothesen unwiderlegbar zu machen. In: Freimann, H./Ott, E. O. (Hrsg.) (1988): 3 ff.

Tietzel, M. (1983): Wirtschaftstheorie als allgemeine Theorie des menschlichen Verhaltens – Eine Analyse der „New Home Economics". In: Zeitschrift für Wirtschaftspolitik. 32. Jg.: 225 ff.

Tietzel, M. (1991): Der Neue Institutionalismus vor dem Hintergrund der alten Ordnungstheorie. Diskussionsbeitrag der Universität Duisburg. Nr. 135. Duisburg

Treinen, H. (1994): Das moderne Museum als Massenmedium. In: Karlsruher Schriften 5 (1994)

Trüpel, H. (1994): Zehn Thesen zum Strukturwandel in der Kulturpolitik. In: Thesen zum Strukturwandel in der Kulturpolitik. In: Kulturpolitische Mitteilungen. Heft 65. II/1994

Vermeulen, P./Geyer, H. (1995). Operatives Kulturmarketing. In: Benkert, W./Lenders, B./Vermeulen, P. (1995)

Verplancke, Ph. (1996): Museumspädagogik – eine Marketingstrategie. In: Zimmer, A. (Hrsg.) (1996)

Voß, R. (Hrsg.) (1997): Die Schule neu erfinden. Neuwied u.a.

Welsch, W. (1993): Ästhetisches Denken. Stuttgart

Welsch, W. (1994): Transkulturalität. Zur veränderten Verfassung heutiger Kulturen. In: DAS MAGAZIN. Wissenschaftszentrum NRW. Heft 3

Welsch, W. (1996): Grenzgänge der Ästhetik. Stuttgart

Westebbe, A./Logan, D. (1995): Corporate Citizenship. Unternehmen im gesellschaftlichen Dialog. Wiesbaden

Wiese, G./Wiese, R. (Hrsg.) (1994): Museumsmanagement. Hamburg

Wiggershaus, R. (1986): Die Frankfurter Schule. München/wien

Wiggershaus, R. (1987): Theodor W. Adorno. München

Willke, H. (1996): Systemtheorie II. Stuttgart

Wimmer, R. (1999): Zur Eigendynamik komplexer Organisationen. In: Fatzer, G. (Hrsg.) (1999): 255 ff.

Wöhler, K. H. (1997a): Marktorientiertes Tourismusmanagement. Berlin/Heidelberg

Wöhler, K. H. (1997): Produktion kulturtouristischer Leistungen. In: Reader. (1997): Strukturen und theoretische Konzepte zum KulturTourismus. Studienbrief des Weiterbildenden Studiums KulturTourismus & EventManagement. FernUniversität Hagen. Hagen

Wolber, Th. (1997): Die touristische Inwertsetzung des kulturellen Erbes in größeren Städten – Historic Highlights of Germany. In: Reader (1997): Touristische Inwertsetzung kultureller Ereignisse und Objekte. Studienbrief des Weiterbildenden Studiums KulturTourismus & EventManagement. FernUniversität Hagen. Hagen

Wolff, M. A. (1999): Kunstvoller Kompromiss. Die Stiftung Ehrenhof als Beispiel einer öffentlich-privaten Kooperation. In: Grosz, A/Deshaes, D. (Hrsg.) (1999)

Worpsweder Touristik GmbH (Hrsg.) (2001): Worpswede und Teufelsmoor. Besucherinformationen. Worpswede

Wulf. Chr. (1987): Tendenzen der Kulturgesellschaft. Eine Diskussion: In: Ästhetik und Kommunikation. Heft 67/68

Zentgraf, Chr. (1999a): BMW KulturKommunikation. In: Heinze, Th. (Hrsg.) (1999a)

Zimbardo, P. G. (1988): Psychologie. Berlin

Zimmer, A. (Hrsg.) (1996): Das Museum als Nonprofit-Organisation. Frankfurt am Main/New York

Theorie

Dirk Baecker (Hrsg.)

Schlüsselwerke der Systemtheorie
2005. 352 S. Geb. EUR 24,90
ISBN 978-3-531-14084-1

Ralf Dahrendorf

Homo Sociologicus
Ein Versuch zur Geschichte,
Bedeutung und Kritik der Kategorie
der sozialen Rolle
16. Aufl. 2006. 126 S. Br. EUR 14,90
ISBN 978-3-531-31122-7

Shmuel N. Eisenstadt

Die großen Revolutionen und die Kulturen der Moderne
2006. 250 S. Br. EUR 34,90
ISBN 978-3-531-14993-6

Shmuel N. Eisenstadt

Theorie und Moderne
Soziologische Essays
2006. 607 S. Geb. EUR 49,90
ISBN 978-3-531-14565-5

Rainer Greshoff / Uwe Schimank (Hrsg.)

Integrative Sozialtheorie? Esser – Luhmann – Weber
2006. 582 S. Geb. EUR 39,90
ISBN 978-3-531-14354-5

Axel Honneth /
Institut für Sozialforschung (Hrsg.)

Schlüsseltexte der Kritischen Theorie
2006. 414 S. Geb. EUR 29,90
ISBN 978-3-531-14108-4

Niklas Luhmann

Beobachtungen der Moderne
2. Aufl. 2006. 220 S. Br. EUR 24,90
ISBN 978-3-531-32263-6

Uwe Schimank

Differenzierung und Integration der modernen Gesellschaft
Beiträge zur akteurzentrierten
Differenzierungstheorie 1
2005. 297 S. Br. EUR 27,90
ISBN 978-3-531-14683-6

Uwe Schimank

Teilsystemische Autonomie und politische Gesellschafts-steuerung
Beiträge zur akteurzentrierten
Differenzierungstheorie 2
2006. 307 S. Br. EUR 29,90
ISBN 978-3-531-14684-3

Erhältlich im Buchhandel oder beim Verlag.
Änderungen vorbehalten. Stand: Juli 2007.

www.vs-verlag.de

VS VERLAG FÜR SOZIALWISSENSCHAFTEN

Abraham-Lincoln-Straße 46
65189 Wiesbaden
Tel. 0611.7878 - 722
Fax 0611.7878 - 400